山内洋一郎 編著

# 天草本金句集の研究

汲古書院

# 序

畏友山内洋一郎氏が『天草本金句集の研究』を上梓されるということをうかがった時、當然のことながら吉田澄夫博士『天草版金句集の研究』を想起するとともに、私一己として多少の感慨を催さずにはいられなかった。

この方面の古典的名著、橋本進吉博士『文祿元年天草版吉利支丹教義の研究』（東洋文庫、一九二八年刊）は、對象とする文獻名を『吉利支丹教義』とするが、現在この名稱を使うことは皆無に近い。ただ、それに冠する「天草版」は、今でも『天草版平家物語』『天草版伊曾保物語』などと使われ續けているが、一方では新村出博士『天草本伊曾保物語』（改造社、一九二八年刊）のように、早くから「天草本」の呼稱も併存していた。

ワリニャーノの將來した歐式印刷機による日本イエズス會の出版物を總稱して「キリシタン版」とすることは、現在では普通のことで、『きりしたん版の研究』（天理大學出版部、一九七三年刊）という專書もあるが、この方面の最初の偉業である、Satow, E.M.: *The Jesuit Mission Press In Japan. 1591-1610.*（一八八八年刊）が『日本耶蘇會刊行書誌』と譯されるように、「日本耶蘇會刊行書」とも呼ばれることがあったようで、橋本博士前掲書中にもこの呼稱が使用されている。「日本耶蘇會刊行書」であれば、そのうちの一書を「天草版」と稱しても、なんの違和感も生じないが、「キリシタン版」とすれば、そのうちの一書を「天草版」としては、「版」が重複していかがかと思われる。すなわち、

日本耶蘇會刊行書　――　天草版

キリシタン版　――　天草本

のように「キリシタン版」の呼稱が一般化した今日では、「天草版」をさけ、「天草本」とするのが穩當ではないか、そのように私は考える。山内氏の新著が「天草版」より「天草本」をえらんだところに時代の流れを感じるのは私だけであろうか。

さて、神父の、信者に對する職務としては「說教」と「聽罪」の二つが考えられる。「說教」においては聞き手としての信者がいる。いかによい教義を說いても信者の耳に入らなくては無意味となる。そこで、あるいは平易な言葉、あるいは典雅な言葉の使用を心掛けるなど、キリシタンは種々の工夫を試みたにちがいない。ヘイケ物語・エソポのハブラスが、平易な、そして俗に流れない言葉の範例集とすれば、金句集は典雅な言葉の文例集でもあったか。ただ單にそれだけでなく、それまでに述べられたことがらを人口に膾炙した短かい語句の格言を用いることによって要約し、さらなる次への展開を促す役割を果すものとして重要視したのではないか。私はそのように金句集の存在を考えるのである。

ところで、キリシタン版各本の內容の成立については、いまだに解明されていないことの方が多いが、たとえばロドリゲス『日本教會史』が「教會史」と銘うちながら日本の全體像から筆を起こしているこ

とから察せられるとおり、それらは常に背景に根本的な考察をおさえながら成り立っているようにみえる。金句集においても、國内における成立と展開という歴史的流れの中に天草本をおいて考察するということが必要となる。この點で、山内氏が本書で取った姿勢は、一見迂遠なようにみえるが、天草本金句集研究の王道を歩むものといえよう。勿論、天草本金句集の影印・翻刻・索引と、資料としても萬全の、細かい配慮がなされている。

「天草本」と冠することに呼應するように内容も、從來の研究を總括するにとどまらず、根本的に一新した本書の刊行は、天草本金句集の研究に新境地を開いたものと、高く評價することができよう。

二〇〇三年一〇月二〇日

大塚　光信

# 天草本金句集の研究　目次

序……大塚光信……i
第一部　金句集の研究……5
第一章　金言集の傳流と室町末期の状況……7
第二章　金　榜　集……10
一、金榜集の出現とその内容……10
二、金榜集と金句集との關係……11
第三章　金　句　集……17
一、これまでの研究……17
二、諸　本……20
三、構成・句の出入・增補……22
第四章　主要寫本……28
一、松平本金句集……28
附、松平頼武氏藏金句集　影印……31
二、雜記本金句集……45
附、尊經閣文庫藏金句集（雜記本）　影印……47
三、伊達本金句集……71

第五章　金句集の本文及び出典……73
附、収載書目一覧……91

第二部　天草本金句集の研究……97

第一章　天草本としての金句集……99
一、天草本の形態……99
1、書　誌……99　2、句數、その認定……100
二、研　究　史――土井忠生・吉田澄夫・書評・索引――……103
第二章　所據文獻……106
1、金　句　集……107　2、（伊達本金句集の增補句）……112　3、管　蠡　抄……114　4、論　語……119
5、（孔子家語）……119　6、三　略……120　7、（貞觀政要）……121　8、古文眞寶……122
9、老　子　經……123　10、山　谷　詩　集……124　11、句雙紙・句雙葛藤鈔……125　12、和漢朗詠集……129
13、太　平　記……129　14、憲法十七條（日本書紀卷第二十二）……134　15、童　子　教……134
16、（日本化した）格言・和諺・出所未詳句……135
第三章　各則別出典……137
第四章　天草本附載「五常」……174
第五章　語彙・語法……178
一、語　彙――十成・繩ニ綯ウ・節ニ伏ス――……178
二、語　法……184
研究篇（第一部・第二部）索引（書名・人名・注意すべき事項）……189

第三部　天草本金句集　總索引……201
一、自立語索引……205
二、助詞・助動詞索引……285
第四部　天草本金句集　影印・翻字本文……1（406）
あとがき……407

# 第一部　金句集の研究

# 第一章　金言集の傳流と室町末期の状況

金句集は、室町時代末期成立の、漢籍起源の金言成句を集成した書である。そして、これを中心資料として句雙紙その他を加えて編集した書が、天草本金句集である。前者を「國字本」、或いは「別本」を冠して呼ぶことがあったが、キリシタン版から見ての呼稱であって、キリシタン版を金言成句集の大きい傳流の一支流と位置づける立場から、前者を諸寫本記載の書名のままに金句集、後者を天草本金句集と本書では呼ぶ。

本邦の金言成句集は、廣くは中國の類書の成立と變遷、その渡來と受容という動きを受けて成立した。類書の傳來から、本邦での類書の生成發展について既に詳細な研究があるが、今は、二書の研究を記述する前論として、日本における金言成句集の成立と變遷を概觀しておきたい。

我が國の漢籍金言成句の集成は、正倉院御物、鳥毛帖成文書という小品に始まる。初期、滋野貞主編祕府略が存したが、書籍としては、平安時代後期、源爲憲（　～一〇一一）編世俗諺文三巻に始まる。編者の識見は高く、採錄句は、漢籍のみならず、國書・佛書に及び、後續する金言集への影響は大きい。觀智院本が現存唯一の寫本であって、上巻に二二三項の句を收めている。上巻の始めに、中巻か下巻かも未詳の項目斷簡（三十三項）が殘っていて、中・下巻が完備していれば、六〇〇項を越す大金言集となり、さぞ偉容を見せたことであろう。各項では、まず「祭如在」「神不享非禮」など成句を掲げ、次いで「論語、子曰祭如在祭神如神在」の如く、典籍名と原漢文を記載している。採錄源の明示は後人の知識に基礎を與え、文化史的にも、當時の知識人のあり方を知る材料を提供している。

鎌倉時代に入り、藤原良經（一一六九～一二〇六）撰と記す玉函祕抄三巻、菅原爲長（一一五八～一二四六）撰の管蠡抄八巻、藤原孝範（一一五八～一二三三）撰の明文抄五巻、この三書がほぼ同じ頃に編まれた。明文抄全巻の揃う寫本神宮文庫本も、續群書類從本も、缺文が多く、現状では完全な形と言えない。明文抄は類書の性格が濃く、新生面を開拓しようとしたのであろう。玉函祕抄で文選を多量に收め、管蠡抄で細分類を施し、明文抄で更に史書・法制書まで取材範圍を擴げた。こうして質量共に增大したことは、緊密な體系性を弛緩させ、書寫の困難、使用の難澁を伴なった。明文抄に零本が多く、完本に乏しいのは、これ故であろう。

かくして、室町時代に入り、精選された小金言集が求められるようになった。玉函祕抄より「抄出して内容を簡要にしたもの」（川瀬一馬）といわれる玉函抄、(1) 永正十七年（一五二〇）の編纂と思われる金榜集、これと他書を併せて編集し、更に縮少した金句集、管蠡抄より句を抽出して、獨自の收集句を加えた逆耳集などが續々と出てくる。このような動きには、戰亂の世の指導的原理、生き拔く精神の據り所を、簡明直截に體得し、また寄與しようとする時代の欲求があったと認められるのではなかろうか。藩法、家訓にはこの時代の欲求が濃く見受けられ、そこにも漢籍起源の金言成句が點綴せられている。

中世に中國で興隆した禪宗も、先賢の名句を吸收して、思想の充實に資するところ大であった。禪思想に基づく新しい成句も數々生まれた。それらが日本に移入され、新鮮な表現、成句として受け入れられた。その集である句雙紙、東陽英朝（一四二八～一五〇四）編という禪林集句は、(2) 禪籍からばかりでなく、儒書・史書からも句を集めている。盛に書寫されたようで、寫本多く、所收句數に繁簡がある。口語譯の句雙紙抄も各抄に異同がある。

こうして、多樣な金言成句が思想・文藝の形成に寄與し、作品に組み込まれてくる。金言成句の一般化（大衆化）は童子教・實語教など小金言集を簇出させた。

キリスト教布教のため、日本語學習が必要であったキリシタンは、平家物語・イソップ物語の日本語譯を刊行するとき、漢文訓讀の文體であり、當時重用された金言成句の習得ともなる書を編集した。金句集を中心に、句雙紙等よりの句を加え、口語譯を併記した。これが天草版金句集、と言われる書である。兩書について、以下の章で研究したところを述べて行きたいと思う。金句集は僅か一三一則、天草本金句集は二八二則、少量の書である。しかし、この少量は傳統下に集約された量である。兩書の理解は、各書の内部檢討のみで終了するものではないであろう。必要に應じて、過去に溯り、分析して、戻ってくるべきである。

近世に入って、文化の向上、大衆化に應じて、この種の書は續いて編纂せられ、刊行された。林羅山編巵言抄などの漢籍金言集、太田全齋編諺苑などの俗諺集、等々。後者には漢文系金言も混じっており、言語表現の豊かな向上を見るのである。

# 第二章　金榜集

## 一、金榜集の出現とその内容

金句集に先立って存在し、内容上密接な關係がある書に金榜集がある。金句集の考察の前にその概要を記し、兩書の關係を考えてみたい。

金榜集一冊は、大東急記念文庫所藏、久原文庫舊藏。川瀬一馬博士の研究(3)で世に知られた。勉誠社文庫『金句集四書集成』（福島邦道氏解説、昭和五二年）、『大東急記念文庫善本叢刊　中古中世篇　類書Ⅱ』（山本眞吾解題、二〇〇四年）に影印がある。以下では、本寫本を金榜集の名で指し、金句集の一寫本という扱いはしない。

巻末に左の奥書があり、川瀬博士は、單なる書寫の識語ではなく、編纂の年時を示すものと解された。これに從う。

右此書ハ爲ニ丫丱童蒙一撰ニ諸傳ノ之内一ヲ漁獵シテ以テ授／措ヲク者也有レ彥一達舛セン一差サセヨトレ旃云々

今永正第十七上章執徐季仲穐日　　鼎之

編者は「不明であるが、恐らく禪家の僧侶であらう」（川瀬博士）とされる。

内題の次に「敍曰、從天子以還至公侯伯子男、通此書之數、則安⿱辟又國家、慰群萌、豈遠乎。仍爲味者、苟練定、宣哉。故以學業爲第一。」という敍言を置いている。本體二十丁は八部に分かれている。

學業事　帝王事　臣下事　黎元事　政道事　文武事　父子事　愼身事

各部は、「禮記凡學之道嚴師爲難」の如く、引用句の書名を上に、改行も空闕もなく密接して書かれ、更に上下左右に多數の書き入れがある。書き入れは、本文の用字についての注記もあるが、過半は書名や「古語」の下の引用句であって、興味を惹く。中でも左句は金句集の帝王事、天草本金句集、廣本節用集に載るもので、金榜集の帝王事四丁表の欄外書き入れを初見とする。莊子に見ない句である。

莊子　河廣ケレハ　源大ナリ　君明ナレハ　臣忠アリ

金榜集は、各則が連續し、異句との境が明らかでないことが多い。中には金言成句とし難い敍述文もあるが、できるだけ原典に照合を試みて、所收句數（則）を左の如くにしておく。

學業事　28　帝王事　78　臣下事　46　黎元事　12　政道事　30　文武事　6　父子事　9
愼身事　67　計　276

## 二、金榜集と金句集との關係

金榜集の奥書の永正十七年（一五二〇）は金句集の最古本松平本の大永四年の四年前である。從って、金句集の祖本の位置に當たる可能性を持っている。川瀬博士は、金榜集が學業事、帝王事、臣下事、黎元事、政道事、文武事、父子事、愼身事という部立てをなし（金句集とは學業事の位置のみ異なる）金句集と同一であることを指摘され、兩書の學業事所收句を比較して、金句集の十句は全て金榜集に存し、文武支においても金句集の三句が同様に金榜集にあって、金榜集はなお數倍の句を持つことをもって、「金榜集の内容を更に簡略にしたものが金句集であると言へるであらう。」と結論された。學業事の金句集十則は管蠡抄と共通するもの六、玉函祕抄と共通するもの六であるが、管蠡抄と玉函祕抄に共通する句があって、この二書で十句を覆い盡せない。二句は金榜集にのみ見出せるのである。十句全てが金榜集に見出せることは兩者の關係の密接なことを明示している。

しかし、金榜集から金句集が出たとするには、まだ多くの手順が必要であろう。帝王事など他の部でも完全に一致するかと言えば、實はそうでない。第一表はそれを示したものである。

第一表

| | 帝王事 | 臣下事 | 黎元事 | 政道事 | 學業事 | 文武事 | 父子事 | 愼身事 | 全卷 |
|---|---|---|---|---|---|---|---|---|---|
| 金句集所收句數 | 29 | 21 | 7 | 18 | 10 | 3 | 5 | 38 | 131 |
| 金句集と共通する金榜集の句數 | 22 | 14 | 5 | 12 | 10 | 3 | 4 | 26 | 96 |
| 金句集より見た兩書の一致率% | 76 | 67 | 71 | 67 | 100 | 100 | 80 | 68 | 73 |

七割强の一致では、金榜集を中心資料として他に參照するものがあって金句集が編まれたと見ざるを得ない。但し、兩者の關係の密接なことは斷言してよいことであって、いくつかの理由を擧げる。

1、部立八種の一致すること。但し、金句集は「帝王事」を第一とする。

2、兩書のみに共通する句が二十七句もあること。

帝王事　6　臣下事　3　黎元事　1　政道事　3　學業事　2　文武事　1　愼身事　11
計　27

3、句によっては兩書のみに共通する出典名の記し方があること。

右に該當する句を金榜集によって列擧する（返讀法は現行に従う）。

a、論語、聖主必待㆓賢臣㆒而加㆓功業㆒、俊子亦待㆓明主㆒以顯㆓其德㆒　（9オ）

b、又云（漢書）、君使ㇾ臣以ㇾ禮、臣事ㇾ君以ㇾ忠　（4ウ）

c、貞觀政要、國之所｜以レ治者君明也、其所｜以レ亂者君暗也　（4ウ）

d、文集、忠臣不レ仕二二君一、貞女不レ改二二夫一　（9オ）

e、禮記、蛟龍得レ水然後立二其神一、聖人得レ民然後成二其化一。又云、令二民之所レ好、禁二民之所レ惡一　（11ウ）

f、禮記、生則事レ之以二愛敬一、死則事レ之以二哀戚一。又云、觀二其事レ親知二其事レ君、察二其治レ家知レ治二其官一　（15ウ）

右の出典名は金句集に同様に出てくるが、問題がある。

aは王子淵の聖主得賢臣頌の一節で、文選・古文眞寶後集に収められ、漢書巻六十四下王褒傳に載る。管蠡抄九、玉函祕抄下には文選として出て正しいが、金榜集に論語とする理由は不明である。金句集の東北大本・久原本に「論語」（漢書）と書添えるのは後人の氣づきであろう。

bは論語八佾の句で、管蠡抄三、玉函祕抄中に論語として出る。漢書とするのは、この句の引用があるのであろうか。

cは玉函祕抄上に新語（尊經閣本のみ新論）として、廣本節用にも採られている。しかし、これが潛夫論の誤りであることは玉函祕抄の研究で述べたところである。(4) 貞觀政要巻一、君道第一に近似の句がある（本書第一部第五章76ページ、25「貞觀政要云」の句を參照）。

dは史記巻八十二田單傳の著名な句である。管蠡抄九、玉函祕抄上、明文抄などに史記とする。これも文集とする根拠は不明である。

eは古文孝經廣至德章孔安國注、同三才章孔安國注の句で、玉函祕抄上にどちらも孝經として載る。

fは古文孝經喪親章孔安國注と同廣揚名章孔安國注の句で、前者は玉函祕抄上に、後者は管蠡抄四と玉函祕抄上とにいずれも孝經として載る。孝經と禮記とはとかく混同され易いけれども、誤った理由を未だ見出せない。

g、有レ刑法無レ仁儀民怨怒、有レ仁儀无レ刑法民慢奸　（13オ）

右には書名を缺く。金句集政道事に「或云」という特異な示し方をするのはこの爲であろう。管蠡抄七刑法一、玉函祕抄中に出て、袁子正書の句である（群書治要により確認）。

右のほかに金句集臣下事に禮記・孝經の句を「孔子云」として掲出しているのが、金榜集（9オ）に論語として出るのに對應する事實もある。これについては後に述べる。

4、引用の形態が兩書のみに共通する場合のあること。

同一個所を引用しているようでも、その長さや用字に異同が見られることはしばしばである。例えば、

帝範、不以一惡忘其善、勿以少瑕掩其功、不レ諫則惡不恐　（12ウ）

これは帝範上、審官の句で金句集政道事にも載る。玉函祕抄上、明文抄四、廣本節用（20オ）に載る文は下の六字はなく、金榜集と金句集とのみに共通する本文である。實は帝範にもこの六字はなく、金句集久原本に朱で「六字衍文」[5]と記すごとく、金榜集で一句置いた次の「史記、有レ功不レ賞則善不レ勤、有レ過不レ諫則惡不レ懼」という句の末尾の影響であろうと思われる。金句集でもこの句は帝範の次にあるので、この類似に氣附き易く、帝範でこの六字が意味上しっくりしないことも注意されたか、諸本のうち比較的新しいものに帝範の末尾六字を缺くものが多い。

禮記、凡學之道嚴師爲レ難　（1オ）

禮記學記第十八の句である。管蠡抄第三尊師五及び廣本節用一四一ウにこれに續く文を從えた長文が載っている。しかし「凡」一字がないために、金句集學業事は金榜集とのみ共通すると判斷されるのである。

金榜集と金句集との不一致もまた多い。但し、後述するように、金句集は玉函祕抄を參照しているようで、この不

一致は、金榜集と玉函祕抄との閒で同一句に小異のあるとき、玉函祕抄の方に從ったと解されるのである。例えば、金句集愼身事の「臣軌云、憂患生於所忽…」は金榜集（16ウ）に臣範とし、同じく「後漢書云、千人所指無病死」は金榜集（17ウ）に漢書とし、「又云、（文選）木秀二於林一風必摧……」は、金榜集（17ウ）に漢書とするも、玉函祕抄に從っている。

金句集一三一句と金榜集、管蠡抄、玉函祕抄三書との共通する様子を表示してみよう。共通すると見なす中には、語句の小異、引用範圍の長短、時には出典名の異同をも包括して、同一出典の同一個所と認められるものを含んでいる。

第二表

| 條件（有・無） | Ⓐ | Ⓑ | Ⓒ | Ⓓ | Ⓔ | Ⓕ | Ⓖ | Ⓗ |
|---|---|---|---|---|---|---|---|---|
| 金榜集 | 有 | 有 | 有 | 有 | 無 | 無 | 無 | 無 |
| 玉函祕抄 | 有 | 有 | 無 | 無 | 有 | 有 | 無 | 無 |
| 管蠡抄 | 有 | 無 | 有 | 無 | 有 | 無 | 有 | 無 |
| 金句集數 | 38 | 26 | 7 | 25 | 9 | 10 | 1 | 15 |
| 明文抄との共通句 | 35 | 25 | 3 | 6 | 9 | 10 | 1 | 4 |

金句集と諸書との近似度を見るに、金榜集はⒶ～Ⓓ計九十六句、玉函祕抄はⒶⒷⒺⒻ計八十三句、管蠡抄はⒶⒸⒺⒼ計五十五句、比率にして、七十三・六十三・四十二％となる。この中で注意すべきは、管蠡抄とのみ共通するとしたⒼ一例である。

貞觀政要曰、爲君之道必須先存百姓、若損百姓以奉其身、猶割脛食腸飽而身斃、若毋天下必須先正其身、未有身

正影曲上治下亂

管蠡抄二養民十五に引くのは實は右の傍線部分であって、一往共通するとはしたけれども、金句集は管蠡抄によっては成り立たないので、Hに移すべきものである。明文抄三にもあるが、「太宗謂侍臣曰」を頭に置き、後半はやはりない。

金句集の典據として、従來管蠡抄がしばしば擧げられてきた。金榜集が紹介せられ、玉函祕抄に注目する今、Ⓖが消えることにより管蠡抄の積極的參照の根據がなくなったことに氣づくのである。これに對し、金榜集はⒹ二十五句、玉函祕抄はⒻ十句という獨自句によって、金句集の成立に大きく關與していることが知られる（天草本金句集の出典としては、管蠡抄が重要な役割を持っている。第二部第二章3參照）。

なお、伊達本金句集の增補句については第四章三で記す。管蠡抄より句を得た增補が中心である。

# 第三章　金句集

## 一、これまでの研究

ここに言う金句集とは、日本で成立し、書承されてきた金言成句集の中の一種、室町時代後期の書をいう。この書を摸してキリシタンが天草で作製した書があり、それを天草本金句集と呼ぶ。

金句集を、別本金句集・國字本金句集などと呼稱されることがあったが、第一章冒頭に述べた理由で、金句集を用いる。

この名稱に見られるごとく、兩書の研究では、天草本の研究が先行し、金句集はその論證に調査された感がある。とはいえ、今までに研究・紹介されたところにより、金句集の大要を知りうる。先學の業績に深く敬意を表する次第である。

金句集の研究には、土井忠生・吉田澄夫・川瀬一馬・福島邦道、四氏の大きい業績がある。

A、土井忠生「天草本金句集考」『京都帝國大學國文學會二十五周年記念論文集』所收、昭和九年。『吉利支丹文獻考』四、天草版金句集、に改稿して收める（三省堂、昭和三八年）。

土井忠生先生は、㈡資料において、「別本金句集」として、村岡典嗣教授藏本・東北大學附屬圖書館藏本・大東急文庫藏本（後掲の諸本の中、4、久原文庫本）を擧げ、「別本金句集の句は、本來の出典如何に係らず、天草版本に於いて多くの場合連續して現れてゐるので、別本金句集が天草版本に資料を提供したのであると考ふべきである」(6)と關係の深さを認められた。しかし、それ以上に別本そのものについて詳細な言及はなされなかった。

B、吉田澄夫『天草版金句集の研究』東洋文庫論叢、昭和十三年初版、昭和四十四年再版。東北大學所藏金句抄、村岡典嗣氏藏金句集の翻刻を含む。

C、吉田澄夫「伊達家本金句集解説」、貴重圖書影本刊行會複製附載、昭和十四年。『近世語と近世文學』(東洋館出版、昭和二七年)所收。

吉田澄夫博士の金句集についての研究は、Bの第二部第二節資料、一金句集において、Aの調査本に伊達家本、大島氏本を加え、東北大學本の奥書により「金句集の原本の編纂は天正廿年以前にあることは疑ない。」「本書よりの採用句數については……少くとも七十則は採られてゐる。」とされた。第八節、誤謬において、天草本の問題ある訓法に關して、東北大學本・村岡氏本・久原文庫本・大島氏本を對照した。Cでは、山岸德平氏所藏本、靜嘉堂文庫所藏本、西明寺舊藏本、計八本それぞれに解説を加えている。(7)

D、川瀬一馬「中世に於ける金言集について」『青山學院短期大學紀要』第三輯、昭和二十九年。

川瀬博士は、鎌倉時代の玉函祕抄・管蠡抄を詳説、續いて金榜集・金句集に及んでいる。金榜集の發見と紹介が初めてなされ、金句集の研究は新段階に入った。但し、金榜集と前後の他金言集との關係について論じられたところ、「金榜集並びに金句集は、管蠡抄を簡略化したもの」という認識には、既述(第二章二)のごとく疑問があり、金榜集の分類が金句集と同じで(學業事の位置のみ異なる)、それを更に簡略化したものが金句集である、とされたのも、結論を急ぎ過ぎたと思われる(8)(後述)。

金句集の傳本に新しく六本を加えて紹介されるなど、金言集研究についても功績は多大である。

E、福島邦道「天草版金句集の出典について」『國語學』第七九集、昭和四十四年。『キリシタン資料と國語研究』（笠間叢書、昭和四八年）所收。

F、福島邦道『金句集四種集成』勉誠社、昭和五十二年。解說、及び、伊達家本金句集、山岸文庫本金句集、大東急記念文庫本金榜集、天草版金句集、以上四種の影印を收める。

福島邦道氏はキリシタン版に造詣が深く、本邦の金言成句集を援用して、Eで天草版金句集の出典を數々明らかにされた（昭和四四年）。その論には金言成句集の引用が見られる。更に、金句集二種を前半に、後半に金榜集・天草本金句集の影印を收めたF『金句集四種集成』[9]（昭和五二年）の刊行は、四種もの資料を容易に座右にすることができることになり、後進への學恩は大きい。

右のうちA・B・Eは天草本金句集に重點があり、Fの解說は簡略で、金句集の研究としてはC・Dがもっとも詳しい。山内もその驥尾に附して左の發表を行った。

G、山内洋一郎「廣本節用集態藝門金言成句出典考」、山田忠雄編『國語史學の爲に』第二部（笠間書院、昭和六一年）所收。

Gは、玉函祕抄から金句集までの傳流を調査し、廣本節用集（文明本）態藝門に集約されるに至る狀況を述べた論である。各金言集について、諸本の調査、相互關係の記述を行った。金句集十四種、現在知られている寫本の殆どを調査した。各則の原典（卷章）の存在確認に努力したのが特色であろうか。

H、山内洋一郎「靜嘉堂文庫藏『金句集』について」『近代語の成立と展開』（和泉書院、平成四年）。

I、同「天草版金句集と金言集」『國文學攷』第一三八號、平成五年六月。

Hは靜嘉堂本の略解說から各則出典の問題點に及び、Iは、天草本の出典研究で、その解決へと具體的に字句の異同にも注意して、論じた。一例を擧げれば、一三七則「冠履藏ヲ同ジウセズ。賢ト不賢ト位同ジカラズ。」の「不賢」は、出典とされる説苑一六、説叢では「不肖」である。説苑に異を立てるのではないが、この不一致には説明を要する。このような注意すべき點などを發掘したところがある。結果として、かなりに『研究』を修正した。

## 二、諸　本

諸本は十五種を見る。既掲の諸書に翻刻・影印が收められていれば、左の項目の下に記號で示す。本稿で用いる略稱を〈　〉内に記した。

1、伊達家藏金句集。一冊、江戸初期寫。貴重圖書影本刊行會複製、昭和十四年。Fに影印がある。第四章三に詳説する。〈伊達本〉

2、東北大學附屬圖書館藏金句抄。一冊、天正二十年（一五九二）寫。Bに翻刻がある。〈東北大本〉

3、村岡典嗣氏舊藏金句集。天理圖書館藏。一冊、江戸初期寫。Bに翻刻がある。〈村岡本〉

4、久原文庫藏金句集。一冊、室町末期寫。川瀬D論文に（今佚す）とある。京都大學附屬圖書館に昭和七年の謄寫本があり、これによって代用することができる。〈久原本〉

5、大島雅太郎氏舊藏金句集。一帖、慶長十三年（一六〇八）寫、山田忠雄氏藏。〈大島本〉

6、山岸德平氏藏金句集。一冊、江戸末期寫、田村宗永舊藏。Fに影印がある。〈山岸本〉

7、靜嘉堂文庫藏金句集。一冊、天正十四年（一五八六）寫本の轉寫、松井簡治舊藏。Hに影印がある。〈靜嘉堂本〉

8、西明寺舊藏金句集、一冊、室町末期江戸初期の交の寫。吉田澄夫氏舊藏(10)　〈西明寺本〉

以上八本は吉田澄夫氏C論文に解説されたものである。

9、大東急記念文庫藏金句集。一冊、室町末期寫。川瀬一馬氏舊藏(11)。　〈川瀬本〉

10、龍門文庫藏金句集。一冊、室町末期寫。　〈龍門本〉

11、藥師寺藏金句抄。一冊、「隨得雜錄」のうち。室町末期寫(12)。　〈藥師寺本〉

12、尊經閣文庫藏金句抄。一冊、永祿元年（一五五八）寫。　〈尊經閣本〉

13、松平賴武氏藏金句集。一冊、大永四年（一五二四）寫。香川縣歷史博物館保管(13)。本書第四章一に影印し、詳説する。　〈松平本〉

右は川瀬一馬氏D論文で解説されたものである。松平本について「再調の機を得ないので」として保留されたが、實在し、本書第四章一に影印・詳說する。

14、春日平藏舊藏金句抄。一冊、二十六丁、江戸初期寫。山田忠雄氏藏。　〈春日本〉

右の巻末には「春日氏持用也」「春日氏持主」「春日平藏延昌（花押）」などの書き入れがある。通常の金句集の終尾にある「禮記曰」「又云」の句の後に漢書、世說、孝經、禮記、三略、論語以上六句を記して「以上金句抄己十」と記す。更に七丁に亙って管蠡抄より抽出した金句七十七句を附載している。

15、尊經閣文庫藏金句集。一冊、室町後期寫。本書第四章二に影印・詳說する。　〈雜記本〉

以上十五本が今まで知りえた諸本である。この系統については後に述べる。

## 三、構成・句の出入・增補

金句集は左の八部門で構成されている。

帝王事　臣下事　黎元事　政道事　學業事　文武事　父子事　愼身事

この順序は公より私に及ぶもので、諸本に異同がない。久原文庫本は「部門の配列に異同があり」と吉田澄夫氏により言われているが、三丁表七行目の「淮南子云、少徳多寵一危也……三危也」の次に續くべき二十八則が八丁表五行以下に一括して見受けられるのである。これを正せば諸本と同様になるのであるから、特異な構成を持つと見るに當たらない。丁の中間にこの錯亂があるから、久原本の前の寫本においてこの亂丁があり、それに氣づかず轉寫されたものであろう。同種の亂丁は春日本にも見られる。

この部立ては金榜集を承けたものであるが、金句集で「帝王事」を第一とし、公から私へと配した點が異なる。兩者の編集態度の差違を示している。

「帝王事」といった標目は屢々脱落する。龍門本は冒頭の「帝王事」を除き、他は行間に小字で補入せられている。「帝王事」にしても「金句集」という内題の下が大きく空いていたからに過ぎない。東北大本は、帝王事・黎元事・學業事・文武事の四種しか記されていないが、金句の配列が他本と大同であり、各金句の意味するところをこの四種で覆い盡せるわけもなく、單に殘る四種の標目の脱落と見るべきである。從って、部立ての點では、伊達本の雜説部が獨自なものであるほかは、諸本同一であると言ってよいと思う。

伊達本は、帝王事以下それぞれに「追加之分」があり、終わりに雜説部が附き、他本の倍ほどの分量となっている。

これらはその七十％ほどを管蠡抄より、他を孟子その他の資料で增補したものである。[14]追加之分と雜說部は共通性を持ち、管蠡抄その他の資料を手にした某人が、帝王事以下八種の部立てに相當するものは追加之分として附し、收め得ないものを雜說部としたと解される。

以上要するに、帝王事以下八種の部立ては金句集成立時より存したものであり、同樣の部立てをとる金榜集と密接な關係が認められる。

次に句の出入・增補に目を向けよう。

まず出入については、諸本を對照してみるに、數本に共通するものはなく、前後を入れ換えたりするのも單發的である。部立ての内部での出入ならば問題は少ないが、部を超えてのものは氣づき難い。しかし、句の意味を吟味するとき、所屬すべき位置は定めうるものであり、他本との細密な對照を加えれば、正誤の判斷はさほど困難ではない。一例を擧げれば、伊達本臣下事の第三、四則は左のようになっている。

要覽曰　以ㇾ德勝ㇾ人昌、以ㇾ力勝ㇾ人亡

帝範曰　不下以二一惡一忘中其善上、勿下以二小瑕一掩中其功上、不ㇾ諫則惡不ㇾ恐

これは、他本には政道攴第三、四則であり、内容上も政道攴にあるべきものである。出入の理由は判らない。伊達本、東北大本、春日本には比較的に出入が多い。

出入をあるべき形に戻し、連續二句を一句に寫したり、句の書名を脫したりする誤りを正して諸本を見るとき、從來言われていたような所收句數の變動の甚しさは薄れてくる。各句は殆どの寫本に存していて、一、二本に缺けることが少々あるのであり、それも句により缺ける本が異なって、一定の傾向を見出せない。從って、金句集諸本に共通し、或いは一、二に缺ける程度のものを、金句集本來の句と見定めることができるのである。

巻末部分以外での增補句は、山岸本帝王事末の重出一句と、同政道事末の三句以外には、帝王事の次句のみである。

　帝範云、君擇レ臣而授レ官、臣量レ己而受レ職

これを持つのは、東北大本、大島本、川瀬本、村岡本、西明寺本、春日本、山岸本であって、他の寫本、卽ち、松平本、永祿本、藥師寺本、龍門本、久原本、雜記本、靜嘉堂本、伊達本などの、持たない寫本の方が書寫が古く、善本のように思われる。從って、この句は本來存しなかったものであろう。金榜集にはないが、管蠡抄第四擇賢授官二、玉函祕抄上に見る句である。

巻末はやや異同が多い。諸本共通して最後のあたりに存するのは次の句である。

　韓詩外傳曰、子夏過曾子……久交而无レ故中絶、此三費也

　毛詩曰、夙興夜寢

　禮記曰[15]、凡爲二人子一之禮、冬溫夏淸、昏定而晨省、淸借二作淸寒一也、周文王爲二世子一常鷄鳴時至二寢門一而問二安否一、黃香十歲事二父母一孝順、冬則溫レ床暖レ被、夏則扇二其枕席一、常一夜五起視二其被之厚薄之高低一

尊經閣本は韓詩外傳の句で終わっている。川瀬一馬博士は「この韓詩外傳の句のあとは、諸本の閒にかなり異同がある點から推して、金句抄の原本はそこで終ってゐたものと判ぜられる。」とされる。この考えは、「金句抄」卽ち尊經閣本に限ってのものか、諸本の祖本の意なのかさだかでない。しかし、韓詩外傳の句で終わるのはこの本のみで、靜嘉堂本が毛詩句を缺くほかは、全て毛詩、禮記の二句を持つので、金句集の原型は禮記の句までであったかと思われる。

「かなり異同がある」のも事實である。韓詩外傳の句と毛詩句との閒に「漢書云、漢王與項羽爭……」の句が久原本、山岸本で入り、「世說云、梅止渴、魏武軍……」の句が藥師寺本で入り、この二句が雜記本で入っている、といっ

たことがあるのである。松平本や久原本では、禮記句の後に二、三句見るが、これは他本では禮記句以前に位置するもので、單なる位置の移動として處理できるものである。

以上の考えに立って、禮記句で終わらない諸本の狀況を第三表に表示する。但し、漢書「任賢必治」の句は龍門本以外の諸本では帝王事に載っており、龍門本では句の移動、薬師寺本では重出となる。

第三表

| 出典・句 ＼ 諸本 | 薬師寺本 | 龍門本 | 久原本 | 雜記本 | 静嘉堂本 | 人島本 | 川瀬本 | 春日本 | 山岸本 |
|---|---|---|---|---|---|---|---|---|---|
| 漢書　漢王與項羽爭天下…… | 2 | 2 | → | → | 1 | | | | → |
| 世說　梅止渇魏武軍士…… | → | | | → | 2 | 1 | 1 | 2 | 3 |
| 論語　智者樂水仁者樂山…… | | | | | 3 | | 2 | | 1 |
| 漢書　任賢必治任不肖必亂…… | 1 | 1 | | | | | | | |
| 古語　君子之交淡如水…… | | | | | | 2 | | 1 | 2 |
| 右の五句を除く各本獨自の增補句數 | | | | | 2 | 1 | | 4 | 15 |

上記以外の寫本は增補句を含まない。

下欄の數は書かれている順序。→印は禮記句以前におかれていることを示す。

第四表は右に述べた判斷に基づく諸本句數對照表である。

この數値は先學の示されたものとはかなり異なる。管蠡抄などに見るように、句數の計算も容易ではない。見せかけの形態ではなく、句の出所を調査し、他本と對照するとき、句の分割、合併などの誤りが見出される。また部立と

第四表

| | 帝王事 | 臣下事 | 黎元事 | 政道事 | 學業事 | 文武事 | 父子事 | 愼身事 | 計 | 増補 | 總計 |
|---|---|---|---|---|---|---|---|---|---|---|---|
| 松平本 | 29 | 16 | 3 | 4 | 7 | 3 | 5 | 28 | 95 | | 95 |
| 永祿本 | 29 | 21 | 7 | 18 | 10 | 3 | 5 | 36 | 129 | | 129 |
| 藥師寺本 | 29 | 21 | 7 | 18 | 10 | 3 | 5 | 38 | 131 | 3 | 134 |
| 龍門本 | 28 | 21 | 7 | 18 | 9 | 3 | 5 | 38 | 129 | 1 | 130 |
| 久原本 | 29 | 21 | 7 | 18 | 10 | 3 | 5 | 38 | 131 | 1 | 132 |
| 雜記本 | 29 | 21 | 7 | 18 | 10 | 3 | 5 | 38 | 131 | 2 | 133 |
| 靜嘉堂本 | 26 | 13 | 4 | 9 | 7 | 2 | 3 | 28 | 92 | 5 | 97 |
| 伊達本 | 28 | 21 | 7 | 18 | 10 | 3 | 4 | 36 | 127 | | 127 |
| 東北大本 | 29 | 21 | 7 | 18 | 10 | 3 | 5 | 38 | 131 | 1 | 132 |
| 大島本 | 29 | 21 | 7 | 18 | 10 | 3 | 5 | 38 | 131 | 4 | 135 |
| 川瀨本 | 29 | 21 | 7 | 18 | 10 | 3 | 5 | 38 | 131 | 2 | 133 |
| 村岡本 | 29 | 21 | 7 | 17 | 10 | 3 | 5 | 37 | 129 | 1 | 130 |
| 西明寺本 | 28 | 21 | 7 | 17 | 10 | 3 | 5 | 20 | 111 | 1 | 112 |
| 春日本 | 28 | 21 | 7 | 18 | 9 | 3 | 5 | 37 | 128 | 7 | 135 |
| 山岸本 | 29 | 21 | 7 | 17 | 10 | 3 | 5 | 38 | 130 | 24 | 154 |
| 金句集原本 | 29 | 21 | 7 | 18 | 10 | 3 | 5 | 38 | 131 | | |

上表は句の分割・合併を正し、位置をあるべき姿に戻した形での表である。
増補句は、帝王事の帝範句、重出句、及び第七表の句を収める。
金句集原本としたのは、成立時に存したと推定される數である。
西明寺本は巻末に落丁があるため、愼身事の數が少ない。この本は概して村岡本に近いようである。現藏者不明のため數値は確かでない。

の關連の點では現状のままの調査も一方法であるが、修正した數値も比較上の利點はある。

金句集、父子事の次則は、雜記本のみ「又云」を挾んでいて、二則と見える。

論語云、父母在(イマ)ス時ハ不二子遠ク遊ハ一。
又云、父母年ヲハ不レ可レ不レ知。　　雜記本

この上下とも里仁第四の句であるが、玉函祕抄中巻は別句として並べている。金句集は皇侃本により「子」を「不遠遊」の上に加えて一則とした。雜記本の「不子遠遊」は不審。「又云」があるのは、清原宣賢が二則としたのであろう。金句集としては一則としておきたい。

次のように、文章の中の引用句を誤解して、獨立の一則とした例もある。

論語曰、魯哀公謂孔子云、有好忘者、

移宅忘其妻。
孔子曰、又有好忘甚此者、近見桀紂之君、乃忘其身。　伊達本帝王事

右は、貞觀政要、君臣鑑戒第六による。二則のごとく見えるが、勿論一則である。同一書の中の、所在する章が異なる句を一つにした例がある。左は帝範の審官の句と同去讒の句であり、他本で「叢蘭」の上に「又ム」を入れて二則とするのが正しい。

帝範云、良匠無弃材、明君無弃士。叢蘭欲茂秋風敗之、王者欲明讒人蔽之。　村岡本帝王事

兩則の間に、題材の共通、論旨の近似、或いは、他方が一方の譬喩に相當する、等、何らかの關連性があれば、そこに編者の意圖を感じ取ることもできて、正誤の判斷に搖れることになる。

さて、金句集原本を一三一句として諸本を見ると、松平本と靜嘉堂本・西明寺本に脱落の多いほかは、ほぼ同じである。最も書寫の古い松平本が目立って少ないため、少數から順次增補されて行ったかとも考えられるが、松平本には誤り[16]もあり、存する句と存しない句との間に質的差異を見出し難いので、靜嘉堂本[17]と共に誤脱と考えたい。成立が金榜集を參照して永正末とすると、管蠡抄などと違って、諸本との間に時日の大きな隔たりがないことも、數段階に分れた增補を考え難い一理由である。第四章一、參照。

增補は山岸本の二十四句が特に多い。この諸本狀況から見て山岸本が金句集の原初形態である可能性はないであろう。增補句と見なしたものが各部の末にあること、獨自の句が十八もあり、「建康曰」など金言集に見えない名を見ることを理由と成しえよう。伊達本の增補については註（14）參照。その增補數は表に加えない。

# 第四章　主 要 寫 本

## 一、松平本金句集

本書は、高松市松平公益會が管理し、披雲閣本としても知られた書である。現在は高松松平家歴史資料、香川縣歴史博物館の保管となり、正しくは松平賴武氏所藏である。小型、一冊、福住道祐寄贈本のうちである。諸本の中でもっとも古い識語を有するので、左にそれを示す。

雖悪筆頻承候開貴意難去書寫之後見／之人々落字亂韻可預御直且者形見共御一見／自然之次者一笑々々諸事人間不定之世上今日／難過　古人云　人間萬亨不如意何時相逢語此情
于時太(ママ)永四暦師走十三　肥州宇土郡住　善祝書之　（五丁裏）

六丁表に道祐の識語がある。

有人使此卷附予、於是修補了也
寛文三暦十月七日　　如松子

松平本金句集は、昭和四十二年頃友久武文氏の中世國文學資料調査に隨從して、香川縣を調査する際に、松平藩遺藏書を管理保管する松平公益會において披見したものである。藏する寫本の中で福住道祐寄贈本は、殊に價値ある書と思われた。卽ち、『文正記』『花月對座論』、曹洞宗系宗門教義書の一種『洞水逆流』『叱澗錄』等である。後二書は來田隆氏により研究された(18)。

福住道祐（如松子）は、浪華に住し、貞享三年（一六八六）頃に高松藩に招かれる。致仕し、浪華に歸る際に獻上した藏書が「福住道祐寄贈本」と貼附された書である。

松平本金句集の注意すべき點は、第一に、金句集諸寫本の中で最も古い大永四年（一五二四）の書寫であること、金句集の祖形に擬せられる金榜集の永正十七年（一五二〇）に僅か四年の後で、この閒に金句集が成立していたと考えねばならぬことになる。しかも、書寫地が、九州肥後國宇土郡であって、京畿より遙かに遠く、もし金句集成立が京畿であれば、その傳播やいかにと思わせる。

構成は正しく八部門で、順序正しい。但し、句數は第四表に見る如く、全九十五則で各部門共に少ない。これを、成立時少數で、漸增して一三一則に至ると見るか否か、この閒に質的差異を見難いので、松平本に缺失があったものかと一往考えたのであったが、以下の如く松平本に增補句と目すべき句がないのは、古態を示すものであろう。

松平本は、影印に見るごとく、書寫狀況が最善ではない。誤寫は、同筆で離れた位置に訂正があり、誤脱もある。このことは、松平本の價値を下げるには至らない。

松平本の訓讀は綿密であり、傍訓・訓法も詳細であって、研究に資するであろう。第二則書き入れ「先ツヨク扶持ヲシテ后ニヲコナヘト也」のような説明文も附く。一九則「天子無戲言」に「マイロウ」とあるのはおもしろい。「戲言」を「賣弄」で説明している。綴絲が深くて、影印で判讀し難い所があるのは殘念である。

帝王事では正しく二十九則揃っており、臣下事では、その後部の四一～四三、四六・四九則を缺く。缺失の多い靜嘉堂本以外は存している。このうち四二・四三・四六・四九則は金榜集にもなく、他から補なわれて金句集、そして松平本となったと思われる。

松平本が転寫に際して誤りを犯しているところがある。

汝衍車銘云　爲君之道必須先存百姓（下略）

これは憑衍車銘の「乘車必護輪、治國必愛民（下略）」の書名のみ殘し、この次々則、貞觀政要君道第一「爲君之道必須先存百姓、若損百姓（下略）」の句頭を續けて書いている。

松平本は金句集成立時の寫本ではない。しかし、最も近い頃の寫本として貴重な寫本と思われる。臣下事の史記句には、他本にない「成王封伯禽於魯、周公戒之曰」が前置され、これがあって、引用部分の意が明瞭となるので、松平本は成立初期形態の痕跡ともいえる。

黎元事に「汝衍車銘云」の句を脱し、父子事の三番めの則は、句が入り混っていて、あるべき姿ではない。孝經喪親章孔安國注、論語・里仁、孝經廣揚名章孔安國注が交錯し、他本にない混亂となっている。

この狀況を見るとき、松平本に金句集成立間もなくの未整理を感じるのである。

（表紙）

（1オ）

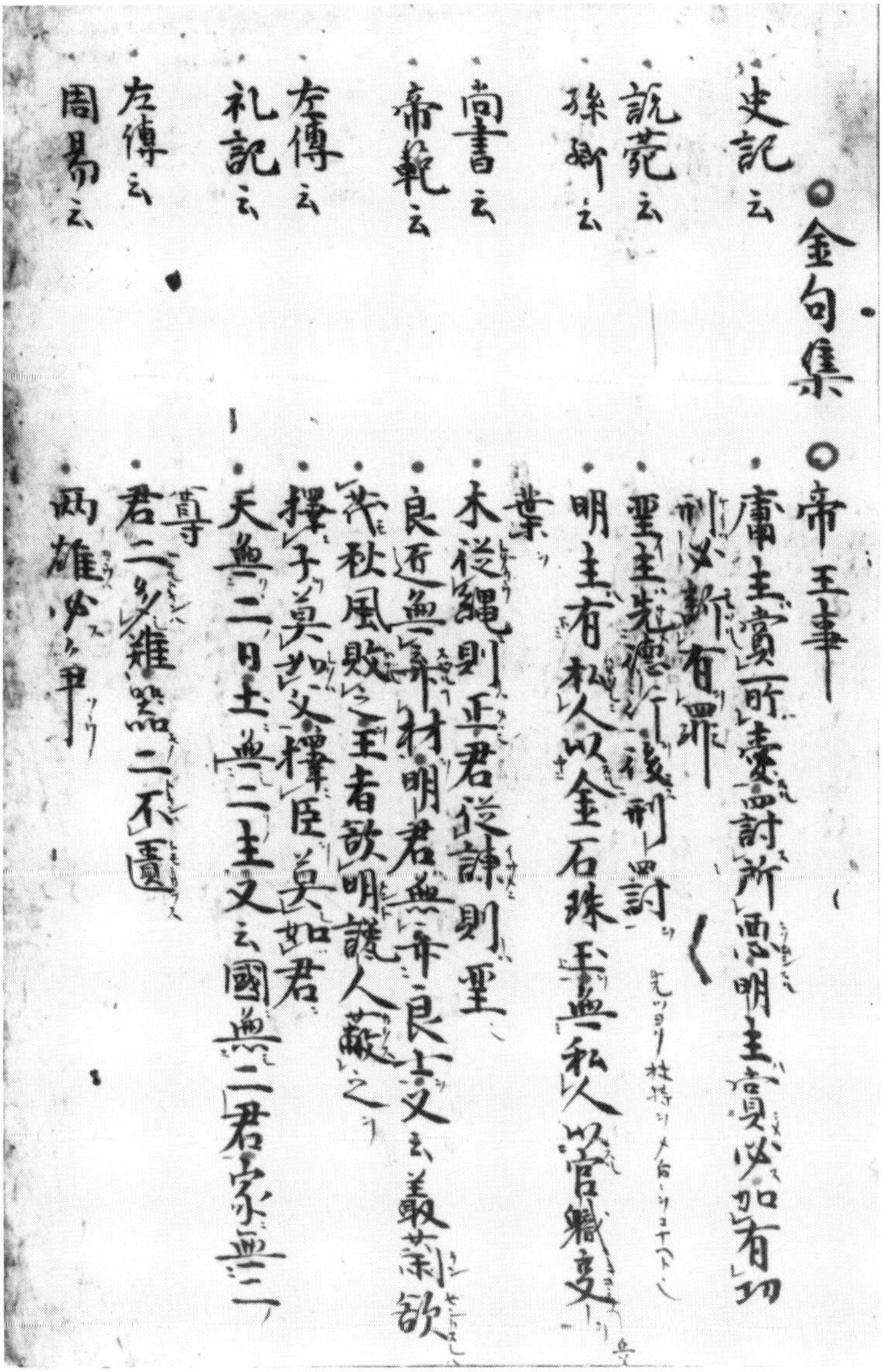

◎金句集　◎帝王事

史記云　庸主賞所愛罰所惡明主賞必加有功刑必斷有罪

説苑云　聖主先德行後刑罰

孫卿云　明主有私人以金石珠玉無私人以官職事業

尚書云　木從繩則正君從諫則聖

帝範云　良匠無棄材明君無棄良士又云叢蘭欲茂秋風敗之王者欲明讒人蔽之

左傳云　擇子莫如父擇臣莫如君

礼記云　天無二日土無二主又云國無二君家無二尊

左傳云　君二多難器二不匱

周易云　兩雄必爭

（1ウ）

12 論語云 聖主必待賢臣而加功業、俊子亦待明主以顕其徳

13 文選云 明主使臣不廃有罪

14 塩鉄論云 聖主以賢為宝、不以珠玉宝

15 荘子云 河廣源大、君明臣忠

17 漢史論云 病家厨非無嘉膳也、乃其人弗之能食故、遂死乱國之官非無賢人也、乃其君弗之能用故遂亡

18 又云 養寿之士先病服薬、世君先乱任賢

19 史記云 天子無戯言

20 貞観政要 嘉（喜）則濫賞無功、怒則濫殺無罪

21 論語云 魯哀公謂孔子云、有好忘者、移家忘其妻、孔子云、有好忘甚於此者、近見桀紂之君乃忘其身

22 漢書云 任賢必治、任官必乱

（２オ）

31　30　29　28　27　26　25　24　16　23

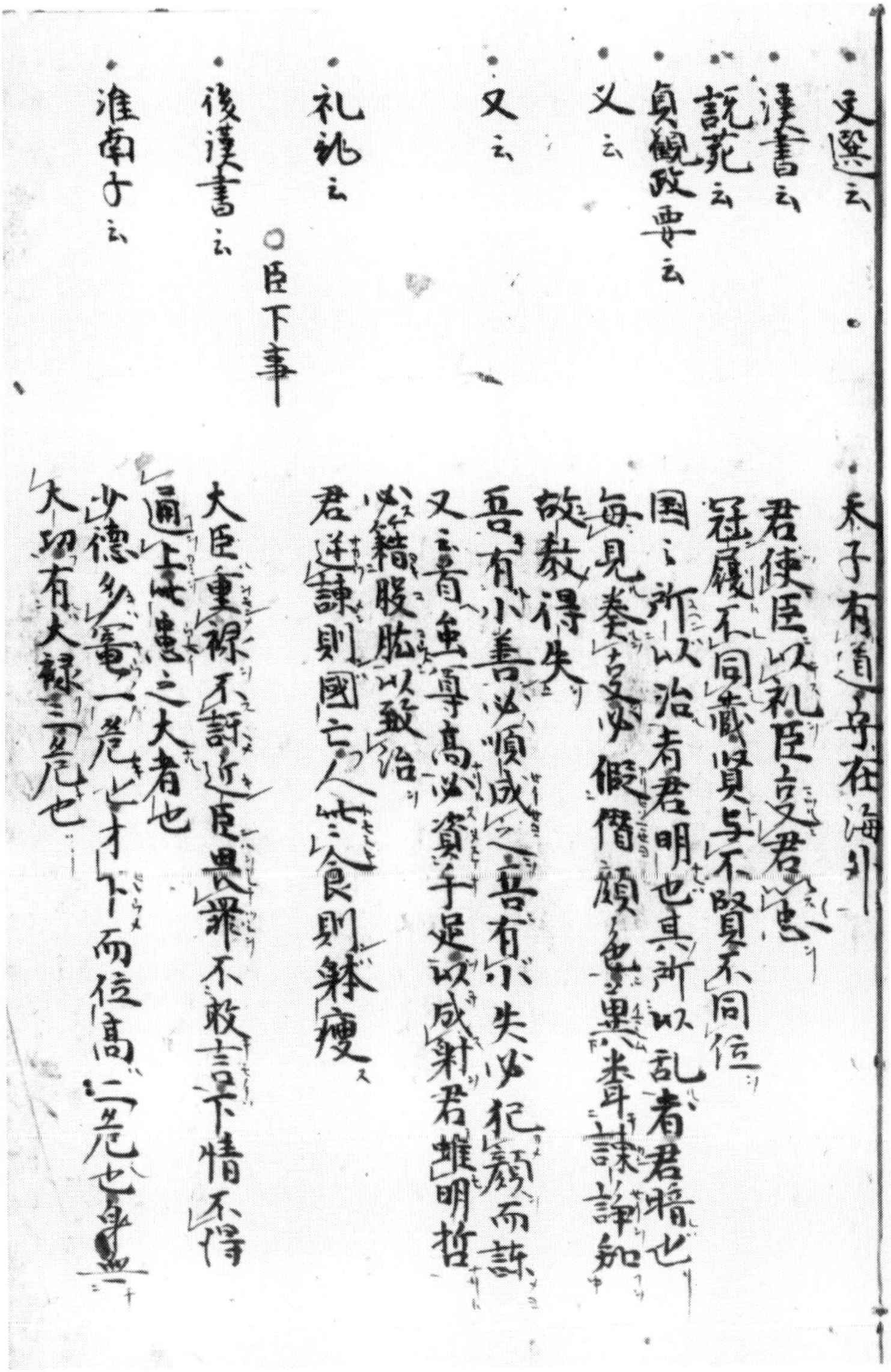

文選云　太子有道守在海外

漢書云　君使臣以礼臣事君以忠

説苑云　冠履不同藏賢与不賢不同位

貞観政要云　国之所以治者君明也其所以乱者君暗也

又云　毎見奏事必假借顔色冀聞諫諍知政教得失

又云　吾有小善必順成之吾有小失必犯顔而諫

又云首雖尊高必資手足以成體君雖明哲必藉股肱以致治

礼記云　君逆諫則国亡人嗇食則躰瘦

○臣下事

後漢書云　大臣重祿不諫近臣畏罪不敢言下情不得上通此患之大者也

淮南子云　少德多寵一危也才下而位高二危也身無大功有大祿三危也

（２ウ）

48　47　45　44　40　39　38　37　36　35　33　32　34

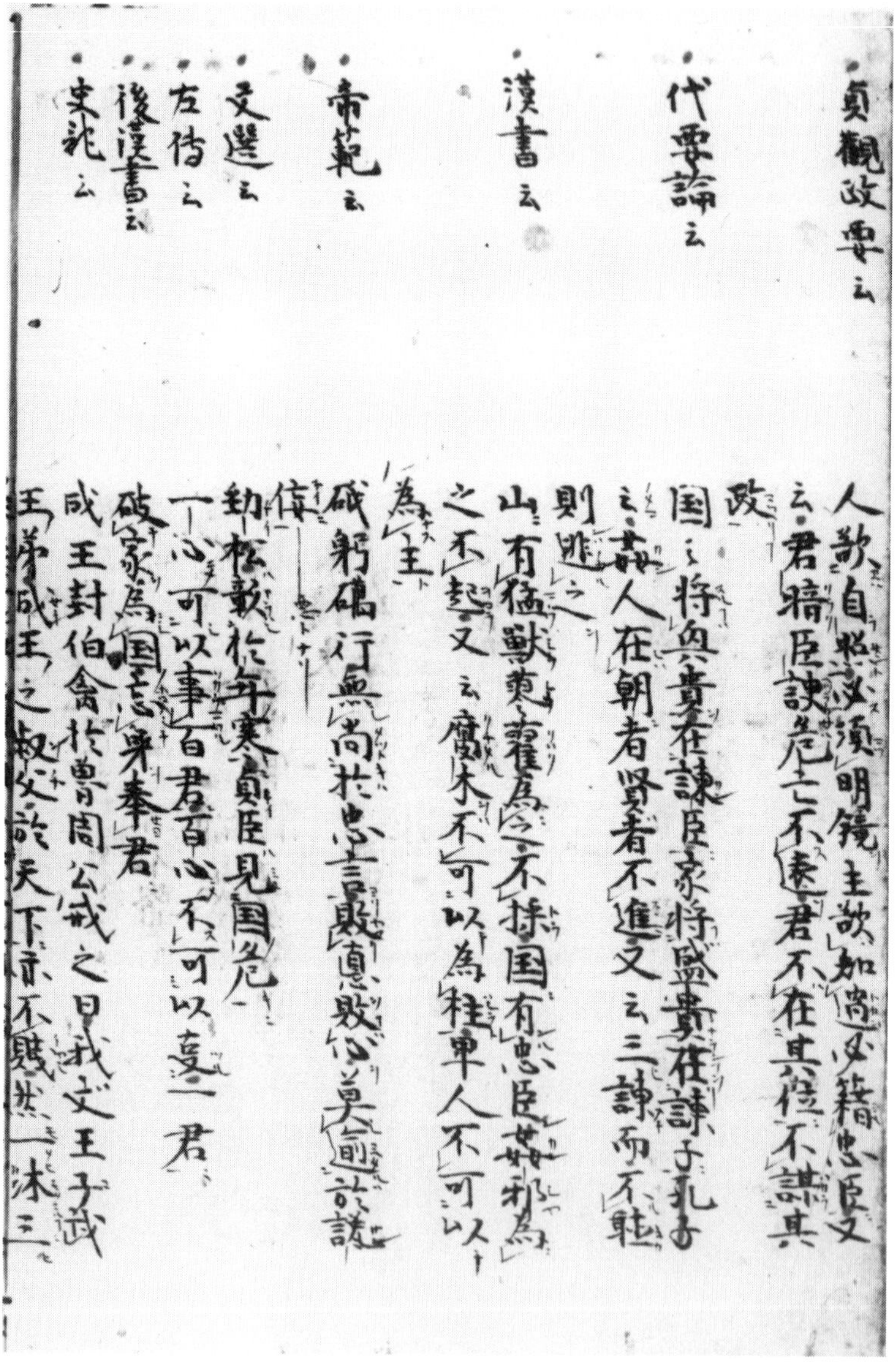
貞観政要云　人欲自照必須明鏡、主欲知過必籍忠臣
又云　君猜臣諛危亡不遠　君不在其位不謀其
政
代要論云　国之将興貴在諫臣、家之将盛貴在諍子、孔子
云　姦人在朝者賢者不進　又云　三諫而不聴
則逃之
漢書云　山有猛獣藜藿為之不採、国有忠臣姦邪為
之不起　又云　腐木不可以為柱、卑人不可以
為主
帝範云　砥躬礪行莫尚於忠言、毀徳敗功莫逾於讒
佞
文選云　勁松彰於歳寒、貞臣見国危
左伝云　一心可以事百君、百心不可以事一君
後漢書云　破家為国、忘身奉君
史記云　成王封伯禽於魯、周公戒之曰、我文王子、武
王弟、成王之叔父、於天下亦不賤矣、然一沐三

（３オ）

50 ・文集云　握髪一飯三吐哺以待士猶恐失天下賢人
汝以国莫驕人
・黎元事
51 ・池行車銘云　忠臣不仕二君貞女不改二夫
52 54 漢書云　敬賢如大賓愛民如赤子
為君之道必須先存百姓若損百姓以奉其
身猶割脛食腹腹飽而身斃若安天下必須
先正其身未有身正顔曲上治下乱
57 ・貞観政要云　有道之主以百姓之心為心民貧不畏刑罪
◎政道事　議死遂何益（誠）
58 ・漢書云　天予不取返受其咎時至不行返受其殃
60 ・要覧云　以悳勝人昌以力勝人亡
61 ・帝範云　不以一悪忘其善勿以小瑕掩功諫則要不恐
62 ・吏記云　有功不賞則善不勧有過而不誅則悪不懼
◎學業事
76 ・漢書云　君子不学不成其徳

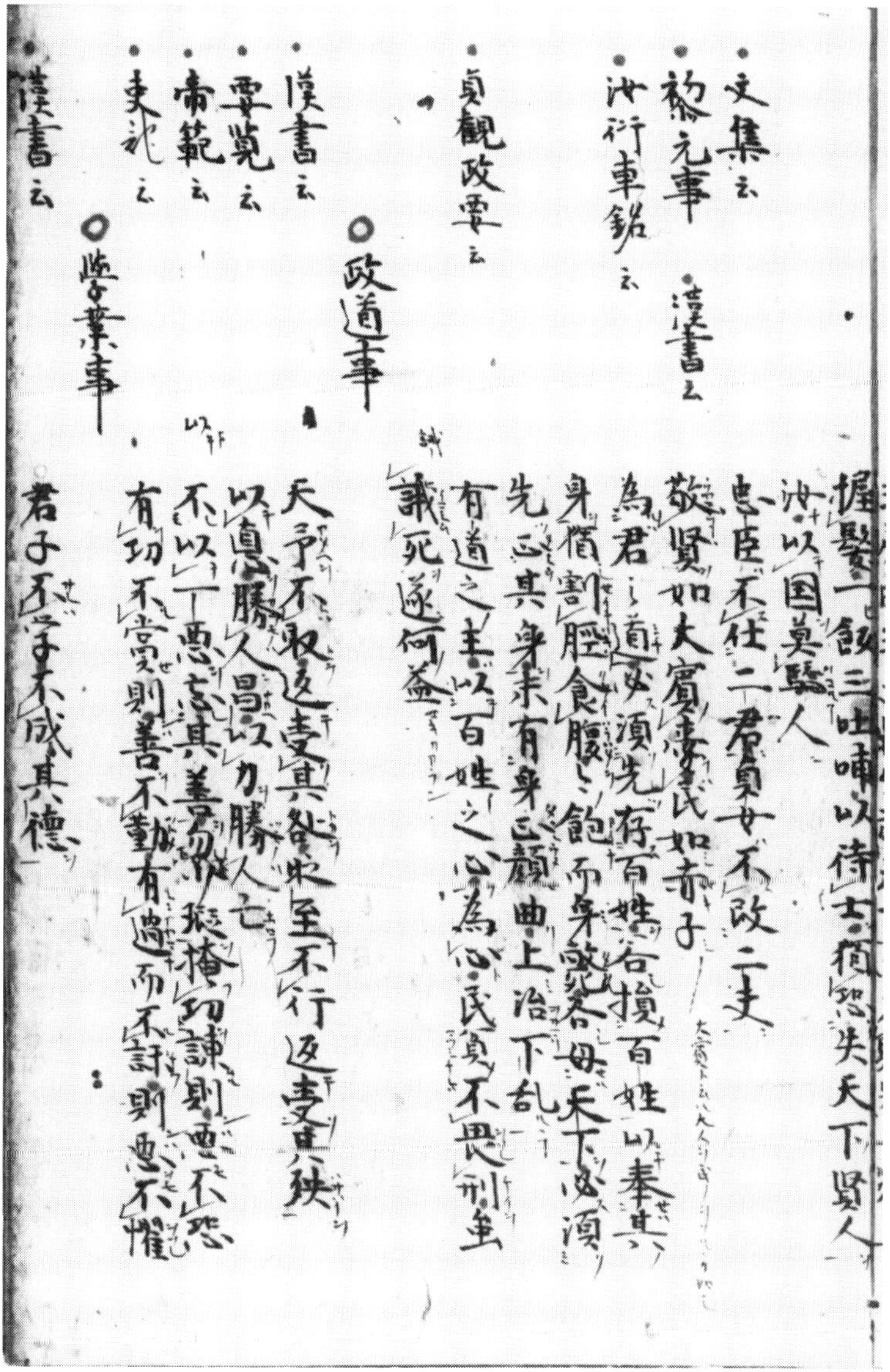

（3ウ）

78 礼記云　玉不琢不成器人不学者不知道文云

79 雖有嘉肴弗食不知其旨雖有至道弗学不知其善

81 葛氏云　水積成渕学積成聖

82 顔子云　曽子七十過好学名聞天下荀卿五十始来遊学猶為成碩儒孫弘四十余方讀春秋以此登宰相朱雲亦四十始学易論語皆終成大儒幼而学者如日出光老而学者如秉燭夜行

84 礼記云　独学而無友則孤陋而寡聞

85 ○文武事

86 帝範云　文武二道捨一不可

87 史記云　文能附衆武能威敵

88 説苑云　有文無武以無威下有武無文民畏不親文武倶至威徳乃成

○父子事

（４オ）

111　109 110　107 108　106　105　103　104　102　101　100　93　91 92　90　89

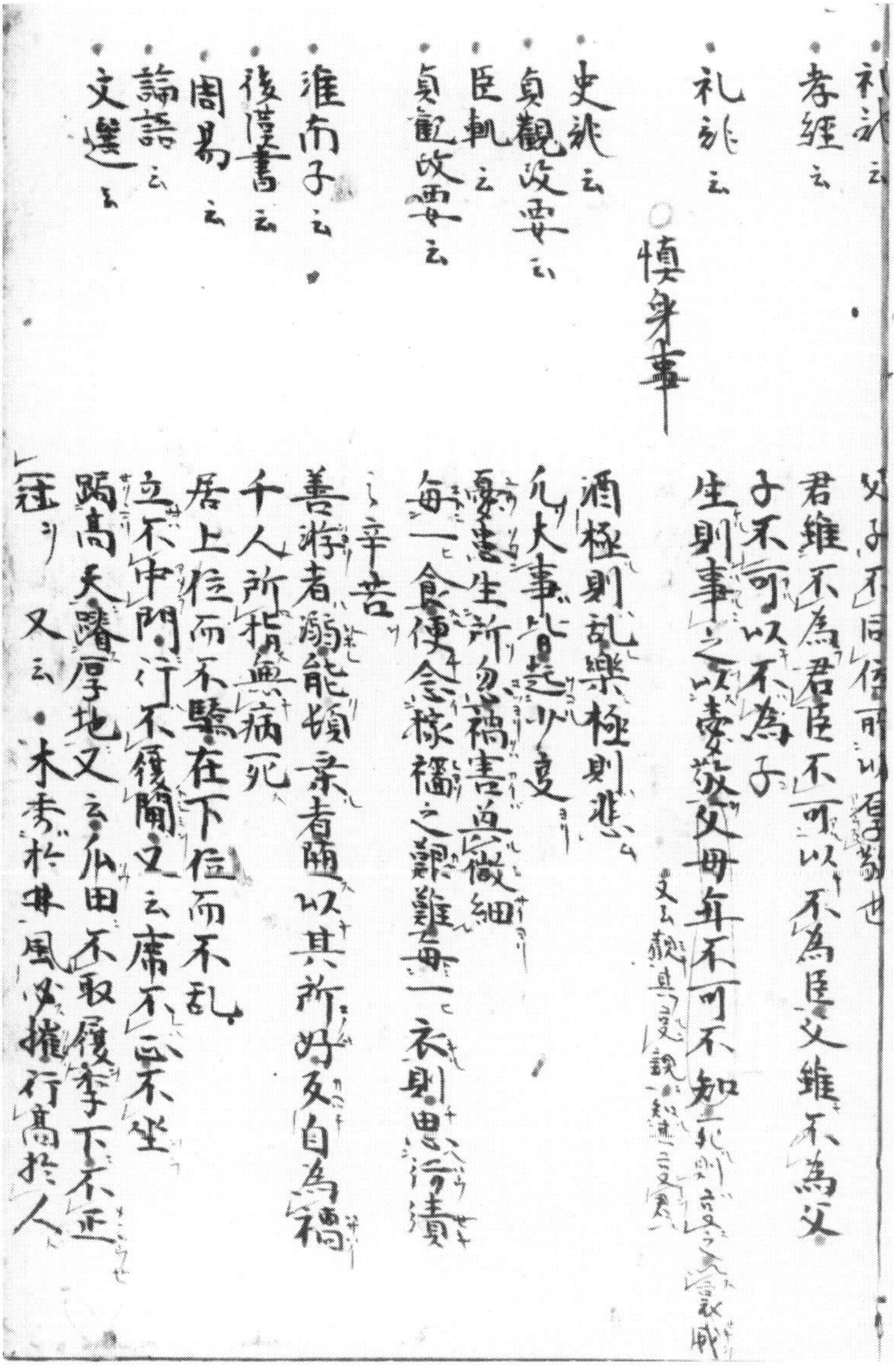

礼記云　父子不同位所以厚敬也

孝経云　君雖不為君臣不可以不為臣父雖不為父子不可以不為子

礼記云　生則事之以愛敬父母并不可不加　死則…

○慎身事

史記云　酒極則乱楽極則悲

貞観政要云　凡大事皆起小事

臣軌云　象害生所忽禍害起微細

貞観政要云　毎一食便念稼穡之艱難毎一衣則思紡績之辛苦

淮南子云　善游者溺能騎者堕以其所好反自為禍

後漢書云　千人所指無病死

周易云　居上位而不驕在下位而不乱

論語云　立不中門行不履閾又云席不正不坐

文選云　踞高天蹐厚地又云瓜田不取履李下不正冠　又云　木秀於林風必摧行高於人

（4ウ）

130　129　123　122　121　119　116　113　112
131　　　　125　　　　　　　　118　114

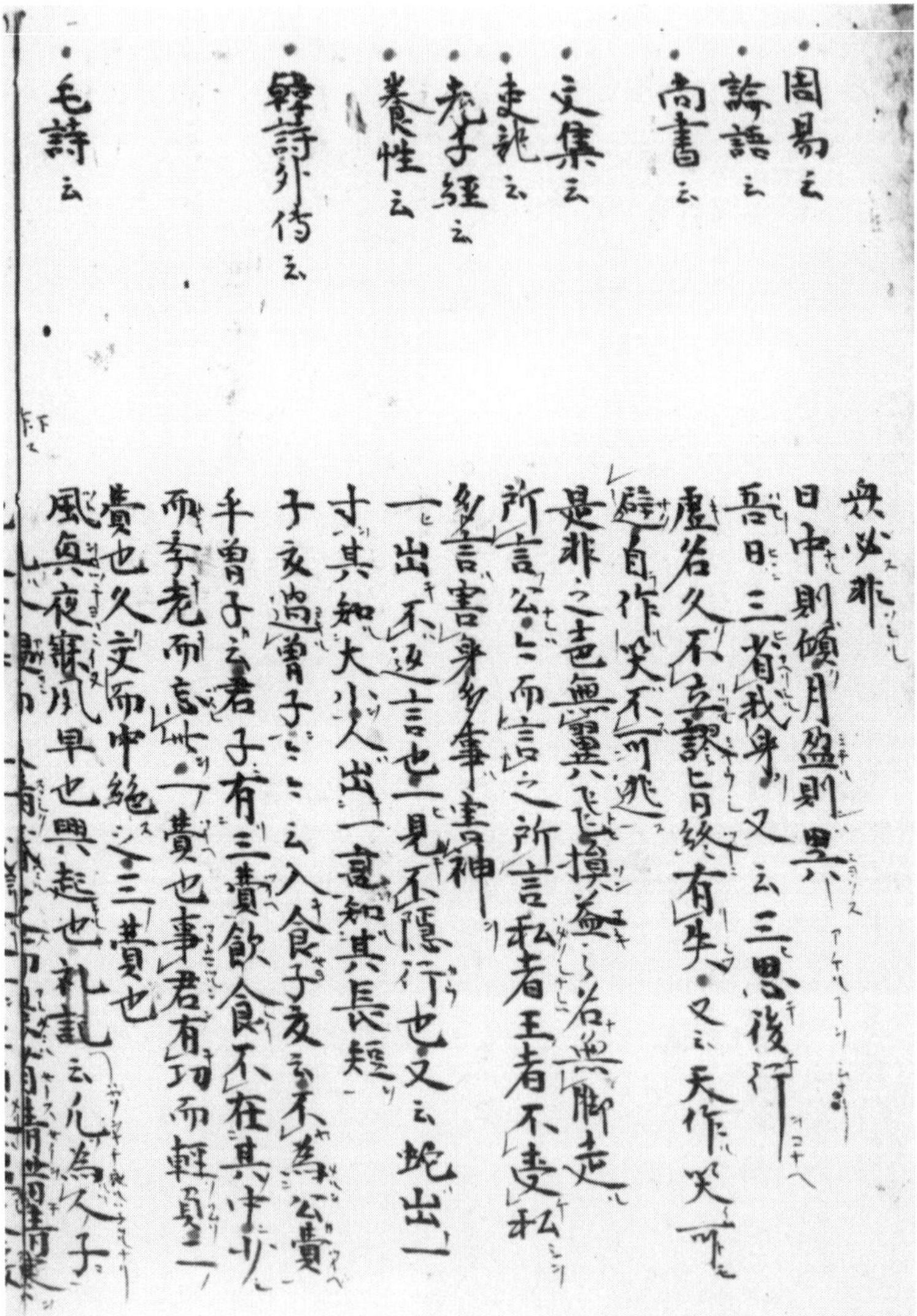
周易云
論語云
尚書云
文集云
史記云
孝経云
養性云
韓詩外伝云
毛詩云

無必非
日中則傾月盈則異
吾日三省我身又云三思後行
慮名久不亡謀旨終有失又云天作災可避
自作災不可逃
是非之患無翼飛損益之名無脚走
所言公之而言之所言私者王者不受私
多言害身多事害神
一出不返言也一見不隠行也又云蛇出一
寸其知大小人出一言知其長短
子夜過曽子之云入食子夜云不為公貴
手曽子云君子有三貴飲食不在其中
而孝老而忘貴也事君有功而輕賞二
貴也久交而中絶三貴也
風興夜寐凡早也興起也礼記云凡為人子

（５オ）

127　95　94

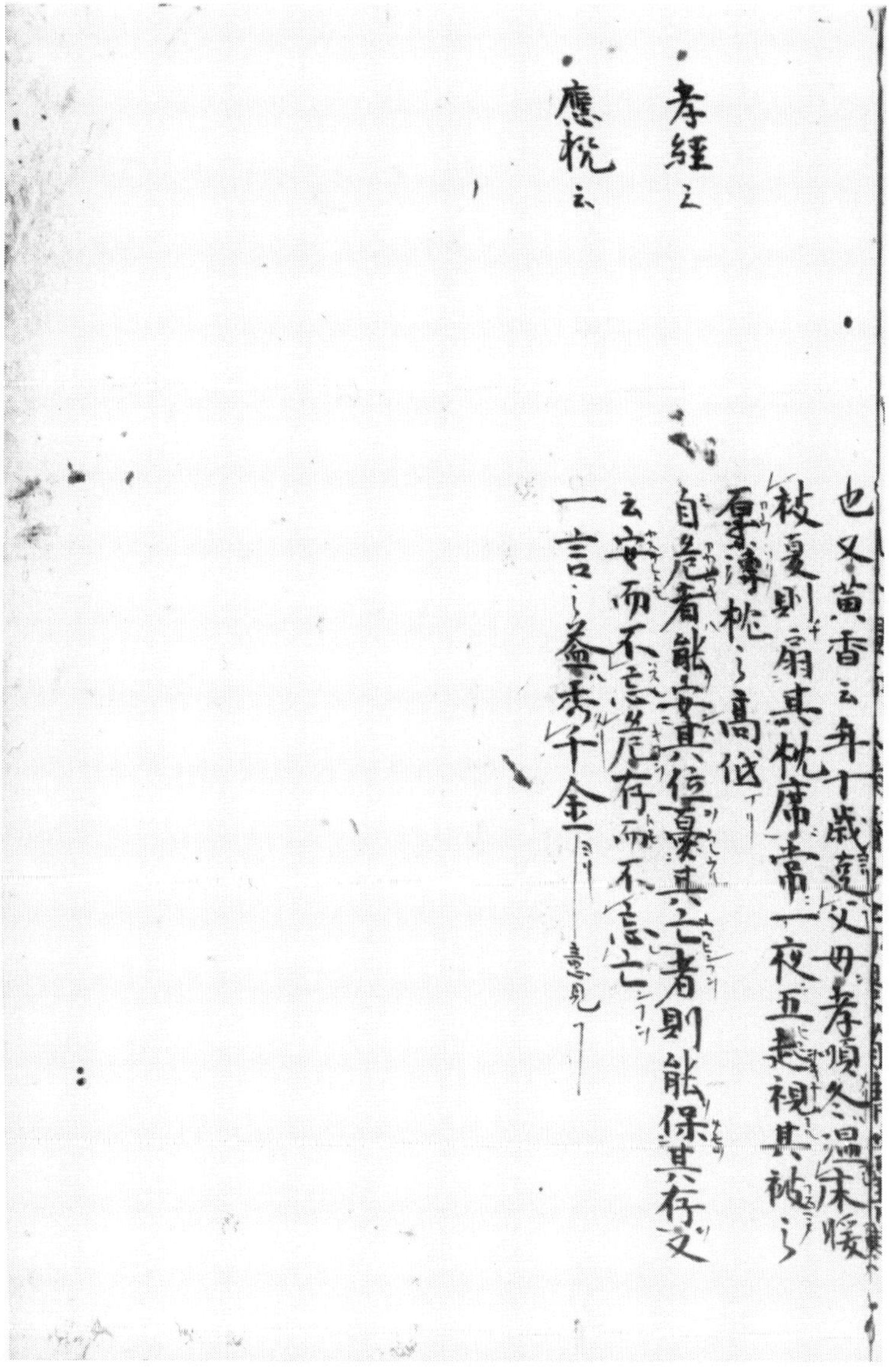
也又黄香云年十歳喪父母孝順冬温床暖
枕夏則扇其枕席常一夜五起視其被之
厚薄枕之高低
孝經云
自危者能安其位憂其亡者則能保其存又
云安而不忘危存而不忘亡
應機云
一言之益秀千金　意見

（5ウ）

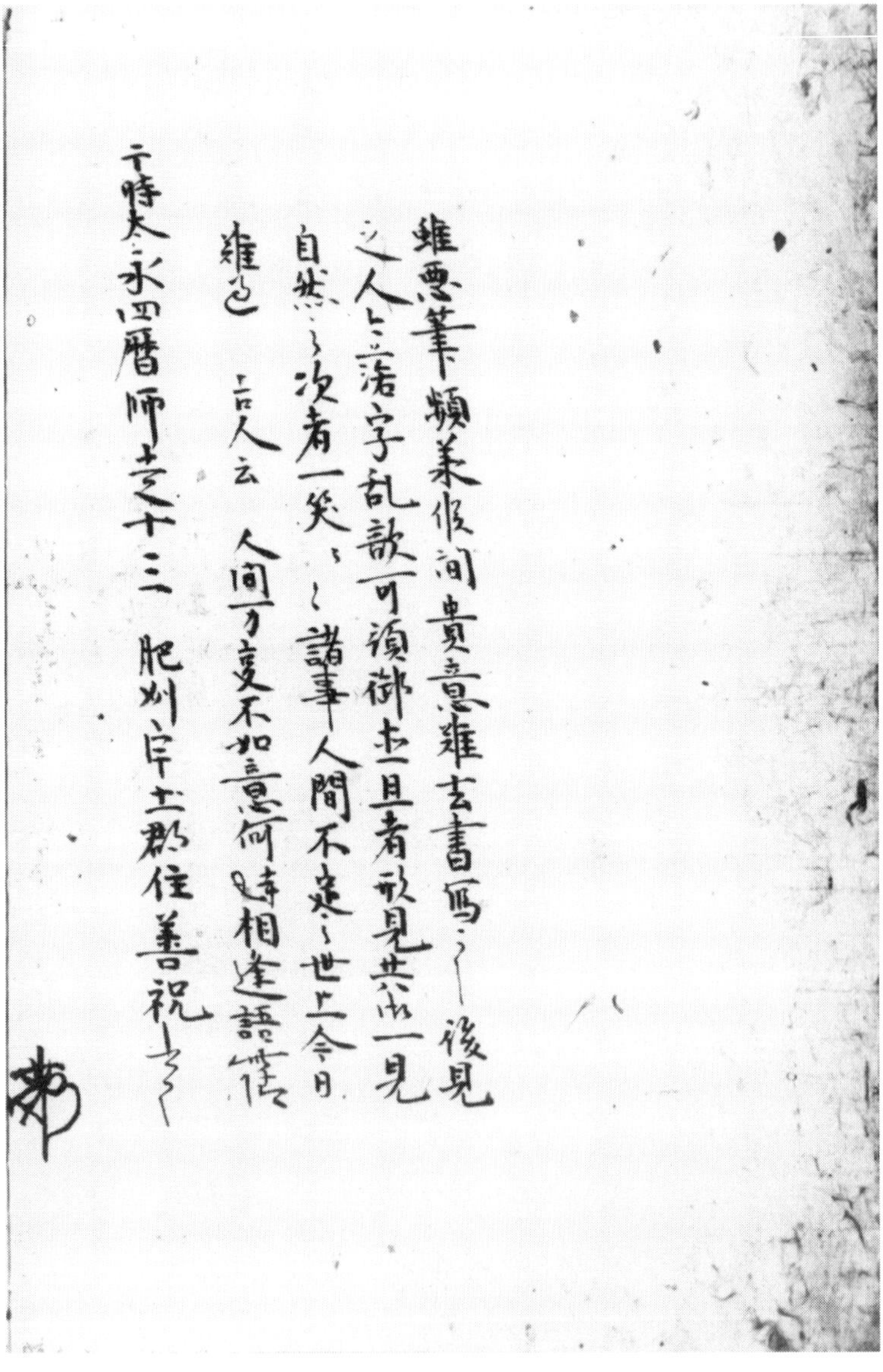
雖悪筆頻来仮間貴意雖去書写之〳〵後見
之人々落字乱敷可預御恕且者欤見共依一見
自然〳〵次有一笑〳〵〳〵諸事人間不定〳〵世上今月
雖也　古人云　人間万変不如意何時相逢語候
于時大永四暦師走之十三　肥州宇土郡住善祝〳〵〳〵

（６オ）

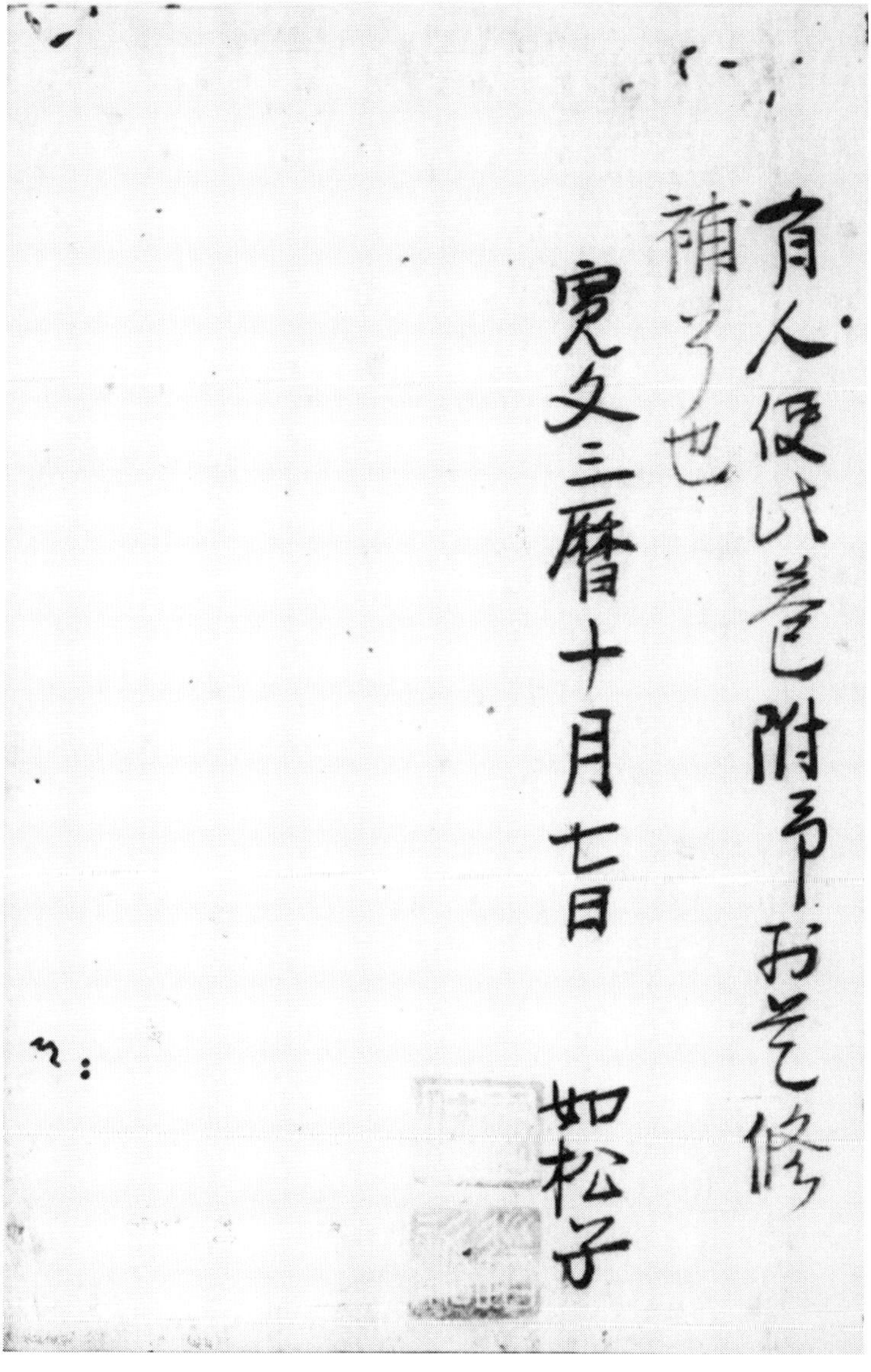
有人使成巻已附予於是修
補之也
寛文三暦十月七日　如松子

## 二、雜記本金句集

前田育徳會尊經閣文庫には、金句集が二冊藏せられている。一は、第三章二に擧げた諸本のうち「12、金句抄。一冊、永祿元年（一五五八）寫」とするもの、表題「金句集」、内題「金句抄」、『尊經閣文庫圖書分類目錄』（昭和一四年）に從って「金句抄」とする。他は表題「雜記」で、目錄にもこれで載り、その故か注目されて來なかった。この册は、享祿四年（一五三一）の内亂を敍した文章「雜記」四丁半があり、半丁を置いて、「金句集」の内題のもと、十丁續き、「金句集終」と記される。また仁・義・禮・智・信の五常が一丁に亙り記されて、その丁の末に「清宮内卿枝賢迅毫」と結ぶ。その上方と左行に小字で左の句がある。

　　右爲日下教景（朝倉太郎左衛門尉也）

　正三位行侍從臣清原朝臣宣賢選焉

右の奥書について、米原正義『戰國武士と文藝の研究』第二章、越前朝倉氏の文藝[19]、は左のように説いている。左にいう「短文五篇」は五常を指す。

> この奥書が短文五篇だけのものか、金句集にも及ぼしてよいものか、また短文五篇を金句集に含めることが可能かどうか明らかにされないが、一應金句集以下の奥書と見てよいと思う。枝賢はこれを書寫して、朝倉教景（宗滴）に與えたのであって、これまた宣賢が朝倉治下に及ぼした學問の一端であった、ということができる。

清原枝賢が宮内卿になったのは永祿六年（一五六三）。雜記の終末部に「始於丙戌、終辛卯、治亂如斯」とあり、一五二六〜三一年の内亂が細川高國の自殺で終わる一部始終を、その結末の時點で記錄したものであるが、それを枝賢が轉寫したのであろう。枝賢が宮内卿になった年は朝倉教景歿後であって、この五常は清原宣賢が選んで教景に與えたことになろう。祖父であり大儒である宣賢の選んだ「五常」を枝賢は知っていたのである。

この點について、前掲G論文において、私は「清原宣賢が選んだのは、金句集と五常とであろうと思われる。」と記した。その「選んだ」は「書き止めた」程度の漠然とした意識で書いた。尊經閣文庫で太田晶二郎先生にG論文を呈上し、御指導を願ったところ、後日「不審の點を一つ」として、右の所を鋭く、かつ懇切丁寧な書狀をいただいた。

私の觀察では、「清宮内卿枝賢迅毫」八字に比し、上部の「右爲日下教景（注）正三位行侍從臣清原朝臣宣賢選焉」は、やゝ小さめの文字であつて、これが一續き・一團の字句であると思ひます。此の識語ある本を、更に、宣賢の孫である枝賢が「迅毫」轉寫したのであつて、須らく、さう分るやうに引用すべきであります。（中略）

ところで、「右爲日下教景正三位行侍從臣清原朝臣宣賢選焉」の文句は、「臣」の字を挿入してゐる點から見て、宣賢自身の記文であるらしく、他人が（宣賢を第三人稱にして）書いたものではなさそうです。そして、宣賢の官銜「正三位行侍從」が宣賢の書した其のまゝが寫し取られてゐるとすれば、それは、大永六年十一月十四日敍正三位（公卿補任）以後、享祿二年二月十一日出家（同上）以前のものとなります。

天草本金句集に「五常」が附載せられている。それと土井博士の比較對照された他資料の五常はほぼ同型の五常といってよいが、宣賢選の五常は大きく異なる。雜記本の五常には漢籍の直接引用があり、孟子告子章句上よりの乾の四德に信を加えている。これは儒者の手による構成、それも孟子を重視する姿勢が明らかに見える。

雜記本を金句集諸本の中で重視するのは、書寫・傳承の確かさの上に、金句の數が、金句集の原形と考える一三一句のまま過不足なく存する點にある。いわば、由緒正しい姿を見せているのである。但し、原漢籍に比して、誤りとすべきところ、ないではない。本章に影印し、第五章にその翻字し、出典、共通書籍を擧げた。（加1を缺く）

（表紙）

（6オ）

6　5　4　3　2　1

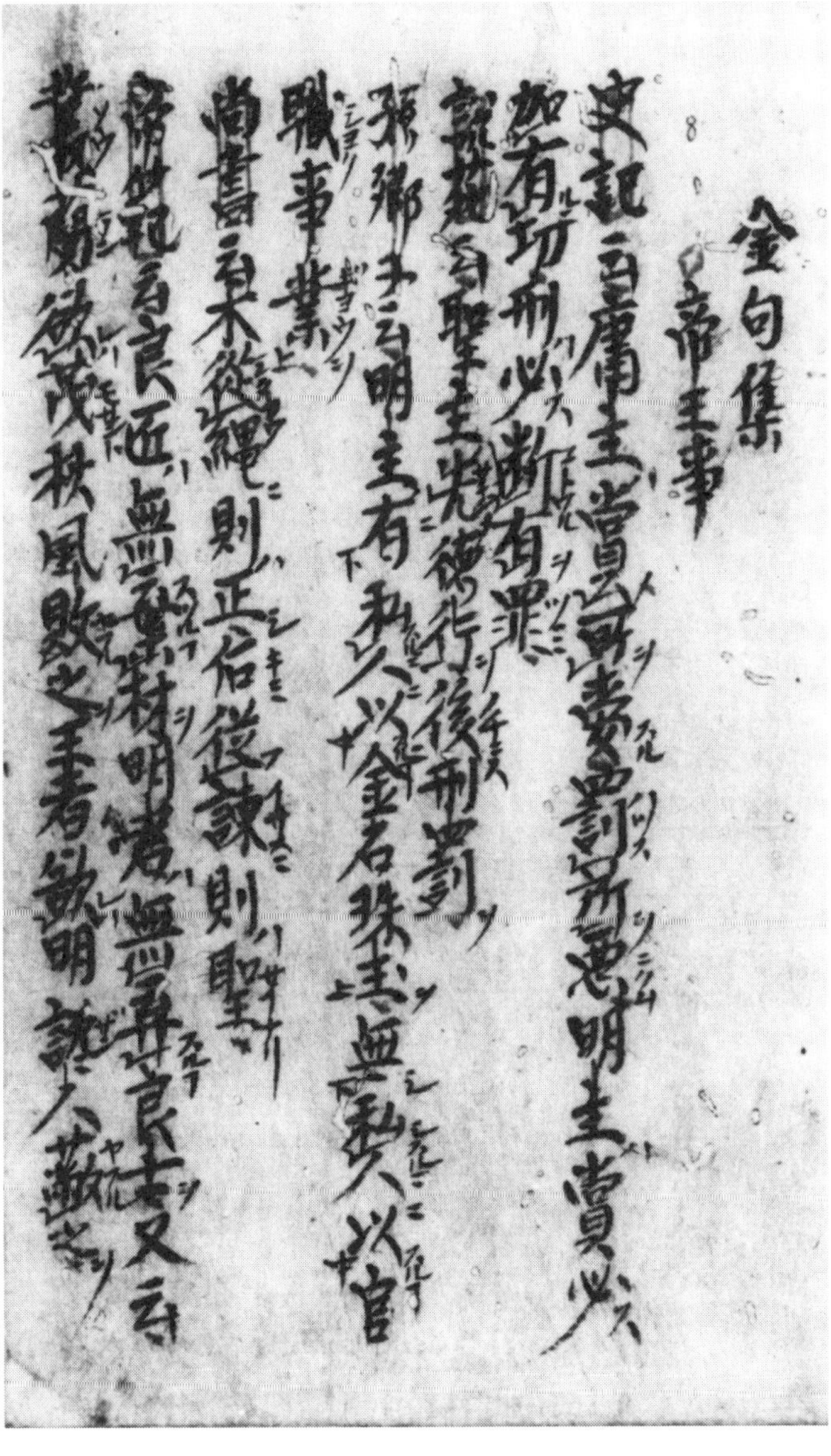
金句集
帝王事
史記云庸主賞所愛罰所悪明主賞必
加有功刑必断有罪
説苑云聖王先徳行後刑罰
新序云明主有私人以金石珠玉無私人以官
職事業
尚書云木從縄則正后從諫則聖
帝範云良匠無棄材明君無棄士又云
叢蘭欲茂秋風敗之王者欲明讒人蔽之

（6ウ）

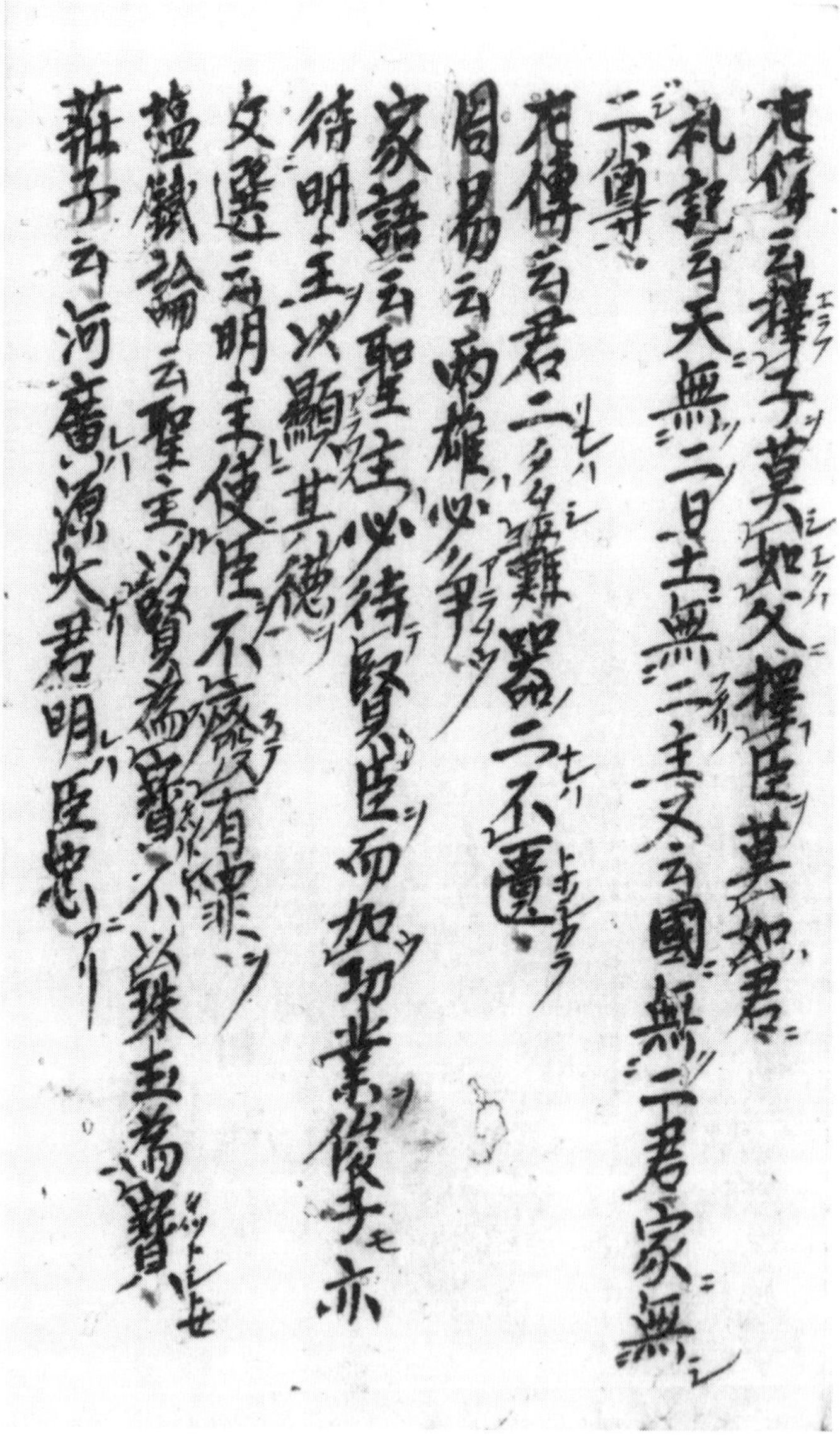

7 花傅云擇子莫如父擇臣莫如君
8 9 礼記云天無二日土無二主又云國無二君家無二
二尊
10 花傳云君二多難器二不匱
11 周易云兩雄必爭
12 家語云聖主必待賢臣而加功業俊士亦
待明主以顯其德
13 文選云明主使臣不廢有罪
14 塩鉄論云聖主以賢為寶不以珠玉為寶
15 荘子云河廣源大君明臣忠

（7オ）

21　20　19　18　17　16

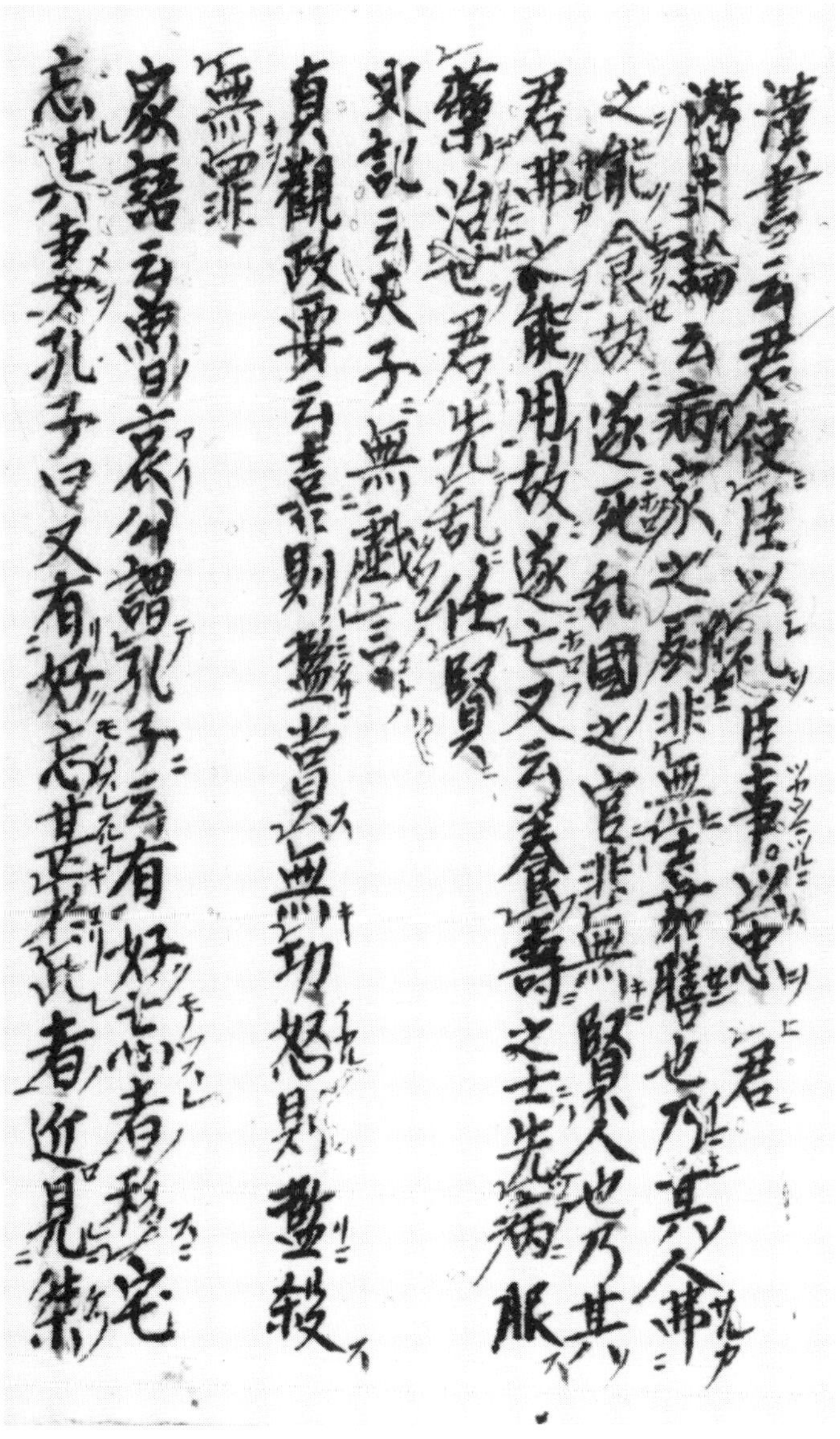
漢書云君使臣以禮臣事君以忠
潜夫論云病家之厨非無嘉饍也乃其人弗
之能食故遂死乱國之官非無賢人也乃其
君弗之能用故遂亡又云養壽之士先病服
藥治世之君先乱任賢
礼記云天子無戯言
貞觀政要云喜則濫賞無功怒則濫殺
無罪
家語云魯哀公謂孔子云有好忘者移宅
忘其妻孔子曰又有好忘甚於此者近見桀紂

（7ウ）

29　28　27　26　25　24　23

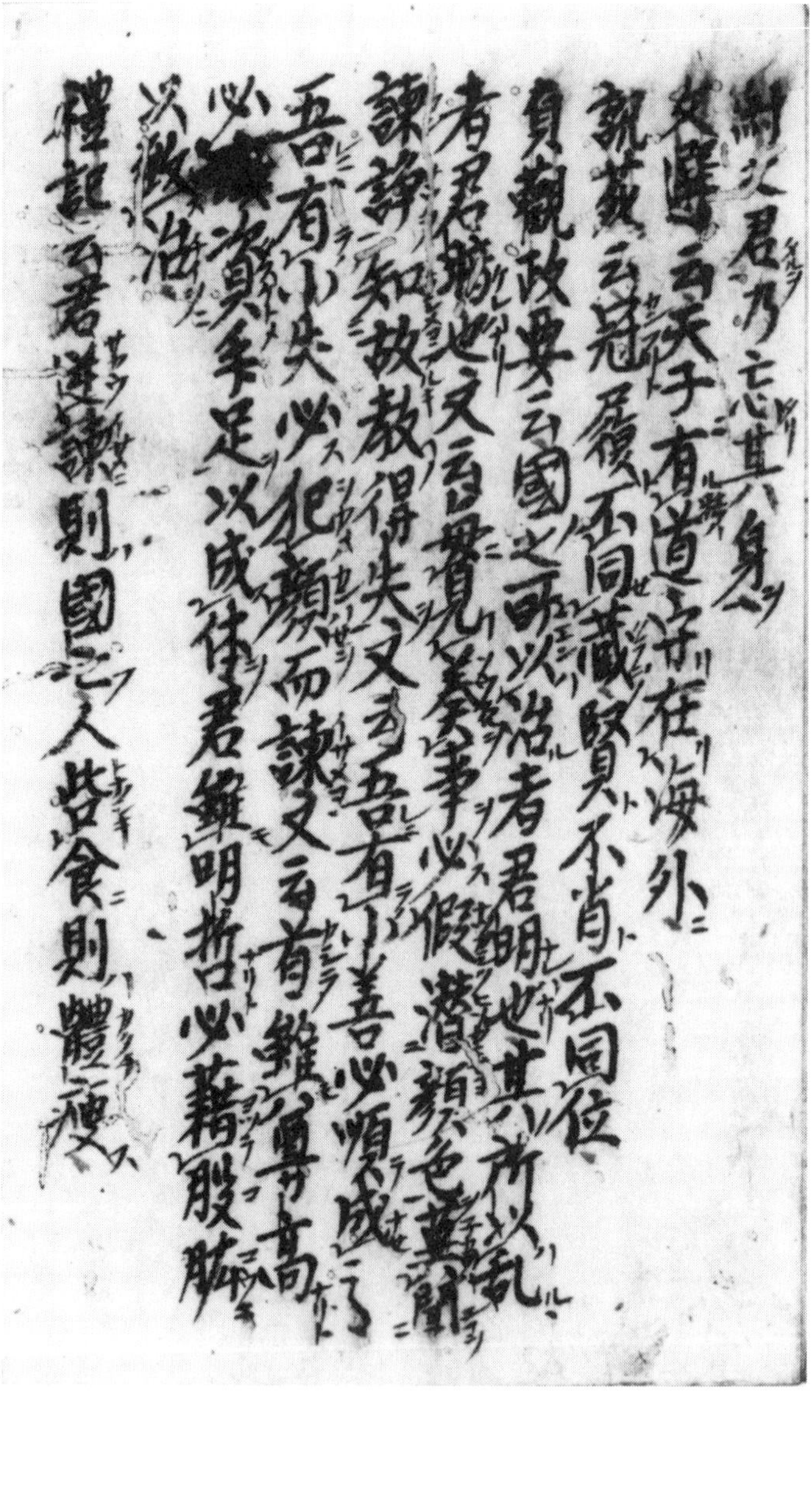

紂之君乃忘其身
文選云天子有道守在海外
説苑云冠履不同藏賢愚不肖不同位
貞觀政要云國之所以治者君明也其所以亂
者君暗也又云君貴見義失事必假潜顔色甚聞
諫諍知故教得失又云吾有一善必順成之
吾有小失必犯顔而諫又云首雖尊高
必資手足以成体君雖明哲必藉股肱
以致治
禮記云君逆諫則國亡人嗜食則體瘦

（８オ）

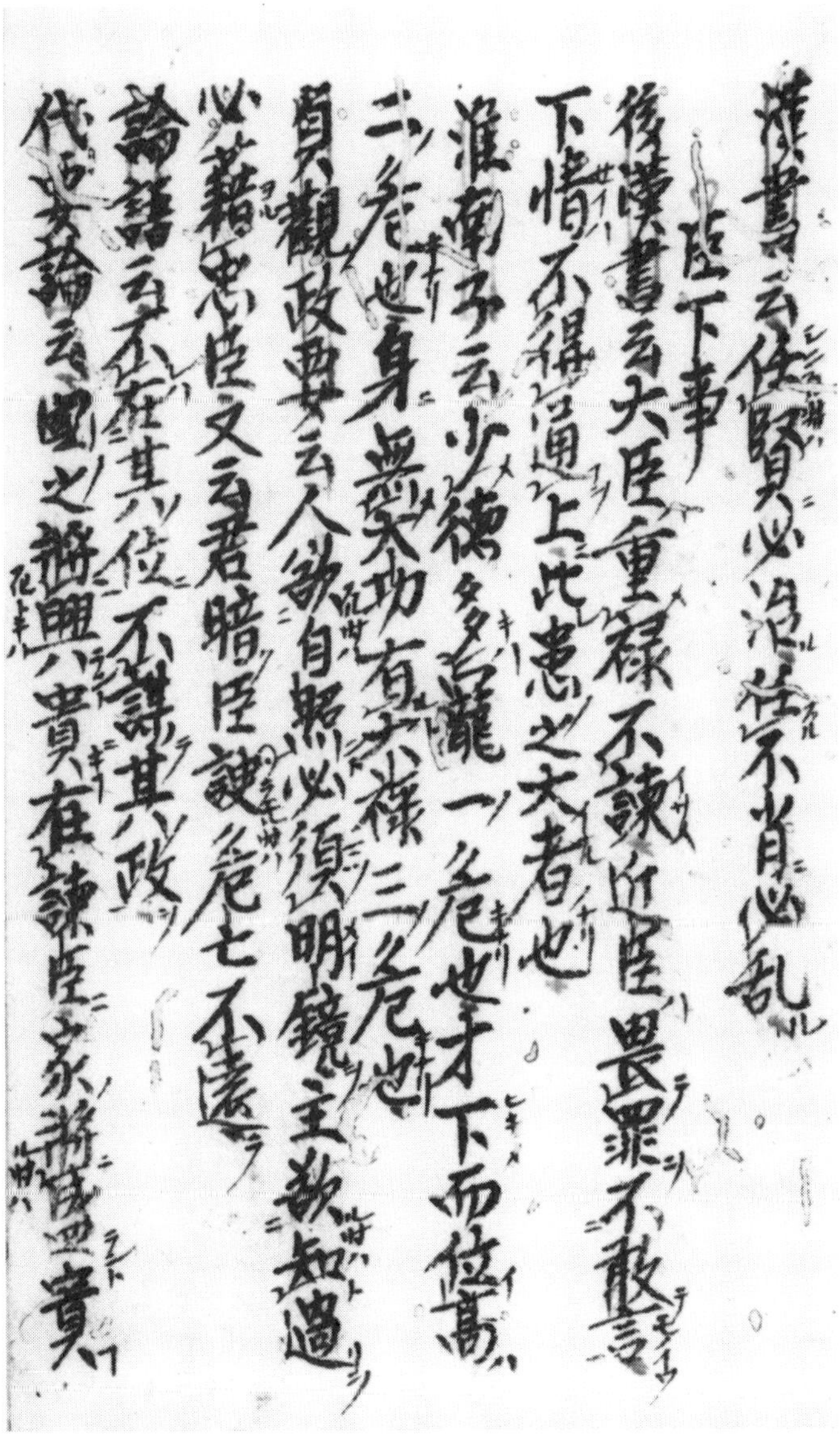
22 漢書云任賢必治任不肖必乱
臣下事
30 後漢書云大臣重禄不諫近臣畏罪不敢言
下情不得通上此患之大者也
31 淮南子云少徳多寵一危也才下而位高
二危也身無大功有大禄三危也
32 貞観政要云人欲自照必須明鏡主欲知過
33 必藉忠臣又云君暗臣諂危亡不遠
34 論語云不在其位不謀其政
35 代要論云國之將興貴在諫臣家之將盛貴

（８ウ）

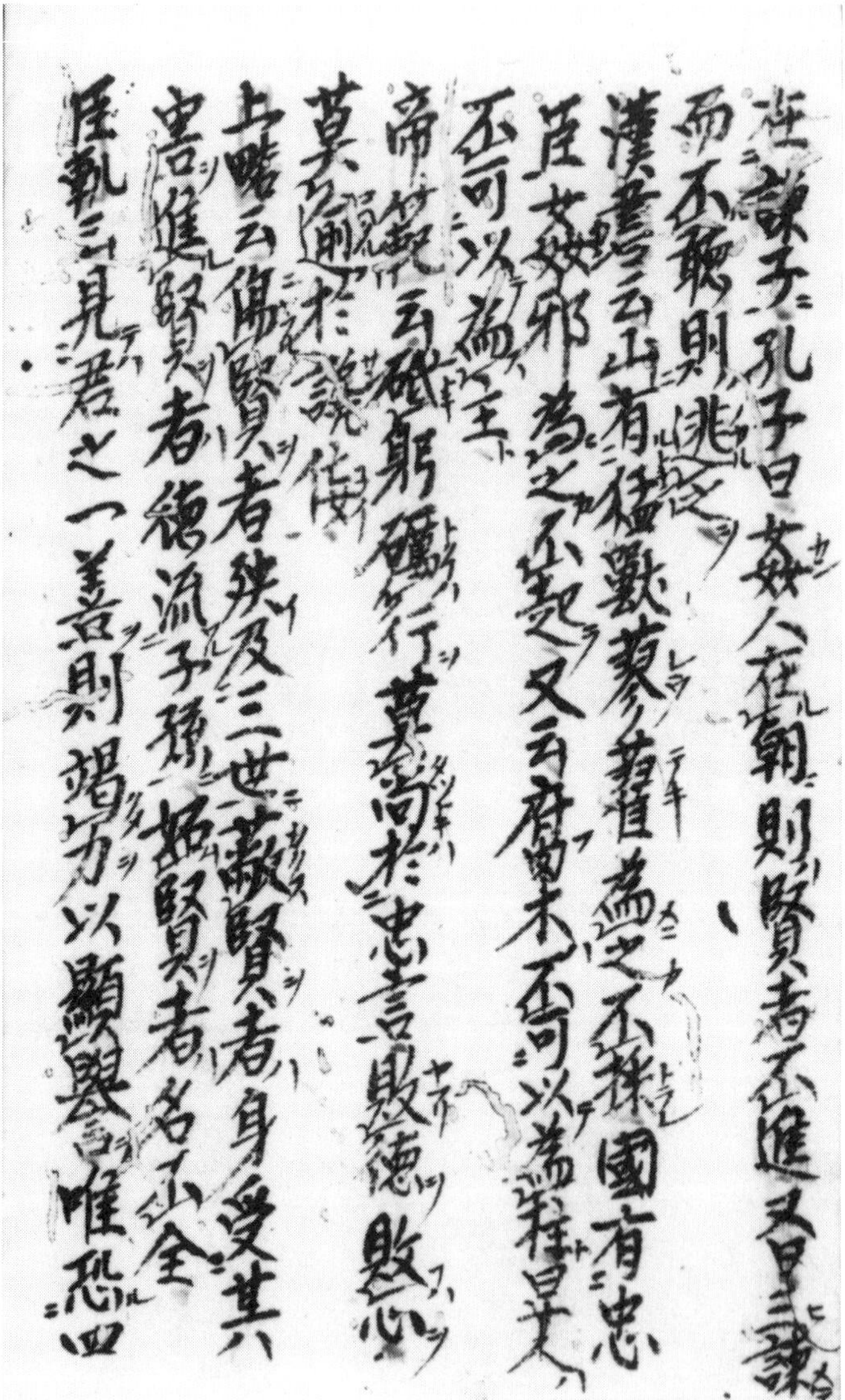
姪諫于孔子曰姦人在朝則賢者不進又曰諫
而不聽則逃之、
漢書云山有猛獣藜藿為之不採國有忠
臣姦邪為之不起又云腐木不可以為柱卑人
不可以為主
帝範云砥躬礪行莫尚於忠言敗德敗心
莫過於讒佞
上略云傷賢者殃及三世蔽賢者身受其
害進賢者徳流子孫妬賢者名不全
臣軌云見君之一善則竭力以顯譽唯恐四

（９オ）

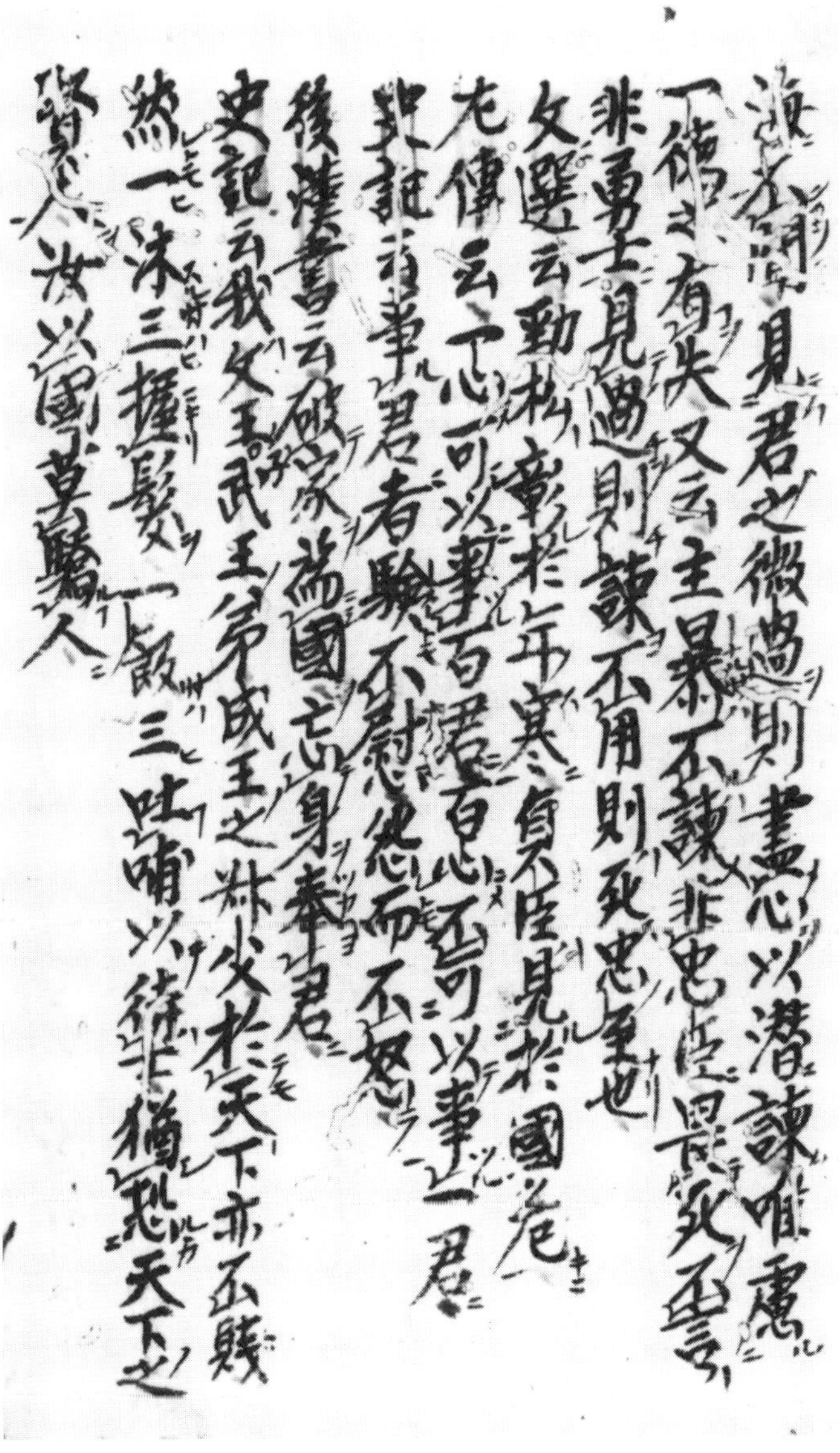
43 涙不聞見君之微過則盡心以潜諫唯慮一德之有失又云主暴不諫非忠臣畏死不言非勇士見過則諫不用則死忠之至也
44 文選云勁松彰於年寒貞臣見於國危
45 左傳云一心可以事百君百心不可以事一君
46 國語云事君者險而不懟怨而不怒
47 後漢書云破家爲國忘身奉君
48 史記云我文王武王弟成王之叔父於天下亦不賤然一沐三握髪一飯三吐哺以待士猶恐天下之賢人汝以國莫驕人

（9ウ）

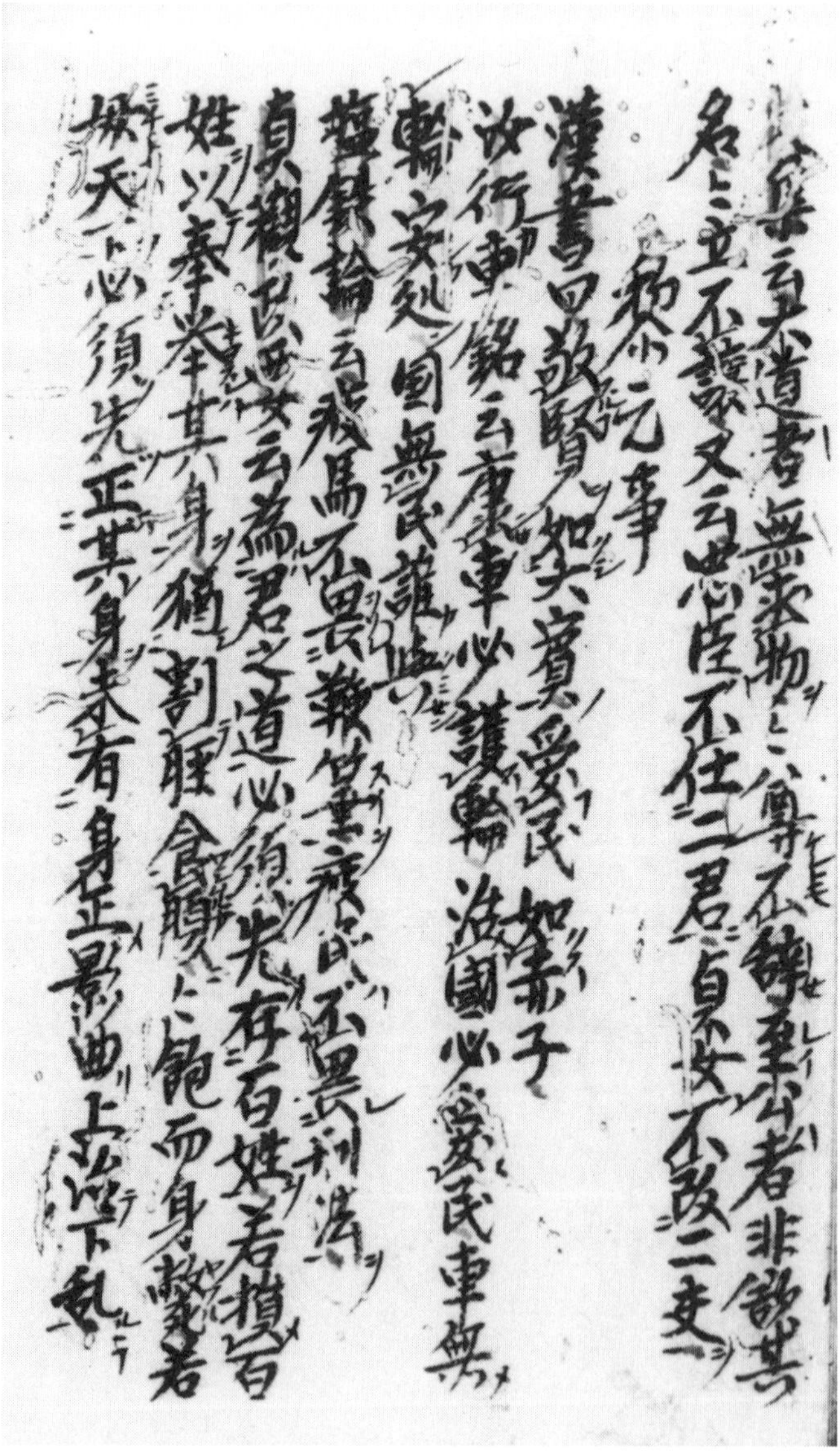

49 臣軌云夫道者無象物之尊不在錦華者非欲其
50 名立不謹又云忠臣不仕二君貞女不更二夫
勧忠孝之事
51 漢書曰敬賢如大賓愛民如赤子
52 政行車銘云康車必護轄治國必愛民車無
轄安処國無民誰與
53 塩鉄論云良馬不畏長鞭箠良民不畏刑法
54 貞観政要云為君之道必須先存百姓若損百
姓以奉其身猶割脛食腹腹飽而身斃若
安天下必須先正其身未有身正影曲上治下乱

（10オ）

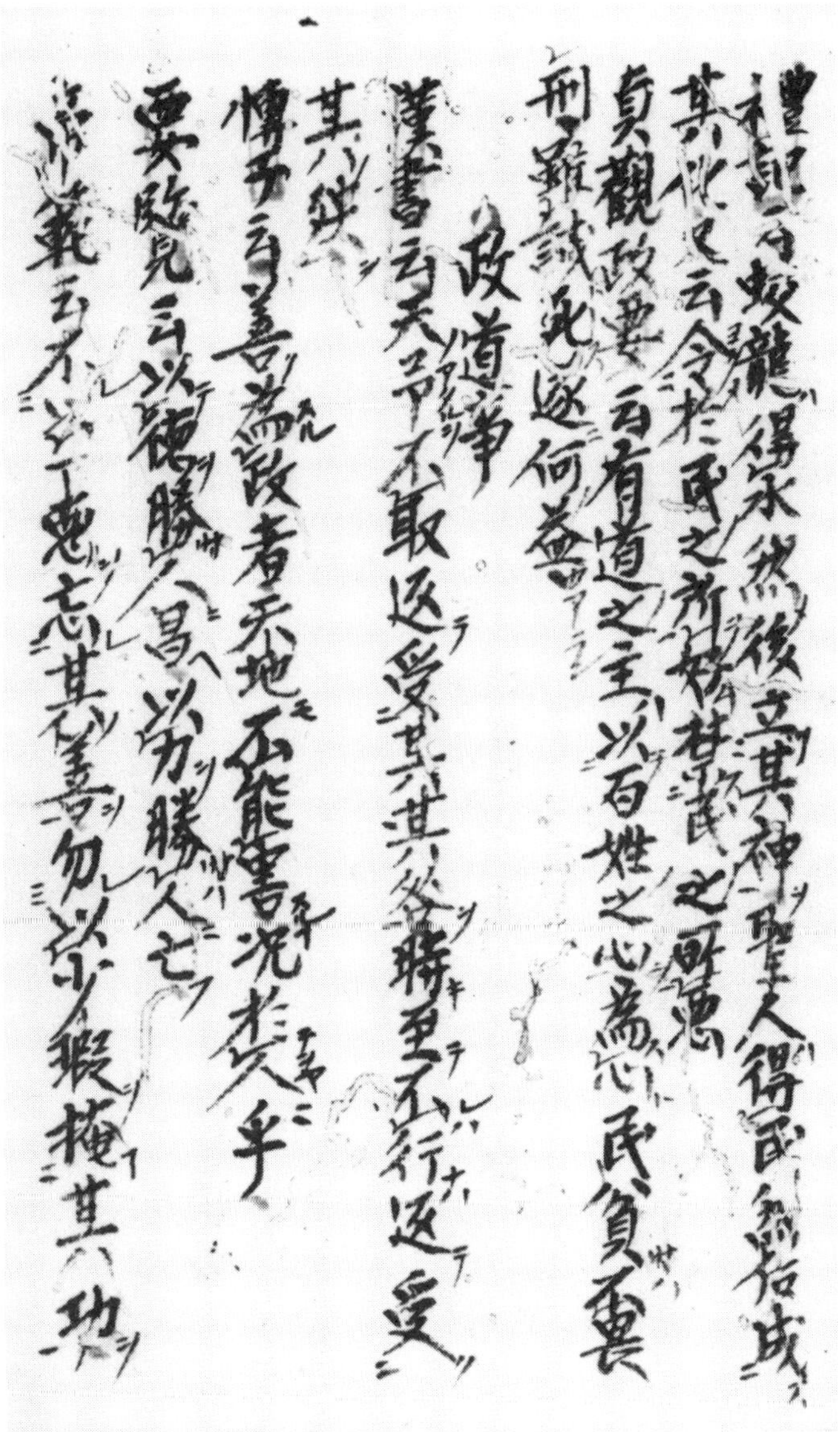

55 禮記曰蛟龍得水然後立其神聖人得民然後成

56 其化史云令於民之所好禁民之所惡

57 貞觀政要云有道之主以百姓之心爲心民貧重異

刑羅識亂遂何益

政道事

58 漢書云天予不取返受其咎時至不行返受

其殃

59 慎子云善爲政者天地不能害況於人乎

60 要覧云以德勝人昌以力勝人亡

61 淮南子云不以一惡忘其善勿以小瑕掩其功

（10ウ）

不懲則悪不恐
62 史記云有功不賞則善不勧有過而不誅則
63 悪不懼 春秋左氏伝曰無功之賞不義之富禍之媒也
64 漢書曰楚之起章花之臺楚民散秦之興阿房
之殿天下乱
65 後漢書云濁其源而望流清曲其形欲影
66 直或曰有刑法而無仁義民怨則叛有仁義
而無刑法民慢則刻
67 帝範云茅茨不剪採椽不削舟車不餝衣
服無文

（11オ）

75　74　73　71 72　70　68 69

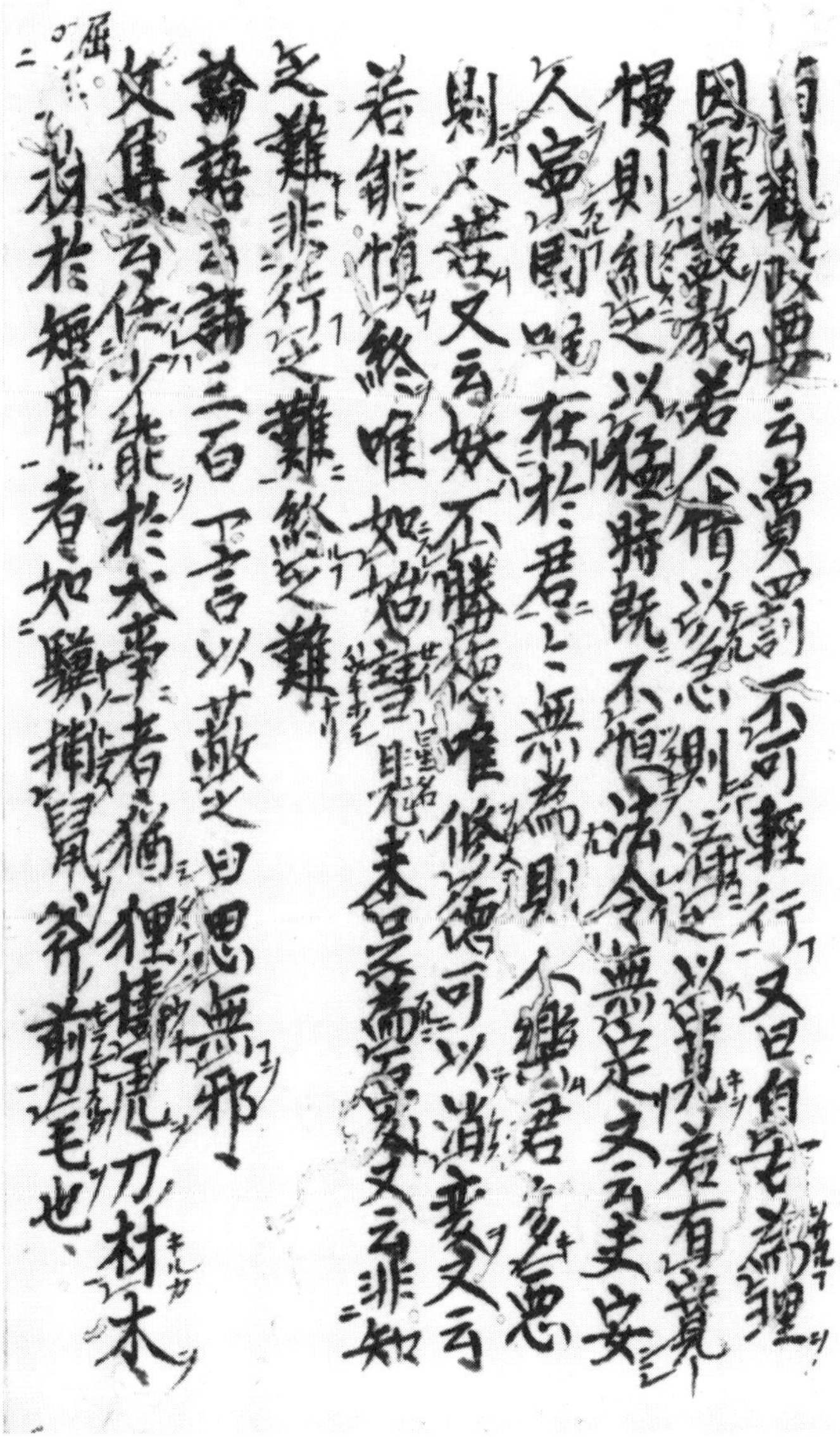
貞觀政要云賞罰不可輕行又曰自安無理
因喜濫賞若以怒濫罰則以瀆若有過
横則亂之以寬猛得既不施法令無定文云夫安
人爭驕暖在於君上無爲則人樂君爲惡
則人苦又云妖不勝德唯修德可以消變又云
若能愼終如始善是本所以愛敬文云非知
之難非行之難非終之難
論語云詩三百一言以蔽之曰思無邪
又貝云任以能於大事者猶狸捕虎刀材木
屈如於短用者如騏驥捕鼠斧剪毛也

（11ウ）

學業事

76 漢書云君子不學不成其徳

77 論語云耕也餒在其中學也祿在其中

78 礼記云玉不琢不成器人不學不知道 79 又云
雖有嘉肴不食不知其旨雖有至道不學

80 不知其善 又云凡學之道嚴師為難

81 萬代云水積成淵學積成聖

82 顔子云曽子七十乃好學名聞天下荀卿ハ
五十始来游學猶為碩儒公孫弘四十餘方
讀春秋以此遂登丞相朱雲亦四十始學

（12オ）

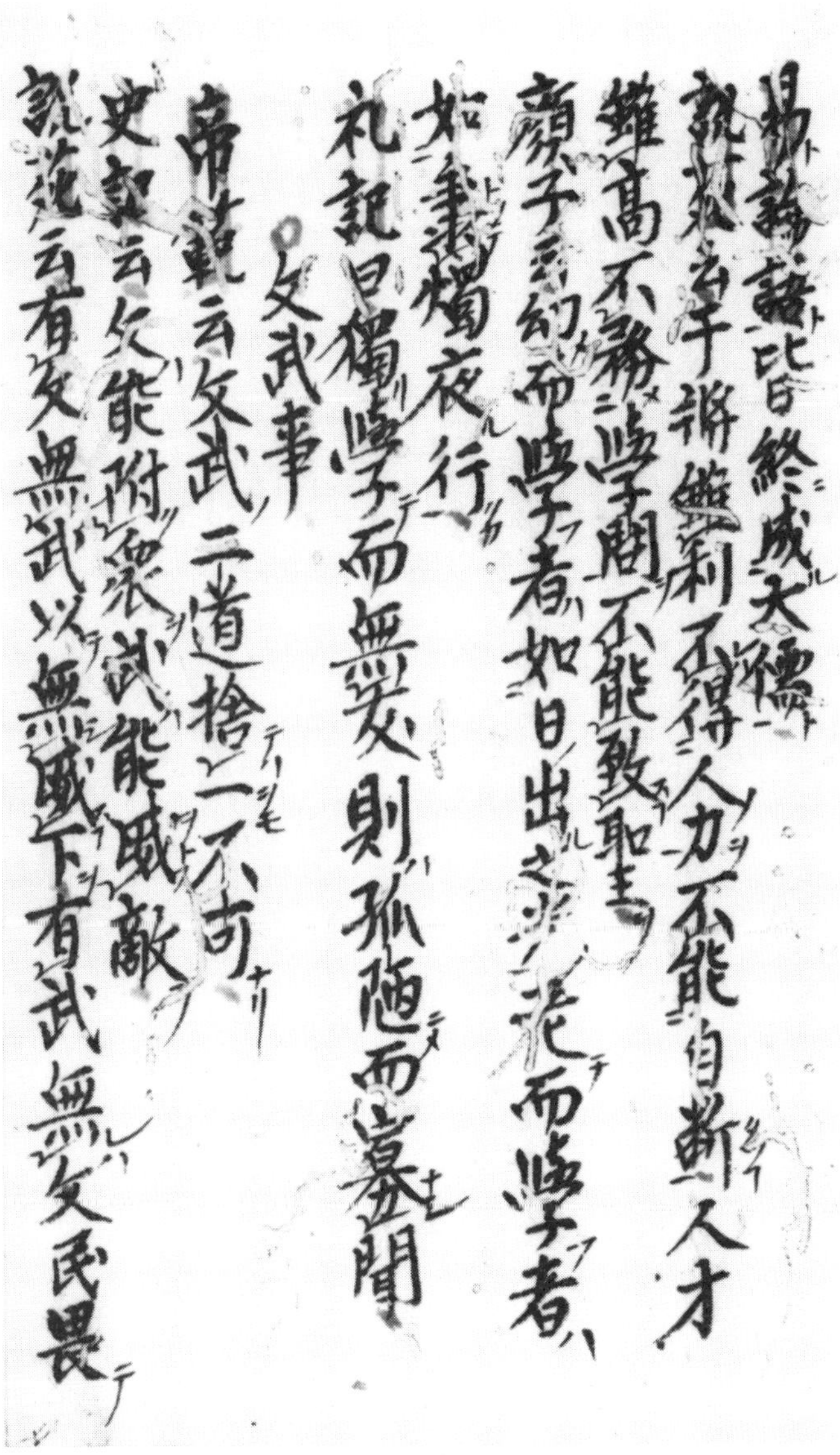

83 楊雄韓愈皆終成大儒
說苑云干將無利不得人力不能自斷人才雖高不務學問不能致聖
84 顔子云幼而學者如日出之光老而學者如秉燭夜行
85 礼記曰獨學而無友則孤陋而寡聞
〇文武事
86 帝範云文武二途捨一不可
87 史記云文能附衆武能威敵
88 說苑云有文無武以無威下有武無文民畏

（12ウ）

畏不親父哉倶至孝徳乃成

89 礼記云父子事父子不同位所以厚敬也

90 孝經云君雖不為君臣不可以不為臣父雖
不為父子不可以不為子

91 礼記云生則事之以愛敬死則事之以哀戚

92 又云観其事親知其事君察其
治家知治其官

93 論語云父母在不遠遊又云父母之年不可
不知

（13オ）

慎身事

94 孝經云自危者能安其位憂其亡者則能

95 保其存又云安而不忘危存而不忘亡

96 左傳云禍福無門唯人所招

97 管子云智者千慮必有一失愚者千慮必有一得

98 鹽鐵論信而求知曰 臣軌云弓調而後求勁馬肥而後求良

99 古語云不用於世而不怨天不知己不過人

100 史記云酒極則乱樂極則悲

101 貞観政要云凡大事皆起於小事

102 臣軌云憂患生於所忽禍害興於微細

（13ウ）

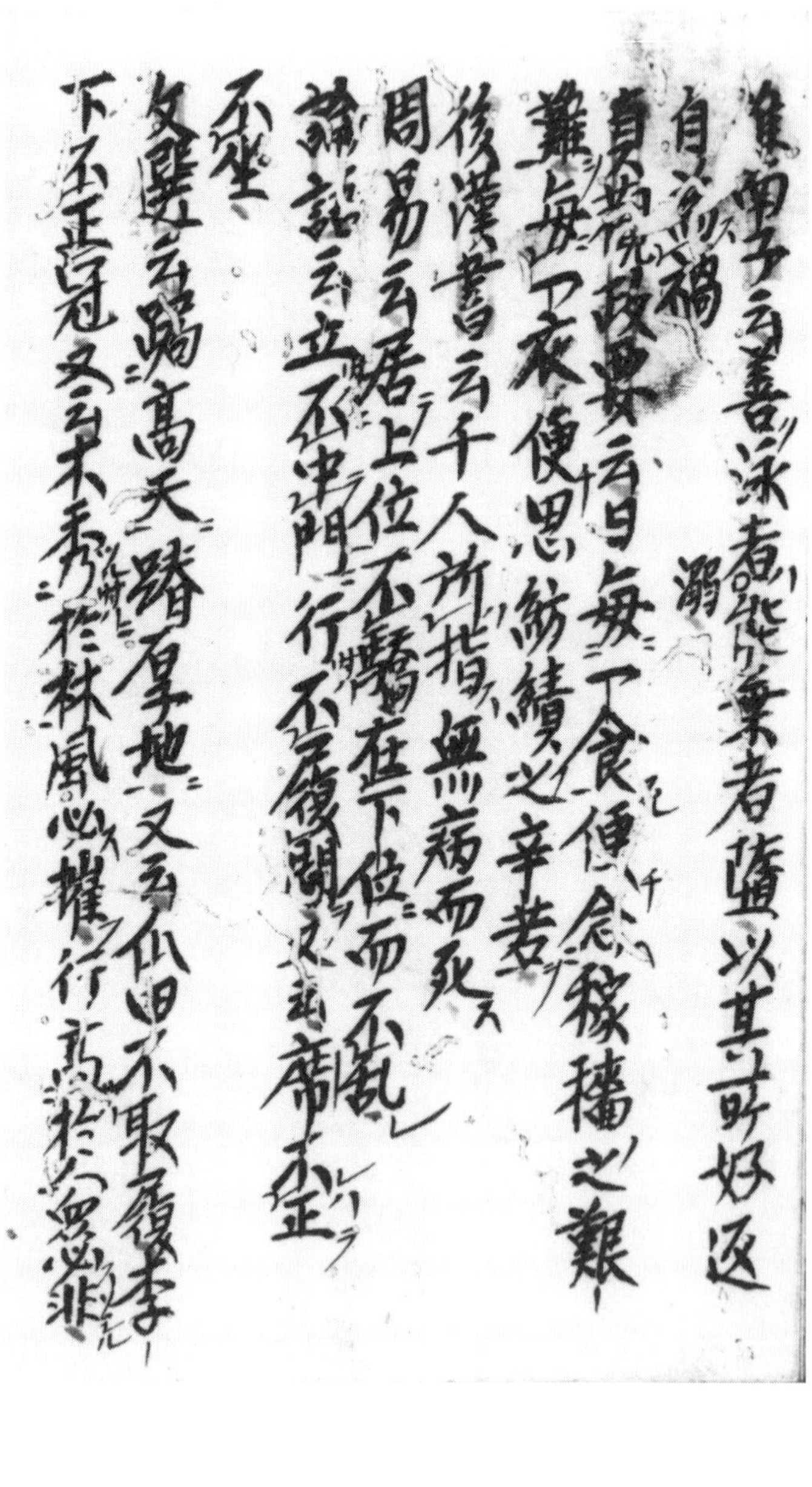
103 晏子云善泳者溺從業者墮以其所好返自禍

104 負販擔學者云日毎ニ食便忘稼穡之艱難毎ノ夜便思紡績之辛苦

105 後漢書云千人所指無病而死

106 周易云居上位不驕在下位而不亂

107 論語云立不中門行不履閾席不正

108 不坐

109 文選云跼高天蹐厚地

110 又云瓜田不取履李

111 下不正冠又云木秀於林風必摧行高於人衆必非

（14オ）

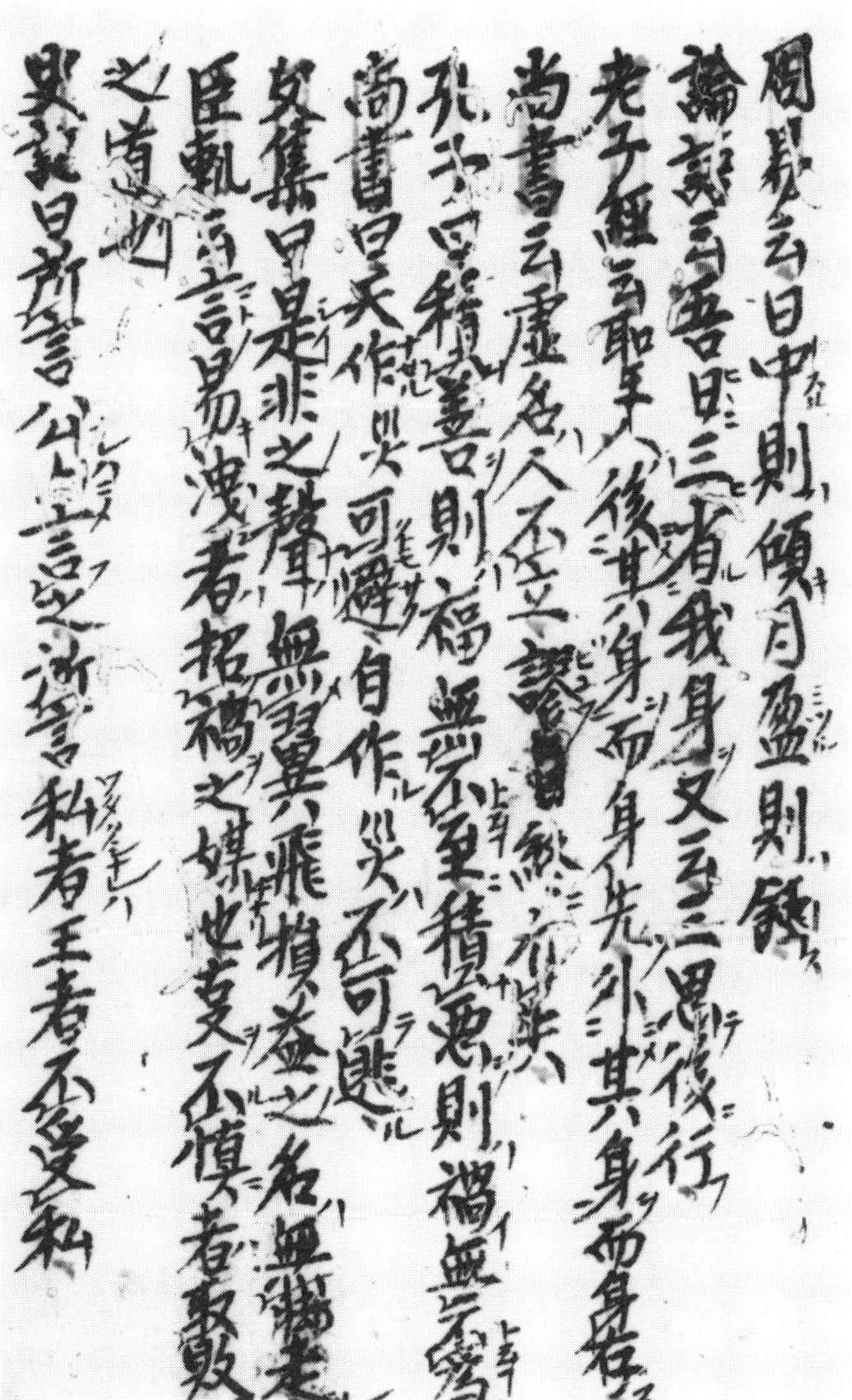

112 周易云日中則傾月盈則缺
113 114 論語云吾日三省我身又云三思後行
115 老子経云聖人後其身而身先外其身而身存
116 尚書云虚名不立譬如穀不生矣
117 孔子曰積善則福無不至積悪則禍無不至
118 尚書曰天作災可避自作災不可逃
119 文集曰是非之聲無翼飛損益之名無脛走
120 臣軌云言易洩者招禍之媒也事不慎者取敗之道也
121 史記曰所言公言之所言私者王者不受私

（14ウ）

122 老子経云多言害身多事害神

123 養食一出不返言逐一見不應行也又云耳目

124 爲患以舌爲禍故君子必慎爲宗必愁爲門

125 又曰地出一寸知其大小人出一言知其長短

126 雁機曰人爲財死鳥爲食亡

127 又曰一言之益重千金

128 孝経云中心藏之何日忘之

129 韓詩外傳曰子夏過曾子曾子入食子夏曰不爲公費乎曾子曰君子有三費飲食不在其中少而學老而忘此一費也事君

（15オ）

130　　加3　　加2

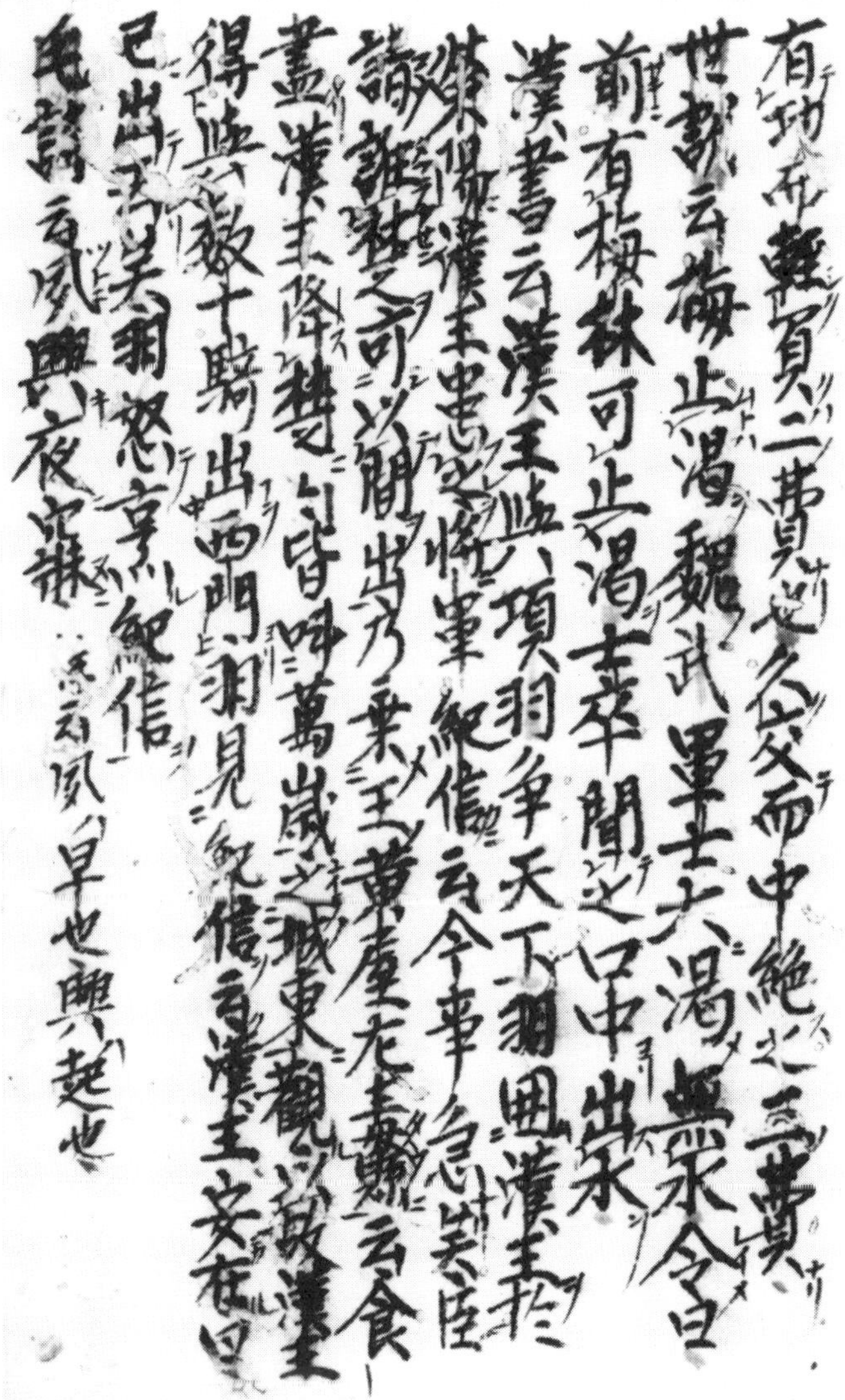

有功而無賞二者皆之久矣而中絶之云賞
世說云梅止渴魏武軍士大渴無水令曰
前有梅林可止渴士卒聞之口中出水
漢書云漢王與項羽爭天下羽困漢王於
滎陽漢王患之將軍紀信云今事急矣臣
請誑楚之可以間出乃乘王黃屋左纛云食
盡漢王降楚皆呼萬歲之城東觀以故漢王
得與數十騎出西門羽見紀信云漢王安在曰
已出矣羽怒烹紀信
毛詩云夙興夜寐　毛云夙早也興起也

（15ウ）

131

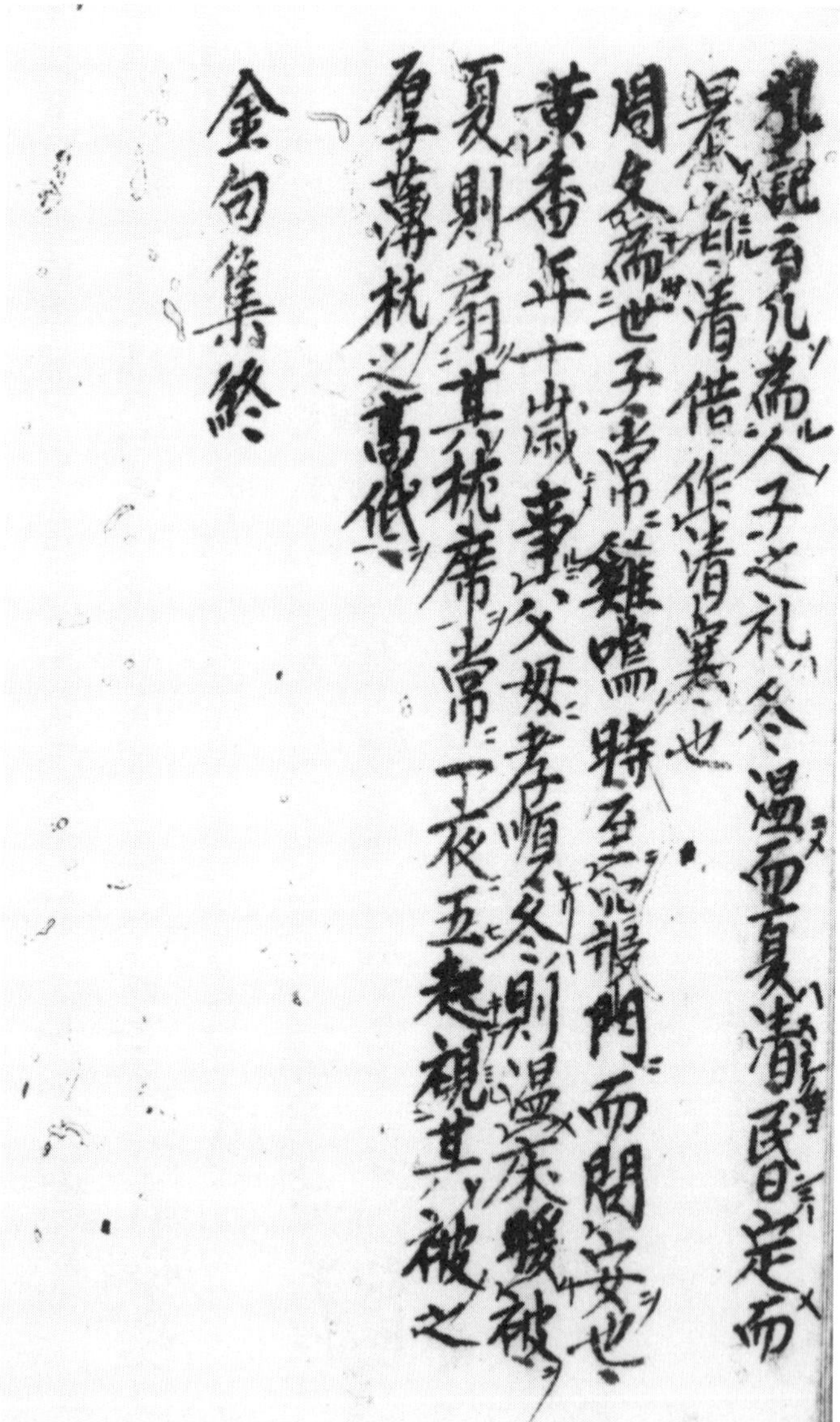

礼記云凡為人子之礼冬温而夏凊昏定而
晨省也清借作凊寒也
周文為世子常雞鳴時至寝門而問安也
黄香年十歳事父母孝順冬則温床暖被
夏則扇其枕席常丁夜五起視其被之
厚薄枕之高低

金句集終

（16オ）

五常

仁

義

禮

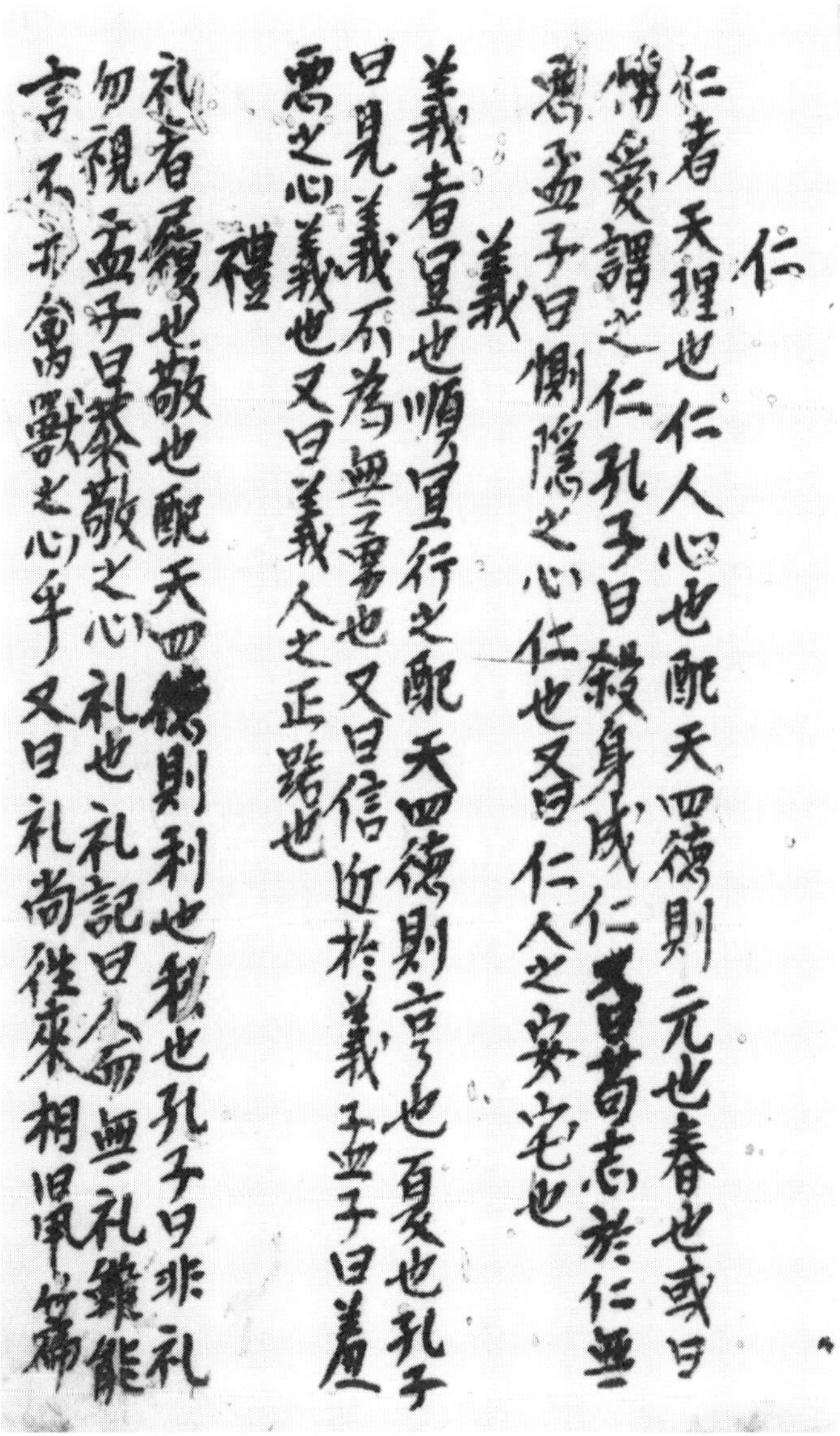

仁

仁者天理也仁人心也配天四徳則元也春也或曰

博愛謂之仁孔子曰殺身成仁又曰苟志於仁無

悪孟子曰惻隠之心仁也又曰仁人之安宅也

義

義者宜也順宜行之配天四徳則亨也夏也孔子

曰見義不為無勇也又曰信近於義子孟子曰羞

悪之心義也又曰義人之正路也

禮

礼者履徳也敬也配天四徳則利也秋也孔子曰非礼

勿視孟子曰恭敬之心礼也礼記曰人而無礼雖能

言不亦禽獣之心乎又曰礼尚往来相旧風竹篇

（16ウ）

信　　　　智

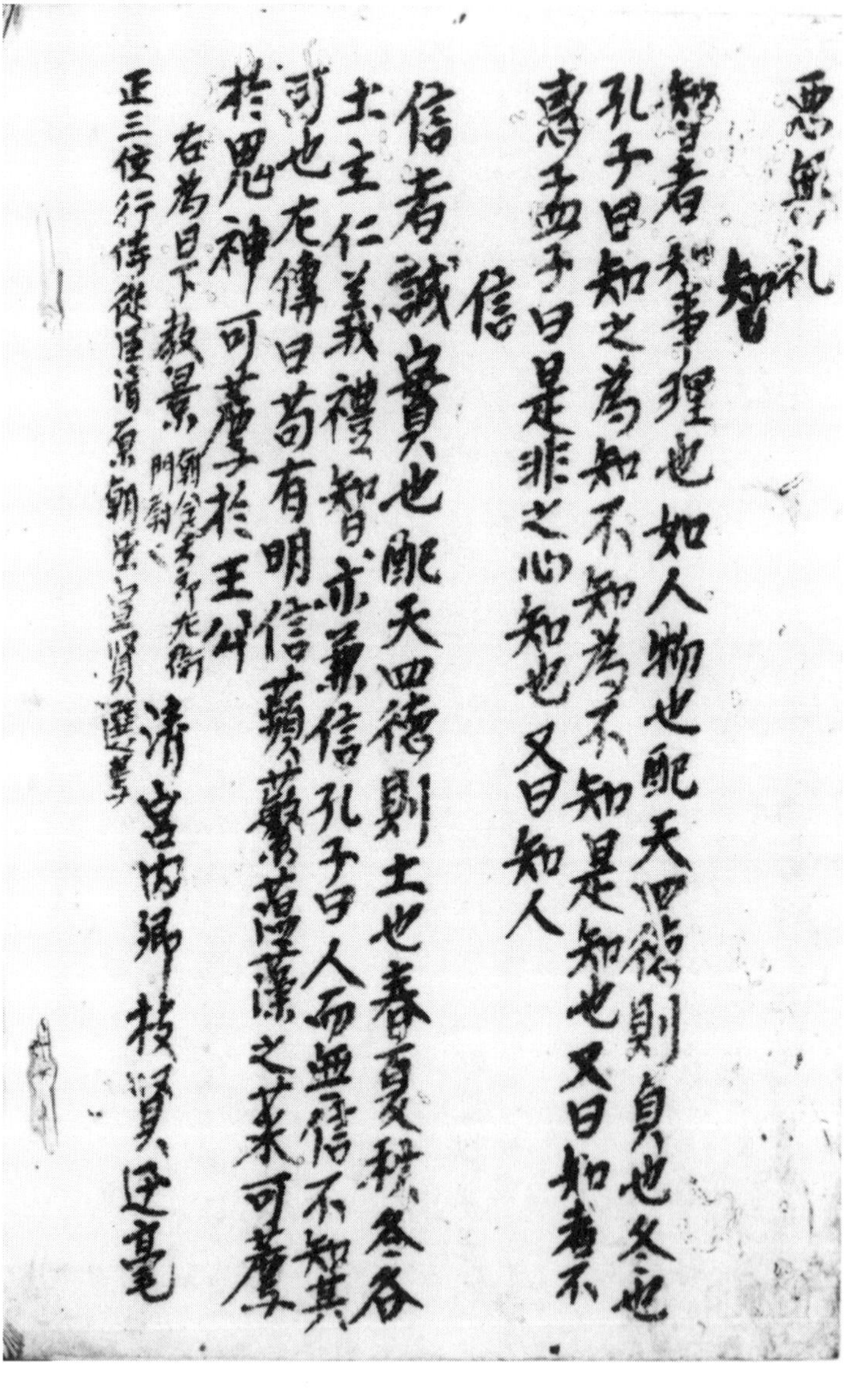
悪無礼

智

智者知事理也如人物也配天四徳則貞也冬也
孔子曰知之爲知不知爲不知是知也又曰知者不
惑孟子曰是非之心知也又曰知人

信

信者誠實也配天四徳則土也春夏秋冬各
土主仁義禮智亦兼信孔子曰人而無信不知其
可也左傳曰苟有明信蘋蘩薀藻之菜可薦
於鬼神可羞於王公

右爲日下救景（朝散大夫左衛門尉）清宮内卿枝賢選焉
正三位行侍従臣清原朝臣宣賢選焉

# 三、伊達本金句集

この金句集は、吉田澄夫博士解説を得て、昭和十四年十月に貴重圖書影本刊行會より刊行された。解説は吉田澄夫著『近世語と近世文學』（東洋館出版、昭和二七年一〇月刊）に収められている。この影印は福島邦道編『金句集四書集成』（勉誠社文庫、昭和五二年五月刊）にも収められ、福島氏の解説がある。

吉田博士は「伊達興宗伯爵家所藏金句集」として紹介され、伊達家本という。解説より要點を摘記する。紙數すべて四十五葉、その中墨附四十一葉。書寫年代は紙質書風等より見て近世初期、慶長頃より寛永頃にかけて書寫せられたものという。

伊達本の句數は甚だ多い。金句集原本を一三一句として、第四表では四句缺ける。しかし、八部門それぞれに「追加之分」があり、巻末に「雜説部」が加わっている。その數は左の通りである。括弧内に管蠡抄と共通する句數を入れた。

帝王支　34（18）　臣下支　13（8）　黎元支　24（18）　政道支　14（10）　學業支　14（9）

文武支　16（16）　父子支　21（18）　愼身支　23（12）　雜説部　121（85）

管蠡抄を材料の一つとしていることは、

貞觀政要　蓬生㆓麻閒㆒不㆑扶自直、白沙入㆑涅不㆑染自黑、人久相與處㆓自然染習㆒（雜説部）

右が管蠡抄八の論語（論衡が正しい）と貞觀政要の連續する二句を一つにして引くことでも知れる。これら增補分の出典名には誤りが多い。それも管蠡抄での同句の前後の書名の影響と見れば、一往の理解ができることが多い。例えば、伊達本で右の貞観政要句に續く左の句は、老子經恩始第六十三の句である。

三畧　天下難叓必作㆓於易㆒、天下之大叓必作㆓於細㆒

この誤りは管蠡抄でこの前句に三畧記があるのによるであろう。増補については、第二部第二章2（伊達本金句集の増補句）において、「帝王事以下八種の部立てに相當するものは追加之分として附し、収め得ないものを雜説部としたと解される。」と記した。この解釋で全て氷解すると思われるので、この多數をもって、金句集傳本の初期形態と見ることは、ありえない。山岸本もまた同樣で、増補句と見なしたものが各部の末にあること、獨自の句が十八もあり、「建康曰」など金言集に見えない名を見ることの理由で初期形態でないこと言うまでもない。

# 第五章　金句集の本文及び出典

本章では、金句集全一三一則、及び追加三則それぞれに記載する書名・本文を掲げ、その金句集として正確な形に修正して、全容を示す。加4は静嘉堂本に見る追加句である。（參考）本文に前田育德會尊經閣文庫所藏雜記本を用いる。第四章二を參照。訓點を略し、原典の形を良しとして本文を訂するとき、右括弧内に雜記本を殘す。補入字に傍點を附す。

本文の次行に各原典名、卷章を記す。書名の略稱・通稱・「古語」等も正しい形を求めて記す。◎印の後に、同句の他金言集での存否、傳承上の問題點、等を略記することがある。本文の重要な異同も記す。

○帝王事

1、史記云、庸主賞所愛、罰所惡。明主賞必加有功、刑必斷有罪。
　史記、卷七十九、范睢傳。◎天草本金句集九六・二五九に分出。

2、說苑云、聖主先德行、後刑罰。
　說苑、卷七、政理。◎說苑の「聖王…德教…」が我國で變化した。金句集諸本は「聖主…德行…」が多く、
　天草本はこの形を採ったであろう。

3、孫卿子云、明主有私人以金石珠玉、無私人以官職事業。
　荀子、君道第十二。

4、尚書云、木從繩則正、后從諫則聖。
　尚書、商書、說命。◎金榜集帝王事「家語子曰――」は不審。
5、帝範云、良匠無棄材、明君無棄良士。
　帝範、巻上、審官。◎↓一七二ページ
6、又云、叢蘭欲茂、秋風敗之。王者欲明、讒人蔽之。
　帝範、巻上、去讒。
7、左傳云、擇子莫如父、擇臣莫如君。
　春秋左氏傳、昭公傳十一年。
8、禮記云、天無二日、土無二主。
　禮記、喪服四制第四十九。
9、又云、國無二君、家無二尊。
　禮記、喪服四制第四十九。◎↓一七二ページ
10、左傳云、君二多難、器二不匱。
　春秋左氏傳　哀公傳六年。◎上記左傳は「器…君…」の順。
11、周易云、兩雄必爭。
　易經、上經乾傳、王弼注。
12、家語云、聖主必待賢臣、而加功業。俊子亦待明主、以顯其德。
　文選、巻四十七、王子淵「聖主得賢臣頌」。◎金榜集臣下事・金句集諸本「論語云」とす。論語になし。雜

記本金句集の「家語」も不審。東北大本金句抄で「論語云」の右肩に「漢書」と小字で書き加えているのは、漢書、巻六十四下にこの「聖主得賢臣頌」が収められており、それにより訂正を試みたもの。玉函祕抄など他金言集は全て「文選」としている。

13、文選云、明主使臣不廢有罪。

文選、巻三十七、曹子建「求自試表」。

14、鹽鐵論云、聖主以賢爲寶、不以珠玉爲寶。

鹽鐵論、崇禮第三十七。◎「鹽讖論」とするのは誤寫。金榜集の「塩㦸論」など金句集の他本、他金言集にもこの書名の誤記が多い。

15、莊子云、河廣源大、君明臣忠。

◎莊子になし。金榜集帝王事書き入れにあり。これを承けたか。

16、漢書云、君使臣以禮、臣事君以忠。

論語、八佾第三。◎「漢書」とする誤りは、金榜集帝王事で漢書句の次に「又云」としてこの句を並べたためであろう。

17、潛夫論云、病家之厨非無嘉膳也。乃其人弗之能食故遂死。亂國之官非無賢人也。乃其君弗之能用故遂亡。

潛夫論、思賢第八。

18、又云、養壽之士先病服藥。治世之君先亂任賢。

潛夫論、思賢第八。

19、史記云、天子無戲言。

史記、巻三十九、晉世家。

20、貞觀政要云、喜則濫賞無功、怒則濫殺無罪。

貞觀政要、巻二、求諫。

21、家語云、魯哀公謂孔子云、有好忘者、移宅忘其妻。孔子曰、又有好忘甚於此者、近見桀紂之君、乃忘其身。

◎貞觀政要、巻三、君臣鑑戒第六。玉凾祕抄・明文抄とも正しく「貞觀政要」であり、金句集では、雑記本の「家語」以外全て「論語」である。「論語」「家語」は内容からの誤解であろう。

22、雑記本で、二二にあるべき句は二九の次に記されている。

23、文選云、天子有道、守在海外。

文選、巻三、張平子「東都賦」。

24、説苑云、冠履不同藏。賢不肖不同位。

説苑、巻十六、説叢。

25、貞觀政要云、國之所以治者、君明也。其所以亂者、君暗也。

◎右の句は、潛夫論明闇第六であって、玉凾祕抄上に新論の名で登載せられた。明文抄一にこの新論句と貞觀政要巻一君道第一の句が併記せられ、兩者が混じて金榜集に入り、金句集へと續いたのである。

26、又云、毎見奏事、必假潛顏色。冀聞諫諍、知故教得失。

貞觀政要、巻二、求諫第四。◎諸本「毎見人奏事」の「人」なく、「政教」を「故教」とする。

27、又云、吾有小善、必順成之。吾有小失、必犯顏而諫之。

貞觀政要、初進本巻四、輔弼第九。

28、又曰、首雖尊高必資手足以成體。君雖明哲必藉股肱以致治。
貞観政要、巻七、論禮樂第二十九。

29、禮記云、君逆諫則國亡、人呰食則體痩。
古文孝經、諫諍章第二十、孔安國註。◎雜記本及び川瀬本が「禮記」とした理由は未詳。他金言集は金榜集も含めて全て「孝經」とし、「主逆諫…」とある。これが正しい。

22、漢書云、任賢必治、任不肖必亂。
漢書、巻七十五、京房傳。◎雜記本は二九の次、川瀬本は二三の次にあり、他本は二一の次にある。

○臣下事

30、後漢書云、大臣重祿不諫、近臣畏罪不敢言、下情不得通上、此患之大者也。
後漢書、巻四十六、陳忠傳。

31、淮南子云、少德多寵一危也。才下而位高二危也。身無大功有大祿三危也。
淮南子、人間訓第十八。

32、貞観政要云、人欲自照、必須明鏡。主欲知過、必藉忠臣。
貞観政要、巻二、求諫第四。

33、又云、君暗臣諛、危亡不遠。
貞観政要、巻二、求諫第四。

34、論語云、不在其位、不謀其政。

35、代要論曰、國將興貴在諫臣、家將盛貴在諫子。
論語、泰伯第八、憲問第十四（重出）。◎金榜集帝王事、金句集の數本は「君不在…」とす。

世要論、諫爭。◎群書治要、巻四十七に「政要論」、玉函祕抄上に「世要論」とある。「代要論」は、臣軌上、匡諫において「代要論曰」の文の次にこの句を引くによる。唐太宗の諱「世民」により、「世」を用いず、「代要論」と改めたという。

36、孔子曰、姦人在朝則賢者不進。
古文孝經、諫諍章第二十、孔安國註。

37、又曰、三諫而不聽則逃之。
禮記、曲禮下。◎前句三六番と二句連續して「孔子云」となっている。これは、金榜集で同じく連續して「論語云」として載っていることと關係がある。

38、漢書云、山有猛獸、藜藿爲之不採。國有忠臣、姦邪爲之不起。
漢書、巻七十七、蓋寛饒傳。

39、又云、腐木不可以爲柱、卑人不可以爲主。
漢書、巻七十七、劉輔傳。

40、帝範云、砥躬礪行、莫尙於忠言。敗德敗心、莫逾於讒佞。
帝範、巻上、去讒篇。◎帝範「毀德」、金榜集・金句集諸本「敗德」。

41、上略云、傷賢者殃及三世、蔽賢者身受其害、進賢者德流子孫、妬賢者名不全。
三略、下略。◎金榜集・金句集諸本、「上略」と誤る。

42、臣軌云、見君之一善、則竭力以顯譽。唯恐四海之不聞。見君之微過、則盡心而潛諫。唯慮一德之有失。

臣軌、巻上、至忠章。

43、又云、主暴不諫、非忠臣也。畏死不言、非勇士也。見過則諫、不用則死、忠至也。

臣軌、巻上、匡諫章。◎「新序曰――」とある。

44、文選云、勁松彰於年寒、貞臣見於國危。

文選、巻十、潘安仁「西征賦」。

45、左傳云、一心可以事百君、百心不可以事一君。

晏子春秋、四。◎この句、世俗諺文、上巻で「春秋傳ニ云ク」とし、明文抄、帝道下に「晏嬰有言……。隋書」とする。金榜集の編集時か、「晏子春秋」を「春秋左氏傳」と混同し、左傳句の次に「又云」として擧げたのである。

46、史記云、事君者險（驗）而不讎懟（慰）、怨而不怒。

史記、巻四、周本紀。

47、後漢書云、破家爲國、忘身奉君。

後漢書、巻十五、李通傳。

48、史記云、我文王之子、武王之弟、成王之叔父。我於天下亦不賤矣。然我一沐三捉（握）髮、一飯三吐哺、起以待十。猶恐失天下之賢人。汝以國莫驕人。

史記　巻三十三、魯周公世家。◎末尾は史記「子之魯、愼無以國驕人。」による編者の改編か。「一沐」を「一浴」とする寫本がある。→一七三ページ。

49、文集云、大道者無求於物、物尊而不辭、至公者非欲其名、名立而不讓。
白氏長慶集、巻四十、答長安萬年兩縣百姓耆壽等謝許上尊號表。

50、又云、忠臣不仕二君、貞女不改二夫。
史記、巻八十二、田單傳。◎玉函祕抄上、管蠡抄九ノ一に出で、金榜集臣下事に至り、文集と變更。

○黎元事

51、漢書云、敬賢如大賓、愛民如赤子。
漢書、巻五十一、路溫舒傳。

52、汝衍車銘云、康車必護輪、治國必愛民。車無輪安處、國無民誰與。
馮衍車銘（藝文類聚、巻七十一舟車部による）。◎玉函祕抄巻上に「馮衍車銘」として載る。馮衍は後漢の人。

「汝衍」は「馮衍」の、「康車」は「乘車」の誤。

53、鹽鐵論云、疲馬不畏鞭箠、疲民不畏刑法。
鹽鐵論、詔聖五十八。

54、貞觀政要云、爲君之道必須先存百姓。若損百姓以奉（擧）其身、猶割脛食腹、腹飽而身斃。若毋天下必須先正其身。
未有身正影曲、上治下亂。
貞觀政要、巻一、君道第一。

55、禮記云、蛟龍得水、然後立其神。聖人得民、然后成其化。
古文孝經、廣至德章第十六、孔安國註。

56、又云、令於民之所好、禁民之所惡。

古文孝經、三才章第八、孔安國註。◎五五・五六の「禮記」は金榜集に始まる誤記。

57、貞觀政要云、有道之主、以百姓之心爲心。民貧不畏刑。雖誡死、遂何益。

貞觀政要、巻四、輔弼第九。

○政道事

58、漢書云、天予不取、返受其咎。時至不行、返受其殃。

漢書、巻四十五、蒯通傳。

59、傅(傳)子云、善爲政者天地不能害、況於人乎。

傅子、問政篇。◎書名を「傳子」「博子」などと多く誤る。

60、要覽云、以德勝人昌、以力勝人亡。

61、帝範云、不以一惡忘其善。勿以少瑕掩其功。諫則惡不恐。

帝範、巻上、審官篇。◎「其功」に續く「諫則惡不恐」は帝範になく、金榜集に始まる。次則に關連する衍文である。↓一四ページ

62、史記云、有功不賞則善不勸。有過而不諫則惡不懼。

説苑、巻七、政理。◎玉函祕抄上、明文抄二は「説苑」。「史記」は金榜集政道事に始まる。

63、春秋左氏傳曰、無功之賞、不義之富、禍之媒也。

晏子春秋、六。◎玉函祕抄・管蠡抄・明文抄ともに「左傳」とするが、管蠡抄九ノ十九は長文で「齊慶氏

亡。分其邑與晏子。晏子不受。人問曰、冨者人所欲也、何爲不受。對曰」の次にこの句を載せている。これは晏子春秋に一致する。

64、漢書曰、楚起章花之臺、黎民散。秦興阿房之殿、天下亂。
　漢書、巻六十五、東方朔傳。

65、後漢書云、濁其源而望流淸、曲其形而欲影直。
　後漢書、巻三十九、劉愷傳。

66、或曰、有刑法而無仁義、民怨則怒。有仁義而無刑法、民慢則姧。
袁子正書、禮政。◎「袁子正書」の名は、玉函祕抄・管蠡抄の諸寫本でも「赤子正書」「表子正書」などさまざま。それ故か書名を缺くこともあり、金榜集も記していない。それを承けたため「或曰」という。

67、帝範云、茆茨不剪、採椽不削、舟車不餝、衣服無紋。
　帝範、巻下、崇儉篇。

68、貞觀政要云、賞罰不可輕行。
　貞觀政要、巻三、擇官第七。

69、又曰、自古爲理因時設教、若人情以急則濟之以寛、若有寛慢則糺之以猛。時既不恆法令無定。
　貞觀政要、巻四、直言諌諍第十。

70、又曰、夫安人寧國惟（唯）在於君、君無爲則人樂、君多欲（惡）則人苦。
　貞觀政要、巻八、務農第三十。

71、又曰、妖不勝德、唯修德可以消變。

貞觀政要、卷十、論災異第三十九。

72、又曰、若能愼終唯如始。彗星見、未足爲憂。

貞觀政要、卷十、論災異第三十九。「愼終如始」とのみは、他四例。

73、又曰、非知之難、非行之難、終之難。

貞觀政要、卷十、論愼終第四十。◎政要では「非知之難」の下に「行之難」がある。文選卷十七陸士衡、文賦「非知之難能之難也」が世俗諺文等に引かれる。

74、論語曰、詩三百、一言以蔽之、曰、思無邪。

論語、爲政第二。

75、文集曰、任小(少)能於大事者、猶狸搏虎而刀伐木也。屈長才於短用者、猶驥捕鼠而斧剪毛也。

白氏長慶集、卷四十六（策林二）、三十審官。

○學業事

76、漢書曰、君子不學不成其德。

漢書、卷五十六、董仲舒傳。

77、論語云、耕也、餧在其中。學也、祿在其中。

論語、衞靈公第十五。

78、禮記云、玉不琢不成器、人不學(者)・不知道。

禮記、學記第十八。

79、又云、雖有嘉肴、弗食不知其甘。雖有至道、弗學不知其善。

　禮記、學記第十八。

80、又曰、凡學之道、嚴師爲難。

　禮記、學記第十八。

81、葛氏云、水積成淵、學積成聖。

　葛氏外篇。◎玉函祕抄・管蠡抄・明文抄など葛氏外篇とするも同書に見出せない。説苑、卷三建本に近似の句がある。

82、顏子云、曾子七十廼好學、名聞天下。荀卿五十、始來遊學。猶爲碩儒・(公)。孫弘四十餘方讀春秋、以此遂登丞(草)相。朱雲亦四十始學易論語、皆終成大儒。

　顏氏家訓、卷上、勉學篇第八。◎「公」は衍字。他本になし。

83、說苑云、干將雖利、不得人力、不能自斷。人才雖高、不務學問、不能致聖。

　説苑、卷三、建本。

84、顏子曰、幼而學者如日出之光、老而學者如秉燭夜行。

　顏氏家訓、上、勉學第八。

85、禮記曰、獨學而無友、則孤陋而寡聞。

　禮記、學記第十八。

○文武事

86、帝範云、文武二道、捨一不可。
帝範、巻下、崇文篇。◎漢籍としては「二途」。

87、史記云、文能附衆、武能威敵。
史記、巻六十四、司馬穰苴傳。

88、説苑曰、有文無武以無威下、有武無文民畏不親、文武倶至、威徳乃成。
説苑、巻一、君道。

○父子事

89、禮記云、父子不同位、所以厚敬也。
禮記、坊記第三十。

90、孝經云、君雖不爲君、臣不可以不爲臣。父雖不爲父、子不可以不爲子。
古文孝經序。

91、禮記曰、生則事之以愛敬、死則事之以哀戚。
古文孝經、喪親章第二十二、孔安國註。

92、又曰、觀其事親知其事君、察其治家、知治其官。
古文孝經、廣揚名章第十八、孔安國註。◎「孝經」として世俗諺文、玉函祕抄下、管蠡抄十、明文抄四に記される。九一・九二共に禮記とするは金榜集による。

93、論語云、父母在、子不（不子）遠遊。父母年不可不知。

論語、里仁第四。◎皇侃本「子不遠遊」。雑記本「不子遠遊」は不審。雑記本のみ「遠遊」の下に「又云」を置く。前文と後文は論語で別文であるが、金句集としては一則。→二六ページ。

○愼身事

94、孝經云、自危者能安其位。憂其亡者則能保其存。
古文孝經、諸侯章第三、孔安國註。

95、又云、安而不忘危、存而不忘亡。
古文孝經、諸侯章第三、孔安國註。

96、左傳云、禍福無門、唯人所招。
春秋左氏傳、襄公傳二十三年。

97、漢書云、智者千慮必有一失、愚者千慮必有一得。
漢書、巻三十四、韓信傳。

98、臣軌曰、弓調而後求勁、馬肥而後求良、士必懿信而後求智。
臣軌、巻下、誠信章。

99、古語云、不用於世而不怨天、不知己不過人。
論語、憲問第十四。集解註。◎雑記本は論語本文にこの句がないのをもって「古語云」としたのであろう。

100、史記云、酒極則亂、樂極則悲。
史記、巻百二十六、滑稽列傳（淳于髡）。

101、貞觀政要云、凡大事皆起小(少)事。

　貞觀政要、巻第一、政體第二。

102、臣軌曰、憂患生所忽、禍害興於細微(微細)。

　臣軌、巻下、愼密章。

103、淮南子云、善泳者溺、能乘者墮。以其所好返自爲禍。

　淮南子、原道訓第一。

104、貞觀政要云、・(日)每一食便念稼穡之艱難。每一衣便思紡績之辛苦。

　貞觀政要、巻四、教誡太子諸土第十一。

105、後漢書云、千人所指、無病而死。

　漢書、巻八十六、王嘉傳。◎「後漢書」と玉函祕抄上に記すのを承けたもの。後漢書に未見。

106、周易云、居上位不驕、在下位而不亂。

　易經、上經、文言傳。

107、論語云、立不中門、行不履閾。

　論語、鄉黨第十。

108、又云、席不正、不坐。

　論語、鄉黨第十。

109、文選云、跼高天、蹐厚地。

　文選、巻三、張平子「東京賦」。◎→一三三ページ。

110、又云、瓜田不取履、李下不正冠。
古樂府、君子行。樂府詩集卷三十二「君子防未然、不處嫌疑閒、――」◎→一五四ページ。

111、又云、木秀於林、風必摧。行高於人、衆必非。
文選、卷五十三、李蕭遠「運命論」。

112、周易云、日中則昃、月盈則食（蝕）。
易經、下經、豐卦。◎雜記本・川瀨本、「昃」を「傾」と記す。

113、論語云、吾日三省我身。
論語、學而第一。

114、又云、三思後行。
論語、公冶長第五。

115、老子經云、聖人後其身而身先、外其身而身存。
老子道德經　韜光第七。

116、尚書云、虛名久不立。謬旨終有失。
◎尚書に未見。金榜集愼身事より見える。

117、孔子曰、積善則福無不至、積惡則禍無不爲。
◎出處未詳。

118、尚書曰、天作災可避、自作災不可逃。
尚書、商書、太甲。

119、文集曰、是非之聲無翼飛、損益之名無脚走。

白氏長慶集、卷四十五、策林五、塞人望歸衆心。◎→一四七ページ

120、臣軌云、言易洩者、招禍之媒也。事不愼者、取敗之道也。

臣軌、卷下、愼密章。

121、史記曰、所言公、公言之。所言私・(者)、王者不受私。

史記、卷十、孝文本紀第十。

122、老子經云、多言害身、多事害神。

老子道德經　虚用第五、河上公註。

123、養性云、一出不返言也。一見不隱行也。

124、又云、耳目爲患、口舌爲禍。故君子以愼爲宗、以恐爲門。

125、又曰、蛇出一寸知其大小、人出一言知其長短。

126、應機曰、人爲財死、鳥爲食亡。

127、又曰、一言之益、秀千金。

128、孝經云、中心臧之、何日忘之。
古文孝經、事君章第二十一。◎「詩云、心乎愛矣、遐不謂矣。忠心藏之、何日忘之」とあり、詩經、小雅魚藻之什、隰桑に基づく。はるかの野にいる君子を大切に思う心を歌っている。鄭箋「臧善也」。

129、韓詩外傳曰、子夏過曾子。曾子曰入食。子夏云不爲公費乎。曾子曰君子有三費、飲食不在其中、…少而學、老而忘、此一費也、事君有功而輕負、此二費也、久交而中絶之、此三費也。
韓詩外傳、卷第九。◎右傍點部、原典により補入。

130、毛詩曰、夙興夜寢。
詩經、小雅、小宛。

131、禮記曰、凡爲人之子禮、冬溫夏淸、昬定而晨省、凊借作淸寒也。周文王爲世子、常鷄鳴時至寢門而問安否。黄香十歳事父母孝順、冬則溫床暖被、夏則扇其枕席、常一夜五起其被之厚薄、枕之高低。
禮記、曲禮上第一。◎周文王云々、黄香云々は出所未詳。註15参照。

加1　帝範云、君擇臣而授官、臣量己而受職。
帝範、上卷、審官篇。◎帝王事19の次の追加句である。雑記本になし。↓二四ページ。

加2　世說云、梅止渴。魏武軍士大渴無水。令曰、前有梅林、可止渴。士卒聞之、口中出水。◎世說に未詳。

加3　漢書云、漢王與項羽爭天下、羽圍漢王於滎陽、漢王患之。將軍紀信云、今事急矣。臣請誑楚、可以閒出。乃乘王車黄屋左纛云、食盡、漢王降楚、々皆叫萬歳、之城東觀、以故漢王得與數十騎出西門遁。…羽見紀信、云漢王安在。曰已出去矣。羽怒烹紀信。

漢書、巻一上、高帝紀。

加4　論語云、知者樂水、仁者樂山、知者動、仁者靜也。

論語、雍也第六。◎「也」に代わり、論語には、「知者樂、仁者壽」とある。

## 附、収載書目一覧

一、金句集各成句に記される出典名（「……云」とある名全て）を五十音順に配列し、該當句の句番號を記す。

二、出典名が通稱・略稱のばあい、その書名下の句番號の下の括弧内に正しい書名を書く。

三、出典名の誤記・誤傳には、書名下の句番號の下、括弧内に正規書名を記す。例　或云　66（袁子正書）。

四、二・三の正規書名も立項し、二は⇩で參照項目を示し、三は立項下の括弧内に句番號と誤記書名を記す。例、袁子正書（66或云）、論語（16漢書）。

五、各則の第二行が各則の出典記述である。本一覧は出典の正しい形と金句集記載名とを示したことになる。

或云　66（袁子正書）

晏子春秋　（45左傳）・（63春秋左氏傳）

要覽　60

易經　⇩周易

淮南子　31・103

袁子正書　（66或云）

鹽鐵論　14・53

應機　126・127
孝經（29禮記）・（36孔子）・（55禮記）・（56禮記）・90（序）・（91禮記）・92（禮記）・94・95・128
葛氏　⇩葛氏外篇
葛氏外篇　81
樂府詩集・古樂府　110
韓詩外傳　129
顏子・顏子家訓　82・84
漢書　16（論語）・22・38・39・51・58・64・76・97・105（後漢書）・加3
家語（孔子家語）　12（文選）・21（貞觀政要）
孔子　36（孝經）・37（禮記）・117
後漢書　30・47・65・105（漢書）
古語　99（論語註）
莊子　15
左傳（春秋左氏傳）　7・10・（45晏子春秋）・（63晏氏春秋）・96
三略　41（上略）
史記　1・19・46・48・（50文集）・62（説苑）・87・100・121
詩經　⇩毛詩
尚書　4・116・118

上略　⇩三略
周易（易經）106・112　―王弼註　11
荀子　⇩孫卿子
春秋左氏傳　⇩左傳
汝衍車銘　⇩馮衍（フウエン）車銘
臣軌　42・43・98・102・120
世要論　（35代要論）
說苑　2・24・（62史記）・83・88
世說　加2
潛夫論　17・18・25（貞觀政要）
孫卿子（荀子）　3
代要論　35（世要論）
貞觀政要　20・21（家語）・25（潛夫論）・26・27・28・32・33・54・57・68・69・70・71・72・73・101・104
帝範　5・6・40・61・67・86・加1
白氏文集（白氏長慶集）49・50（史記）・75・119
馮衍車銘　52（汝衍車銘）
傅子　59
毛詩（詩經）130

文選　（12論語）・13・23・44・109・110・111
養性　123・124・125
禮記　8・9・29（孝經）・37（孔子）・55（孝經）・56（孝經）・78・79・80・85・89・（91孝經）・（92孝經）・131
老子經　115・122
論語　（12論語）・16（漢書）・34・74・77・93・107・108・113・114・加4
論語集解註　99（古語）
未詳　（15莊子）・（117孔子）

註

（1）川瀬一馬「中世における金言集について」（『青山學院女子短期大學紀要』第三輯）。大東急記念文庫所藏。上記論の中に説明があるように、玉函祕抄にない句も多く、金句集へ連續するとも言いがたい。
（2）句雙紙・禪林句集について、新日本文學大系52『句雙紙』の入矢義高「解說」、早苗憲正「諸本と成立」は、高質の詳說である。句雙紙抄については、柳田征司「『句雙紙抄』の諸本とその言語」（『國語國文』四四卷一〇號、昭和五〇年一〇月）。
（3）註1に同じ。
（4）山内洋一郎「廣本節用集態藝門金言成句出典考」、三2イ（註1）、山田忠雄編『國語史學の爲に』第一部所載（笠間書院、昭和六一年）。
（5）金句集政道事にも「史記」として載る。說苑、卷七政理の句であるが、句形に問題がある。
（6）土井忠生「天草本金句集考」（『京都大學國文學會二十五周年記念論文集』昭和九年一一月。『吉利支丹文獻考』、四、天草版金句集〔一〕、昭和三八年一月）。

(7) Bには「句雙紙抄について」（『安藤教授還暦祝賀記念論文集』昭和一五年）が収められ、天草版金句集とも關係する。

(8) 註1に同じ。

(9) 福島邦道氏の解説がある。金句集全般、及び收載四書についての略説がある。なお、文中の「古寫本（全二十六葉）」は、本稿の諸本のうち、春日本であろう。

(10) 吉田博士邸で實見したが、正確な筆寫をしていないので、本書の論述、數表より除く場あいがある。現藏者未詳。

(11) 川瀬D論文で「家藏室町末期寫本」と記される寫本である。『大東急記念文庫善本叢刊 中古中世篇 類書Ⅱ』所收。

(12) 『隨得雜録』は、書名打附け書、南都藥師寺藏とする一册、二十五丁。碧巖録の題名抄記などのうち、7ウより14オに「金句抄」がある。築島裕博士貸與の寫眞による。

(13) 「松平披雲閣文庫藏金句集。松平公益會藏。」と論文Gで記した書である。

(14) 伊達本の增補について、論文Gの3ア注記で述べ、本書第一部第四章三、第二部第二章2で細説する。

(15) 禮記曲禮上の本文は「晨省」まで。「清借作清寒也」はその注文であろう。周文王云々と黄香云々とは別々のものであり、禮記とは内容類似で結び附いたものであろうが、出典未詳。金句集としては、全體を一則として編纂したものと見ておく。
靜嘉堂本のみ黄香云々を含まないが、松平本を始め全て「高低」まで存する。

黄香は後漢和帝の臣、後漢書卷八十上に傳がある。蒙求に「黄香扇枕」の章があり、孝行を讃えている。但し、金句集の字句は出所未詳。

(16) 松平本については、本書の影印、及び解説を參照。

(17) 靜嘉堂本の句數が39も少ないことを、誤脱と扱ったが、別の考えもできる。書寫識語にいうごとく「不足」なのは事實であるが、第四表に見るように減少している。意圖のある縮少かもしれない。

(18) 來田隆「披雲閣文庫藏傑心祖菊和尚下語抄について」（『國語國文學會誌』17、昭和四九年一二月。『抄物による室町時代語の研究』第二部第一章第一節、清文堂、平成一三年）。

右の來田氏の福住道祐に冠する記事は、小田德三『随筆さぬき』（藤田積美堂書店刊）第十　福住道祐、によるところ大きいという。

（19）米原正義『戰國武士と文藝の研究』（櫻楓社、昭和五一年一〇月）第二章第三節、朝倉文藝の全盛、2孝景（宗淳）時代の在越文人　2清原宣賢。

# 第二部　天草本金句集の研究

# 第一章　天草本としての金句集

## 一、天草本の形態

### 1、書　誌

大英圖書館（The British Library）の東洋並びに舊印度省コレクション（Oriental And India office Collections）に、我々が「天草版平家物語・伊曾保物語・金句集」と呼び慣らわしてきた三冊合綴本一冊が藏せられている。その形態についての新村出博士の文章を引用しよう。

而して本書は、單行本として存せず。イソポの譬へばなし及び金句集の二部等と共に合綴せられ、其大さ8°、即ち長さ約一七センチメートル、幅約一一センチメートル、紙質は、當代の耶蘇會の横文刊行書と共に、我國の厚き雁皮紙を用ゐたり。以上諸部を合綴したる一冊、六百ページを越え、その中頁數を附せる部分は五五四ページ、而して頁附けは各部分を通ぜり。他に頁數を附せざる紙約五十ページに餘り、巻末の餘白には難語解を手寫せる者二十五六ページあり。平家の部は今暫く措き他の部分を見るに、イソポの部は、標題を印せる紙面と緒言とが、相表裏を成し、二頁ある外、本文及び目錄九十七ページより成り、金句集は四十六ページを算す。

新村出「天草吉利支丹版の平家物語抜書及其編者」[1]

ページ附けは、平家物語に三〜四〇八、同目録六ページになく、伊曾保物語の標題・序言の表裏になく、本文に409〜目録末506、言葉の和らげ全四十二ページになく、金句集に507〜553、更に「五常」一面に554と附せられているのである。このように三書の本文を通してページが附けられていて、當初から一括した出版計畫であったと判かる。

平家物語の表紙に「御出世ヨリ一五九二．」、扉に「時ニ御出世ノ年紀．一五九三．」、不干ハビアンの自序に「時ニ御出世．一五九二．十二月．一〇．」、伊曾保物語の扉に「御出世ヨリ一五九三．」とある。金句集には年紀のある扉も跋もないが、平家物語の二一〇ページより綴字法の變化があり、以降のページがそれに統一していることも參照して、金句集は一五九三年の刊行と見られる。

金句集の初ページに「四書、七書ナドノ内ヨリ抜キ出（イダ）シ、金句集トナスモノナリ．」と記し、以下のページの上端に「QINCVXV」と横組みに記すので、「金句集」がキリシタンとしての正式書名であるが、本書の大塚光信氏の序、本研究第一部の冒頭に述べた理由で、天草本金句集を用いる。その略稱に天草本とのみ用いる。本研究では、この稱に、天草本の他書を含まない。

## 2、句數、その認定

天草本の印刷形態は、金句（漢文訓讀文）の行頭を大文字にして、二行め以降は二字下げている。次に改行して、Cocoro. の下に口語譯を續けている。各金句及び口譯文は、視覺的に明瞭に別個のものと判斷できる。本研究に影印を收載した。

この金句に通し番號を與え、第〇〇則、第〇〇則心、と呼ぶ。この方法は吉田澄夫著『天草版金句集の研究』の用いるところで、我々はこれに從っている。なお、この吉田博士の著書を數多く引用するので、『研究』と略記する。

例示は句番號、漢字片假名交り文で行う。

『研究』の記す天草本の句數は二八二である。これを變更しようというのではないが、句數に關連する問題點がある。

原典の異なる句を一句とした場あいがある。

47　智者ハ千慮シテ必ズ一失有リ。愚者ハ千慮シテ必ズ一得有リ。言（コトバ）ノ洩レ易キ者ハ、禍イヲ招クノ媒（ナカダチ）ナリ。言（コト）愼マザルハ、敗（ヤブ）レヲ取ルノ道ナリ。

『研究』211ページに記す形で、原典と漢文を擧げよう。

金句集（史記、淮陰侯列傳）――智者千慮必有二一失一、愚者千慮必有二一得一。

金句集（臣軌、愼密第七）――言易レ洩者招レ禍之媒也。事不レ愼者取レ敗之道也。

兩者に句意の近似性がなく、「心」は前者のみの口語譯である。

心。智惠ノ有ル人、千ノ思案ノ内ニ一ツ外（ハヅ）レ、愚痴ナ者ハ、千思案スレバ、九十九ハ外レテ、ヤウヤウ一ツ當タル。

金句集愼身事に兩者とも採られているが、大きく隔たっていて、連接した寫本はない。玉函祕抄・明文抄等でも連接せず、天草本の狀況は不審である。この不審について、土井忠生博士は、早く明解を下しておられた。卽ち、金句集愼身事をローマ字書きにすれば、兩句は連續すると見拔かれたのである。(2) 本來はそれぞれ別の金言である。

59　人ノ善惡ハ誠ニ近習ニヨレリ。近習ノ間、尤（モットモ）愼ムベシ。

『研究』は、貞觀政要、杜讒邪第二十三とし、（中略）を置いて天草本に從って一則としている。管蠡抄一ノ六で二句連續の貞觀政要句の第二・第三に當たる。この第二句末の「同」を脫し、兩句が一句となった寫本が靜嘉堂文庫藏天文本など數本存在する。天草本はそういう寫本を用いたのであろう。嚴密には別則とすべきである。「心」が「ソレニヨッテ」で兩則を結び附けているのを見ると、一則と理解したのであろう。兩句の存する卷については第三章參照。

24　國ヲ治メ家ヲ安ンズルコトハ、人ヲ得レバナリ。

25　國ヲ亡シ家ヲ破ルコトハ、人ヲ失エバナリ。

三略（上略）で「治レ國安レ家得レ人也。亡レ國破レ家失レ人也。」と對句になっている句を、天草本で二則に分けたのは疑問。次の二種も同樣か。

64　一（ヒトタビ）食スル毎（ゴト）ニ、便（スナワチ）稼穡ノ艱難ヲ念エ。

65　一（ヒトタビ）衣（キ）ル毎ニ、卽チ紡績ノ辛苦ヲ思エ。

222　將妄リニ動ク則（トキ）ンバ、軍（イクサ）重カラズ。

223　將怒リヲ遷（ウツ）ス則ンバ、一軍懼（オソ）ル。

この事象についても、土井博士に說明がある。(3)

天草版本は、元來連句や對句をなしてゐる一文を、二分して擧げた例が少なくない。その際に、前句も後句も最初の文字を同じうするならば、同部門の中に相並べて出し、「心」も亦本文に應じて、前後略似た組立の文章を以て注するのが普通である（六四と六五、二二二と二二三等）。

土井博士は更に觀察が精しい。

然るに、句頭の文字が違ひ、部門を異にして散在せる場合を見ると、本文は對句をなし訓讀も亦照應してゐながら、注文は互に異なってゐて、それぞれ分離獨立した本文に對して、注せられたとしか思はれないのが多い（一〇一と二〇四、二四四と二七八等）。

論語、里仁第四の左句の傍線アは二〇四則、イは一〇一則と分れている。郷黨第十の二句も、ウは二四四則、エは二七八則である。

・子曰、[ア]富與レ貴、是人之所レ欲也。不下以二其道一、得上レ之不レ處也。[イ]貧與レ賤是人之所レ惡也。不下以二其道一、得上レ之不レ去也。

・[ウ]食不レ語。[エ]寢不レ言。

このような對句は、それぞれ別則とすることも、一括して一則とすることもできて、雙方の例が多くある。何らかの統一的方針があったとは見受けられない。

## 二、研究史——土井忠生・吉田澄夫・書評・索引——

キリシタン資料の研究は、新村出博士に始まる。その偉大な足跡はここに記述するまでもない。金句集については、「天草吉利支丹版の平家物語抜書及其編者」（明治四二年）の中にその名を見て、「金句集」（藝文、二—一）に簡要な紹介文がある。(4)

『金句集』の本格的研究は、土井忠生先生の「天草本金句集考」（『京都大學國文學會二十五周年記念論文集』、昭和九年一一月）に始まると言ってよいであろう。以下、『吉利支丹文獻考』（三省堂、昭和二八年一月刊）によって考えたい。

この論考は、㈠形態に次いで、㈡資料の中で（一）別本金句集、（二）句雙紙、（三）漢籍、（四）國書、（五）通行の格言の項目を設けている。更に㈢異本の推定では、ロドリゲス大文典、日葡辭書に掲載された金句集と同じ句が差異を示している状況により、異本の存在を推定。㈣天草版本の新修では、異本金句集が注釋を持たなかったという推定の下での問題點、㈤天草版本の編者では、「道が行く」などの用字から九州方言に慣れた者の手を經たかとし、㈥價値、の項で文化史的意義の高さを強調せられた。

『吉利支丹文獻考』には、右に續き〔二〕五常、がある。これは『國語學』第十九輯（昭和二九年）に發表の論である。尊經閣藏雜記本も五常を附載しており、第四章で五常について述べたい。

土井忠生先生の天草本金句集の研究は基礎的事項を確實に布石して、後人の研究進展を導き出した功績が大であると思われる。

次は吉田澄夫博士の研究である。博士は東洋文庫に將來された天草版合綴本一册のロートグラフ本に基き、『天草版金句集』の翻字を『國語教育』誌に、昭和八年五月號より十月號まで連載、表記法・發音・訓法などを『音聲の研究』などに發表、昭和十三年十月に東洋文庫より『天草版金句集の研究』を出版された。(5)

ここに三部合綴本の翻字が揃い、特に金句集の全體像が、研究の名にふさわしい内容で公刊されたのである。

これに關連して必見の文獻が二種ある。

龜井孝　書評、吉田澄夫氏著「天草版金句集の研究」。――『國語と國文學』、昭和十四年三月號。

高羽五郎『天草版金句集』（油印、註）私版。昭和二十九年。

龜井孝氏の書評は、嚴正精密、思考の鋭利さで、問題點を剔出し、高羽氏の註は、これを承けて、更に私註を加えている。大英圖書館所藏の原本の持つ印刷上の誤り、吉田氏研究の修正は、この二種で網羅された感がある。

本文研究を總括するのが索引である。その公刊に左の二種がある。

松村明編『天草版金句集　語彙索引稿』。――『國語研究室』別册三號　昭和四十一年五月（油印）。

金田弘編『天草版金句集本文及索引』。――白帝社、昭和四十四年十一月。

前者はローマ字原綴の配列を基本としている。『研究』の明瞭な誤りは訂せられている。後者は、第一部をローマ字綴りの翻刻とし、第二部を〔本則の部〕〔心の部〕に分けて、歴史的假名遣を基本とする語彙索引、更に、キリシタン資料及び關係國語學論文目録を附している。明治初年から昭和四十三年までであるが、ありがたい目録である。

土井忠生先生の高弟、森田武先生にも、天草本金句集について、日葡辭書に結びつけての深い識見がある。『日葡辭書提要』（清文堂出版、平成四年）第Ⅸ章資料、Ⅱ引用文獻各説、4金句集、がそれである。精緻な眼識の部分から全體へ及ぶ研究となっている。日葡辭書 Iŭjŏ の項の引用に「充上スレバ必ズ崩ル。Ｘix.（四書）」とあるところから、日葡辭書の編者が天草本金句集に據った一證とされるなどに見ることができる。(6)

福島邦道氏の「天草版金句集の出典について」（『國語學』七九集、昭和四四年）(7)は『研究』に對し、大きく修正の筆を加えたもので、高く評價される。その内容については、次下の章諸所で觸れるであろう。氏の功績は『金句集四種集成』の刊行にもあるであろう。

# 第二章　所據文獻

天草本編纂材料として、土井博士は、別本金句集・句雙紙・漢籍・國書・通行の格言の五項目の下に、論述された。編者が直接に抄した漢籍として論語・三略・古文眞寶（前後集）を、國書として童子教・太平記を擧げられた。吉田博士は、貞觀政要・孔子家語・黃山谷詩を加えられた。福島邦道氏は、先人指摘の出典を吟味修正し、金句集以外の金言集の可能性を論じ、孔子家語の直接採錄に疑問を投げかけられた。福島氏の論によって、玉函祕抄・管蠡抄など先行の金言集が加わり、文明本節用集（廣本節用）・句雙葛藤集など室町末期の資料が重要な位置を占めるに至った。ここに至って、金言集の傳流を視野に入れた論述がなされ、資料・用例の發掘、博捜が研究を大きく進展させたのである（文明本節用集を天草本の編纂材料として認めない立場から、本書では對象としていない）。

以下に、現段階として判明する所處文獻について論述してみようと思う。『研究』第二部第九節出典の章で、吉田博士の調査結果が示されている。天草本編集に直接使用したと思われる書を出典、その書が編集の過程を經ているもとの漢籍を原典とすれば、『研究』はこの別が交錯したところがある。本書では「1、金句集」以下、出典を十六種に分類した。中に「16、格言・和諺・未詳句」として、扱わざるをえなかった數則がある。書名を括弧で圍むのは、不採錄と筆者の認定する資料である。

編者が或る文獻を得て金言取材をすれば、第二章の形が必要であろう。天草本の現在組織による檢索からは、印刷順の出典・原典の記事も必要ではなかろうか。第三章各則別出典は、その爲の通覽である。

## 1、金句集

『研究』に出典を「金句集」と記すのは、七十二則七十三句である。その記し方に精粗があり、第四則に「金句集（潛夫論、巻二、思賢第八）」の如く細部まで記すのは、金句の所在をその巻章に確認したと覚しい。金句集には「潛夫論曰、病家之厨……」とのみなので、これでは簡略に過ぎ、大部の書や稀書では、當該書にその句が存するか否かの不安がある。一層の確認が必要であろう。『研究』に「金句集」とのみで漢籍名が記されていない則が見えるのは、金句集記載の書名に誤記が多く、確認に多くの時日を要するためであろう。

以下、對象句の天草本句番號、原漢文、書名巻章を記す。

ア、『研究』の示す書名が金句集と異なるばあい。

45　蛟龍得水然後立其神。聖人得民然後成其化也。――古文孝經、廣至德章第十六、孔安國註。〇『研究』の（管子形勢第二）(8)を改める。

四五は金句集に「禮記」とある。金榜集の誤記を繼承している。玉函祕抄上、明文抄三では、正しく「孝經」とする。孝經を禮記とするのは往々見られ、孝經註を孝經とのみ記すのも一再ではない。

47　智者千慮必有一失、愚者千慮亦有一得。――漢書、巻三十四、韓信傳。〇（史記淮陰侯傳）を改める。

四七則は本來別種の句の合成された句で、右はその前半である（既述）。その前半を『研究』で史記とされたが、金句集愼身事に漢書とあり、巻三十四韓信傳にこの句があるので、史記とする必要がない。

259・96　庸主賞所愛、而罰所惡、明主則不然、賞必加於有功、而刑必斷於有罪。――史記、巻七十九、范雎傳。〇（戰國策）を改める。

この二則は、金句集帝王事に、一則として「史記」の名で上がっているが、『研究』では「戰國策、秦昭襄王」と兩句に記された。戰國策にもこの兩句があり、事がらが同じで字句の異なりもないけれども、戰國策という書名によってこの句を示す書を見ず、金句集を天草本の取材源の一とする以上、史記とすべきである。この句は、玉函祕抄上、管蠡抄一ノ二にも、長文で「史記」として出ている。

135　木從繩則正、后從諫則聖。——尙書、商書、說命。○（貞觀政要、求諫第四）を改める。

この句、貞觀政要巻二に引く。管蠡抄一ノ八、金句集帝王事に尙書とある句である。

195　天與弗取反受其咎、時至弗行反受其殃。——漢書、巻四十五、蒯通傳。○（史記、越世家第十一）を改める。越世家には右の下句がない。

266　一心可以事百君、百心不可以事一君。——晏子春秋、巻四。○（說苑、說叢）を改める。

この句、金句集臣下事に「左傳」とあり、金榜集臣下事の左傳の句の次に「又云」としてこの句がある。世俗諺文上に「春秋傳云」としてこの句を含む長文があって、晏子春秋巻四の文である。これが春秋左氏傳と混同し、書承されたのである。この句は諸書に異同があり、特に天草本の「百千の君」の文を見ない。

イ、『研究』が金句集の誤りを訂した場あい。

230　千人所指無病而死。——漢書、巻八十六、王嘉傳（里諺曰）

金句集愼身事、溯って玉函祕抄上も後漢書と誤る。それを『研究』が改めている。明文抄五に「千人所指無病而死、臣常爲之寒心。漢—」と續く傍線の六字によって漢書と確定する。

43　忠臣不事二君、貞女不更二夫。——史記、巻八十二、田單傳。

この句は、金句集臣下事で「文集云」とある句の次に、「又云」として記されている。金榜集臣下事で「文集」の次行に記されたのが原因であろうが、なぜ文集の句と記されたかは不明である。玉函祕抄上、管蠡抄九ノ一、明文抄二はいずれも史記である。↓一七〇ページ

97　三諫而不聽則逃之。――禮記、曲禮下第二。

右は金句集臣下事に「孔子」とあるのを改めている。明文抄二では禮記とある。

ウ、『研究』が書名、巻・章を記していないばあい。

『研究』が出典を「金句集」とのみ記しているところがある。天草本の出典考としてはそれで一往は事足りるとされたのであろうが、漢籍に確認することは必要であろう。吉田博士も數多く詳記されたけれども、未確認が殘ったということであろう。

31　河廣ウシテ源大イナリ。君明ラカニシテ、臣ニ忠アリ。

これは、金句集帝王事に「莊子曰」とありながら、『莊子引得』を検しても見出せない句である。金榜集帝王事の書き入れに同文がある。典據とするに難點があろうが、他に見出していない。

莊子　河廣ケレバ源大ナリ。君明ナレバ臣忠アリ。

32　國ノ治マル所以ハ、君明ラカナレバナリ。ソノ亂ルル所以ハ君暗ケレバナリ。

金榜集帝王事・金句集帝王事に「貞觀政要」とあるが、政要になく、玉函祕抄上の新論の句の前半に相當する。この原典は新論ではなく、潜夫論明闇第六である。[9] 明文抄一で類似内容の貞觀政要巻一と併記されたのが因で誤った。

以下では、對象とする天草本の例示を省略する。第三章參照。

四四則は、金句集黎元事に「汝衍車銘」とある句の後半である。この句は、玉函祕抄上に「馮衍車銘」とあり、藝文類聚、巻七十一に載る。「汝衍車銘」は金榜集黎元事の書き入れにある書名。

四六則は、金句集政道事・金榜集政道事に「史記」。史記に未見。玉函祕抄上に「說苑」とする句と同じいので、說苑七、政理と考える。

六七・九〇則は、金句集愼身事に「養性」、六八則は「應機」とする。三則とも金榜集愼身事に同名で載る。この二書は未詳。

八八則は、金榜集愼身事に「文集」とあり、金句集で書名が消える。白氏長慶集、巻四十五、五「塞人望歸衆心」の一句である。

九九則は、金句集政道事の「左傳」句である。玉函祕抄上の「无功之賞不義之富、禍之媒也春秋左氏傳」が、明文抄四・金榜集臣下事を經て來た句である。一方管蠡抄九にこの句を含む長文があり、共に「左傳」とするが、左傳を通讀するも見出せない。晏子春秋六ノ一五に見るので、「春秋」として引いた上に「左氏傳」を加えたか。

一〇〇則は、金句集學業事に「葛氏」とあるが、未詳。この「水積成淵、學積成聖」は、玉函祕抄中・管蠡抄三ノ一・明文抄五などに「葛氏」「葛氏外篇」とあるも、未詳。『大漢和辭典』『漢語大詞典』『中國成語大辭典』等に不載。次句を參考に掲げる。「土積而成山、水積而成江」（鹽鐵論七）の例もある。

人才雖高不務學問、不能致聖。水積成川則蛟龍生焉。土積成山則豫樟生焉。學積成聖則富貴尊顯至焉。——說苑、巻三、建本。

一三八則は、金句集帝王事に示す禮記の句でなく、古文孝經、諫諍章第二十、孔安國註（主逆諫……）である。禮記と孝經の交替は多い。

一四三則は、金句集黎元事に「漢書」とあり、巻五十一路溫舒傳の句である。

一五七則「兩雄必ズ爭ウ」。『研究』で「太平記、巻三十四、畠山道誓上洛事、金句集」と記したのは、この時點では出典未詳であった故である。金句集帝王事に「周易」と記して、この句がある。周易、上經乾傳、王弼註にある。

一六九・一七四則について『研究』は貞觀政要を第一とし、「金句集」を添えている。金句集に「貞觀政要云」とあれば良いが、書名が異なれば不正確であろう。169「叢蘭茂セントスレドモ」は、金句集帝王事に「帝範」とある。去讒第六の句であり、玉函祕抄上・管蠡抄一ノ十一・明文抄四・金榜集帝王事等全て「帝範」である。貞觀政要、巻第六、杜讒佞第二十三に引用があるが、帝範とすべきである。

一七四則は、金句集に「後漢書云」とあり、同巻三十九、劉愷傳に見出せる。玉函祕抄中にあり、金榜集政道事で、漢書句の次に「又云」、明文抄四で「家語」と記されて載るのは、誤りである。

一八九則は、金句集に「要覽」とある。この書の完本は傳存しない。

一九九則は、金句集に「老子云」とある句で、老子道德經、虛用第五の河上公註「多事害神、多言害身[10]」を指す。「9、老子經」に詳說する。

二一八則は未詳。金句集ではない。「2、伊達本金句集の增補句」參照。

二二七則は、天草本金句集第二則、說苑、巻七、政理の句である。

二三一則は、「論語、子罕第九」の下に記したので、金句集所載句の原典記述を省略したのであろう。

二六七則は、金句集臣下事「後漢書云」の句で、巻十五、李通傳。

二六八則は、金句集黎元事に「貞觀政要云」とある。初進本巻四、輔弼第九の句で、通行の刊本に収めていず、『研究』は確認できなかったのであろう。

なお、『研究』は一四四則に「太平記」とのみ記すが、金句集にある以上金句集とするべきである。

## 2、（伊達本金句集の増補句）

伊達本は金句集諸本の中で、「追加之分」「雑説部」を持ち、増補が著しい。「廣本節用集態藝門金言成句出典考」（昭和六一年）の中で、伊達本の増補句について山内は左のように記した。

　これらはその七〇%ほどを管蠡抄より、他を孟子その他の資料で増補したものである。追加之分と雑説部は共通性を持ち、管蠡抄その他の資料を手にした某人が、帝王事以下八種の部立てに相當するものは追加之分として附し、収め得ないものを雑説部としたと解される。(11)

この増補句の過半は管蠡抄よりのものであって、それを考えないで、伊達本の増補句を不用意に金句集の名で引用し、論じることには、愼重を期さねばならないこと、いうまでもない。しかし、その混同は『研究』にも、福島邦道氏の論にも見受けられる。

まず、具體例を一つ擧げよう。左は『研究』に「金句集（左傳）」とある句である。

38　國トシテ禮無キハ、何ヲ以ッテカ榮ヲ求メン。

これは金句集全一三一則の中にない。春秋左氏傳昭公十六年の句で、管蠡抄三ノ十八に收錄せられ、伊達本金句集雑説部に載った。逆耳集・廣本節用集に載るのも、管蠡抄を用いたためである。

70　人貧ニシテ智短カク、馬瘦セテ毛長シ。

94　滿テルハ損ヲ招キ、謙(ヘリクダ)リハ益ヲ受ク。

158　綸言汗ノ如シ。出デテ再ビ返ラズ。

218　饑エテ糟糠ヲ擇バズ。

これらも『研究』に「金句集」とありながら、伊達本以外の金句集に見えない。
七〇は朝野僉載の書名で早く世俗諺文に採られ、管蠡抄十・逆耳集にも採られた。五燈會元巻十九・虚堂禪師語錄巻一・十九などに用いられ、句雙紙抄にもある、禪林周知の句である。
九四は尙書二、大禹謨を源に、玉函祕抄上・管蠡抄六ノ廿四などに載っている。
一五八に關して、漢書、巻三十六劉向傳の句「號令如汗、汗出而不反者也」が知られ、管蠡抄二ノ十一・伊達本金句集雜說部・廣本節用集に漢書としてその形で載る。「綸言……」は世俗諺文に溯る。

綸言如汗　禮記云、王言如絲、其出如綸、王言如綸、其出如綍　鄭玄曰、言出絲大、云綸言如汗出而不反。

禮記、緇衣第三十三の鄭玄註に「云綸言如汗出而不反」はない。源爲憲の附加か、當時通行していたか。この句が平家物語などへと擴がってゆく。「禮記云」としながら、その形ではない。

綸言如レ汗、禮記云、綸言如レ汗出而不二再返一云々。——下學集

下學集・句雙葛藤鈔八字葛藤に「再」が加わっているのは、天草本に一致し、天草本の出所は句雙葛藤鈔が有力となる。
二一八を『研究』で「金句集」とするのは、伊達本雜說部の「古語　飢不レ暇レ擇レ食」を指している。この句は五燈會元、巻五・虛堂語錄、巻六などにあって、禪宗では知られていた。しかし、出所とするには距離がある。天草本と同形が醒睡笑にあるので、天草本は當時通行の句の採用、出所未考とせざるを得ない。

俗云、飢不レ撰二糟糠一、實哉。——醒睡笑　巻五、上戸

福島邦道氏は、金句集を天草本にもっとも影響が濃いとした上で、伊達本に他の寫本にないものが見えるとして、四則を示された。

35　藥ノ病ヲ理ムルコトヲ知ッテ、學ノ身ヲ理ムルコトヲ知ラズ。

36　孝ハ百行ノ本、衆善ノ始メナリ。

188　徳ヲ論ジテ官ヲ授ケ、能ヲ量ッテ爵ヲ受ク。

207　鸚鵡能ク言エドモ飛鳥ヲ離レズ。猩々能ク言エドモ禽獸ヲ離レズ。人トシテ禮無キハ、……禽獸ノ心ヲ離レザルカ。

三五は、管蠡抄三ノ一に出典を抱朴子として出て、逆耳集・廣本節用集にも採られている。抱朴子に見えず、太平御覧巻六〇七に御覧佚文と扱われている。菅原爲長がこの句のみ御覧を検して採ったとも思われず、本邦への流入徑路は未詳である。管蠡抄に入って他へ傳わる。

三六の出典とされる、後漢書、巻三十九江革傳は「百行之冠」であって、玉函祕抄中、管蠡抄六ノ二とも「百行之本」とある差をどう理解するか、問題として殘っている。伊達本、父子事追加之分では、管蠡抄六ノ一の併記する「善事父母曰孝」と一則になっていて、追加之分が管蠡抄の一寫本を源にしていること明瞭である。

一八八は文選巻三十七、曹子建「求自試表」の句で、玉函祕抄下、管蠡抄四ノ二に採られた句の前半に當たる。

二〇七は禮記・曲禮上第一の句。玉函祕抄下、管蠡抄三ノ二十、明文抄二にある。

以上四則は全て金句集以前の金言集に存する句なので、確證でもない限り、伊達本金句集を採ったとする積極的意義は薄い。

## 3、管　蠡　抄

天草本の編集に當たり、用例の收集に金句集の次に考えられたのは、漢籍個々でなく、金句集と同種の、金言成句集であっただろう。玉函祕抄は流布すること少なく、明文抄は大册なので、尚少なかったか。管蠡抄は寫本も多く、句數の多さ、句意による區分のある點、有用な書である。今まで天草本研究史に浮かび上がらなかったのは、近世・近代の間に埋もれていたためであろう。勿論近世刊の『博覧古言』はこれであるが、中世の書という内實のある印象がなかったためか、これを經由して管蠡抄へ溯る研究もなかった。管蠡抄は天草本の取材源として、對象になる書である。「2、伊達本金句集の增補句」において、增補句の七十％ほどは管蠡抄より得た句であって、それを金句集の名で論ずるのは誤りである、と論じた。これは、中世末より近世初の間の金言流布に關して、管蠡抄の影響の大きさを示す、一事象と把えることもできるであろう。

伊達本增補句を論じて、三八・七〇・九四・一五八の各句が管蠡抄に據ったものとまず示し、更に、三五・三六・一八八・二〇七の各句が「全て金言集以前の金言集に存する」として、その書名をいくつか擧げた。それらに共通するのは管蠡抄である。後に觸れるところの「4、孔子家語」では、四句（八四・九五・一七〇・一七一）全て管蠡抄に收められており、「6、貞觀政要」では、金句集所載の十則を除き、『研究』で貞觀政要とする二則を、管蠡抄によるとする（五九・六〇）。以上の句については筆を略する。

以下では具體的に述べて行く。

33　君子ノ交リハ淡ウシテ、水ノ如シ。小人ノ交リハ甘ウシテ、醴（アマザケ）ノ如シ。君子ノ淡キハ以ッテ親シム。小人ノ甘キハ、以ッテ絶ツ。

『研究』は右の出典を「金句集（禮記、表記第三十二）」としている。金句集一三一句にこの句がなく、大島本・春日本・山岸本の增補句には下部の「君子ノ淡キハ」以下がなく、金句集に存するとはできない。この句を廣本節用二六五丁裏に載せ、出典を「禮記・莊子」と併記しているのは、禮記として載せる玉函祕抄下・

明文抄三、荘子として載せる管蠡抄五ノ廿一の二種があって、それを一つにしたための記述であるが、禮記表記第三十二と荘子二十、山水とでは、語句にかなりの違いがある。後半が「君子淡以成、少人甘以壊」（禮記）、「君子淡以親、少人甘以絶」（荘子）となっていて、天草本としては、荘子を擧げるべきであろう。従って、この句の管蠡抄經由の可能性が高くなる。

70　人貧ニシテ智短ク、馬ハ痩セテ毛長シ。

この句、「2、伊達本金句集の増補句」で述べたところ、管蠡抄の句と見るべきであろう。

80　呉王劍客ヲ好メバ、百姓瘢瘡多シ。楚王細腰ヲ好メバ、宮中餓死多シ。――後漢書巻二十四馬援傳、子廖。

この句は玉函祕抄下、管蠡抄一ノ九、明文抄一などに収められる。平家物語を引くよりは、金言集の一、管蠡抄に據ったと見るべきである。

84　善人ト與（トモ）ニ居ルトキンバ、芝蘭ノ室（イエ）ニ入ルガ如ク、久シウシテソノ香（カ）ヲ聞ク。

與善人居如入芝蘭之室、久而不聞其香、即與之化矣。――孔子家語　六本第十五。

85　日月モ曲穴ニ光ヲ播（ホドコ）スコト能ハズ。衝風モ井底ニ波ヲ揚グルコト能ハズ。

八四は、玉函祕抄上・管蠡抄八ノ十七・明文抄四に載っている。八五は管蠡抄六ノ十七に載っている。

94　滿テルハ損ヲ招キ、謙（ヘリクダ）リハ益ヲ受ク。

95　水至ッテ清キ時ンバ、魚無ク、人至ッテ察（サツ）ナル時ンバ、徒（トモ）無シ。

九四は既述。尚書大禹謨の句で、管蠡抄六ノ廿四にある。九五は玉函祕抄中・管蠡抄十に共に漢書として引かれ、文選巻四十五、東方曼倩「答客難」に用いられている。孔子家語入官第二十一に本源があるであろうが、金言集としては漢書の句である。

115　鼠ヲ相(ミ)ルニ、皮有ッテ禮無シ。人トシテ禮無キハ、死セズシテ何カセン。

126　鬼神ハ盈(ミ)テルヲ虧(カ)イテ、謙(ヘリクダ)ルニ益(サイハヒ)ス。人道ハ盈テルヲ惡(ニク)ミンジテ、謙(ケン)ヲ好(ヨ)ミンズ。

170　ソノ君ヲ知ラズンバ、ソノ使(ツカ)ユル所ヲ視ヨ。

171　ソノ人ヲ知ラズンバ、ソノ友ヲ視ヨ。

一一五は、諸金言集の中で管蠡抄三ノ二十の左句のみ見る。

　相鼠有皮無禮、人而無儀不死何爲。人而無禮、何不遄死。毛詩

原典（詩經、鄘風、相鼠）の字句を修正しており、管蠡抄を更に短縮している。

一二六は吉田博士が易經の「天道」をキリシタンとして避けて「鬼神」とした云々と論じられたところであるが、天草本は傍線部を修正して用いたのではないか。管蠡抄六ノ二十四の句である。

　天道虧盈而益謙、地道變盈而流謙、鬼神害盈而福謙、人道惡盈而好謙。――周易上經、謙。

一七〇・一七一の兩句は、『研究』で孔子家語の句であるとされている。

　不知其子視其父、不知其人視其友、不知其君視其使。――六本、第二十五。

一七〇は家語の第三句、一七一は第二句である。管蠡抄五ノ十九にも同意の句があって、その原典は史記である（卷百四、田叔傳と卷百二、太史公曰）。

　不知其人、視其友。史記

　傳曰、不知其君視所使、不知其子視其友。同

家語と管蠡抄と、句自體に差異はないが、孔子家語句の採用が危ぶまれ、管蠡抄句の採用が確實になった今、この二句も管蠡抄に據ったものであろう。

172　尊客ノ前ニハ狗ヲダモ叱ラズ。
173　三歳ノ學ニハ三歳ノ師ヲ擇ブニハ如カジ。
180　先ニスル則ンバ人ヲ制ス。後ニスル則ンバ人ニ制セラル。
188　徳ヲ論ジテ官ヲ授ケ、能ヲ量ッテ爵ヲ受ク。
207　鸚鵡能ク言ヘドモ、飛鳥ヲ離レズ。猩猩能ク言ヘドモ、禽獸ヲ離レズ。
245　小惡止マザル時ンバ、大惡成ル。
263　陰徳有レバ、必ズ陽報有リ。

一七二は、管蠡抄三ノ廿五の禮記の句である。同・曲禮上に存する。

一七三は、管蠡抄三ノ四の桓譚新論の句である。但し、それには「不如三歳擇師」とあり、句意が異なる。

一八〇は、管蠡抄三ノ十にあり、史記、巻七、項羽本紀の句である。

二四五は、管蠡抄八ノ十八、十に三略記とある。但し、三略とは一致しない。

二六三の「有陰徳必有陽報世説」は、管蠡抄六ノ十二、十にある世説の句である。淮南子人閒訓の句が世説として傳承されている。世説そのものは形態未詳の點がある。


以上の検討で判明するのは、天草本の編集には、管蠡抄が重要な位置を占めていることである。中國において著名な句は、中國や日本の金言集に繰り返し用いられているので、いずれか一書と限定できない。その句の長さも、金言として一定の形となることが多く、書承の閒に短縮することもあろう。

また、次下に取り上げる論語等の、直接對象とした書の句が、既に金言集に採られていれば、天草本に示される句が、漢籍よりの直接採録か、金言集よりの閒接採録か、これも決定できることではない。天草本の取材源としての句集が、金句集・管蠡抄の二書であったことは確かである。明文抄は必須資料として上がってこない。第三章、各則別出典、の一六六則にのみ明文抄一例を掲出した。大部な書の利用として不審である。天草本の採錄源であれば多量のはずなので、ここに一言するのみとする。

## 4、論　語

土井忠生博士は、天草本が直接に使用した漢籍の中に論語を入れ、天草本金句集序にいう「四書」の代表という意義を説かれたが、具體論はなかった。吉田澄夫博士は『研究』第二部第三節三で「論語の句は三十七則」とされた。それは、第九節「出典」の記載では、「論語、巻名」の三十六則と、「金句集（論語、子罕第九）」の第一九六則を指すのであろう。但し、三十六の中の一〇六則・一四〇則は、金句集の句なので、「金句集（論語、巻名）」とすべきであった。一四〇則は論語にない「君」を上に持ち、直接採錄でないことを示している。また、一三六則は論語、八佾第三の句を金句集で「漢書云」と誤ったもので、「1金句集」の數に入れるべきである。

136　君臣ヲ使ウニ禮ヲ以テシ、臣君ニ事(ツカウ)マツルニ忠ヲ以テス。

漢書と記されたのは、金榜集帝王事で漢書句の次に「又云」としてこの句が載ったためであろう。

## 5、（孔子家語）

『研究』は「孔子家語を原據とする句は八四則、九五則、一七〇則、一七一則の四則」として、「直接に孔子家語より採用したのであらう」と記され、同書第九節出典では五六則が加わっている。「3　管蠡抄」で、右四則を孔子家語より除くことを確認した。既に福島邦道氏に「これらはすべて管蠡抄に見え」と批判のあったところである。

『研究』第九節で加えたのは、左の一則である。

56　齒ヲ與ウルニソノ角ヲ缺ク。翼ヲツクルニハ、ソノ足ヲ二ツニス。

孔子家語、執轡第二十五――四足者無羽翼、戴角者無上齒。

福島氏も今鏡の例を擧げ、「直接孔子家語によったものではなく、當時の日本化した格言を採用したのではないかと思われる。」とされた。しかし、日本の格言・諺に天草本に似たものは見當たらない。大漢和辭典「齒」に見る左例は、十分に參照するに足る。

夫天亦有所分予、予之齒者去其角、傅其翼者兩其足、是所受大者不得取小也。――漢書、巻五十六、董仲舒傳。

しかし、五六則の出典は、採用經路が不明なので、未詳とするのが正しいであろう。

以上の検討の結果、孔子家語を直接の採錄から除く。

## 6、三　略

天草本に三略が多量に採られている。金句集には上略一例のみで、その句は天草本に採られていない。『研究』は「三略の句は三十三句を採ってゐる」という。三十三句全て直接の採錄となろう。しかも三略句は連續して採られる傾向があり、中世末の三略・三略抄の盛行を反映している。それにしても、一見重出句らしき、次の二則は問題であろう。

13　重賞ノ下ニハ必ズ勇夫有リ。

127　香餌ノ下ニハ必ズ懸魚有リ。重賞ノ下ニハ必ズ死夫有リ。

後者は三略の原形から「重賞」の對語として「香餌」が類音に變化したのであろう。「强將」を意識したのかもしれない。　第一三則を三略（上略）の句として問題がないようであるが、この第一三則の前後は句雙紙句であって、この一三の形で禪林で用いられていれば、句雙紙句と見ることになろう。卽ち、左のように例があって、一三の形である。一三は句雙紙、三七は三略の句であった。

好與三十棒、重賞之下必有勇夫。――碧巖錄、二十六則

重賞之下必有勇夫。――蓬左文庫本、句雙紙

序に「死夫―勇夫」について言えば、後漢書、巻二十一、李賢等注に「黃石公記曰、……重賞之下必有死夫」とあって、古く存するようである。

## 7、（貞觀政要）

『研究』では、貞觀政要を源とする十五則の大部分が金句集と重なっているが、金句集に見えない句もあり（五九・六〇則）、直接採用の可能性があるとしている（第二節）。第九節出典では、十三則に貞觀政要があり、うち十則は金句集と共にある。これらは金句集による採錄を第一とすべきで、殘る三則のうち二則（五九・六〇）は管蠡抄、一則（六一）は古文眞寶後集による採錄である。卽ち、

59　人ノ善惡ハ誠ニ近習ニ由レリ。近習ノ閒尤（モットモ）愼ムベシ。

二句別個の文を據った管蠡抄寫本により一則としたこと、既に第一章一2で述べた。もとは、貞觀政要初進本巻四輔弼第九の句である。

60　人ト相與（トモ）ニ居ルトキンバ、自然ニ染ミ習ウ。

これは貞觀政要巻二、納諫第五の句である。玉函祕抄上、管蠡抄八ノ十七、明文抄四には「人久相與……」と「久」

がある。「久」のないのは、管蠡抄一ノ六に引く句である。

六一則を『研究』は擧げているが、訂正し、「8、古文眞寶」に移す。

二六八則は『研究』に「金句集」とのみ記す。貞觀政要初進本巻四、輔弼第九の句であること、「1、金句集」で既述した。金句集より採り、天草本の句となったもの、直接採錄ではない。

以上の検討の結果、金句集を正面に据え、管蠡抄・古文眞寶をも加えれば、貞觀政要は直接の採錄源から除かれることになった。

なお、金句集・天草本金句集に關連する貞觀政要は、原田種成博士發見にかかる初進本[13]である。中世以前の政要は初進本であった。

## 8、古文眞寶

『研究』は、前集よりは白樂天、司馬光、王荊光、柳屯田、眞宗皇帝等の、勸學より十則を採り、後集の方はそれより採用數少なく四則に過ぎない、それは一二二則、一六五則、一八二則、二五六則の各則である、という。この前後集に着眼して金言成句を入集するのは當然と思われる。直接の採錄であろう。福島邦道氏により第六十一則の出典が貞觀政要より、左へ移された。

61　人ハ堯舜ニアラズ。何ゾ事々（コトゴト）ニ能ク善ヲ盡サン。

　且人非堯舜、誰能盡善。――古文眞寶後集、李白、與韓荊州書

ここに氣に止めておくべき句がある。

21　行路ノ難キコト、海ニシモ在ラズ、山ニシモ在ラズ。只人ノ心ノ反覆ノ閒ニ在リ。

『研究』に「太平記、巻十一、筑紫合戰事（古文眞寶前集、白樂天、太行路）」と記し、福島邦道氏は「參考太平記」が天草本の形に近いとされる。發掘刊行の著しい太平記の諸傳本を探査すべきであろうが、古文眞寶も直接採録材料であることを思えば、その一環としても良いのではなかろうか。古文前集を等閑に附すのは如何かと思われる。

## 9、老子經

『研究』で「老子」としたのは第一八七則のみ、他書と共に擧げたのは第二三二則である。河上公註老子道德經に注目してきた筆者(10)は、未詳とされた句を含めて、考え直してみたい。

治大國若烹小鮮、鮮魚烹小魚、不去腸、不去鱗、不敢撓、恐其糜也、治國煩則下亂、治身煩則精散去。——居位第六十、河上公註

右本文は、一八七則の出典であるが「小鮮」が天草本では、註に惹かれたか、「小魚」となっている。註の傍線部は第二六則の原據であろう。

26 國を治ムルニ煩（ワヅラ）ワシキ則ンバ、下亂ル。身ヲ修（ヲサ）ムルニ煩ワシキ則ンバ、精氣散ジ去ル。

職原私抄（抄物小系）巻之下、「四道將軍」の註に「老子經下云」として、この句の引用を見る。

193 多財ハソノ守心ヲ失（シツ）シ、多學ハ聞ク所ニ惑ウ。

福島邦道氏は、わらんべ草、竹齋狂歌物語、浮世物語の近似の句を示し、「守心」は「守身」とすべきと訂正された。この三書に「しんをがいす」「身をまもるにうとし」「身を煩はす」とあるのに據る。河上公註の指摘はない。河上公註には左のようにある。

多則惑 財多者惑於所守、學多者惑於所聞。——益謙第二十二

この註は、徒然草第三十八段「名利につかはれて」の段の「財（たから）おほければ身を守るにまどし」の典據とすべきこと、

併せて徒然草に他にも河上公註を用いていることを論じたことがある。(14)

199　多言ハ身ヲ害ス。

金句集慎身事に「老子經云、多言害身、多事害神」とあり、金榜集慎身事の同文を承けている。これも河上公註（虚用第五）である。

232　千里ノ道モ一歩ヨリ始マル。

右は、老子道德經守微第六十四「合抱之木、生於毫末、九層之臺、起於累土、千里之行、始於足下」が、本邦で、玉函祕抄中に入り、明文抄五、雜事に収められる。この下半が、曾我物語巻四に用いられるとき、「一歩より」と變じ、謠曲・狂言へと擴がる。甲陽軍鑑品第二「千里行従二一歩一始」、柏舟講周易抄一「千里ノ行ハ一歩ニ始ル」などがあって、和諺となったさまが察せられる。譬喩盡にも採られている。

この表現は誰しも合點するところであって、天草金句の形は、既に和諺として通行した句の採錄とすべきであろうが、一往老子經による句の中に收めたのである。中國での傳流(15)は省略する。

## 10、山谷詩集

『研究』に黄山谷の詩句として擧げられたのは、

74　百戰百勝不如一忍、萬言萬當不如一默。

114　明月本無心、誰カ寒鑑ト作サシム。

121　簡擇スベキナケレバ、眼界平ラカナリ。

184　粗茶淡飯モ飽キヌレバ、卽チ休ス。

280　破レタルヲ補イ、寒(カン)ヲ遮ルモ、暖カナレバ則チ休ス。

以上五則で、黄山谷詩集註でいえば、七四は、巻四「贈送張叔和」、一一四は、巻四「和邢惇夫秋懷」、一一一は、巻四「贈送張叔和」、184は、巻十九「四休居士詩」の序、一八〇は一八四に連續する句である。七四は金榜集愼身事に見えるけれども、他四句は見られない。五句共に直接の採錄かと推測されよう。黄山谷は中世禪林に限らず重視され、抄物もある。

## 11、句雙紙・句雙葛藤鈔

『研究』では、天草本二八二則中、五一五則に「句雙紙」を出典と指示された。翻刻を載せられた明曆二年版句雙紙抄には、14・18・19・52・53等少なからぬ句が載っていない。『研究』は寫本の句雙紙も參看されたことになる。

句雙紙・句雙紙抄には、各句の原典を記していない。吉田博士はそれを探索して、原典名をも併せて揭げられた。但し、十八則には未記入である。禪籍は數も多く、我々にとって周知と言いかねる世界であるので、探索には困難を伴う。句雙紙・句雙紙抄諸本は、編者・時期・構成などの異なることが多く、句雙紙は同類の書群の總稱である。『研究』は數種の句雙紙を併用したかと推測されるが、その書名が示されていないので、探索には迷わざるをえない。或いは、詳しく書く必要を認めなかったのであろう。現時點での資料を中心とした展望を記述しておこう。

句雙紙の研究は、川瀬一馬博士「句草紙考」(16)が先鞭を附けられた。近くは、左記が詳細、高度な校注を持っている。

入矢義高・早苗憲生校注『句双紙』（新日本古典文學大系、一九九六）、底本、蓬左文庫藏寫本。

資料を多く收めるのは、左の二書である。

木村晟・片山晴賢編『禪林句雙紙集』（近思文庫、昭和五九年）

柳田聖山・椎名宏雄編『禪學典籍叢刊第十巻下』（臨川書店、平成一二年）

前者に㈠古典覆製叢刊刊行會本、翻字、㈡明暦二年版本、影印、㈢蓬左文庫藏寫本、翻字、㈣元祿六年版、影印、以上四種が收載せられている。後者には、點鐵集、句雙紙抄（村口本）、句雙紙（元祿六年版）、排韻句雙紙（天和二年版）、句雙葛藤鈔（寛永五年版）、禪林集句（貞享五年版）などが收められている。

句雙紙抄については、柳田征司氏に詳論がある。(17)また、來田隆編『句雙紙抄總索引』（清文堂、平成三年）は、土井忠生博士藏本の影印に總索引と解説を附した書である。

この他に、名古屋大學皇學館文庫藏「禪河一滴」、東京大學國語研究室藏寫本、山鹿家藏寫本を柳田征司氏のご好意により見ることができた。

以上諸句雙紙抄の中より左の三種を選び、比較の主な對象とし、必要に應じて、他本も見ることとした。

a、村口四郎氏藏本、室町末期寫。古典籍覆製叢刊（昭和五四年）。〈村口本〉

b、蓬左文庫所藏本、『禪林句雙紙集』翻字。新日本古典文學大系校注。

c、句雙葛藤鈔、元祿五年版。『禪學典籍叢刊』第十巻下。

aは句數多く善本に違いないが、それでも一三・一四・一八・五二・七三等かなりの句を缺き、bも同様で、一二・二〇・五一・五二・五四等を缺いている。缺句に共通性を見るものの、獨自の缺句があり、一本で句雙紙を代表し、句雙紙を論ずることはできない。

aにありbに缺ける句――12・20・51・54・91・116・151・177・211・212・228・234・237・240・270・273

aに缺けbにある句――13・14・18・73・93・102・105・123・150・161・202・235

右の状況であるが、abの有無を合して、『研究』の句雙紙が滿たされることにはならない。例えば、

73　籌（ハカリコト）ヲ帷幄ノ中ニ運（メグ）ラシ、勝ツコトヲ千里ノ外ニ決ス。

右は句雙紙では蓬左本にのみ見る。「運籌帷幄決勝千里」、これは八言であって二字不足する。そこで、句雙葛藤鈔「運籌幃（ママ）幄中、決勝千里外」がふさわしくなる。漢書巻一下高帝紀は「之」が二個所にあるほかは同じであるが、漢書としてこの句を金言集に引くものを見ない。やはり句雙葛藤鈔の引用であろう。

158　綸言、汗ノ如シ。出デテ再（フタタビ）還ラズ。

第二章2で述べたところである。「再」があるので、下學集など當時通行の形が句雙葛藤鈔に採られたもの。句雙紙に採られていない句である。

233　衆星多シト雖モ、一月ニハ如カジ。

句雙紙に見ない句である。句雙葛藤鈔に左句がある。

衆星雖多不如一月。

271　一人（イチニン）虚ヲ傳ユレバ、萬人實（ジツ）ト傳ウ。

この句は禪書のみならず、俗耳に解し易く、塵芥・妙貞問答にも載る。もともと、中國で早く朝野僉載に始まり、中世禪書に頻用せられている。それにしては、句雙葛藤鈔「一人傳虚萬人傳實、一犬吼虚萬犬傳實」はあるにしても、句雙紙一般に見えない。蓬左本「一犬吼虚千猱傳實」は異傳。

右のように天草版の出典と見える句が句雙葛藤鈔に少々存する。但し、元祿五年という後の刊行書を、直接の出典とはできない。葛藤鈔にしか見ない句に、一往この書名を書き置くけれども、寫本の葛藤鈔があったのではなかろうか。

なお、問題が殘っている。

52　同病相憐ム。

『研究』で句雙紙とし、元祿六年版に見るが、これで良いかどうか。排韻句雙紙にも見るが、これを出典としてよいかどうか。

201　虎生マレテ三日、牛ヲ食ウ機有リ。（虎生三日有食牛機）

これも右二書に見る。我々はとかく句雙紙抄に眼が向くけれども、天草本の出典には句雙紙を對象とすべきであろう。句雙紙では、天草本に後れる寫本でなくて、先になる書があるはずである。

又、次の點も要注意である。「6、三略」で記したことであるが、いかにも三略句と見える「13　重賞ノ下ニハ必ズ勇夫有リ」は、句雙紙の句であった。禪林で用いるのは、禪宗色の句ばかりではない。「人無遠慮、必有近愛」「跼天蹐地」「小悪不止大惡成」なども用いられた。禮記にまで絲筋を遡る「綸言如汗」が句雙葛藤鈔に、漢書の「運籌帷幄之中、決勝千里之外」が句雙紙にある、というようなことにも目を配るべきであろう。天草本に句雙紙の句が多いことの理由として、句雙紙が禪宗色から社會に通用する一般性へと脫皮して行く過程にあったのではないか、この觀點が要るようである。

句雙紙の一群に添えて、禪句と見える句も擧げておこう。

11　風樹頭ニ吹ケバ、波沙石ヲ吟ズ。

『研究』は「風叫樹頭處、波吟沙石來は古來禪句として禪宗僧徒の閒に知られてゐるものであるが、まだその出典を詳らかにしない。」と述べておられる。

禪句の研究において重要なのは出典研究である。禪籍に關する出典は、元來難讀難解であり、禪語禪句の辭典が少ない。そこへ新しく「句雙紙出典一覧」（早苗憲生編）（新日本古典文學大系『庭訓往來句雙紙』附錄）が刊行された。これを活用したいものである。

## 12、和漢朗詠集

『研究』で和漢朗詠集としたのは、一〇七則のみである。

107　身ヲ觀ズレバ、岸ノ額ニ根ヲ離レタル草。命ヲ論ズレバ、江ノ邊（ホトリ）ニ繫ガザル舟。

太平記によるとした一四八則を、福島邦道氏は和漢朗詠集と訂正した。確かに太平記巻二十七の「蝸牛ノ角ノ上、三千世界」は左の句と一致しない。和漢朗詠集、下巻無常に一〇七・一四八共に載っている。

148　蝸牛ノ角ノ上ニ何事ヲカ爭ウ。

39　情（ココロ）ハ恩ノ爲ニ使イ、命ハ義ニ縁（ヨ）ッテ輕シ。

三九は『研究』に太平記、巻八、巻三十等と指しているが、福島氏の言のごとく、太平記に明瞭な引用はない。後漢書巻四十三、朱暉、孫穆傳の句で、玉函祕抄下に載ったが、この句が廣く知られ、傳承されたのは、和漢朗詠集下、述懷に掲載された故であろう。

專諸荊卿感之激、候生豫子之投身、心爲恩使、命依義輕。

古くは院政期の百座法談（ウ142）に、下れば、幸若の屋島軍（福島氏指摘）にある。三九も和漢朗詠集によるとしたい。

## 13、太平記

土井忠生先生が太平記との關係を指摘されたのは、七・八・一一八・一一九・一八〇・一八一・二七九の七則であった。『研究』第二部第二節四「太平記その外の國書」で概說があり、第九節出典で各句の出典を指摘された。ここに

「太平記」と記されたのは、右七則に加えて、二一・二三・三九・四八・一二四・一二五・一二六・一四四・一四八・一五二・一五七・一九七・二一六・二二八・二四七の十五則である。これに従えば、實に多量の太平記の句を採ったことになる。但し、この中には、他資料を併擧してどちらが眞の出典と吉田氏が認めたか不明のものもあり、太平記が優先された否か、吟味を要するかと思われる句もある。福島邦道氏は、八・一一九・一二四・一八〇・一八一各則について、玉函祕抄・管蠡抄・明文抄等金言集に採られていることを指摘され、「太平記であると一方的に決めてかかることはできない」との注意があった。

この論議の様相を見るに、それぞれの案の提出された時點における金言集・太平記等國書についての資料發掘、公開の情況が強く關係するのを感じる。それぞれの時點での最善の思考であったことを思い、現時點としては、對象となった各則の傳流を略記して、管見の及ぶ限りの記述をしてみたい。土井・吉田両氏の擧例を示そう。

7　忠臣ヲ尋ヌルニ、必ズ孝子ノ門ニ出ヅ。

8　君子其ノ室（イエ）ニ居テ、ソノ言ヲ出（イダ）スコト善ナル則ニバ、千里ノ外皆之（コレ）ニ應ズ。

21　行路ノ難キコト海ニシモ在ラズ、山ニシモ在ラズ。只人ノ情（ココロ）ノ反覆ノ間ニ在リ。

22　朝陽犯サザレドモ、殘星光ヲ奪ワル。

39　情（ココロ）ハ恩ノ爲ニ使イ、命ハ義ニ縁（ヨ）ッテ輕シ。

48　忠言耳ニ逆イ、良藥口ニ苦シ。

118　人間ノ榮耀ハ風ノ前ノ塵。

119　窮鼠却ッテ猫ヲ嚙ミ、鬪雀人ヲ恐レズ。

右八種と太平記との關係を考えてみよう。

第七則の意味と同様の句は、古文孝經孔安國註が最も古い。

子曰、君子事親孝、故忠可移於君。能孝於親則必能忠於君矣、求忠臣必能於孝子之門也。――古文孝經、廣揚名章第十八

古語云、欲求忠臣、出於孝子之門。言忠臣必出於孝子也。故曰以孝事君則忠也。――臣軌、上、至忠章

孔子言、事親孝、故忠可移於君、是以求忠臣必於孝子之門。――後漢書、巻二十六、韋彪傳

臣軌の「古語」、後漢書の「孔子」は孝經を指す。後漢書の李賢等註に「孝經緯之文也」とあるのは、孔安國註を指すのであろう。臣軌は玉函祕抄中に採られ、明文抄二帝道下、三人事上、また、廣本節用集にも採られている。これらは臣軌を源にしていることが明らかである。

問題なのは、右諸書は「求」とあり、天草版の「尋ネテ」と一致しないことである。そこで福島氏はこう說かれる。

「求」は流布本（日本古典文學大系、太平記、三、二二三ページ）に「尋ネテ」、西源院本（九一五ページ）や神田本（五五三ページ）に「尋ヌルニ」とあり、天草版の編者は太平記の或る一本を參照したにちがいない。

天草版の「尋ネテ」が、金言集諸本に見られず、太平記にのみ見られるならば、天草本が太平記の一本を材料にしたことが確實になるであろう。但し、限られた一本とするには、補强材料が必要か。「必」の有無も注意される。

八は、太平記より前に、明文抄四に引かれている。

君子居其室出其言善則千里之外應之。況其邇者手。居其室出其言不善則千里之外違之。況其邇者手。同（周易）

太平記、巻卅五、北野通夜物語に「應之」までを引いている。太平記を採錄源とするには、論註不足である。

二一は、白氏文集を源として、古文眞寶前集に載っている。既に「7　古文眞寶」でその數に入れたところである。

二二は、太平記、巻一、後醍醐天皇御治世事にある。原典未詳。

三九は太平記に明瞭な引用がないように思われる。↓一二九ページ
四八は著名の金言で、玉函祕抄上・管蠡抄一ノ八に、史記巻五十五留侯世家・後漢書巻七十四下袁譚傳、孔子家語六本第十五の同様の句を載せている。しかし、四八は四言對句に整えていて、その對句を求めるべきか。句雙葛藤鈔に存する。

九八は、太平記では漢籍の文を紹介する形になっている。

用則鼠モ爲虎、不用則虎モ爲鼠ト云置シ、東方朔ガ虎鼠ノ論、誠ニ當レル一言ナリ。――巻三十、將軍御兄弟和睦事
漢書巻六十五東方朔傳の句で、文選巻四十五、東方曼倩「答客難」にもある。『研究』に「句雙紙」とするが、句雙葛藤鈔、禪林集句等まで通覧したが未見。玉函祕抄中にあり、管蠡抄四ノ十七は長文である。

抗レ之則在二青雲之上一、抑レ之則在二深淵之下一。用レ之則爲レ虎。不レ用則爲レ鼠。文選。

右の下句が流布したものか、『ささめごと』、日葡辭書（「用イル」の項）にも見られる。

一一八は太平記に書き留められた諺である。

一一九は、玉函祕抄上、管蠡抄上、明文抄四にある。この三書と原典の鹽鐵論巻十に「鬬雀不恐人」がない。玉函祕抄尊經閣本も補入である。太平記巻四、備後三郎高德事は揃った形で、中世通行の形を用いたのであろう。

124　君臣ヲ視ルニ土芥ノ如クニスル則ンバ、臣君ヲ視ルニ、寇讎ノ如クス。
125　麒麟ハ角ニ肉アッテ猛キ形ヲ現ワサズ。潛龍ハ三冬ニ蟄シテ、一陽來復ノ天ヲ待ツ。
126　鬼神ハ盈テルヲ虧イテ、謙(ヘリクダ)ルニ益(サイワイ)ス。人道ハ盈テルヲ惡(ニク)ミンジテ、謙ヲ好(ヨ)ミンズ。
148　蝸牛ノ角ノ上ニ何事ヲカ爭ウ。
152　謙ニ居テ仁恩ヲ施シ、己ヲ責メテ禮儀ニ止(トド)マル。是ヲ以ッテ高シト雖モ危カラズ、盈テリト雖モ溢レズ。

180　先ニスル則ンバ人ヲ制ス。後ニスル則ンバ人ニ制セラル。

181　それ天子ハ四海ヲ以ッテ家トス。

一二四則は、貞観政要、巻七論禮樂の文で、「孟子曰」として引く文である。しかし、貞観政要よりの取材はないと既に考えたので、太平記、巻二の左例は、太平記よりと扱うことになる。

サレバ、古典ニモ「君視臣如土芥則臣視君如冦讎」ト云ヘリ。――巻第二、長崎新左衛門尉意見事。

一二五は太平記巻四、呉越戰事による。原典未詳。

一二六・一八〇兩句は、管蠡抄に存すると、既に記した。→一一七・一一八ページ

一四八は和漢朗詠集の項で扱う。一五二は未詳。一八〇は管蠡抄所載である。

一八一は、史記、巻八高祖本紀の句で、玉函祕抄中、明文抄一にある。

ここに考慮すべき一則がある。

197　天ニ跼（セクグ）マリ、地ニ蹐（ヌキアシ）ス。

この著名な句は、詩經、小雅、節南山「謂天蓋高、不敢不局、謂地蓋厚、不敢不蹐」という表現が、文選で「跼天蹐地」（巻三十七、陸士衡「謝平原内史表」）と「豈徒跼高天蹐厚地」（巻三、張平子「東京賦」）との二表現を生み、それぞれ傳承される。世俗諺文・玉函祕抄下・管蠡抄九ノ十六・金榜集愼身事・金句集愼身事、全て後者である。従って、天草本は、金言集の傳統に沿ったものではない。

天草本の形は、『研究』に引く太平記巻第十九、エソポのハブラス(18)、日葡辭書「ヌキアシ」「セクグマリ」の項所引句、等に同じい。天草本のこの句は、太平記によるものであろう。

たい。

## 14、憲法十七條（日本書紀巻二十二）

聖德太子制定とされる憲法十七條よりも「金句集」に採られている。『研究』「資料」で吉田澄夫氏の詳說を引用し

十七條憲法は聖德太子に關する書によって古くより知られたが、室町時代以來は十七條憲法のみを單獨に讀むことも行はれたやうである。天草版編纂の時代、文祿慶長頃には十七條憲法は出版されるに至った。（中略）天草版はこれを參考して若干句を採用したのであらうと思はれる。

吉田氏の認定されたのは、二八則・三〇則・一三四則の三句である。當時の流布本を使用したのであろうが、國史大系での所在を記しておく。日本書紀・巻第二十二、推古天皇十二年春、に全文が記錄されている。

## 15、童子教

『研究』で童子教によると指定したのは、九二・一一一・一一二・一四八・一四九・一五〇の五則で、それと認められる。酒井憲二編『實語教童子教』（三省堂、平成一一年）の明應六年寫本影印・翻字による。引用句の上の数字もこれによる。

36　前車之見覆　後車之爲誡――天草本九二則

この句は、漢書巻四十八賈誼傳に、早く鄙言として出て、本邦では管蠡抄八ノ十三から見られる。原典に「見」がなく「爲」を對として加わる。ここに句の和化が見られる。

52　雖貧心欲足　是名爲富人――天草本一一一則

「富人」は「フクニン」と訓む。明應六年寫本「富人(フクニン)」、寛永初年刊「富人(フク)」と傍訓がある。天草本は「フクジン」。

80　溫身增睡眠　安身起懈怠——天草本一一二則

22　（口是禍之門）舌是禍之根——天草本二四八則

上半は天草本第一九則で、句雙紙によるとされているが、本來一句であったものを天草本で二句としたのかもしれない。

49　師匠打弟子　非惡爲令能——天草本二四九則

138　身體如芭蕉　隨風而易懷——天草本二五〇則

童子教を見るとき、漢籍の成句が切り入れられているのを知る。その訓み下し文が中世末から近世へかけて受容されたようである。

## 16、（日本化した）格言・和諺・出所未詳句

48　忠言耳に逆イ、良藥口ニ苦シ。

孔子家語六本第十五「孔子曰、良藥苦於口而利於病、忠言逆於耳而利於行。」に始まるとされるこの句は、漢の劉向編說苑巻九正諫、漢書巻四十、張良傳に用いられ、以後擴まる。遡って、

夫良藥苦於口而智者勸而飲之、知其入而已己疾也。忠言拂於耳而明主聽之、知其可以致功也。

——韓非子巻十一、外儲說左上

韓非子を見ると、中國で早くより通行した箴言であったのであろう。

日本では、管蠡抄一ノ八に史記巻五十五、留侯世家・後漢書巻七十四下、袁譚傳、及び家語の三句が並び、玉函祕抄上に家

語句、というように廣く書承され、口碑に刻まれる句となる。と共に、句形が短縮し、四字對句に整えられてくる。掲載された書も、謡曲・古辭書など多種に及び、一般通行の格言となったと見られる。

「忠言逆耳、良薬苦口」（句雙葛藤鈔）、この形で廣く流布した。

「良薬」は「毒薬」（漢書巻四十）とも使われた。

次の第三章に知るところを記した。↓一四六ページ

75　百様ヲ知ッテモ一様ヲ知ラザレバ、モッテ争ウコト勿レ。

213　思イ内ニ在レバ、色外ニ顕ル。

『研究』では、孟子告子章句下の「有諸内必形諸外」を原據として、謡曲松風を例示して、當時一般に行われた形と見ている。諸金言集にこの句を見ないが、中世に至って、この句の盛行を見る。謡曲、幸若、空善記、毛吹草等、多種の資料にあって、いずれを典據と定めることはできない。左の六字句は同形である。

思在ハレ内ニ色顯ルレ外ニ。　句雙葛藤鈔

二一八則「饑エテ糟糠ヲ擇バス」が通行の句であったこと、一一三ページで述べた。

# 第三章　各則別出典

第二章において、天草本金句集の解讀という基礎研究が爲されてきたさまを見た。この作業は、先人のその時の最善の方法で爲されたであろうが、既に見たように、數々の改訂が必要となっている。その結果を、これまた後人の修正の爲にも、詳しく示しておきたい。

各則の番號順に、その數字の下に關連事項を省記してゆく。番號下に書名を置く。選集（金句集等）はその書名とする。その下に、卷號、或いは、「帝王事」等の區分名を記す。「――」の下に各則の句を記す。金句集等の選集では、各則の原典を記す。

＊印の次に、原典の詳細、類句の存在、字句の異同の必要事項につき主な點を記す。出典關係等他書は、金言集を中心とし、特に句雙紙について、中國の禪書は省筆した。新大系「句双紙出典一覽」參照。

## A

一、句雙紙――知過必改。

＊五燈會元卷四、同卷十。碧巖錄第四則、同第五十六則。虛堂禪師語錄卷八、同卷九、等。句雙葛藤鈔にも。

二、論語、學而第一。――過則勿憚改。

＊玉函祕抄中。管蠡抄七ノ九。明文抄四。等。論語、子罕第九にも。

三、論語、里仁第四。――朝聞道、夕死可矣。

＊五燈會元巻十五。虛堂禪師語錄巻五。大慧普覺禪師語錄巻二十八。玉函祕抄中、明文抄四等。

B

四、金句集、帝王事。――潛夫論云、病家之厨非無嘉饌也。乃其人弗之能食、故遂死。亂國之官、非無賢人也。乃其君弗之能用、故遂亡。（思賢第八）

＊玉函祕抄上。明文抄二。金榜集帝王事。

五、古文眞寶前集、柳屯田「勸學文」。――父母養其子而不教、是不愛其子也。

C

六、論語、子張第十九。――君子之過也如日月之食焉。過也人皆見之。更也人皆仰之。

＊管蠡抄七ノ九。

七、太平記、巻三十二、直冬與吉野殿合體事。――サレバ孔子モ尋於忠臣在孝子之門トイヘリ。

＊古文孝經、廣揚名章弘安國注。臣軌上、至忠章。後漢書、巻二十六、韋彪傳。玉函祕抄中。明文抄二、三。四河入海二四ノ一。周易抄四。等。「…尋…必…出」の三字揃う書は未見。↓一三一ページ

八、太平記、巻三十五、北野通夜物語事。――又云、君子居其室其言ヲ出事善ナル則、千里之外皆應之。

＊周易、繫辭上傳。明文抄四。↓一三一ページ

九、論語、述而第七。――君子溫而厲、威而不猛。

＊論語「子溫而…」を天草本で「君子溫而…」と改めた。孔子という限定を避けたのであろう。

一〇、論語、子罕第九。――後生可畏。

＊管蠡抄三ノ九にあり。文選巻四十二の別句「後生可畏」をも掲載。明覺禪師語録、第六巻。

一一、未詳。――風吹樹頭、波吟沙石。

＊『研究』に未詳とする。

一二、句雙紙。村口本――車不横推、理無曲斷。

＊五燈會元、巻十五。佛果禪師語録第一・二巻、文正記にも。

一三、句雙紙。――重賞之下、必有勇夫。

＊碧巖録、二十六則。虚堂禪師語録、第二巻。→一二〇ページ

一四、句雙紙。――心不負人、面無慚色。

＊五燈會元、巻四・十八・二十。虚堂禪師語録、巻十八・二十。句雙葛藤鈔。

一五、句雙紙。――虎斑易見、人斑難見。

＊普燈録十六。句雙葛藤鈔にも。

一六、句雙紙。――藏（カクセハ）而彌（イヨ〱）露（アラハル）。（蓬左文庫本）

＊「藏」でなく「隱」の書も多い。隱而彌顯（村口本）。虚堂禪師語録、巻一。

一七、論語、學而第一。――君子食無求飽、居無求安。

一八、句雙紙。――家賊難防。

＊五燈會元、巻二十。虚堂禪師語録、巻八・九・二十。

一九、句雙紙。――口是禍門。

＊五燈會元、巻十九。虚堂禪師語錄、巻三・五・八・十九。大慧武庫、巻十。本邦では、廣く用いられ、十訓抄上、清原業忠、貞永式目聞書などに「舌是禍根」と對の形が見える。「口是禍之門　舌是禍之根」は童子教の句であって、これが二分されたのであろう。

二〇、句雙紙山鹿本。——心思哀涙浮雙眼。

＊禪林集句坤。

二一、古文眞寶前集、白樂天「太行路」。——行路難、不在水不在山、祇在人情反覆閒。

＊太平記、巻十一、筑紫合戰事。原典は白氏長慶集、巻三、諷諭三。

二二、太平記、巻一、後醍醐天皇御治世事。——朝陽不犯ドモ、殘星光ヲ奪ル、習ナレバ、

＊原典未詳。

二三、論語、學而第一。——君子不重則不威、學則不固。

二四、三略、上略。——治國安家、得人也。

二五、三略、上略。——亡國破家、失人也。

＊甲陽軍鑑、品第二に二四・二五を合して採り、エソポのハブラスに二五を引用。→一〇二ページ

二六、老子道德經、居位第六十。河上公注　——治國煩則下亂。治身煩則精氣散去。

＊戊辰版職原私抄巻下（抄物小系）の四道將軍の注にあり。

二七、三略、中略。——使智、使勇、使貪、使愚。

二八、日本書紀、巻第二十二（推古天皇）。——君臣有禮、位次不亂。百姓有禮、國家自治。

＊書紀では「群臣有禮……」とある。

二九、三略、下略。――釋近謀遠者、勞而無功。釋遠謀近者、佚而有終。

三〇、日本書紀、巻二十二（推古天皇）。――智勝於己則不悦。才優於己則嫉妬。

三一、金句集帝王事。――河廣源大、君明臣忠。

＊出典未詳。金榜集帝王事書き入れ參照。↓一〇九ページ

三二、金句集帝王事。――國之所以治者君明也。其之所以亂者君闇也。

＊金榜集・金句集に「貞觀政要云」とするが、潜夫論であろう。↓一〇九ページ

三三、管蠡抄五ノ廿一。――君子之交也、淡若水。小人之交、甘若醴。君子淡以親、小人以甘之絕。

＊管蠡抄は莊子二十、山木の句。禮記表記第五十二を引く玉函祕抄中は字句に小異がある。↓一一五ページ

三四、金句集學業事。――雖有嘉肴、弗食不知其旨也。雖有至道、弗學不知其善也。

＊禮記、學記第十八を原典とし、玉函祕抄上、管蠡抄三ノ一、明文抄五などに採られている。天草本「ソノ旨(ムネ)ヲ」は、鄭注「旨美也」によれば甘い意。その誤訓か。

三五、管蠡抄三ノ一。――知藥理病、不知學理身。抱朴子　↓一一四ページ

三六、管蠡抄六ノ二。――孝百行之本、衆善之始也後漢書

＊玉函祕抄中にも。後漢書巻三十九江革傳の句。↓一一四ページ

三七、古文眞寶前集、朱文公「勸學文」。――勿謂今日不學而有來日、勿謂今年不學而有來年。日月逝矣。歳不我延。嗚呼老矣。是誰之愆。

三八、管蠡抄三ノ十八。――國而無禮、何以求榮。左傳

＊春秋左氏傳、昭公傳十六年。↓一一二ページ

三九、和漢朗詠集巻下。――情爲恩使、命依義輕。
＊原典は後漢書、巻四十三、朱暉、孫穆傳である。玉函祕抄下に載り、和漢朗詠集にも載って、廣く知られた句である。↓一二九ページ

四〇、句雙紙。――含血噴人、先汚其口。
＊五燈會元、巻十八。虚堂禪師語錄、巻二。エソポのハブラス、等。

四一、古文眞寶前集、司馬光「勸學歌」。――養子不教父之過。訓導不嚴師之惰。

四二、金句集臣下事。――（漢書）又云、腐木不可以爲柱、卑人不可以爲主。
＊漢書、巻七十七、劉輔傳。玉函祕抄中。明文抄二、金榜集臣下事に記される。

四三、金句集臣下事。――又云、忠臣不仕二君、貞女不見兩夫。
＊本則については、別に詳説する。↓一七〇ページ。「不仕」は史記「不事」。

四四、金句集黎元事。――車无輪安處、國无民誰與。馮衍車銘
＊車銘の人名は、金句集諸本區々である。藝文類聚、巻七十一、舟車部の左句を、まず玉函祕抄上が採り、天草本はその後半を用いたのである。

後漢、馮衍車銘曰、乘車必護輪、治國必愛民、車無輪安處、國無民誰與。

四五、金句集黎元事。――蛟龍得水、然後立其神。聖人得民、然後成其化也。
＊古文孝經、廣至德章第十六、孔安國註である。玉函祕抄上、明文抄三。↓一〇七ページ

四六、金句集政道事。――有功不賞則善不勸、有過不諫則惡不懼。
＊玉函祕抄上、明文抄二に説苑より載る句。説苑、巻七、政理の句であるが、金榜集政道事で史記句とされ、金

句集に繼承される。說苑より「不誅」であって、金榜集より「不諫」となる。

四七、金句集慎身事。――漢書云、智者千慮必有一失、愚者千慮必有一得。

金句集慎身事。――臣軌云、言易洩者招禍之媒也。事不慎者取敗之道也。

＊相互に無關係の兩句を一つにしていることは、既に指摘されている。→一〇一ページ

四八、格言。――忠言逆耳、良藥苦口。

＊孔子家語六本第十五に見える。「孔子曰、良藥苦於口而利於病、忠言逆於耳而利於行」、この上下を交替し、下句が「藥酒、毒藥」と變わっては諸書に出て、對句八言に短縮して、格言となる。禪林にも用いられた（句雙葛藤鈔）。→一三五ページ

## D

四九、金句集學業事。――禮記云、獨學而無友則孤陋而寡聞。

＊禮記、學記第十八。管蠡抄三ノ八、明文抄五。

五〇、古文眞寶前集。白樂天「勸學文」――有田不耕倉廩虛。有書不教子孫愚。

＊天草本は「倉廩（リン）」を「倉庫（コ）」とする寫本による。

五一、句雙紙山鹿本。――醍醐上味、翻成毒藥。

＊句雙葛藤鈔は「還」。五燈會元、巻十七、碧巖錄第六十二則「反」

五二、排韻句雙紙。――同病相憐ム。（七ウ）。

＊句雙紙諸本に未見。碧巖錄第二十二則、下語。→一一八ページ

五三、句雙紙。――泥裡洗土塊。

＊五燈會元、巻十六。碧巌録第十四則、十五則等。虚堂禪師語録巻九。

五四、句雙紙。――同道方知。

＊虚堂禪師語録二十「同道方知」、碧巌録第十四則、十九則、二十三則等。「心」の「知ったどしは涼しい」は和諺。

# F

五五、三略上略。――變動無常、因敵轉化。

＊句雙葛藤鈔にも。

五六、（未詳）――予之齒者去其角、傅其翼者兩其足。（是所受大者不得取小也。）

＊本則の出典に孔子家語執轡第二十五の句が考えられたが、右の漢書巻五十六が近い。→一二〇ページ

五七、三略上略。――謀者近之、讒者覆之。

五八、三略上略。――兵老則將威不行。

五九、管蠡抄一ノ六。――人之善惡、誠由近習。同（貞觀政要）近習之閒、尤可深愼。同　魏徵詞

＊初進本貞觀政要、巻四、輔弼第九第四章。二句に扱うも可。→一〇一・一二一ページ

六〇、管蠡抄一ノ六。――人相與處、自然染習。貞觀政要　→一二一ページ

六一、古文眞寶後集、與韓荊州書。――且人非堯舜、誰能盡善。→一二二ページ

六二、金句集臣下事。――貞觀政要云、人欲自照、必須明鏡。主欲知過必藉忠臣。

＊貞觀政要、巻二、求諫第四の句。玉函祕抄上、管蠡抄九、明文抄二、金榜集臣下事に載る。

六三、金句集黎元事。——疲馬不畏鞭箠、疲民不畏刑法。鹽鐵論

＊鹽鐵論詔聖の句。玉函祕抄上、管蠡抄十、明文抄二、金榜集黎元事に載る。

六四、金句集慎身事。——貞觀政要云、日毎一食、便念稼穡之艱難。

六五、毎一衣、便思紡績之辛苦。

＊貞觀政要、巻第四、教誡太子諸王第十一の句である。六四・六五は連續し、玉函祕抄上、明文抄一、金榜集慎身事等、全て一則としている。↓一〇二ページ

六六、金句集慎身事。——周易云、日中則傾、月盈則蝕。

＊周易、下經、豐卦の句である。玉函祕抄上、管蠡抄六ノ二十四、明文抄四に継承され、原典の「昃」が金榜集以後金句集全ての寫本で「傾」となる。

六七、金句集慎身事。——養性云、一出不返、言也。一見不隱、行也。

＊養性は未詳。この句、ロドリゲス大文典にも。君子集に「賈宜曰」としてあり。

六八、金句集慎身事。——應機曰、人爲財死、鳥爲食亡。

＊應機は未詳。

六九、論語、衞靈公第十五。——人無遠慮、必有近憂。

＊管蠡抄九ノ十三。禪宗でも使用した。虛堂禪師語錄十九。

七〇、管蠡抄、巻十。——人貧智短、馬痩毛長。同（朝野僉載）

＊この句は早く世俗諺文に朝野僉載（逸書）として載る。句雙紙にあるのは、禪語でもあったことを示す。五燈會元十九、虛堂禪師語錄一、十九。句雙葛藤鈔。↓一一三ページ

七一、論語、子路第十三。——及其使人也、器之。

七二、論語、學而第一。——不患人之不己知、患己不知人也。

＊論語の他の章に類似の句がある。

七三、句雙葛藤鈔。——運籌幃幄中、決勝千里外。

＊漢書、巻一下、高帝紀を原典とする。句雙紙（蓬左文庫本）は「中・外」を缺く。→一二七ページ

七四、山谷詩集、巻四、贈送張叔和。——百戰百勝不如一忍、萬言萬當不如一默。

＊日葡辭書「百戰」「一忍」の項に擧がる。

七五、和諺。百様ヲ知ッテモ一様ヲ知ラザレバ、以ッテ爭ウコト勿レ。

『時代別國語大辭典　室町時代編四』に、毛吹草二、幸若舞、烏帽子折の例がある。小栗繪巻第五「なういかにに ようぼうたち、百やうをしりたりとも、一やうをしらずはの、しってしらざれよ」

G

七六、三略上略。——（軍讖曰）軍井未達、將不言渴。

七七、三略上略。——軍竈未炊、將不言飢。

七八、三略中略。——（軍勢曰）不使義士以財。故義者不爲不仁者死。智者不爲闇主謀。

七九、古文眞寶前集、王荊公「勸學文」。——愚者得書賢、賢者因書利。只見讀書榮、不見讀書墜。

八〇、管蠡抄一ノ九。——呉王好劍客、百姓多瘢瘡。楚王好細腰、宮中多餓死。後漢書

＊後漢書、巻二十四、馬援、子廖傳に、「傳曰」として見られる。玉函祕抄下、明文抄一にあり、平家物語にも

引かれる。

八一、古文眞寶前集、柳屯田「勸學文」。——學則庶人之子爲公卿、不學則公卿之子爲庶人。

## J

八二、三略上略。——（軍讖曰）柔能制剛、弱能制强。

八三、三略下略。——善者得其祐、惡者受其誅、則國安而衆善至。

八四、管蠡抄八ノ十七。——與善人居、如入芝蘭之室、久而聞其香。

＊原典は孔子家語、六本第十五で、右の句末が「久而不聞其香、則與之化矣。」とあるのを短縮し、句意が判り易いように肯定形とした。玉函祕抄上・明文抄四にある。

八五、管蠡抄六ノ十七。——日月不能播光於曲穴、衝風不能揚波於井底。葛氏外篇

＊葛氏外篇、巻十七備闕の句である。天草本「クッケッ」は「窟穴」か。諸本にその用字、字訓を見ない。日葡辭書「Cucqet. マガッタアナ、洞窟、あるいは岩穴」。

八六、金句集愼身事。——周易云、居上位不驕。在下位而不亂。

＊易經、上經、乾、文言傳。玉函祕抄上、明文抄二、金榜集愼身事を經て金句集に至る。

八七、金句集愼身事。——孔子曰、積善則福無不至、積惡則禍無不爲。

＊他書に未見。書名未詳。

八八、金句集愼身事、白氏長慶集巻四十五。五、塞人望歸衆心。——是非之聲、無翼而飛矣。損益之名、無脚而走矣。

＊金榜集愼身事にあり。白氏文集「無脛」が金榜集より「無脚」となる。

八九、句雙紙。——自屎不覺臭。

＊碧嚴錄、第七十七則、七十九則。虛堂禪師語錄、卷十九、等。

九〇、金句集愼身事。——（養性）又曰、虵出一寸、知其大小。人出一言、知其長短。

＊句雙葛藤鈔、蛇以一寸知大小、人以一言察賢愚。

九一、句雙紙。——熟處難忘。

＊虛堂禪師語錄、卷十八、等。句雙葛藤鈔「熟處難忘父母鄉」。

九二、童子教。前車ノ覆（クツカエ）スヲ見テ、後車ノ戒メヲ知ル。

＊この口承は、漢書卷四十八、賈誼傳の「鄙諺曰……又曰前車覆、後車誡」を管蠡抄八ノ十三に引くことより始まる。說苑、卷十一に「周書曰」とあるのを見ると、中國では古代よりか。我國でも廣まる。句末が「知ル」とあり、童子教「爲誡」と異なるが、通用しての小異と見たい。「…ノ覆ス」に注意。

九三、句雙紙。——是非已落傍人耳。

＊虛堂禪師語錄、卷二、卷八。蓬左文庫本「洗到駈年也不淸」を下接。

M

九四、管蠡抄六ノ二十四——滿招損、謙受益。尙書

＊尙書、虞書大禹謨の句で、玉函祕抄上に入る。↓一一三・一一六ページ

九五、管蠡抄十。——水至淸則無魚、人至察則無徒。同（漢書）

＊漢書、卷六十五、東方朔傳より玉函祕抄中、管蠡抄十に入る。孔子家語、入官第二十一と交渉がある。↓一

一六ページ

九六、金句集帝王事。――史記云、庸主賞所愛、罰所惡。明王賞必加有功、刑必斷有罪。

＊天草本二五九則と共に、史記、卷七十九、范睢傳に載る。→一〇七ページ

九七、金句集臣下事。――又曰（孔子）、三諫而不聽則逃之。

＊禮記曲禮下第二の句。明文抄二、金榜集臣下事にある。→一〇九ページ

九八、管蠡抄四ノ十七。――抗之則在青雲之上、抑之則在深淵之下。用之則爲虎、不用則爲鼠、文選。

＊文選卷四十五、東方曼倩「答客難」、漢書卷六十五、東方朔傳。玉函祕抄中、管蠡抄にあり、太平記卷三十、將軍御兄弟和睦事にも、『さゝめごと』にも引く。句雙紙元祿六年版に見る。→一三二ページ

九九、金句集政道事。――春秋左氏傳曰、無功之賞不義之富、禍之媒也。

＊晏子春秋六を春秋左氏傳と誤解したか。左傳に未見。→一一〇ページ

一〇〇、金句集學業事。――葛氏云、水積成淵、學積成聖。

＊玉函祕抄中、管蠡抄三ノ一、句雙紙五等にあり、古來知られた句である。葛氏外篇に未詳。

「心」は和諺「塵が積ッテ山トナル。」をそのまま記している。

一〇一、論語、里仁第四。――貧與賤、是人之所惡也。不以其道得之不去也。

＊二〇四と對句である。→一六〇ページ

一〇二、句雙紙。――眼看東南、意在西北。

＊碧巖錄第四則、佛果禪師語錄卷十など。

一〇三、句雙紙。――不識明珠、返成瓦礫。

＊禪林類聚十。日葡辭書、「瓦礫（グワリヤク）」、「明珠（メイシュ）」に載る。

一〇四、句雙紙。――（玉本無瑕）雕文喪德。

＊山鹿本句雙私抄による。句雙葛藤鈔「皎玉無瑕、雕文喪德。」

一〇五、句雙紙。――藏身露影。

＊碧巖錄、第二十八則、四十三則、七十三則、一百則。虛堂禪師語錄、第九卷、等。

一〇六、論語、公治長第五。――三思而後行。

＊金句集愼身事は同文。明文抄三にも。

一〇七、和漢朗詠集、下、無常。――觀身岸額離根草、論命江頭不繫舟。

＊謠曲、大原御幸。

一〇八、論語、衛靈公第十五。――躬自厚而薄責於人則遠怨矣。

一〇九、古文眞寶前集、王荊公「勸學文」。――貧者因書富、富者因書貴。

一一〇、古文眞寶前集、眞宗皇帝「勸學」。――出門莫恨無人隨。

一一一、童子教。――雖貧心欲足、是名爲富人。

＊明應六年寫、童子教「富人（フクニン）」（酒井憲二編『實語教童子教』）

一一二、童子教。――溫身增睡眠、安身起懈怠。

一一三、古文眞寶前集、仁宗皇帝「勸學」。――朕觀無學人、無物堪比倫。

一一四、山谷詩集、卷四、和邢惇夫、秋懷。――明月本無心。誰令作寒鑑。

N

一二五、管蠡抄三ノ二十。——相鼠有皮無禮。人而無禮、不死何爲…。毛詩

＊毛詩、鄘風、相鼠の句であるが、字句に變異混亂がある。↓一一七ページ

一二六、句雙紙。——鶏寒上樹、鴨寒下水。

＊五燈會元、巻十五、禪林類聚など。日本に入り、毛吹草、幸若に使用されるほど通用した。

一二七、論語、八佾第三。——成事不説、遂事不諫。

一二八、太平記、巻三十八、畠山兄弟修禪寺城楯籠事。——人間ノ榮耀ハ風前塵ト白居易ガ作リ。

＊白居易作は未詳。この句は日葡辭書「榮耀（エイヨウ）」の項に例示。

一二九、太平記、巻四、備後三郎高徳事。——「窮鼠却嚙猫、鬪雀不恐人」トイヘリ。

＊鹽鐵論巻十「窮鼠却嚙猫」に、日本で「鬪雀不恐人」が附く。↓一三二ページ

Q

一三〇、古文眞寶前集、眞宗皇帝「勸學」。——安居不用架高堂、書中自有黃金屋。

一三一、山谷詩集、巻四、贈送張叔和。——無可簡擇、眼界平。

一三二、古文眞寶後集、巻一、秋風辭。——歡樂極兮哀情多。

一三三、句雙紙。——去國一身輕似葉（高名千古重於山）。

＊貞享版禪林集句第二冊欄外注では、聯頌集中の臨濟眞人の頌で、聯頌には「去國作去路」と註がある。

一二四、太平記、巻二、長崎新左衛門尉意見事。――古典ニモ、君視臣如土芥則臣視如寇讎、ト云ヘリ。

＊孟子、離婁下の句で、貞観政要、巻七にも見る。→一三三ページ

一二五、太平記、巻四、備後三郎高徳事。――麒麟ハ角ニ肉有テ、猛キ形ヲ不顯。潜龍ハ三冬ニ蟄シテ一陽來復ノ天ヲ待。

一二六、管蠡抄六ノ二十四。――鬼神害盈而福謙。人道惡盈而好謙。周易

＊易經上經、謙卦の句である。玉函祕抄上にもある。→一一七ページ

一二七、三略上略。――香餌之下必有懸魚、重賞之下必有死夫。

＊同句と見える句に第一三則がある。→一二〇ページ

一二八、三略上略。――君用佞人、必受禍殃。

一二九、三略中略。――君無疑於臣、臣無疑於主、國定主安。

一三〇、三略下略。――求賢以德、致聖以道。

一三一、論語、泰伯第八。――危邦不入、亂邦不居、天下有道則見、無道則隱。

一三二、三略下略。――賢臣内則邪臣外。邪臣内則賢臣斃。

一三三、三略下略。――嫉賢者其名不全。進賢者福流子孫。

一三四、日本書紀、巻第二十二（推古天皇）。――不得賢聖、何以治國。

一三五、金句集帝王事。――尚書云、木從繩則正。后從諫則聖。

＊尚書、説命の句で、世俗諺文上、玉函祕抄上、管蠡抄一ノ八、明文抄一、等。貞観政要巻二、求諫第四にも「臣聞」と前置きをして述べている。

一三六、金句集帝王事。――漢書云、君使臣以禮、臣事君以忠。

＊論語八佾第三の句である。玉函秘抄中、管蠡抄三ノ十八、明文抄二等は論語と記し、金榜集帝王事で漢書句の次に「又云」として載る。

一三七、金句集帝王事。――説苑云、冠履不同藏、賢不肖不同位。

＊説苑、巻十六、説叢の句。玉函秘抄上、管蠡抄二ノ十四、明文抄一、金榜集帝王事等に。→一七〇ページ

一三八、金句集帝王事。――禮記云、君逆諫則國亡、人呰食則體瘦。

＊古文孝經、諫諍章第二十、孔安國註である。玉函秘抄上、明文抄一、金榜集臣下事等、全て「主逆諫」であるのを、金句集で「君逆諫」と改めている。→一一〇・一七一ページ

一三九、金句集臣下事。――（貞観政要）又云、君暗臣諛、危亡不遠。

＊貞観政要、巻二、求諫第四の句で、玉函秘抄上、明文抄二、金榜集臣下事にあり。

一四〇、金句集臣下事。――君不在其位、不謀其政。

＊論語、泰伯第四、憲問第十四の句。論語、玉函秘抄上、明文抄一は「不在」で始まり、金榜集帝王事、金句集（雑記本を除く）は「君」が加わる。→一七一ページ

一四一、金句集臣下事。――臣軌云、見君之一善則竭力以顯譽。唯恐四海不聞。

＊臣軌、巻上、同體章である。玉函秘抄中、明文抄二にある。

一四二、金句集臣下事。――文選云、勁松彰於年寒、貞臣見於國危。

＊文選、巻十、播安仁「西征賦」。玉函秘抄下、管蠡抄九ノ六、明文抄二、金榜集臣下事などに。句雙紙にも。

一四三、金句集黎元事。――漢書曰、敬賢如大賓、愛民如赤子。

＊漢書、巻五十一、路溫舒傳。玉函祕抄上、管蠡抄二ノ十五、明文抄一、金榜集黎元事などに。

一四四、金句集父子事。――孝經云、君雖不爲君、臣不可以不爲臣。

＊孝經序の「雖」を缺く寫本に、天草本は據ったのであろう。訓讀が不整である。玉函祕抄上、管蠡抄六ノ三、明文抄二、金榜集父子事等にこの句があり、誤記の寫本は未見。出典として太平記、平家物語などを擧げるまでもない。

一四五、金句集愼身事。――又云（文選）、瓜田不取履、李下不正冠。

＊玉函祕抄下、管蠡抄七ノ十、明文抄四などにあり、著名な句。原典は「古樂府、君子行」「樂府詩集巻三十二、君子行」とも。

一四六、金句集愼身事。――又云（文選）、木秀於林、風必摧。行高於人、衆必非。

＊文選、巻五十三、李蕭遠「運命論」の句。玉函祕抄下、明文抄三、金榜集愼身事にも。

一四七、金句集愼身事。――尙書云、虛名久不立、謬旨終有失。

＊金榜集愼身事にあり、太平記、巻十二に「虛名不久立ト云事アレバ」。尙書に未見。

一四八、和漢朗詠集下、無常。――蝸牛角上爭何事。

＊白氏長慶集、巻五十六、對酒五首。↓一二九ページ

一四九、句雙紙。――官不容針、私通車馬。

＊五燈會元、巻十二。碧巖錄六十二則。虛堂禪師語錄、巻九等。心「公役トイエバ、針ヲモナカニナイ、私事ニハ馬・車ヲカタグルモノヂャ」は難解。和諺があったか。↓一八一ページ

一五〇、句雙紙。――錦上添花（別是春）

＊蓬左文庫本句雙紙。句雙葛藤鈔「錦上ニ添レフ花ヲ」。

一五一、句雙紙。――曲直分明。

＊句雙葛藤鈔「マガツタトマツスグト分明ナ也」、山鹿本句雙紙。禪籍の用例未見。

一五二、太平記、巻一、後醍醐天皇御治世事。――謙ニ居テ仁恩ヲ施シ、己ヲ責テ禮儀ニ留マル。是ヲ以テ高シト雖モ危カラズ、盈リト雖モ溢レズ。

一五三、論語、里仁第四。――見賢思齊焉。見不賢而内自省也。

一五四、未詳。――胸中ニセンメ有リ。

## R

一五五、三略上略。――禮崇則智士至。祿重則義士輕死。

一五六、金句集帝王事。――良匠無棄材。明君無棄良士。

＊原典は帝範審官篇で、「無棄士」とある。「士」が金榜集で「良士」と變わった。↓一七二ページ

一五七、金句集帝王事。――周易云、兩雄必爭。

＊周易、上經乾傳。王弼註が原典。金榜集帝王事にある。↓一一〇ページ

一五八、句雙葛藤鈔。――綸言如汗。出而再不還。

＊漢書巻三十六「號令如汗…」が日本に入り、變化する。↓一一三・一一七ページ

一五九、句雙紙。――雷聲浩大、雨點全無。

＊五燈會元、巻二十。碧巖錄、第十則。虚堂禪師語錄、巻二十、など。

一六〇、句雙紙。――驢事未去、馬事到來。

＊五燈會元、卷四、六、七。虛堂禪師語錄、卷四、など。

一六一、句雙紙。――如龍得水（似虎靠山）。

＊虛堂禪師語錄、卷二十。太平記、二十二卷にも。

一六二、句雙紙山鹿本。――勞而無功。

＊碧巖錄、八十四則、九十一則。虛堂禪師語錄、卷四。

一六三、句雙紙。――癩兒牽伴。

＊碧巖錄、十二則、十九則、三十四則等。

一六四、五燈會元卷二十――有理不在高聲。

＊五燈會元、卷二十。虛堂禪師語錄、卷二十。

一六五、古文眞寶後集、賈誼「弔屈原賦」――鸞鳳伏竄兮、鴟鴞翱翔。

一六六、明文抄帝道上――隣國有聖人、敵國之憂也。史記

＊史記、秦本紀の繆公の言である。晏子春秋八、「仲尼相魯、景公患之。謂晏子曰、隣國有聖人、敵國之憂也。今孔子相魯若何、」この事がらが古い。

一六七、古文眞寶前集、司馬溫公「勸學歌」。――莫待老來徒自悔。

一六八、六韜、軍勢第二十六――善除患者理於未生（中略）上戰無與戰。故爭勝於白刃之前者非良將也（『研究』による）。

一六九、金句集帝王事。——又云（帝範）、叢蘭欲茂秋風敗之。王者欲明讒人蔽之。

＊玉函祕抄上、管蠡抄一ノ十一、明文抄四、金榜集帝王事など。→一一一ページ

一七〇、管蠡抄五ノ十九。——不知其君視君所使。……同（史記）

一七一、管蠡抄五ノ十九。——不知其人、視其友。史記

＊一七〇・一七一は孔子家語でなく、管蠡抄を經た史記である。→一一七ページ

一七二、管蠡抄三ノ廿五。——尊客之前不叱狗。禮記

一七三、管蠡抄三ノ四。——三歳學不如三歳擇師。桓譚新論

＊桓譚新論→一一八ページ

一七四、金句集政道事。——後漢書云、濁其源望流清、曲其形欲影直。

＊後漢書、巻三十九、劉愷傳。玉函祕抄中、明文抄四、金榜集政道事を經る。→一一一ページ

一七五、金句集愼身事。——史記云、酒極則亂、樂極則悲。

＊金榜集愼身事にあり、原典は史記、巻百二十六、滑稽列傳である。

一七六、論語、子路第十三。——其父攘羊、而子證之。

＊句雙紙村口本、明暦二年板等にあり。或いは句雙紙によるか。

一七七、句雙紙。——鼠口終無象牙。

一七八、論語、子罕第九。——三軍可奪師也。匹夫不可奪志也。

＊文正記。太平記巻十、三軍ヲバ可奪師トハ彼ヲゾ云ベキ。など知られる。

一七九、論語、子路第十三。——不能正其身。如正人何。

一八〇、管蠡抄三ノ十二。——先則制人、後則爲人所制。史記。

＊史記、卷七、項羽本紀。太平記、卷十三、足利東國下向事にも。

一八一、玉函祕抄中。——夫天子以四海爲家。

＊史記、卷八高祖本紀。明文抄一も、玉函祕抄中も「夫」を缺く。

一八二、古文眞寶後集、卷三、韓退之、送李愿歸磐谷序。——與其譽於前、孰若無毀於其後。

一八三、古文眞寶前集、白樂天「勸學文」。——倉廩虛兮歲月乏、子孫愚兮禮義疎。

一八四、山谷詩集、卷十九、四休居士詩、序。——麤茶淡飯飽卽休。

＊醒睡笑、卷五「麁茶淡飯、飽卽休、如何」。

一八五、論語、先進第十一。——過猶不及。

T

一八六、論語、學而第一。——使民以時。

一八七、老子道德經、卷下、居位第六十。——治大國若烹小鮮。

＊玉函祕抄下、明文抄二。

一八八、管蠡抄四ノ二。——論德而授官、量能而受爵。

＊文選、卷三十七、曹子建「求自試表」。玉函祕抄下にも。

一八九、金句集政道事。——要覽云、以德勝人昌、以力勝人亡。

＊玉函祕抄上、明文抄一、金榜集政道事、等にあり。原典未詳。

一九〇、金句集帝王事。――禮記云、天無二日、土無二主。又云、國無二君、家無二尊。

＊禮記、喪服四制第四十九。他に曾子問第七、坊記第三十に類句があり、傳本に字句の混同を引き起こしている。→一七二ページ

一九一、金句集帝王事。――史記云、天子無戲言。

＊史記、巻三十九、晉世家の句。世俗諺文上、玉函祕抄上、管蠡抄一ノ二、明文抄一、金榜集帝王事、などに引かれる。

一九二、金句集學業事。――禮記云、玉不琢不成器、人不學者不知道。

＊禮記、學記第十八の句。玉函祕抄上、管蠡抄三ノ一、明文抄五、金榜集學業事等にあり。

一九三、老子道德經益謙第二十三、河上公註。――財多者惑於所守、學多者惑於所聞。

＊天草本に小異がある。→一一三ページ

一九四、金句集臣下事。――淮南子云、少德多寵一危也。才下而位高二危也。身無大功有大祿三危也。

＊淮南子、人閒訓第十八。玉函祕抄上、金榜集臣下事。

一九五、金句集政道事。――漢書云、天予不取、返受其咎。時至不行、返受其殃。

＊漢書、巻四十五、蒯通傳。史記にもこの句存す。→一〇八ページ

世俗諺文目次、玉函祕抄上、管蠡抄十、明文抄一、金榜集政道事、禪林句集。句雙紙には後句を缺く。

一九六、金句集愼身事。――論語云、立不中門、行不履門。

＊玉函祕抄中、明文抄二、にあり。論語、鄉黨第十の句である。

一九七、太平記巻十九、相模次郎時行勅免事。――天ニ跼リ地ニ蹐シテ。

＊詩經に始まり、文選で「跼天蹐地」「跼高天蹐厚地」の二表現が生まれる。諸金言集は後者の形である。

→一二三ページ

一九八、金句集慎身事。尚書曰、天作災可避、自作災不可逃。

＊尚書、商書、太甲。管蠡抄八ノ十一、明文抄一、金榜集慎身事、童子教等に見る。

一九九、金句集慎身事。――老子經云、多言害身。

＊老子道德經、虚用第五「多言數窮」の河上公註。甲陽軍鑑、品第二、日葡辞書「多言（タゲン）」の例示。

二〇〇、虚堂禪師語錄、巻一。――路途雖好不如在家。

＊卍藏經版「路途」、「路途」の語、中國にあり、「途路」も。大燈禪師語錄上「路途――」。

二〇一、句雙紙。――虎生三日、有食牛機。

＊大慧普覺禪師語錄。句雙紙寫本に未見。元祿六年板句雙紙、排韻句雙紙にあり。

二〇二、句雙紙蓬左本。――天鑑（カン）無（シ）レ私（ワタクシ）。

＊大應國師語錄下、句雙葛藤鈔「天鑑無私」。「天聽無私」「天上無私之鑑」「天道無私」等を宗時代資料に見る。

二〇三、論語、八佾第三。――獲罪於天、無所禱也。

二〇四、論語、里仁第四。――富與貴、是人之所欲也。不以其道得之不處也。

＊玉函祕抄中にあり。大慧普覺禪師語錄「富與貴是人之所欲。祖云、貧與賤是人之所悪」。禪門の使用を見る。

二〇五、論語、里仁第四。――德不孤、必有鄰。

二〇六、未詳。

＊『研究』は晉書を示している。晉書、段灼傳——魚懸由於甘餌、勇夫死於重報。

二〇七、管蠡抄三ノ二十。——鸚鵡能言、不離飛鳥。猩猩能言、不離禽獸。今人而無禮、雖能言亦不禽獸之心乎。禮記

＊禮記、曲禮上の句。玉函祕抄下、所收句は下半を缺く。明文抄二にもあり。↓一一四ページ

二〇八、金句集臣下事。——史記云、我文王弟、成王叔父、於天下亦不賤。然一沐三握髮、一飯三吐哺。

＊史記、巻三十三、魯周公世家の文である。玉函祕抄下、金榜集帝王事より金句集に入る。この段階で誤った略がある。「一浴」と記す寫本を天草本は用いた。↓一七三ページ

二〇九、金句集愼身事。——貞觀政要云、凡大事皆起少事。

＊貞觀政要、巻第一、政體第二。明文抄五、金榜集愼身事。

二一〇、五燈會元、巻四、巻十一。——知恩者少、負恩者多。

＊虛堂禪師語錄、巻九「知恩者少」。景德傳燈錄十・十三。

二一一、句雙紙山鹿本。——對牛彈琴。

＊五燈會元、巻十五。雲門匡眞禪師語錄。

二一二、句雙葛藤鈔。——面結金色交、心使是非之錐。

＊山鹿本句雙紙。日葡辭書「金色（キンショク）」にこの句と訳がある。

二一三、句雙葛藤鈔。——思在內色顯外。

＊諸書に用いられる通行の諺。謡曲・幸若その他。→一三六ページ

二四、論語、學而第一、子罕第九。——無(毋)友不如己者。

＊管蠡抄五ノ十九、十。

二五、論語、學而第一、——敏於事。而愼於言。

二六、文選、巻三十九、鄒陽「獄中上書自明」——意合則胡越爲昆弟、…不合則骨肉爲讎敵。

＊文選句に、太平記巻三十「志合則胡越モ不隔地」、閑吟集や排韻句雙紙に見る「咫尺千里」の合成。

二七、論語、顔淵第十二、衛靈公第十五。——己所不欲、勿施於人。

二八、俚言——飢不擇糟糠。

＊典據未詳。五燈會元、巻五「饑不擇食」、虚堂禪師語録、巻六「飢不暇擇食」。金句集伊達本、雜説部にも。日葡辭書「サウカウ」に二一八則と同形を引用。醒睡笑巻五にあり。→一一三ページ

X

二九、三略上略。——與衆同好、靡不成。

三〇、三略上略。——賞罰明則將威行。

三一、三略上略。——將謀泄則軍無勢。

三二、三略上略。——將妄動則軍不重。

二二三、三略上略。——将遷怒則一軍懼。

二二四、三略中略。——主不可以無德、無德則臣叛。

二二五、三略中略。——主不可以無威。無威則國弱。威多則身蹶。

＊「不可以」の上、天草本「主」を補う。

二二六、金句集帝王事。——鹽鐵論云、聖主以賢爲寶。不以珠玉爲寶。

＊鹽鐵論、崇禮第三十七。玉函祕抄上、金榜集帝王事にあり。「聖王」は金榜集以後「聖主」となる。

二二七、金句集帝王事。——説苑云、聖王先德教而後刑罰。

＊説苑巻七政理。玉函祕抄上、管蠡抄二ノ十四等書承の間に、本文が亂れた。天草本の據った書に「聖主」「德行」とあったのであろう。

二二八、句雙葛藤鈔。——千鈞之弩、不爲鼷鼠而發機。

＊五燈會元、巻十一、十七、二十。碧巖録、四十三則。虚堂禪師語録、巻二十。太平記、巻一十、等。

二二九、金句集政道事——貞觀政要云、賞罰不可輕行。

＊貞觀政要、巻三、論擇官第七、論封建第八。金榜集政道事にも。

二三〇、金句集愼身事。——後漢書云、千人所指、無病而死。

＊漢書、巻八十六、王嘉傳。『研究』に既に書名訂正ずみ。↓一〇八ページ

二三一、金句集愼身事。——（論語）又云、席不正不坐。

＊論語郷黨第十の句で、直接採録か。

二三二、老子道德經。河上公註、守微第六十四——千里之行始於足下。

＊天草本は河上公註を採っており、その類とする。柏舟講周易抄「一歩ニ始ル」、甲陽軍鑑品第二「從一歩始」、等があり、通稱の形を用いたと見える。→一二四ページ

二三三、句雙葛藤鈔。——衆星雖多、不如一月。

＊禪林集句にも。

二三四、句雙紙。——修善生天、造惡地獄。

＊山鹿本句雙紙四言對句。句雙葛藤鈔。ロドリゲス『日本大文典』三。

二三五、句雙葛藤鈔。——咲裡藏鋒、泥中有刺。

＊虛堂禪師語錄、卷九・二十「笑裏有刀」。他に小異の表現が種々ある。句雙紙にも。

二三六、句雙紙。——（君子）千里同風。

＊虛堂禪師語錄、卷八。花上集鈔「平生知音デ、千里同風ノ客ゾ」。

二三七、句雙紙。——衆口難調。

＊五燈會元、卷十五「（羊羹雖美）衆口難調」。句雙葛藤鈔「（一刀兩段）衆口難調」。

二三八、句雙紙。——（路逢劍客、須呈劍。）不是詩人、莫獻詩。

＊五燈會元卷十一の句。同卷四・十二にも。雲門匡眞禪師語錄など。

二三九、句雙紙。——愁人莫向愁人說、說向愁人愁殺人。

＊五燈會元、卷十七。碧巖錄三則、四十則等。虛堂禪師語錄卷五。

二四〇、句雙紙。——獅子窟中無異獸。

＊五燈會元、卷六。句雙葛藤鈔七では「象王行處絕狐蹤」を下接する。

二四一、句雙紙。——獅子咬人、不露身。

＊ロドリゲス『日本大文典』にも引用。

二四二、論語、爲政第二。——知之爲知之。不知爲不知。是知也。

＊管蠡抄十にも。

二四三、論語、子罕第九。——子在川上曰、逝者如斯夫、不舍晝夜。

＊「心」は和諺。

二四四、論語、鄕黨第十。——食不語。

二四五、管蠡抄八ノ十八、十。——小惡不止、大惡成。三略記

＊三略にこの句なし。三略記未詳。→一一八ページ

二四六、論語、顏淵第十二。——死生有命、富貴在天。

＊明文抄三に同文がある。文選巻五十二「運命論」の句である。

二四七、太平記、巻三十九。——世上ノ毀譽非善惡、人間の用捨ハ在貧福トハ、今ノ時ヲヤ申スベキ。

＊人間毀譽非善惡、世上用捨在貧福（ささめごと）。福島邦道氏指摘。

二四八、童子教。——口是禍之門、舌是禍之根。

＊上半は一九則である。

二四九、童子教。——師匠打弟子、非惡爲令能。

＊ロドリゲス『日本大文典』に引用がある。

二五〇、童子教。――身體如芭蕉、隨風易壞。

二五一、尉繚子、兵令上、第二十三。――『研究』に擧げるも、出典とは見えない。

## Y

二五二、三略上略。――罕徭役不使其勞則國富而家娯。

二五三、三略上略。――英雄者國之幹、庶民者國之本。

二五四、三略上略。――將帥者必與士卒同滋味而共安危。

二五五、三略下略。――能除天下之憂者、則享天下之樂。

二五六、管蠡抄四ノ十二、――世必有聖知之君、而後有賢明之臣。……漢書 文選

＊原典は、漢書、卷六十四下、王褒傳。又は、文選、卷四十七、王子淵「聖主得賢臣頌」。後に、古文眞寶後集に収められる。

二五七、三略下略。――廢一善則衆善衰。賞一惡則衆惡歸。

＊管蠡抄一ノ三に三略記よりの近似の句がある。

二五八、三略下略。――一令逆則百司失。一惡施則百惡結。

＊日葡辭書「ヒャクシ（百司）、多くの役目、任務、または官職」で意は通じる。三略の「百令」の誤記か。

二五九、金句集帝王事。――史記云、庸王賞所愛、罰所惡。

＊史記、卷七十九、范睢傳。玉函祕抄上、管蠡抄一ノ二、明文抄二、にあり。天草本九六則の前に附くべき句。

↓一〇七ページ

二六〇、金句集帝王事。――（潛夫論）又云、養壽之士、先病服藥。治世之君、先亂任賢。
＊潛夫論、思賢第八の句である。玉函祕抄上、管蠡抄十、明文抄十、金榜集帝王事など。

二六一、金句集帝王事。――貞觀政要云、喜則濫賞無功、怒則濫殺無罪。
＊貞觀政要、巻二、求諫第四の句。玉函祕抄上、明文抄二にある。

二六二、管蠡抄八ノ十六。淮南子云、善泳者溺、能乘者墜。各以其所好返自爲禍。
＊淮南子原道訓第一の句である。原典、玉函祕抄上、管蠡抄八ノ十六などは、「各」を持つ。明文抄三、金榜集愼身事以後は缺く。天草本に存することは、管蠡抄に據ることを示す。

二六三、管蠡抄六ノ十二。――有陰德必有陽報。世說
＊世說の句として知られる。玉函祕抄下、管蠡抄六ノ十二、明文抄三などにある。↓一一八ページ

二六四、諺。――學一篇不兼二道者、同片目闇。
＊右は大東急記念文庫藏玉函鈔、山田本玉函祕抄に、右句の下に「偏立道理、不憚機嫌者、直而同曲。」と續く句である。醒睡笑巻五にもある。

二六五、金句集臣下事。――漢書云、山有猛獸、藜藿爲之不採。國有忠臣、姦邪爲之不起。
＊漢書巻七十七、蓋寬饒傳の句。天草本 quacuyocu は原文の誤寫、誤讀などが考えられる。玉函祕抄中、管蠡抄九ノ五、金榜集臣下事、等あり。

二六六、金句集臣下事。――左傳云、一心可以事百君、百心不可以事一君。
＊春秋左氏傳の句とするのは、晏子春秋との混亂か。世俗諺文上（春秋傳）に同文あり。說苑巻十六說叢にも同文。明文抄二、金榜集臣下事にも。天草本「百千君」の文は未見。↓一〇八ページ

二六七、金句集臣下事。――後漢書云、破家爲國、忘身奉君。

*後漢書巻十五、李通傳。明文抄二。

二六八、金句集黎元事。――貞觀政要云、有道之主、以百姓之心爲心。民貧不畏刑。雖誡死遂何益。

*貞觀政要初進本第四、輔弼第九。金榜集黎元事よりの句。↓一一一ページ

二六九、金句集學業事。――顔子云、幼而學者如日出之光、老而學者如秉燭夜行。

*顏氏家訓、巻上、勉學第八の句。玉函祕抄下、明文抄五、金榜集學業事にあり。

二七〇、句雙紙。――一言已出、駟馬難追。

*五燈會元巻十二、巻十五。明覺禪師語錄巻一、四「一言已出駟馬難追」。

二七一、句雙葛藤鈔。――一人傳虚、萬人傳實。

*五燈會元巻七、巻八他、碧巖錄、四十七則、九十六則、他多い。管蠡抄十「一犬吠形千犬吠聲、一人傳虚萬人傳實。朝野僉載」、朝野僉載は唐の佚書。句形句意少異で様々擴がる。↓一二七ページ

二七二、句雙紙。――弓折箭盡。

*五燈會元巻七、巻十七。虛堂禪師語錄巻十九。日本でも用いる。幸若や毛吹草「ゆみおれ矢つくる」など。

二七三、句雙紙「應藥施方」は、「與藥」の意の一形か。

*妙貞問答「病ニヨツテ方ヲ施スノ人」。藥の處方は「方」。禪門では、五燈會元巻十、十六その他「應病與藥」を用いる。

二七四、句雙紙。――一盲引衆盲。

*句雙葛藤鈔「一盲引衆盲、相引入火坑」。五燈會元巻五、巻十一、碧巖錄第五則、十八則、八十九則等。

二七五、句雙葛藤鈔。——懸羊頭、賣狗肉。

＊五燈會元巻十六、巻二十。虚堂禪師語錄巻二十。

二七六、句雙紙。——一家有事、百家忙。

＊五燈會元巻十一。景德傳燈錄十三。

二七七、論語、八佾第三。——夷狄之有君、不如諸夏之亡也。

二七八、論語、鄕黨第十。——寢不語。

二七九、太平記、巻三十五、北野通夜物語事。——亂世ノ根源ハ只欲ヲ爲レ本。

二八〇、山谷詩集、巻十九、四休居士詩序。——補破遮寒、暖卽休。

二八一、未詳。「節(セツ)ニ伏ス——伏節」について、第五章參照。↓一八二ページ

二八二、『研究』に黃山谷「演雅」他の詩句を擧げている。

＊右は原據と言えるものでなく、未詳としたい。

以上で天草本全二八二則の出典關係を記し終わる。未解決の多いことは殘念である。天草本に見られる意の通じないところ、疑問のあるところなど、いくつかは解決できたであろうが、今後に殘されたのも多い。本書では、平安時

代以後の金言集の傳承關係、金言集の傳本にも考慮したつもりである。

右の略注でなく、詳しく述べたい數則について、附記しておく。

43　忠臣二君（ジクン）ニ仕エズ、貞女兩夫（リヤウフ）ニ見（マミ）エズ。

これは、史記巻八十二、田單傳に著されている義士王蠋のことばである。燕昭王の時の故事で、説苑巻四にもある。史記・説苑は「不更二夫」とあり、日本に入って、玉函祕抄上、管蠡抄九ノ一、明文抄二等に、史記の句として錄されている。以上の書の字句は全て同じく、「忠臣不仕二君、貞女不改二夫」であった。金句集で「又云（白氏文集）」とあるのは、金榜集で白氏文集句の次に記された爲であろう。

金句集で管見十三寫本のうち、「改」でなく「見」は伊達本・春日本・山岸本、「二夫」が「兩夫」とあるのは山岸本のみ、大島本に「兩夫ニ𪜈」と傍書がある。山岸本は「賢臣」であって、天草本に同じ寫本は存しない。

137　冠履藏ヲ同ジウセズ。賢（ケン）ト不賢（フケン）ト位同ジカラズ。

これは金句集帝王事に載る説苑十六、談叢の句である。對照してみると、天草本の「不賢」に對應するところが、説苑では「不肖」となっており、玉函祕抄上、管蠡抄四ノ二、明文抄三なども、更に金榜集帝王事もまた「不肖」なのである。廣本節用の三個所（一五七オ・二七二オ・三〇九ウ）の引用も同様なのは、引用の源の状況を示している。金句集諸本にこの點を見るに、次のようである。

不賢――松平本、靜嘉堂本、大島本、村岡本

不肖――永祿本、藥師寺本、龍門本、久原本、雜記本、伊達本、東北大本、春日本

管見のところ、僅か四本にもせよ、「不賢」の寫本があり、諸本のうち最古の年紀を持つ松平本を含むので、「不賢」の本文を持つ寫本を末流のものともいえないという複雜さが現われた。天草本はこういう寫本の一つを材料にしたの

であろう。

138　君諫メニ逆ウ則ンバ國亡ブ。人食呰キ則ンバ躰痩ス。

右句は金句集帝王事に出て、出典を「禮記」としてあるものである。禮記になく、古文孝經諫諍章第二十の孔安國註の句であって、玉函祕抄上に左のように記されている。

主逆レ諫則國亡。人呰食則躰痩。同（孝經）

ここで興味深いのは、天草本の「君」でなく「主」とあることである。孝經として引く明文抄一、金榜集臣下事、廣本節用五一五ウなども「主」であり、もとより古文孝經の仁治本などでそれを確認できる。「主」という本來の形を、我國でも正しく繼承してきたのを、金句集になって「君」に改めたのである。天草本はそれに從って編んだために、「君」の本文となった。

なお「呰」の訓は、仁治本以來「キラフ」と訓まれ、金句集では「トモシキ」が多く、「ホソキ」が藥師寺本などに少々ある。こういう訓法の一致不一致は、論の混亂を來たすので、多くは述べない。

140　君其ノ位ニ在ラザレバ、其ノ政ヲ謀ラズ。

この句の原典、論語、泰伯篇・憲問篇には「不在其位、不謀其政」とあって、「君」がない。金榜集帝王事の句には「君」がないが、金句集臣下事を見るに、諸本の状況は有無相半ばしている。

君不在――松平本、永祿本、藥師寺本、久原本、東北大本、大島本

不在――龍門本、雜記本、伊達本、村岡本、春日本、西明寺本

論語・金榜集を承けて、「君」のない寫本群があり、意義を明確にしようとして「君」を加えた一群があった。天草本は前者を座右にしたのである。「不在…」の句が句雙紙に採られていることも見落せない。

156　良匠ハ材ヲ棄ツルコト無ク、明君ハ良士ヲ棄ツルコト無シ。

これは金句集帝王事所載の帝範審官篇の句である。原文は「良匠無棄材、明君無棄士」であって、玉函祕抄上、管蠡抄一ノ二、明文抄二、廣本節用九九ウも同じく「士」である。

「良士」は、金榜集帝王事に始まり、金句集へ續く。

良士――松平本、永祿本、藥師寺本、龍門本、久原本、雜記本、伊達本、大島本

士――靜嘉堂本、東北大本、村岡本、春日本、山岸本、西明寺本

天草本は「良士」で書承した。「良匠」の對と見れば、異和感はない。

190　天ニ二日無ク地ニ二主無シ。國ニ二ノ君無ク、家ニ二ノ主無シ。

金句集帝王事の諸本では、左のように二則になっている傳本が多く、天草本は合して一則とした寫本を參照したのであろう。

禮記云、天無二日、土無二主。又云、國無二君、家無二尊。　雜記本

金榜集帝王事は一則であり、金句集の東北大本・春日本が一則である。禮記の曾子問第七、坊記第三十にも類句があるが、『研究』にいう喪服四制第四十九が原典である。但し、「土無二王」とある。玉函祕抄上、明文抄一に引く句に「王」、金榜集も同じ。金句集諸本に至って「二主」が現われる。

次に天草本の「地」も問題である。金句集諸本のうち、僅か村岡本、春日本にのみ「地」あり、他本も、世俗諺文以降この句を引く書は皆「土」である。「地」となったのは、「天…地…」の對應を意識したのであろう。天草本「二ノ主」に對應する語は、原典以降金句集諸本まで「二尊」であって、そのよみは音訓それぞれであるが、この「二尊」を「二主」と表記した例は見當らない。天草本のよみと同じ寫本がないのは疑問である。

208、我文王ノ弟、成王ノ叔父、天下ニ於イテ亦賤シカラズ。然ルニ一浴スルニ、三髪ヲ握ル、一食スルニ、三哺ヲ吐ク。

右は史記巻三十三、魯周公世家に基づく句である。冒頭から誤りがある。原典は「周公戒伯禽曰、我文王之子、武王之弟、成王之叔父」とあって、傍線部を欠くとおぼしい。松平本は、その上に「成王封伯禽於魯」があり、下に「以待士。猶恐失天下之賢人。汝以國驕人。」この文が續く。この文が有って初めて金句としての意義がわかる。金榜集は「子之魯、愼無以國驕人。」とある。この方が原典のままである。天草本は、節略を試みたか、意味の傳わらない句となった。「ヒトタビヨクスルニ」は原典「一沐」。「一浴」と記す寫本（尊經閣本）があり、同様の寫本を用いたのであろう。

# 第四章　天草本附載「五常」

天草本金句集の印刷の終ページに「五常」一ページが附載せられている。『研究』にこの研究がなく、土井忠生先生が五常についての専論「天草版金句集附載の五常について」（『國語學』第十九輯、昭和二九年一二月）を發表された。これ以降、この五常について詳しく論じたものを見ないので、この論によって、五常の意義を考え、他の資料を加えて、私見を述べることにする。

初行中央に「GOIO」、次行に「IIN, GVI, REI, CHI, XIN」と大文字があり、仁・義・禮・智・信、各項の漢文がローマ字で記されている（影印參照）。五常の日本側文獻として、土井博士は、百人一首古注寫本に附載のもの、『大諸禮集』無刊記本（及び寛延二年刊本）を紹介している。これは漢字混り平假名文である。そして三種を比較して、「全體としては、諸禮集のと百人一首古注のとが近い關係にあり、金句集のはそれとはや、遠いと言ふことになるであらう。」とされた。『吉利支丹文獻考』（昭和三八年）の「追記」で、永祿十一年本節用の五常の翻刻が加えられ、廣本節用集・高野山本節用集にあることも追記があった。その漢文體五常が天草本の基づくところと認めている。ここで、天草本五常本文の考察材料として、廣本節用集と雜記本金句集附載五常とを對照してみよう。

この漢文體五常は他資料にも見られるであろう。ナ變動詞「死ヌ」についての拙稿で使用した月庵醉醒記にも、次のようにある。

忘レ自惠レ他救レ危輔レ窮、捴而於レ物先レ情レ有二憐心一、名曰レ仁。

冨不レ驕積能施、跼レ天蹐レ地、凡交レ衆不レ諍思謙相讓、名レ曰儀。

臣尊㆑君、子孝㆑親弟順㆑兄、敬㆑老、凡上不㆑侮爲㆑下不㆑亂、名曰㆑禮。
博學㆓諸文㆒、普達㆓萬藝㆒、尋㆑古知㆑新、大方思三度、是非分明、名曰㆑智。
心直詞正、非道不㆑行、不㆑善不㆑組、總而内外不㆑餝、勤行在㆑眞、名曰㆑信。

百人一首古注、大諸禮集所載の五常は、土井博士の論の翻刻に譲り、追記にいう廣本節用集所載の五常と、雑記本金句集所載の五常を對照してみる。天草本の五常は廣本節用集（及び土井博士紹介の二種）に近似の本文を持っている。これに對し、雑記本の五常は全く別種である。仁・義・禮・智を乾の四德（元・亨・利・貞）に配し、殘る「信」を五行説による土としている。また、雑記本では孔子・孟子・左傳・（毛詩）相鼠など漢籍の引用で論旨を形成しているのも特徴であろう。

惻隱之心人皆有之、羞惡之心人皆有之、恭敬之心人皆有之、是非之心人皆有之。惻隱之心仁也、羞惡之心義也、恭敬之心禮也、是非之心智也。仁義禮智、非由外鑠我也、我固有之、弗思耳矣。

孟子、巻第十一、告子章句上

雑記本金句集の價値の一つとして、五常を附載して、天草本と構成上同様に見え、天草本金句集五常の參考資料として重要であると考えたのであったが、この五常は、天草本のとは別種であった。この五常は、書承されたものでなく、この五常の直後に記されるところの、

正三位行侍從臣清原朝臣宣賢選焉

碩儒清原宣賢の選述したものであろう。天草本の直接の參照資料ではないが、五常の受容として興味深いものである。第一部第四章二參照。

金句集附載の五常は、右に述べた如く、德目「仁・義・禮・智・信」について、漢文體で記し、訓讀し、ローマ字

表記したものである。清原宣賢選の五常はこれらと別種であった。五常もまた意義のある文章であるので、次に三種を選び、對象本文とした。天草本は三〇九ページの影印、雜記本は六九ページの影印を參照。

| 天草本金句集　附載五常 | 廣本節用集　附載 | 雜記本金句集　附載 |
|---|---|---|
| 仁　自（ミヅカ）ラヲ忘レ、他ヲ愛シテ、危キヲ救イ、極マレルヲ助ケ、捴（スベ）テ物ニ情（ナサケ）ヲ先トシ、事ニ觸レテ憐ミノ心有ルヲ、仁ト云ウ。 | 仁　忘自惠他、救危扶極、捴於物先志有憐心、謂之仁 | 仁<br>仁者天理也、仁人心也、配天四德則元也、春也、或曰博愛謂之仁、孔子曰殺身成仁、又曰苟志於仁無惡、孟子曰惻隱之心仁也、又曰仁人之安宅也 |
| 義　富ンデ驕ラズ、積ンデ能（ヨ）ク施シ、天ニ跼（セクグ）マリ、地ニ蹐（ヌキアシ）シ、凡ソ衆ニ交（マジワ）ッテ争ワズ、謙（ケン）ヲ專（モッパラ）トシテ相（アイ）讓ルヲ、義ト云ウ。 | 義　富不驕、積能施、跼天蹐地、交衆不争以謙相讓、謂之義 | 義<br>義者宜也、順宜行之、配天四德則亨也、夏也、孔子曰見義不爲無勇也、又曰信近於義、孟子曰羞惡之心義也、又曰義人之正路也 |
| 禮　臣ハ君ヲ貴（タット）ミ、子ハ親ヲ孝（カウ）シ、弟ハ兄（コノカミ）ニ隨イ、老イタルヲ敬（ウヤマ）イ、幼（イトケ）ナキヲ愛シ、上（カミ）トシテ驕ラズ、下（シモ）ト | 禮　臣者貴君子、孝親、弟者隨兄、敬老、凡居上不侮、爲下不亂、 | 禮<br>禮者履也、敬也、配天四德則利也、秋也、孔子曰非禮勿視、孟子曰恭敬之心禮也、禮記曰人而無禮雖能言不亦禽獸之心乎、又曰禮尚往來、相鼠篇惡無禮 |

シテ乱(ミダ)レガワシカラザルヲ、禮ト云ウ。

智　廣ク諸文(ショブン)ヲ學ビ、敢エテ萬藝(バンゲイ)ニ達シ、故キヲ溫(タヅ)ネ、新シキヲ知リ、大方三(カタミタビ)思ッテ理非分明ナルヲ、智(チ)ト云ウ。

信　心廉(スナヲ)ニ、言(コトバ)正シウシテ、良カラザルヲ行ナワズ。道ニ非(アラ)ザレバ、學ビズ、捴(スベ)テ内外(ナイゲ)ヲ餝ラズ、勤行(ゴンギヤウ)ニ實(マコト)有ルヲ、信ト云ウ。

謂之禮

智　廣學諸文、周達萬藝、溫故、太方三思、是非分明、名之謂智

信　心廉言正、非道不行、非善不與、勤行有實、名謂之信

智

智者知事理也、如人物也、配天四德則貞也、冬也、孔子曰知之爲知、不知爲不知、是知也、又曰知者不惑、孟子曰是非之心知也、又曰知人

信

信者誠實也、配天四德則土也、春夏秋冬各土主、仁義禮智亦兼信、孔子曰人而無信、不知其可也、左傳曰苟有明信蘋蘩溫藻之菜、可薦於鬼神、可薦於王公

# 第五章　語彙・語法

## 一、語彙――十成・縄ニ綯ウ・節ニ伏ス――

『研究』第二部第五節、單語において、「往々今日の語と語形或は語義を異にするものがあって、その當時の言語の一面を示してゐる」という正確な把握の下で、漢語・和語にわたり數多い語を採り上げている。その語を列擧すると以下の如くである。

一、語形上より見て注意すべき漢語

父母(ブモ)、飲食(ヲンジキ)、良藥(ラウヤク)、自然(ジネン)、明鏡(ミヤウキヤウ)、別(ベチ)、羊頭(ヤウヅ)、至道(シイタウ)、二君(ジクン)、哀情(アイセイ)、錦上(キンシヤウ)、食物(ショクブツ)、雜談(ザウタン)、貪(トン)、剛(カウ)、睡眠(スイメン)、鬪雀(タウシヤク)、數(ス)

萬(マン)、滋味(シイミ)、下知(ゲヂ)、赤子(ジヤクシ)

二、語義より見て注意すべき漢語

憲法(ケンバウ)、天道(テンタウ)、大略(タイリヤク)、活計(クワツケイ)、賞翫(シヤウクワン)、奔走(ホンソウ)、情識(ジヤウシキ)、大切(タイセツ)、順路(ジユンロ)、被官(ヒクワン)、威勢(イセイ)

三、語形上より見て注意すべき國語及び特殊な語句

母(ハワ)、仇(アタ)、籌(ハカリコト)、謀、炊(カシ)く、貧(マド)し、蝸牛(カタツブリ)、事々(コトコト)し、歩(アヨ)む、低(ヒキ)う、嘆(ナゲ)く、幹(コアシ)、むさと、むさとした、本にする、本とする、道が行く、

右の諸項について、當時の節用集、運歩色葉集等から、太平記などの書も適宜採用し、日葡辭書などキリシタン關係書は當然のこと、江戸時代の資料から方言まで、調査範圍を擴げて論述している。語が多く、個々については簡要

にならざるをえない。『研究』刊行の時點は、資料發掘も未だしで、學界全般の動向も同様であった。それを思えば、敬服に價する刊行であったと思う。

以後、『時代別國語大辭典室町時代編』全五巻を始め、中世語研究の專書が續々と刊行され、中世語研究は飛躍的進展を見せている。語彙・語誌についても精密さを増している現状である。

天草本には、誤植、或いは疑念を抱く所がいくつかある。誤植は本文篇の右傍に注記した。語彙として詳説したい所を幾つか述べてみる。

## 十成

『研究』の翻字の中で最も問題を感じさせたのは、「重疊」である。

ものも重疊（ジユウジヨウ）すれば崩るる。（六十六則心）

原綴は「jŭjŏ」であって、四つ假名・オ段長音開合の二重の誤りがあることになり、深い疑念を起こさせたが、これを解決する案は提出されなかった。節用集などから「充上・充盛」などが考えられたが、確證となる文例がなかった。筆者は、大學院學生時期に大塚光信氏の指導下、建仁寺兩足院の抄物を調査し、影寫・燒附をした。その中に柏舟宗趙講周易鈔があった。それを讀むうちに、左のような「十成」に出逢い、思うところがあった。

平ハ泰ノ卦ソ、平（タ）カナル者ハ、カタクツレニナウテハ叶ヌソ、十成ナル者ハ、打コホサテハ叶ヌソ、
二、四オ

そこで、この周易鈔を通讀し、多く用いられているのを知った。そのうち數例を左に掲げよう。濁点を附す。

。財成――ハ十成ノ卦ヂヤホドニ、物ガ十成スレバミダリナゾ、人事ノ道ガミダリナレバ、天地ノ道ガミダル、ゾ、

二、二ウ

。三陽ガクレバ、ハヤ否ノ道ガクルホドニ、十成スレバワルイゾ、故ニ十分スルヲバキラウテ、中道ノ二陽アルヲ大也トシタゾ、　二、四十一オ

。九五――无妄ノ上デハ、アマリ十成シタゾ、陽デ五デ得レ位ゾ、去ナガラ无妄ナラバ、ナント咎ハアラウゾ、十成ヲイムニヨツテ、咎ガデクルゾ、　三、三十二オ

ここで、「重疊」説の疑念は解消した。この案を大塚光信「エソポ物語僻案抄」(19)（昭和四三年）の採るところとなり、諸辭典に用いられ、今日周知の語である。鈴木博『周易抄の國語學的研究』（昭和五一年）第三章語彙には、土井本周易抄九例の他、四部錄抄、眞歇和尚拈古抄の例がある。鈴木氏は早くよりこの語に注意されていたのであろう。傍訓のある左例も擧がっている。天草本金句集の參照はない。

無妄ノ上テハアマリ十成（シウシヤウ）シタソ　天理本周易抄三

「十成」は、名詞として、また、「す」と複合して用いられた。用例も更に見出されてくるであろう。

十成スレバ、コボル、者ゾ。　玉塵　十一

進モ不レ得、退モ不レ得、額ヲチヤウド撞テマツ暗ナル處カ好イゾ、入作セヨ、七八分ガ見亖ダゾ、十成ヲバ忌ゾ。　足利學校本、人天眼目抄下

洞下ノ宗旨ノ不觸諱、語忌十成ト語ハ、然レ𪜈十劫觀樹ノ處ニハ齟齬ス。　東大史料本、人天眼目抄四

「十成」は中國、宋の語であった。『宋元語言辭典』（一九八五年）には、

十成、十分。十足。許月卿《多謝》詩〝園林富貴何千萬、花柳功勳已十成〟

とあり、『漢語大詞典』一には、①十層。②十分。③猶完全。とあって、②は右と同例、③には宋代の例が載ってい

る。「十成」は宋の頃の通用語で、禪宗色は濃くなく、僧も用いたということであろう。從って「十成」は和製漢語ではなかった。

しかし、「十分」を「十成」と同じ文體で用いているのが見出されると、語として和製とは言えないが、用法が和語になったものと言えそうである。

十分ナレトモウチコホサヌハ、　兩足院本、周易抄、二

十分ナレバ打チ零(コボ)ス。物が一杯になるとすぐにこぼれる。諺。（下略）　（邦譯）日葡辭書

十分(ぶん)なれば盈(こぼ)る、。　譬喩盡、七

この表現は、「十成」と同じ意味で、和化した形のあることを示している。

## 繩ニ綯ウ

一四九則心には、誤植があるらしく、難讀であった。その部分をそのままに記す。

心、公役(クヤク)ト言エバ、針ヲモナカニナイ、私事ニハ馬(ウマ)・車(クルマ)ヲカタグルモノヂャ。

「官ニハ針ヲモ容レズ、私ニハ車馬ヲ通ス。」の口語譯である。『研究』は傍線部を「なかになひ(イ)、」とし、金田索引は「なかにな・ふ」を見出しとし、どちらも動詞「中になふ」の連用形としている。「無い」ではない。連用形とすれば「荷(にな)ふ」か「綯(な)ふ」以外にはない。「綯ふ」は、例えば、

絞校——毛詩ニナワナウトヨム程ニ、足ヲ木デハサウデヲイタガナワヲナウヤウニ兩方マトウタ様ナゾ。　周易抄　噬嗑

とあり、日葡辭書に左のように記される動詞である。

ナイ、ウ、ウタ。手で縄を作る。あるいは、撚る。（邦訳による）

天草本に「針ヲ」とあるので「ナワニナイ」と表現が變わったものと考えれば、一應通じるであろうか。uをcと誤ったものか。この抄では左文のようにある。官には嚴格で、の意であろう。

ヲモテムキニハハリホドノモノヲモ不入、ナイシャウニハ車ヲモイル、ナリ。　村口本句雙紙抄

この抄は、外に對しては微少であっても異質物は拒否し、内に對しては大きくとも容認すると解している。受け入れる態度としているようである。「針ヲモ縄ニ綯イ」は嚴密な態度を押し徹す比喩とも解せる。

以上のように考えたが、この解の證例を見出せないのが、不足なところである。

## 節ニ伏ス

漢語を訓み下したかと疑われる句がある。

得難キハ、節ニ伏シ、誼（ギ）ニ死スルノ臣ナリ。　二八一則本文

二八一則は出典未詳である。福島邦道氏は『大漢和辭典』の「伏節」に例示する『漢書』の例を指摘し、「直接漢書から引用したとは思われないのであり、しばらく疑を存しておく。」とされた。(20)

今以二四海之大一曾無二伏レ節死レ誼之臣一、　漢書、巻七十七、諸葛豐傳

師旅亟動、百姓罷敝、無伏節死難之誼。　漢書、巻二十三、刑法志

この漢語「伏節」の指摘は、中日語彙交流の深さを思わせるところであった。『大漢和辭典』は他三例を擧げている。

伏節難死、不惜其身。　春秋繁露、天地之行

餘顚沛殞斃、殺身濟君、其下司徒、署餘孫倫吏、使蒙伏節之報。　三國志、魏志、高貴鄕公傳

『漢語大詞典』一には左例もある。

〔五人〕皆伏節盡忠、身死王事。　陳子昂、爲金吾將軍陳令英請兒官表

節に殉ずる、或る事物を保持し、理想を追求する爲に死ぬ、という意義説明がある。諸例に通じて「義」でなく「誼」が用いられている。「誼」は「義」に通じ、稀に左例を見る。

曹伯爲戎所殺。諸大夫不伏節死義、猩退求生。嗣子立而誅之。　公羊傳（莊公二十六年）

「不死于曹君者也」の註である。

孟嘗字伯周…其先三世爲郡吏、並伏節死難。　後漢書、巻七十六、循吏列傳

これは「之誼」の略であろう。唐書、李訓傳にもある。

このように用例を集めてみたが、未だに天草金句二八一則の原典らしい文に出會わない。

次の問題は、中國語「伏節」の日本語譯「節ニ伏ス」に、節に殉ずる意義があるかである。これは否定的である。用例を見ない。天草本以外の用例の有無次第であろう。直譯の表現と見ておく。

語形・語義を中心とした語彙の問題點については、前記のごとく今日研究は進展し、公表されている。細部には鮮明にしたい點があるであろうが、筆者としては、右三點で筆をおく。

# 二、語　法

『研究』には、第二部第六節語法、第七節訓法の二節がある。節六節では、動詞より助詞に到る記述があり、用例を多く示して、單なる記述でなく、當時代の文法事象としての注目すべき點をも述べている。二段活用の一段化、ハ行二段動詞・ワ行二段動詞のヤ行活用化、カ變動詞のうち「出來ル(デク)」の特性、動詞の音便形、などが動詞に關して採り上げられた。指定の助動詞「ヂャ・ナリ」、時の助動詞「タ」「ウ」「ウズ」、打消の助動詞「ヌ」「マイ」、敬譲の助動詞「セラルル・サセラルル」、可能の助動詞「ル・ラル」などが對象となった。龜井孝氏書評にある二點は重要である。

サ行變格の終止形は「スル」となってゐるとあるが、それは終止法の場合で、助詞のつく場合にはむしろ動搖の狀態にあったとみるが正しい。禁止の「な」のつくとき「すな」とも「するな」ともなってゐるがごとき、これである。

禁止の「ナ」の項に例示した「戶口に立ちゐな」の例は一段活用動詞の將然形に「ナ」のついた例として珍重すべきものであることを一般のために附記しておきたい。

『研究』は格助詞「デ」「カラ」「ヲバ」、接續助詞「バ」「ガ」「ニ」「ドモ・トモ・テモ」、係助詞「ゾ・ナ・カ」が採り上げられた。この「ナ」は禁止の終助詞を指す。

右に紹介したように、『研究』の文法記述は、吉田博士執筆當時の文法記述として穩健で、天草本の文章への目配りに愼重さを缺いた點がある、というところであろうか。

筆者は天草本の文法を體系的に細密に檢討する意圖を持たない。二活用の一段化以下、對象とされた諸事象につき、今日として、『天草本』を包み込んだ中世の大きい文法史の一つ一つを見るのであるが、僅かな例で、その現象についての諸研究を論ずるのも如何と思われる。

その中で、天草本の初見より關心を持った表現がある。

主文に主格動詞を用いることは、文語文法では存しない。

150　錦上ニ花ヲ添ウ。心、結構ノ過ギタ。

18　心　家ノウチニ居ル敵ハ、用心ガセラレヌ。

23　心　君子ノ輕々シイハ、モチイガ少ナイ。

「ガ」も同様であるが、これは現代文法で、主文に全面的に用いられるので、古代文法に對する近代文法であると對照的把握をすれば、理解が落ち着くところである。これに對し、「結構ノ過ギタ。」は、主文に「ノ」のある點では近代語法であるが、更に「ガ」へ變化する動きはまだ起きず、留まっている點では古代的である。中世後期の言語狀況を示す意味で、注意すべきであろう。

主格――述格の對應は、主文よりも、句において數多く見られ、連體句、準體句、連用句、對立節、それぞれに「は・も」などによる句を混じえつつ、近代文法體系へと移行してゆく。

天草本による研究には、橋本進吉博士『文祿元年天草版吉利支丹教義の研究』（東洋文庫論叢第九、昭和三年一月）に、文字・發音、語法、語彙、外來語の論があり、吉田澄夫博士『天草版金句集の研究』もまた詳細である。更に近くは、大塚光信著『キリシタン版エソポのハブラス私注』（臨川書店、昭和五八年）は最新の學術成果を示していて、これらの研究の前に、資料の違いがあるとはいえ、さほどの發言できる餘地は見當たらない。從って、山内の本研究は、金言成句集の傳流の下に、金句集・天草本金句集が如何にして生まれたか、その特性・意義は何かに重點を置いたのである。この意味で、凝縮された文で成る『天草本』は、良い研究材料となるであろう。

註

（1）史學雜誌、明治四十二年九月及び十月。『新村出選集』第一巻南蠻篇乾、による。
（2）土井忠生「天草本金句集考」（京都大學國文學會二十五周年記念論文集）（昭和九年一一月）、『吉利支丹文獻考』昭和三八年、三省堂、所收。㈣による。
（3）（2）に同じ。㈣にいう。
（4）「吉利支丹版四種」（「藝文」明治四四年一月）。
（5）『天草版金句集の研究』（東洋文庫刊、昭和一三年初版、同四四年再販）。
（6）『日葡辭書提要』清文堂出版、平成五年。
（7）『キリシタン資料と國語研究』Ⅱ資料、第六章に收載。
（8）この訂正は、管子での有無を問題とするのでなく、玉函祕抄などの金言集において、古文孝經の句として繼承されてきたことを尊重するのである。以下の訂正は、同樣の考えによるものがある。
（9）山内洋一郎「廣本節用集態藝門金言成句出典考」三2イ（註1）を參照。
（10）山内洋一郎「徒然草「身を守るにまどし」の典據をめぐって――漢籍古注釋の注文の受容――」（『文教國文學』第三〇號、平成五年七月）、『野飼ひの駒－語史論集－』（和泉書院、平成八年）、所收。
（11）山内洋一郎、註（9）論文。第二部3金句集ア、一六二ページ。
（12）「郷黨第十」の誤。

（13）貞観政要は、著者呉兢により唐中宗に上進した初進本、玄宗に上進した再進本があり、著しい相違は巻四が異文になっていることである。我國では明の戈直本が近世初期に流布するまでは初進本であった。この事實は原田種成博士により見出された。原田種成「軍記物語と貞觀政要」（『關東短期大學紀要』第十集、昭和三九年一二月）、新釋漢文大系『貞觀政要』（明治書院、昭和五三年）。

（14）註（10）に同じ。

（15）白氏長慶集巻三十二「夫千里之行始足下、苟自法不思如何」を見れば、唐代に旣に諺となっていたか。以降は省略。

（16）『積翠先生華甲壽記念論纂』昭和一七年八月（『日本書誌學之研究』講談社、昭和一八年六月、所收）。

（17）柳田征司「『句雙紙抄』の諸本とその言語」（『國語國文』第四四巻第一〇號、昭和五〇年一〇月）。

（18）山内洋一郎「『エソポのハブラス』の語句について」（『國語語彙史の研究』第二一號。昭和五五年一〇月。『野飼ひの駒――語史論集――』（和泉書院、平成八年、所收）。

（19）大塚光信「エソポ物語僻案抄」（「キリシタン文化研究會會報」、第十一年第一號、昭和四三年一二月）。

（20）福島邦道「天草版金句集の出典について」（「國語學」79、昭和四四年一二月）。

# 研究篇（第一部・第二部）索　引

本索引は、研究篇（第一部・第二部）の論述部分の索引である。第三部、總索引とは別個である。

本書の論述には、幾多の書を用い、先賢の研究を參照した。それらを集成して、索引の形とすることは、金句集・天草本金句集の理解の爲にも必要であろう。

本索引に引用した和漢の書籍については、その本文の依據した原典をまとめて記すべきであるが、他日を期したい。

事項（書名、人名、注意すべき項目）の下に、本書のページ数を示す。◎印の下は、第二部第三章の各則別出典に指摘した書名についての天草本金句集の句番号である。検索の便による。

## 書名


### ア

天草版金句集　9・99→天草本
天草版金句集（高羽五郎）　104
天草版金句集　語彙索引稿　104
天草版金句集の研究（吉田澄夫）　104
天草版金句集本文及索引（金田弘）　104
天草本・天草本金句集　7・9・11・17・73・99〜106　◎225・227・259・262・265・266
晏子春秋　79・81・91・92・108・110　◎99・166・266
伊曾保物語　99・100
　→エソポのハブラス
運歩色葉集　178
雲門匡眞禪師語録　◎211・238
要覽　23・81・91・111
易經→周易
　87・88・91・93・117　◎86・126
エソポのハブラス　◎25・40
鹽鐵論　75・80・91・110・132　◎63・119・226
應機　89・92・110　◎68

### カ

孝經　13・14・85・86・90・92・94・107
　◎144　→古文孝經
孝經緯　131
甲陽軍鑑　124　◎25・199・232
幸若　129・136　◎75・116・213・272
下學集　113・127
葛氏外篇　84・91・92・110　◎85・100
樂府詩集　88・92　◎145
漢語大詞典　180・183
韓詩外傳　24・90・92
顏氏家訓　84・92　◎269
漢書　13・15・25・75・77・78・80・81・82・83・86・87・90・92・107・108・110・113・116・119・120・127・128・132・134・135・182
　◎42・47・56・92・95・98・136・

143・158・195・230・256・265
桓譚新論　118◎173
韓非子　135
虚堂禪師（和尚）語録　113◎1・3・13・14・16・18・19・40・53・54・69・70・89・91・93・105・149・159・160・161・162・164・200・210・218・228・235・236・239・272・275
逆耳集　8・112・113・114
玉函抄　8◎264
玉函祕抄　7・8・11・13・14・15・16・24・26・76・78・81・84・85・101・106・107・108・109・110・111・113・114・115・116・121・124・129・130・131・132・133・135・170・171・172◎2・3・4・7・33・34・36・39・42・44・45・46・62・63・65・66・80・84・86・94・95・98・100・126・135・136・137・138・139・140・141・142・143・144・145・146・169・171・174・181・187・188・189・191・192・194・195・196・204・207・208・226・227・259・260・261・262・263・264・265
玉塵　180
吉利支丹文獻考　103・104・174
金句集
金句集の研究　17〜20
金句集の諸本　20〜21
永祿本　26・45
大島本　20・25・26・115
春日本　21・25・26・95・115
川瀬本　21・25・26
久原本　13・20・22・24・25・26
西明寺本　21・26
雜記本　21・24・25・26・45・46・73・172
靜嘉堂本　20・24〜26・95
尊經閣本　21・24
伊達本　20・22・23・26・71
―増補（追加之分・雜説部）　22・71・95・112〜116
東北大本　13・20・22・26
松平本　21・25・26・28〜29
村岡本　20・26
藥師寺本　21・25・26・171
山岸本　20・24〜26・72
山岸本増補句　27・115
龍門本　21・22・25・26
國字本（金句集）　7・17
別本金句集　7・17・103・106
金句集　100・107〜111◎4・31・32・34・42〜47・49・62〜64・66〜68・86〜88・90・96〜97・99・100・106・135〜147・156・157・169・174・175・189〜192・194〜196・198・199・208・209・218・226・227・229〜231・259〜261

金句集の構成　11・22
金句集四書集成（福島邦道）　19・105
金榜集
　金榜集の出現　8・10
　金榜集の内容　10・11
　金榜集の編者・編集年時　10
　金榜集と金句集との關係　11
　金榜集と玉函祕抄との關係　15
　金榜集　108〜111・119・124・125・133・170〜172　◎31・32・46・62・63・65・66・86・88・97・136〜140・142〜144・146・147・157・169・174・175・189・191・192・194・195・198・208・209・226・229・260・262・265・266・268・269
空善記　136
句雙葛藤集・鈔　106・113・126・127・132・136　◎1・15・48・51・55・70・73・90・91・104・150・151・158・212〜213・

句雙紙　233・235・237・240・271・274・275
　句雙紙の研究　125
　句雙紙の諸本　125・126
　句雙紙考（川瀬一馬）　125
　句雙紙（入矢義高　他）　125
　禪林句雙紙集（木村晟　他）　125
　禪學典籍叢刊（柳田聖山　他）　126
　句雙紙抄總索引（來田隆）　126
　排韻句雙紙　126・128　◎52・201
　句雙紙　7・94・103・121・125〜128・134・171　◎1・12〜16・18〜20・40・51〜54・70・89・91・93・98・100・102〜105・116・123・142・149〜151・159〜163・177・195・201・202・211・228・234・236〜241・270・272〜276
句雙紙抄　8・94・113・125

黄山谷詩、―詩集註　106・125
廣本節用集（文明本）　11・13・14・106・112・113〜115・131・174・175
廣本節用集態藝門金言成句出典考（山内）　112
花月對座論　28
花上集鈔　◎236
管子　107
管蠡抄
　管蠡抄の撰者　7
　管蠡抄と他書との關係　15
　管蠡抄と伊達本金句集增補句　112・115
　管蠡抄の内容　8
　管蠡抄　11・13〜16・24・81・84・85・101・106・108〜119・121・122・130〜135・170・171　◎2・6・10・33〜38・49・59・60・62・63・66・69・70・

80・84・85・92・94・95・98・100・115・126・135〜137・142〜145・169〜173・180・188・191・192・195・198・207・242・245・256・257・259・260・262・263・265・271
君子集　◎67
群書治要　14・78
景德傳燈錄　◎210・276
藝文類聚　80・109　◎44
月庵睡醒記　174
毛吹草　136　◎75・116・272
諺苑　太田全齋編　9
憲法十七條　134
家語　↓孔子家語
孔子　14・88・92・93・109
孔子家語・孔子　92・93・106・119・135　◎48・56・84・95・171
古樂府　◎145
後漢書　15・77・79・82・87・92・95・108・111・114・116・121・129・131・135・183　◎7・36・39・80・174・230・267
五燈會元　113　◎1・3・12・14・18・19・40・51・53・70・116・149・159・160・164・210・211・218・228・237〜240・270〜276
古文孝經　13・90
―序　85
―仁治本　171
―孔安國註　13・77・78・80・81・85・86・107・110・131・171　◎7・45・138
古文眞寶
―前集　106・122・131　◎5・21・37・41・50・79・81・109・110・113・120・167・183
―後集　13・106・121・122　◎61・122・165・182・256

サ

莊子　11・75・92・94・109・116　◎33
ささめごと　132　◎98　247
雜記　45
左傳　74・79・86・91・92・93・108・110　◎266　↓春秋左氏傳
山谷詩集　124　◎74・114・121・184・280
三略　72・78・92・102・106・118・120・128　◎24・25・27・29・55・57・58・76・77・78・82・83・127・128・129・130・132・133・155・219〜225・252〜255・257・258
上略　78・93・120
三略記　72・118　◎245・257
周易　74・87・88・91・93・111・117　◎8・66・86
―王弼註　93　◎157

↓易經
周易抄　124・179・180・181　◎7・232
四河入海　◎7
史記　13・73・75・79〜81・85・86・92・93・101・107・108・110・117・118・132・133・135・170・173　◎46・96・166・170・171・175・180・191・195・208・259
職原私抄　123　◎26
詩經　90・92・93・117・133　◎197
↓毛詩
巵言抄　林羅山編　9
時代別國語大辭典室町時代編　179
叱澗錄　28
十訓抄　◎19
實語教　8・134
四部錄抄　180
尙書　74・88・92・108・113・116　◎94・135・147・198

荀子　73・92・93
春秋公羊傳　183（公羊傳）
春秋左氏傳　74・81・86・91・92・93・108・112　◎38・99・266
春秋繁露　182
汝衍車銘　↓馮(フウ)衍車銘
臣軌　15・79・86・87・93・101・131　◎7・47・141
眞歇和尚拈古抄　180
新語　13
新序　79
臣範　15
新論　76・109
世要論（代要論）　78・93
說苑　20・73・76・81・84・85・92・93・108・110・111・135・170　◎46・92・137・227・266
醒睡笑　113　◎184・218・264

世說　25・93・118　◎263
世俗諺文　7・79・83・85・108・113・133・172　◎70・135・191・195・266
節用集　178
永祿十一年本――　174
高野山本――　174
↓廣(くわう)本――（文明本）
戰國策　107
潛夫論　13・75・76・93・109　◎4・260
禪林集句・禪林句集　8・94・132　◎20・123・233
禪林類聚　◎103・116
宋元語言詞典　180
曾我物語　124
孫卿子　73・93

## タ

代要論　→世要論
大應國師語錄　◎202
大漢和辭典（諸橋）　120・182
大諸禮集　174・175
大燈禪師語錄　◎200
太平記　106・110・111・129・178　◎7・8・22・98・118・119・124・125・144・147・152・161・178・180・197・228・247・279
參考太平記　123
太平御覽　114
大慧普覺禪師語錄　◎3・201・204
大慧武庫　◎19
唐書　183
譬喩盡　124・181
貞永式目聞書　◎19
貞觀政要　13・16・27・71・76・77・80〜83・87・93・101・106・108・109・111・115・121・122・133　◎32・59・60・62・64・65・124・135・139・209・229・261・268
塵芥　127
徒然草　123
帝範　14・23・24・27・74・78・81・82・85・90・93・111・171　◎156・169
朝野僉載　113・127　◎70・271
童子教　8・106・134・135　◎19・92・111・112・198・248〜250
洞水逆流　28
鳥毛帖成文書　正倉院御物　7

## ナ

日葡辭書　103・105・132・133・178・181　◎74・103・118・199・218・258
日葡辭書提要（森田武）　105
日本書紀　134　◎28・30・134
人天眼目抄　180

## ハ

抱朴子　114　◎35
白氏長慶集・白氏文集　80・83・89・93・110・131・170　◎21・88・148
→文集
博覧古言　115
祕府略（滋野貞主）　7
百座法談　129
百人一首古註　174・175
馮衍車銘・汝衍車銘　80・93・109　◎44
傅子　81・93
佛果禪師語録　◎12・102
普燈録　◎15
文正記　28　◎12・178
平家物語　116　◎80・144

碧巌録　121　◎1・13・51〜54・89・102・105・149・159・162・163・228・239・271・274

## マ

孟子　23・46・112・136・175　◎124
明覺禪師語録　◎10・270
明文抄　8・13〜16・76・79・81・84・85・101・107・108・109・111・114・115・116・119・121・124・130〜133・170〜172　◎2・4・7・8・34・45・46・49・62・63・65・66・80・84・86・97・106・135〜146・166・169〜174・187・189・191・192・195・196・198・207・209・246・259〜263・266・267・269
妙貞問答　127　◎273
毛詩　24・90・92・93・175　◎115
蒙求　95
文集　13・80・83・89・92・110
→白氏文集

文選　13・74〜76・79・83・87・88・92・93・114・116・132・133　◎10・98・142・145・146・188・197・216・246・256

ヤ

養性　89・93・110　◎67

ラ

禮記　13・14・24・74・77・78・80・83・84・90〜92・94・95・107・109・110・113〜116・118・128・171・172　◎33・34・49・97・138・172・190・192・207
老子・老子經・老子道德經　72・88・89・94・111・123・124　◎26・187・193・199・232
六韜　◎168
聯頌集　◎123
ロドリゲス大文典　103　◎67・241・249
論衡　71
論語　13・25・26・71・74〜77・83・85〜88・91・92・94・103・106・118・119・171　◎2・3・6・9・10・17・23・69・71・72・101・106・108・117・131・136・

140・153・171・176・178・179・185・186・196・203～205・214・215・217・231・242～244・246・277・278
―集解註　86・94

## ワ

和漢朗詠集　129・133　◎39・107・148
尉繚子　◎251
淮南子　77・87・91・118　◎194・262
袁子正書　14・82・91

## その他

或云・曰　14・82・91
謡曲　136　◎107・213
格言　103・106・135　◎48
古語　11・25・86・92・94
五常　45・46・100・104・174・176
俚言　◎218
和諺　106・124・135　◎54・75・100・149・243
未詳　94　◎11・56・154・206・281・282

## 人名


朝倉太郎左衛門尉教景 45
入矢義高 94・125
太田晶二郎 46
太田全齋 9
大塚光信 序・179・180
金田弘 104
川瀬一馬 8・10・18・24・94・125
龜井孝 104
來田隆 29・95・126
木村晟・片山晴賢 125
清原枝賢 45
清原宣賢 26・45・175
酒井憲二 134
早苗憲正 94・125
滋野貞主 7
新村出 99・103
菅原爲長 7・114
鈴木博 180
高羽五郎 104
築島裕 95
東陽英朝 8
土井忠生 17・94・101・103・106・119・129・174
白樂天 ◎21
林羅山 9
不干ハビアン 100
福島邦道 10・17・71・95・105・106・113・119・123・129・130・182 ◎247
福住道祐 28・29
藤原孝範 8
藤原良經 7
源爲憲 7
柳田聖山 126
柳田征司 94・126
山内洋一郎 19・94・186
吉田澄夫 17・18・71・100・104・106・129
米原正義 45・96

## 注意すべき事項

漢籍・漢籍起源の金言成句　7〜9
九州方言　103
キリシタン版　序・7
誼ニ死ス　182・183
金言集・金言成句集　7・8・17
乾　―の四德　175
建仁寺兩足院　179
國書　103
十成、重疊　179
主格助詞、主格―述格の對應　185
主文　185
節ニ伏ス、伏節　182◎281
大英圖書館　99
大東急記念文庫　10
縄ニ綯ウ・中荷ウ・荷ウ　181
道が行く　104
四つ假名　179
類書　7・8

# 第三部　天草本金句集　總索引

# 天草本金句集　總索引　凡　例

一、本索引の底本は、大英圖書館所藏『(天草本)金句集』であり、その翻字である本書卷末の「翻字本文」である。翻字本文凡例を參照。附屬の「五常」も含む。

一、一、自立語索引　二、助詞・助動詞索引の二部より成る。自立語索引を參照するには↓、助詞・助動詞索引を參照するには⇓を用いる。

一、見出し語の假名遣は、翻字本文に從う。卽ち、綴字と對應し、四つ假名、オ段長音の開合を使用、長音表記にウを用いる。シク活用形容詞連用形音便は「ーシウ」とする。古典假名遣「ゑー」「をー」の語は、檢索の便に從い、「えー」「おー」に收めた。

一、ハ行轉呼音など、古典假名遣に從わない部分には、右傍に小字で、「あい(ひ)あわ(は)れむ」などと記す。

一、見出し語の下に、意味を代表する漢字、品詞名を記す。

一、語の所在は、金句の句番號を漢數字、句内の行を洋數字で記す。「心」の語は、②などと圍んで明示した。五常の語は、信・義・禮・智・信、五種それぞれを一則として位置を示した。

一、活用語は、見出しの下に、六活用形の順に、活用語尾で區分する。活用形が異なり、同じ語形であれば、略稱で區別することがある。

一、＊印の語は、語義、用法、綴字等に注意すべきことを示す。

一、助詞・助動詞索引では、左の區分を行う。

助動、格助、接助、係助、副助、終助

一、助詞の連接形を多く見出しに採った。

# 一、自立語索引

## あ


ああ(嗚呼)〔感〕　三七3＊(hà 老インダリ)
あい(哀)　二〇1
あい(愛)→あいす
あい《ひ》(相)〔接頭〕→あいあわれむ、あいともに、あいゆづる
あい《ひ》あわ《は》れ・む(相憐)〔動四〕
　—む止　五二1
あい・す(愛)〔動サ變〕
　—せ　五2
　—し　仁1(他ヲ愛シテ)・禮3
　—す體　一四三1＊(民ヲ愛スコトハ)
　—する　二五九1
あいせい(哀情)　一二二1
あい《ひ》だ(間)　二一2・五九2・二一六④
あい《ひ》ともに(相與)〔副〕　六〇1
あい《ひ》ゆづ・る(相讓)〔動四〕
　—る體　義4
あ・う《ふ》(會・合)〔動四〕
　—わ《は》　二五九④(氣ニアワヌ)
　わう《ふ》止　二〇八⑦
　わう《ふ》體　四五④・二五九③(氣ニワウ者)
　→とりやう、にやう
あ《わ》うむ(鸚鵡)　二〇七1
あえ《へ》て(敢)〔副〕　智1
あおひかり(青光)→あをひかり
あかご(赤子)　一四三④
あが・る(上)〔動四〕
　—り　八一④
　—る體　一〇九④
あき(秋)　一六九③
あきらか・なり(明)〔形動〕
　—なら　一六九2
　—なる　二二〇1
　—なれ　三二1
　—に　三一1
あく(惡)　四六2・五九③・八三1③・八七2④・二三四②・二五七④・⑤・二五八④⑤
　→一惡、造惡、衆惡、小惡、善惡、大惡、一惡《いちやく》
あ・く(飽)〔動四〕
　—か　一七1
　—き　一八四1
　—く體　一七③
あ・ぐ(上・揚)〔動下二〕
　—げ未　九四③
　—ぐる　八五2
　—げよ　一八八④

あさ(朝)　三②
あさひ(朝日)　二二②・二六九⑤
あし(足・脚)　五六2⑥・八八2
→ぬきあしす、ひとあし
あ・し(悪)〔形シク〕
―しき　八七⑤
→よしあし
あした(朝)　三1
あす(明日)　三七⑤
あせ(汗)　一五八1②
あた(仇)
四〇③・④・五一②・一二四④
あた・う〈ふ〉(能)〔動四〕
―わ〈は〉　八五1・2
あた・う〈ふ〉(與)〔動下二〕
―え〈へ〉未　五六④・⑦・一九八③
―え〈へ〉用　八三③・九六④・一一四③・
一二七②
―う〈ふ〉る　五六1・一九五1
―ゆ〈ふ〉る　一九四⑦
あたたか・なり(温・暖)〔形動〕
―なれ　一一二1・二八〇1
―に　一一二③・二八〇③
あたら・し(新)〔形シク〕
―しき　智2
あた・る(當・中)〔動四〕
―ら　一九六1
―る止　四七⑦
―る體　二八③・一四四③*・一四六
③・二二四③
あぢ(味)　三四④
あ・つ(當)〔動下二〕
―て用　一三五③
あつか・う〈ふ〉(扱)〔動四〕
―う〈ふ〉止　一四三④
あっさりと〔副〕　三三⑤
あつ・し(厚)〔形ク〕
―う　一〇八1③・一二七④・一五
五④
あつま・る(集)〔動四〕
―り　一五五③
―る止　一二七⑤
あつ・む(集)〔動下二〕
―むる　一三〇③・④
あと(後)　九二④
あな(穴・窟)　八五③・二四〇②
あはし(淡)→あわし
あひ(相)→あい
あひだ(間)→あいだ
あふ(會・合)〔動四〕→あう
あ・ぶ(浴)〔動上二〕
―ぶる　二〇八⑤
あふぐ(仰)〔動四〕→あをぐ
あぶらひ(油火)　一八二⑤

あふ・る（溢）〔動下二〕
―れ未　一五二3(afure)
あへて（敢）〔副〕→あえて
あまざけ（醴）　三三2
あま・し（甘）〔形ク〕
―う　三三2
―き　三三3
あまた（數多）　二一〇③・二七六②
あまりに（餘）〔副〕　九五③
あやう（ふ）・し（危）〔形ク〕
―く　二二五④
―う　一〇七④・二五二⑤
―い　二三一③・一四二④・一九四⑧
―き　一四二2・一九四1・2・4・二五四④・仁1
―から　一五二3
あやまち（過・愆）　一1・六1・三七4・四一1・四六1・六二2
あやまり（過）　一②・二②・一四②・二六④・四一④・⑤・二四五②・③
あやま・る（過）〔動四〕
―っ　二1
―る體　六2
―れ已　六④
あよ・む（歩）〔動四〕
―む體　一九六③
あら・う（ふ）（洗）〔動四〕
―う止　五三1
あらそ・う（ふ）（争）〔動四〕
―わ（は）　義3
―う止　一五七1
―う体　七五1・一四八1
あらた・む（改・更）〔動下二〕
―め未　四六⑤
―む　1
―むる　一②・二1・六2
―むれ　六⑤
あらわ（は）・す（現・彰・露・顯・證）〔動四〕
―さ　二二五1・二四一1
―す止　四五⑤・一〇五1・一七六1
あらわ（は）・る（見・現・彰・露）
―れ用　一四二1③・一四七②
―る　一六1・一四二2・二一三1
―るる　一四二④・二一三②・二二〇③
あ・り（有・在）〔動ラ變〕
―ら　四1・3・二1・2・二三1・六一1・七五④・一四〇1・一八二1・二三八1・二四七1・二四九1・二六八3・信2
―っ　九1・四六1・2・五〇1・1・

③・八六1・一一五1・一一七
③・一二五1・一九〇④・二五
六1
―り　一三1・二一3・二九3・三
一2・三四1・2・三七1・2・
四七1・2・六九1・七九1・一
〇二1・一二〇2・一二七1・
2・一四七1・一五四1・二〇
一1・二〇五1・二三五1・二
四六1・1・二四七2・二五六
2・二六三1
―る　一②・二七③・四七⑤・五六
④・⑤・六一③・七四⑤・七八⑦・
八一⑤・八九②・九六1・2・④
九八④・④・一二〇⑤・一三二
1・一三二1・2・一四四1・一
五三⑤・一六〇③・一七七③・
一九四3・一九五④・二〇〇1・
二二四1・二二五1・③・⑤・二
三九②・②・二四六②・二四七
⑤・二五六④・二五九⑤・二六
五2・二七三②・二七七1・②・
仁4・信4
―れ已　四⑦・九②・二〇②・二六
④・二八1・1・三四⑤・四六④・
五〇④・一六六1・②・二〇七
⑤・⑦・二一三1・二一六③・二
六三1・②・二六五1・二七六
1・②・二八〇③
ありなし（有無）　九〇④・一八八③
ある・く（歩）〔動四〕
―く體　二六九⑥
あわ《は》・し（淡）〔形ク〕
―う　三三1
―き　三三3
あわ《は》せ（合）→しあわせ、しやわせ
あわ《は》れみ（憐）　仁3
あわ《は》れむ（憐）→あいあわれむ
あを《ふ》・ぐ（仰）〔動四〕
―ぎ　六⑥
―ぐ止　六3
あをひかり（青光）　一一四③
あんき（安危）　二五四2
あんしゅ（闇主）　七八2

## い（ゐ）


い（意）
―にす　一九三⑤
い《ゐ》（威）　九1・二三1・五八1・二二○1・二二五1・1・2
い《ゐ》あく（帷幄）→帷幄《いやく》
いい《ひ》（飯）　七七1
いいいだ・す（言出）〔動四〕→いいだす
―す體　九○③
いい《ひ》だ・す（言出）〔動四〕→いいいだす
―い　六七③
いい《ひ》からか・う《ふ》（言嘲）〔動四〕
―わ《は》　七四⑤
いい《ひ》くや・む（言悔）〔動四〕
―む止　一一七③
いい《ひ》ふら・す（言觸）〔動四〕
―せ已　二七一②
い・う《ふ》（言・謂）〔動四〕
―わ《は》　七六1・七七1・一九一②・二五九⑤
―い《ひ》　七六③
―う《ふ》止　一一②・七七③・仁4・義4・禮4・智3・信4
―う體　二一④・三七1・2・八七1・2・一一一④・二二九1・④
―え《へ》已　一四九③
↓ものいう、いわれ
⇒というとも、といえども
いうたう（有道）→ゆうたう
いえ《へ》（家・室）　四⑤・八1・一八②・二四1・③・二五1・③・八四1・一二○2・③・⑤・一二九④・一八一1・②・一九○2・一九四⑦・二○○1・②・二五二2・④・二六七1
いかう〔副〕　一六一②
いか・なり（如何）〔形動〕
―な　六一③・二一六③
―に　八六③
↓いかん
いかり（怒）　二二三1・②・二六一④
いか・る（怒）〔動四〕
―る體　二六一2
い《ゐ》がわ《は》（井側）　八五④
いかん（如何）〔副〕　一七九1
―（として）　一三四1
いきお《ほ》い《ひ》（勢）　二二一1
↓きおい
い・く（生）〔動上二〕
―き用　一一五④

いくさ（軍・師）　二二一④・二二二1・二五四1
いけん（意見）　四⑧・四八②
いご（以後）　四六④
いさ・む（諫）〔動下二〕
ーめ未　四六2・一一七1
ーめ用　九七1・②
いさめ（諫）　六二⑦・一三五1・④・一三八1・③
いし（石）　一〇三②
いゐし（位次）　二八1
いしやう（衣裳）　二八〇③
いゐじゅ（異獸）　二四〇1（yju）
いそがわは・し（忙）〔形シク〕
ーし　二七六1
いそがわはしが・る（忙）〔動四〕
ーる體　二七六③
いゐせい（威勢）　九②・五八②・一六五②・二二〇③・二二五④・⑤・二六八⑤
いゐせい・す（威勢）〔動サ變〕
ーをす　一四八②・一五二⑤・一六五③
ーする　一五七②
いた・す（致）〔動四〕
ーす體　一三〇1
いだ・す（出）〔動四〕
ーし　九〇1・2
ーい　二七〇②
ーす體　八1
→いいー、おもいー、ぬきー、ふみー
いたち（鼬）　二二八②
いたって（至）〔副〕　八二②・九五1・1・④
いたづら・なり（徒）〔形動〕
ーに　一六七②
いたづらもの（徒者）　二六五⑥
いた・る（至）〔動四〕
ーら　三三⑥・八七1
ーっ　＊三四⑤・一九五2
ーる止　八三2・一五五1
ーる體　二八⑤
→いたって
いちあく（一悪）　二五七1
→いちやく（一悪）
いちぐん（一軍）　二二三1
いちげつ（一月）　二三三1
いちげん（一言）　九〇1・③・二七〇1
いちぜん（一善）　一四一1・④・二五七1
いちにん（一忍）　七四1
いちにん（一人）　二七一1

いちねんぢゅう（一年中）　一八三③
いちまう（一盲）　二七四1
いちもく（一默）　七四2
いちやう（一様）　七五1（ychiyô）
いちやうらいふく（一陽來復）　一二五2
いちやく（一悪）　二五八1（ychiyacu）
いちれい（一令）　二五八1
いつ（何時）　一七七②
↓いつも
い・づ（出）〔動下二〕
―で用　六七1・一五八1
―づ　七1
―づる　七③・一一〇1・二六九1・⑤
―づれ　二七〇1
↓づ、ぬきんづ、ひいづ
いっかう（一向）〔副〕　一五九②
いづく（何處）　一一三②・一三六②
いっくん（一君）　二六六2
いっけ（一家）　二七六1
いっしっ（一失）　四七1
いっしん（一心）　二六六1
いっしん（一身）　一二三1
いっ・す（佚）〔動サ變〕
―し　二九3
いっすん（一寸）　九〇1
いっとく（一得）　四七2
いっぺん（一篇）　二六四1
いっぽ（一歩）　二三二1
いつも（何時）〔副〕　五七④
いづれ（孰若）〔副〕　一八二2
いつわ（は）り（謬）　一四七②
いてき（夷狄）　二七七1
いと（絲）↓つりいと
いとけな・し（幼）〔形ク〕
―き　禮3
い（ゐ）どころ（居處）　一七④
いとなみ（營）　五〇③
い（ゐ）なか（田舎）　二七七②
いぬ（狗）　一七二1
い・ぬ（寝）〔動下二〕
―ぬる　二七八1
いのち（命・壽）　二九③・七八⑦・一〇七2・④・一三八⑤・一五五⑤・二六〇1
いの・る（祈・禱）〔動四〕
―る體　二〇三1
いはれ（謂）↓いわれ
いひ―（言）↓いい―
いふ（言）
↓いう
⇓というとも、といえども

いまし（乃）〔副〕
四1・3・二〇六1・2
いまし・む（誡）〔動下二〕
―め未　四一2
―む　二六八3
いましめ（誡）　九二1・二六八⑥
いま・す（在）〔動四〕
―し　二四三1
いまだ（未）〔副〕　七六1・七七1・一
六〇1
いやく[ゐぁ]（帷幄）　七三1
いや・し（卑・賤）〔形シク〕
―しい　四二③・八一③・⑤
―しき　四二1・一〇一1・一六三
②・②
―しから　二〇八2
いよいよ（彌）〔副〕　一六1・七九⑥
い・る（入）〔動四〕
―ら　一三一1
―る體　八四1
→とりいる、はいる
い・る（要）〔動四〕
―ら　二九⑤・一〇四②・二六四④
いる[ゐ]（居）〔動上一〕
ゐ未　一三一④・二〇五②
ゐ用　八1③・④・八六1・一二〇
③・一四八②・一五二1・一六
七②・二〇〇②
ゐる體　一七④・一八②・九三③
ゐれ已　一一二③・④
→うづもれいる・たちいる・まじわ
りいる
いる（射）〔動上一〕
い未　二三八③
いる體　二二八②
い・る（入・容）〔動下二〕
―れ未　一四九1
→ききいる
いる[ゐ]（率）〔動上一〕→ひきいる、もち
いる
いろ（色）　一四1・二一三1・②
いろいろ（種々）
―の　七四④
いわれ[は]（謂）　一四③
いんとく（陰徳）　二六三1

## う


う(得・獲)〔動下二〕
え未　一〇一2・一三四1・二〇四
2
え用　四五1・2・⑤・七九1・二〇
三1
うる　一六一1
うれ　二四1
↓こころえ
う・う(植)〔動下二〕
―ゆる　五〇③・六四③
う・う(飢・饑)〔動下二〕
―え(ゑ)用　七七1・③・二一八1
うえ(へ)(上)　五六④・⑤・一四八1・②・
一九五⑤・二一七③
(みの)うえ　六九③・一二二③・二
二五⑤
うお(を)(魚)　九五1・④・一二七③・二
〇六1・③
うかが・う(ふ)(伺)〔動四〕
―う　一二五④
うか・ぶ(泛)〔動四〕
―ぶ止　二〇1
う・く(受・享)〔動下二〕
―け未　一二八③・一四六④
―け用　八三1
―く　九四1・一二八1・一八八2・
一九五1・3・二五五2
―くる　八三1・一九五⑤・二五五
④
―けよ　一八八⑤
うご・く(動)〔動四〕
―く體　二三1
うし(牛)　二〇一1・二一一1
うしな・う(ふ)(失)〔動四〕
―う體　二五④・一三三④・一五六
④
―え(へ)已　二五1
うす・し(薄)〔形ク〕
―う　一〇八③
―き　一〇八1
うたが・う(ふ)(疑)〔動四〕
―わ(は)　一二九③・④
―う(ふ)體　一二九1・1
うち(内・中・裡)　序2・四⑦・一八②・
四七⑤・七三1・③・一三一1・
1・③・④・⑤・一五三2・二一
三1・二三五②
…ぬうちに　七七②・一六〇②
うちと・く(打解)〔動下二〕
―け用　二一二③
う・つ(打)〔動四〕

―つ止　二四九1
うつ・す（遷・移）〔動四〕
―す體　二三三1
―せ已　一九五④・二二二②
うった・う(ふ)（訴）〔動下二〕
―ゆる　五七⑤
うづもれ・いる(ゐ)（埋居）〔動上一〕
―ゐ用　一六五②
うつわ(は)もの（器）　七一1・一九二1
うで（腕）→うでどり
うでどり（腕取）　一八九④
うてん（雨點）　一五九1
うば・う(ふ)（奪）〔動四〕
―わ(は)　二二一1
―う(ふ)止　一七八1・2
―う(ふ)體　二二一②
うへ（上）→うえ
うま（馬）　六三②・七〇1・③・一四九④
うま・る（生）〔動下二〕
―れ用　二〇一1・二三四②
―るる　一〇②
うまれつ・く（生附）〔動四〕
―い　一一六③
うみ（海）　二一1
うやま・う(ふ)（敬）〔動四〕
―い(ひ)　禮2
―う(ふ)體　一四三1
うら（裏）　二二二④
うらみ（怨）　一〇八2
うら・む（怨・恨）〔動上二〕
―み用　五七⑤
―むる　一〇八④・一一〇1
うり（瓜）　一四五③
う・る（賣）〔動四〕
―る止　二七五1
うれい(ひ)（憂・愁）　六九1・一六六1・二三九②・②・二五五1・③
うれい(ひ)かなし・む（憂悲）〔動四〕
―む止　一六六③
うれ・う(ふ)（患）〔動下二〕
―え(へ)未　七二1
―え(へ)よ　七二1
うを（魚）→うお

## え（ゑ）

え（江）　一〇七2
え（餌）→えじき、えば
えい（榮）　三八1・二八二1
えいゆう（英雄）　二五三1
えいよう（榮耀）　二一八1
えうえき（徭役）→ようえき
えうなり（幼）〔形動〕→ようなり
えがた・し（得難）〔形ク〕
―き　二八一1
えき（益）　七四⑤・九四1・二六八3
→そんえき
えじき（餌食）　六八4
えば（餌）　一二七③・二〇六1・③
えら・ぶ（擇）〔動四〕
―ば　二一八1
―ぶ體　一二一②・一七三1
えら・む（擇）〔動四〕
―ま　二一八③
え・る（雕）〔動四〕
―っ　一〇四1（文ヲエッテ）
えんりょ（遠慮）　六九1

## お（を）

おいがた・し（追難）〔形ク〕
―し　二七〇1
おいる（老）〔動上二〕→おゆ、老來
お・う（追）〔動四〕→おいがたし
―う體　二八二3
お・う（生）〔動下二〕
―え用　一七七②
おう・ず（應）〔動サ變〕
―じ　二七⑥・一八八④・二三八②・
二七三1
―ず　八2
おおい・なり（大）〔形動〕
―なり　三一1
おおかた（大方）〔副〕　序4・智2
おおき・い（大）〔形ク〕

―い　二〇九②
おおき・なり（大）〔形動〕
―な　三一③・一八七②・一九四⑦・
二四五③
おおざけ（大酒）　*一七五③
おお・し（多）〔形ク〕
―う　一三三④・一九三③・二三三
②・二六六⑤
―し　八〇1・2・一二二1・二一
〇2・二三三1
―い止　二七五②
―き　一九四1・二二五2
―い體　一九九②
―けれ　二三七②・二六五⑥
おおぜい（大勢）　二六六④
おおやけ（公）　二七六②
おか・す（犯）〔動四〕
―さ　二二一1

おぎな・う（補）〔動四〕
―い　二八〇1
お・く（置）〔動四〕
―か　一三四②・一三七③
―い　一五四③
―け已　四六④
↓さしおく、もとめおく
↓において
おこ・す（起）〔動四〕
―す體　二六五⑦
―せ已　二二三②
おこたり（惰）　四一2
おこた・る（怠）〔動四〕
―れ已　二五八③
おこない（行）　五五②・六七2
おこな・う（行）〔動四〕
―わ　五八1・一九五2・二三〇1・
信2

―う止　一〇六1・二二九1
―う體　五五③
―え已　八三④
おごり（驕）　九九④・一二六③
おこ・る（起）〔動四〕
―ら　二六〇⑤・二六五3
―る止　一九②・一一二2・二〇九
1
―る體　二六二⑤・二七九②
おご・る（驕）〔動四〕
―ら　八六1・③・義1・禮3
―る體　二一六⑤
おさまりやす・し（治易）〔形ク〕
―い體　二八⑥
おさま・る（治）〔動四〕
―り　三一③・八三⑤
―る止　二八2・一二九④
―る體　三二1

お《を》さ・む（治・修・理）〔動下二〕
―め未　一三四1・一七四④（ヲサメウト）・二一六〇⑥（ヲサメウト）
―め用　二四1・③
―むる　二六1・2・④・三五1・2・⑤・八二④・一三四③・一八七1・②・二六〇2
お《を》し・う《ふ》（教）〔動下二〕
―え《へ》未　五1・四一1・④・五〇1・⑤
おしえ《へ》ならわ《は》・す（教習）〔動下二〕
―せ未　五③
お《を》しえ《へ》みちび・く（訓導）〔動四〕
―い　四一2
お《を》し・む（惜）〔動四〕
―ま　一五五⑤
お・す（推）〔動四〕
―さ　二一1・③

おそ・る（恐・怖・懼）〔動下二〕
―れ未　四六2・六三1・1・③・一九1・二六八2・⑥
―る　一〇1・一四一2・二三1
―るる　二三②・二五一1・1・③・④
―れよ　一〇②・一九七②
おそれ（恐）　一一九③
おそろ・し（恐）〔形シク〕
―しい體　二三五②
お・つ（落・墮・墜）〔動上二〕
―つ　九三1・二六二2
―つる　七九3・二三四③
お《を》っと（夫）　四三④
お《を》っど（越度）　六二⑥
おとうと（弟）　二〇八1・禮2（弟《ヲトヲト》）
おと・す（落）〔動四〕
―い　一四五③

おと・る（劣）〔動四〕
―る體　二七七②
おとろ・う《ふ》（衰）〔動下二〕
―う《ふ》　二五七1
おとろえ《へ》ゆ・く（衰行）〔動四〕
―ゆる　二六八2
おどろ・く（驚）〔動四〕
―け已　一三八④
―か　六三②
おな・じ（同）〔形ジク〕
―じう　一三七1・二一九1・二五四2
―じ止　二六四2
―じ體　五五②・一三七③・④・一八五②・二三六②・二五四④
―じから　一三七1
おのおの（各）　二六二2
おのづから（自）〔副〕　二二③・一八

2・九八⑤・一二〇2・二五八
⑤
おのれ（己）　三〇1・1・③・六二1・
七二1・一五二1・二二四1・
二一七1
おのん（が）　七二2
おぼ・ゆ（覺）〔動下二〕
－え未　八九1
－ゆる　四八③
おぼ・る（溺）〔動下二〕
－れ用　二六二1
おもい（ひ）（思）　二一三1・②
おもいいだ・す（ひ）（思出）〔動四〕
－せ命　六四④・六五④
おも・う（ふ）（思・想・念・意）〔動四〕
－わ（は）　二一六1・④
－い（ひ）　一五三1
－う（て）　二四九④
－っ（て）　一〇六1・智3
－う（ふ）止　二七一③
－う（ふ）體　五二②・六二⑥・七八④・
⑤・一五五④・二二六1・⑤・二
三二②・二六〇⑥・二六四④
－え（へ）已　二〇1
－え（へ）命　六四2・六五1
おもおも・し（重重）〔形シク〕
－しう　二二五③
おも・し（重）〔形ク〕
－う　二二九②
－き　一五五1
－から　二三1・二二二1
おもて（面）　一四1・一〇二②・二一
二1・③
おもむ・く（赴）〔動四〕
－き　二八二1
おもん・ず（重）〔動サ變〕
－ぜ未　七八⑥
おや（親）　四一④・禮1
お・ゆ（老）〔動上二〕
－い用　三七3（－ンダリ）・禮2
およ・ぐ（游）〔動四〕
－ぐ體　二六二1
およそ（凡）〔副〕　二〇九1・義2
およ・ぶ（及）〔動四〕
－ば　一八五1
－ん　七一1
お（を）・り（居・處）〔動ラ變〕
－ら　四四1・九五④・一三二1・
一三七⑤・二〇四2・二四〇③
－る　六〇1・八四1
－れ已　一三二③・⑤
おりぬ・う（ふ）（織縫）〔動四〕
－う（ふ）體　六五③
おる（織）〔動四〕→おりぬう

お[を]・る（折）〔動下二〕
―れ用　二七二1
おろそか・なり（疎）〔形動〕
―なり止　一八三2
お[を]わ[は]り（終）　二九3・⑦
お[を]わ[は]・る（終）〔動四〕
―る體　一三八⑤
おん（恩）　一三②・三九1・③・一二七④・一五五④・二一〇1・1・③・二二七②
↓仁恩[じんおん]
お[を]んじき（飲食）　三四④
おんしゃう（恩賞）　四六③・一九四⑦・二五九④
お[を]んな（女）　四三④
お[を]ん・なり（溫）〔形動〕
―に　九1

か

か（可）　三1（死ストモカナリ）
か（香）　八四2
かい[ひ]（效）→かいなし
がい・す（害）〔動サ變〕
―す　一九九1
かいな[ひ]・し（效無）〔形ク〕
―い體　一一五④
かう（行）　一四六1
かう（孝）　三六1
↓孝行、孝子、孝す
かう（剛）　八二1
かうかう（孝行）　七②・三六②
かうさく（耕作）　一八六②
かうし（孝子）　七1
かうしゃう（高聲）　一六四1
かうしゃう・す（翺翔）〔動サ變〕
―す　一六五1
かう・す（孝）〔動サ變〕
―し　禮1
かうせき（行跡）　六七④
かうたい（浩大）　一五九1
かうだう（高堂）　一二〇1
かうば・し（香）〔形シク〕
―しい體　一二七③・二〇一②
かうり[れ]よう（蛟龍）　四五1
かうろ（行路）　二一1
かえ[へ]す（反・返）→くつがえす、たがえす、とりかえす
かえ[へ]って（返・却）〔副〕　一〇三1・一一九1・一九五1・2・二三五④・二六二3
かえ[へ]り・みる（省）〔動上一〕
―み用　一八八④

―みる止　一五三2
―みよ　一五三⑤
かえ・る（返・歸）〔動四〕
―ら　六七1・一五八1
―る體　一五八③
↓くつかへる、かえりみる、かえって
かかう（嘉肴）　三四1
かかぐ（揭）〔動下二〕↓ほめかかぐ
かがみ（鏡）　六二⑤
かかりやす・し（懸易）〔形ク〕
―う　一二七③
かか・る（懸）〔動四〕
―る體　六八④・一二一③
↓とびかかる、かかりやすし
か・く（缺・虧）〔動四〕
―い　一二六1（盈テルヲカイテ）
―く止　五六1

か・く（缺）〔動下二〕
―け用　九四③（十分ナレバ―）
かく（駈）〔動下二〕↓かけやぶる
か・く（懸）〔動下二〕
―け用　二七五1
―くれ　二九⑥
↓こころかく、しかく
かく（此）〔副〕↓かくのごとし、とかく
かく（學）　二三1
がく（學）　三五1・一〇〇1・一七三1
↓多學、無學、學者、學す、學問
がくしゃ（學者）　一〇九③
かく・す（隱・藏・蔽）〔動四〕
―さ　一六②・二〇②・二〇二②
―し　一〇五1・二三五1
―す止　一六九2・⑥

―せ已　一六1
がく・す（學）〔動サ變〕
―せ　八一1・④・一九二1
―する　八一1・二六九1・2
かくのごとし（如斯）〔形ク〕
―き　二四三2
がくもん（學問）　三五④・三七⑤・七九④・八一③・一一三③・一二〇④・一九二④・二六九④
↓ひとり學問
かく・る（隱）〔動下二〕
―れ未　六七2・④
―れ用　二六三②
―る　一三一2
↓ふしかくる
かくれやう（隱様）　一〇五②
かげ（影・陰）　一〇五1・一八二④
かけやぶ・る（駈破）〔動四〕

―る體　一七八③
かざりだて(飾だて)
かざ・る(飾)〔動四〕　一〇四②
―ら　信3
がし(餓死)　八〇2
かし・く(炊)〔動四〕
―か　七七1・②
かしこ(彼處)→ここかしこ
かしこ・し(賢)〔形ク〕
―う　七九⑤・⑥
―い體　七九⑤・九五④・一三一③・
一四三③・一五三③・二二六③
―から　一五三④
かしょく(稼穡)　六四1
か・す(架)〔動サ變〕
―する　一二〇1
かぜ(風)　一一1・八五④・一一八1・
②・一四六1・③・一六九④・二
五〇1・③
かせん(嘉饌)　四1
かぞく(家賊)　一八1
かた(方)→おおかた、かたかた
かた(肩)
―を竝ぶ　一五七②
かた(形)→かたぎ
かたかた(片方)　二六四④(―ノ眼)
かたき(敵)　一二四④
かたぎ(形儀)　六〇②
かた・ぐ(擔)〔動下二〕
―ぐる　一四九④
かた・し(難)〔形ク〕
―き　二一1
―い止　二一④
→えがたし、おいがたし、ととの
えがたし、ばうじがたし、ふせ
ぎがたし、まもりがたし、みえ
がたし、もとめがたし、わすれ
がたし
かた・し(固)〔形ク〕
―から　二二2
かたち(形)　六二④(ナリ―)・一二五
1・一五四③・一七四②
かたつぶり(蝸牛)　一四八②
かたな(刀・鋒)　一六八③(タチ―)・
二三五1
かたむ・く(昃)〔動四〕
―き　六六1
かため(片目)　二六四1
かた・る(語)〔動四〕
―る止　二三九②
→ねものがたり、ものがたり
かっ(渇)　七六1
か・つ(勝)〔動四〕
―ち　二五一1

―っ　七四③
―つ體　七三1・④・七八⑧・一八
○④・一八九1・2
↓きりかつ
かっせん（合戰）　二五一④
かっせん・す（合戰）〔動サ變〕
―する　一六八④
がってん・す（合點）〔動サ變〕
―す　二一一②
かど（門）　一九1
かな・う《ふ》（叶）〔動四〕
―わ《は》　二六⑦・四四④・六一④・八
五④・⑤・二一八④・二三二④・
一三四③・一三八④・一四四④・
一四六④・一四七③・一七八④・
一八七③・一九〇④・二五六④・
二六三③・二六五⑦
―う《ふ》止　一七八③・一九八⑤

かな・し（悲・哀）〔形シク〕
―しう　二三九③
かなしみ（悲・哀）　二〇②・六九②・
一二二②・一七五④
かなし・む（悲・哀）〔動四〕
―う　七二④・一一〇③
―む止　七二③・一七五2
かならず（必）〔副〕　一1・七1・一三
1・四七1・2・六二1・3・六
九1・九六2・一〇八④・一二
七1・2・一四六1・2・一五七
1・二〇五1・②・二五四1・二
五六1・二六三1
か・ぬ（兼）〔動下二〕
―ね未　二六四1
―ぬる　二九⑤
かぬ（難）↓すわりかぬ
かね（金）↓こがね、すみかね

かべ（壁）　二八二2
かま・う《ふ》（構）〔動下二〕
―ゆる　二八二④
かみ（上）　六④・一六八1・禮3
↓このかみ・みなかみ
かみ（髪）　二〇八3・⑥
か・む（噛）〔動四〕
―み　一一九1
―む體　二四一1
かむり（冠）　一三七③・一四五1・④
かも（鴨）　一一六1
かやう（斯様）
から↓おのづから、みづから
―の　二六八⑥
からかう《ふ》（哢）〔動四〕↓いいからかう
からす（枯）〔動四〕↓ふきからす
かりそめに（假）〔副〕　一九六③
がる〔接尾〕↓いそがわしがる

かるがゆえに（故）〔接〕　七八1
かるがる・し（輕輕）〔形シク〕
ーしう　一九一②
ーしい體　二三③
かるがると（輕輕）〔副〕　一〇六②
かれこれ（彼此）
ーの事　一九三④
かろ・し（輕）〔形ク〕
ーく　二二九1
ーし　三九2・一二三1
ーい止　一二三③
かろん・ず（輕）〔動サ變〕
ーじ　二二四④
ーず　一五五2
ーぜい　三九④（caronzei）
かわ（川・河）　三一1・③・二四三1
かわ（皮）　一一五1
かわ（側）→いがわ
かわ・く（渇）〔動四〕
ーく止　七六③
かわし〔接尾〕→みだれがわし
かわら（瓦）　一〇三②（石ーノ如ク二）
かわ・る（變）〔動四〕
ーれ已　五一②
かん（寒）　二八〇1
がんかい（眼界）　二一一1
かんが・う（考）〔動下二〕
ーえ　五七③
かんがん（寒鑑）　一一四1
かんじゃ（姦邪）　二六五2
かんなん（艱難）　六四1
かんにん（堪忍）　七四④
かんばせ（顔）　一七四2
かんよう（肝要）
ーぢゃ　二二五③

き

き（木・樹）　四二1・一一六1・一三五1・③・一四五④・一四六1・③
き（氣）
→くさき
ーに合う　二五九③・④
ーを使う　一八七③
き（機）　二〇一1・二二八1
ぎ（義・儀）　三九1・③・七八④・⑤・⑥・一一五④・一五五④・五常（仁、義、禮、智、信）・義1・4
→徳義、不義、禮儀
ぎ（誼）　*二八一1（ーに死す）
きうす（休）〔動サ變〕→きゅうす
きおい（競）　二二一④

→いきおい
きき(聞)　四九1
ききい・る(聞入)〔動下二〕
—れ未　七八⑧・一三八③
ききわ・く(聞分)〔動下二〕
—くる　九三③
き・く(聞・聽)〔動四〕
—か　九七1・②
—い　三1・一三五④・二一一②
—く止　八四2
—く體　六二⑦・一九三1・二七一②
きこ・ゆ(聞)〔動下二〕
—え未　一四一2
—ゆる　八八③・一四一⑤
→もれきこゆ
きし(岸)　一〇七1
ぎし(義士)　七八1・一五五2
ぎしゃ(義者)　七八2
きしん(鬼神)　二二六1
き・す(歸)〔動サ變〕
—す　二五七2
きた・る(來)〔動四〕
—る止　二二二③
—る體　六九③
きば(牙)　一七七②・二四一1
きはう(危邦)　一三一1
きばう(危亡)　一三九1
きはまる(極)→きわまる
きはむ(極)→きわむ
きび・し(嚴)〔形シク〕
—しう　二五八④
きほひ(勢)→きおい
きみ(君)　四3・二八③・④・三一1・三二1・2・四三③・一二四1・2・③・④・一二八1・②・一二九1・1・③・④・一三五1・④・一三六1・1・③・④・一三八1・③・一三九1・一四〇1・一四一1・一四四1・1・③・③・一五五④・一五八②・一七〇1・一九〇1・④・二〇六2・④・二二四④・二五六1・二六〇2・⑥・二六六1・二六七1・二七七1・②・禮1
→君(くん)
きやう(强)　八二1
きやうじ(香餌)　*一二七1
きやうしやう(香シヤウ)　*一二七1
きやくじん(客人)　一七二②
ぎやく・す(逆)〔動サ變〕
—する　二五八1
き・ゆ(消)〔動下二〕
—ゆる　二二③

きゅう・す（休）〔動サ變〕
―す　一八四1・二八〇2
きゅうそ（窮鼠）　一一九1
きゅうちゅう（宮中）　八〇2
きよ（毀譽）　二四七1
きょ（虚）　二七一1
きょ（居）　一七1・一二〇1
きょうし→びょうし（謬旨）
ぎょうしゅん（堯舜）　六一1
きょうちゅう（胸中）　一五四1
きょくちょく（曲直）　一五一1
きよ・し（清）〔形ク〕
―き　九五1・一七四1
―い　九五③・一七四⑤
きょしょ（居處）　二五四③
きょめい（虚名）　一四七1・②
きょろ（去路）　一二三1
きら・う（ふ）（嫌）〔動四〕
―い（ひ）　一二一②
―え（へ）已　一〇一③
ぎり（義理）　二八一②
きりか・つ（伐勝）〔動四〕
―ち　二五一④
きりん（麒麟）　一二五1
きる（衣・負）〔動上一〕
きる體　六五1・③・二二〇1（恩ヲ―者ハ）
きわ（は）ま・る（極・窮）〔動四〕
―っ　一一九③・一二三1
―る體　二四④・六二⑦・一七五1・1
―れ已　一二二②・一七五④
―れ（る）　仁2
きわ（は）・む（極）〔動下二〕
―むる　一二六③
→みきわむ
きん（鈞）→千鈞（せんきん）
きんくしゅう（金句集）　序3
きんしゃう（錦上）　一五〇1
きんじゅ（禽獸）　二〇七2・4・⑦・⑧
きんじゅ（近習）　五九1・1
ぎん・ず（吟）〔動サ變〕
―ず　一一1

# く


く〔九〕→くじゅうく
く〔接尾〕→のたうまく
く〔來〕〔動カ變〕
くる　一七五④
→でく、きたる、らうらい〔老來〕
ぐ〔愚〕　二七1・七九1
→ぐしゃ、ぐち、ぐなり
く・う(ふ)〔食〕〔動四〕
―わ(は)　三四④
―い(ひ)　二四四②・②
―う(ふ)體　六四③
くぎゃう〔公卿〕　八一1・2
くぐま・る〔跼〕〔動四〕
―り　一九七1〔天ニセ―リ、地ニ〕・義2

くさ〔草〕　一〇七1・二六五④
くさ・し〔臭〕〔形ク〕
―き　八九1・二八二2
くさむら〔叢〕　一六九③
ぐしゃ〔愚者〕　四七1
くじゅうく〔九十九〕　四七⑥
くすり〔藥〕　三五1・③・四八②・二六〇1・⑤
くせ〔癖〕　八九②
くださ・る〔被下〕〔動下二〕
―れ未　五六⑥
―れ用　二六④
くたび・る〔疲〕〔動下二〕
―れ未　二五二③
くたびれは・つ〔疲果〕〔動下二〕
―つれ　五八②
くだ・る〔下〕〔動四〕
―る止　一一六2

→へりくだり、へりくだる
くち〔口〕　一九1・②・四〇1・四八1・②・一七七②・二三七②
→とぐち
くちき〔腐木〕　四二③
ぐち・なり〔愚癡〕〔形動〕
―で　五〇⑤
―な　四七⑥・七九④・九八⑥
―なる　二七⑤・一〇五②
―なれ已　一八三④
ぐちむち・なり〔愚癡無知〕〔形動〕
―な　一六五③
くつ〔履〕　一三七③・一四五1・③
く・つ〔腐〕〔動上二〕
―ち　四二1
くつがえ(へ)・す〔覆〕〔動四〕
―す止　五七2
―す體　九二1

くつがえ(へ)・る（覆）〔動四〕
—る體　九二③
くっけっ（窟穴）　八五1
くづ・る（崩）〔動下二〕
—るる　六六③
ぐ・なり（愚）〔形動〕
—なり止　五〇2
—に（して）　一八三1
くに（國、邦）　四⑦・二四1・③・二
五1・③・二六1・④・⑤・二八
⑥・三二1・③・三八1・③・四
四1・④・④・八三2・⑤・一二
九2・④・一三一③・③・一三四
1・②・一三八1・④・一三九③・
一四二1・④・一六六②・③・一
八七②・一九〇1・④・一九四
⑦・二二五2・④・二五二2・④・
二五三1・1・②・③・二六〇⑤・
二六五2・⑤・二六七1
→國家(こっか)、亂國(らんごく)、亂邦(らんぱう)
くにく（狗肉）　二七五1
くみ・す（與）〔動サ變〕
—せ未　四四2
くも・る（曇）〔動四〕
—り　七〇②
くやく（公役）　一四九③・二五二③
くや・む（悔）〔動四〕
—む止　一六七②
→いいくやむ
く・ゆ（悔）〔動上二〕
—ゆる　一六七1
くら（倉）　五〇④・一八三③
→倉庫(さうこ)
くらい(ゐ)（位）　八③・二八④・八一④・
④・八六③・④・一〇九④・一三
七1・④・一四〇1③・一四六
④・一八八③・一九四2・⑥
くら・う(ふ)（食）〔動四〕
—う(ふ)體　二〇一1
くら・し（暗）〔形ク〕
—し　一八三④
—き　二六四1
—い體　二六九⑥
—けれ　三三2・一三九1
くりや（厨）　四1
くるし（苦）〔形シク〕→みくるし
くるま（車）　一二1・③・四四1・③・
九二③・④・一四九④
くゎ（化）　四五2
くわ(は)・う(ふ)（加）〔動下二〕
—うる(ふ)　九六1
くゎういん（光陰）　二四三③
くゎぎゅう（蝸牛）　一四八1・二八
二2

くゎくよく→れいてき
くゎっけい・なり（活計）〔形動〕
ーに　一一二③
くゎでん（爪田）　一四五1
くゎぶん・なり（過分）〔形動〕
ーに　一三②
ぐゎりゃく（瓦礫）　一〇三1
くゎわう（禍殃）　一二八1
くゎん（官）　四3・一四九1・一八八1
くゎん・ず（観）〔動サ變〕
ーずれ　一〇七1
くゎんらく（歡樂）　一二二1
くゎんり（冠履）　一三七1
くん（君）→一君（いっくん）、二君（じ）、主君（しゅ）、名君（めい）
ぐん（軍）　二二一1
→一軍（いち）
ぐんさう（軍竈）　七七1

くんし（君子）　六1・八1・九1・一七1・③・二三1・③・三三1・3
くんしん（君臣）　二八1
ぐんせい（軍井）　七六1
ぐんぜい（軍勢）　五八②・一七八③・二五四③


## け


け（毛）　七〇1・③
け（家）→一家（いっけ）
けい（刑）　九六1・二六八2
げい（下位）　八六1
けいしょう（勁松）　一四二1
けいそ（鼷鼠）　一三八1
けいはう（刑法）　六三1
けいばつ（刑罰）　二二七1・②
げうしゅん（堯舜）→ぎょうしゅん
けが（怪我）　二三五⑤
けが・る（汚）〔動下二〕
ーる　四〇1
けす（消）〔動四〕→ひけしむし
げせん・なり（下賤）〔形動〕
ーな　一〇一③

けだい（懈怠） 六二⑥・一一二2
けだもの（獣） 二〇七⑥・二四〇②
げぢ（下知） 八④・二二四④
げぢ・す（下知）〔動サ變〕
―する 八③・七一③
げつ（月）→一月（いちげつ）、歳月（さいげつ）、日月（じつげつ）、明月（めいげつ）
けっこう（結構） 一五〇②
けっこう・なり（結構）〔形動〕
―に 一七④
―な 二二〇③
けっ・す（決）〔動サ變〕
―す 七三2
けづ・る（削）〔動四〕
―れ已 一三五③
けなげ・なり（健）〔形動〕
―な 二七④
―に 二五三②
げにん（下人） 一七〇②

けん（賢） 七九1・1・一三〇1・一三三1・1・一三七1・一四三1・一五三1・二二六1・二六〇3
→不賢（ふけん）
けん（謙） 一二六2・一五二1・義3
げん（言）→一言（いちげん）、多言（たげん）、忠言（ちゅうげん）、萬言（ばんげん）、綸言（りんげん）
けんかく（剣客） 八〇1
けんぎょ（懸魚） 二二七1
けんじゃ（賢者） 一六六1
けんじゃく・す（簡擇）〔動サ變〕
―す 一二一1
けんしん（賢臣） 一三一1・2・⑤
けんじん（賢人） 四3・⑦・一三〇③・一三三③・④・一三四②・一三七④・一六五②・一六六②・二二六③・二六〇⑥

けん・ず（獻）〔動サ變〕
―ずる 二三八1
けんせい（賢聖） 一三四1
けんばう（憲法） 九六③・一六九④
けんばう・なり（憲法）〔形動〕
―なれ 三一④・三二③
―に 二二〇②
→ふけんばうなり・ぶけんばうなり
けんめい（賢明） 二五六2
けんよ・す（顯譽）〔動サ變〕
―す 一四一2

## こ

こ（子）　五1・2・③・④・四一1・④・
八一1・2・④・⑤・一七六1・
禮1
→あかご
こ（孤）　二〇五1（德―ならず）
こあし（幹）　二五三1
こう（功）　二九2・四六1・九六1・
一六二1・二六一1
→大功（たいこう）、無功（むこう）
こうしゃ（後車）　九二1
こうじゅう（寇讎）　二二四2
こうせい（後生）　一〇1
こえ（ゑ）（聲）　一六四②
こえ（ゑ）っ（胡越）　二二六1
こがね（金）　一二〇④
こく（國）→くに、國家（こっか）、大國（たいこく）、萬國（ばんこく）、
隣國（りんこく）
ここ（此）→ここかしこ
ここかしこ（彼此）
―に　二三二②
こころ（心・意・情）　五④・一四1・②・
二〇1・②・二二2・④・三九1・
四五④・八六④・一〇二1・②・
一一一1・一二八②・二〇七4・
二二二1・④・二二九③・二三
五②・二三九③・二六四⑤・二
六六⑤・二六八1・1・仁3・信
1
―に掛かる　二二二②
―に掛く　二九⑥
こころえ（心得）　九二④
こころが・く（心掛）〔動下二〕
―くる　二六〇④
こころざし（志）　一七八1・④
こころ・みる（試）〔動上二〕
―み未　三四⑥
こころやす・し（心安）〔形ク〕
―う　一七④・一二〇③＊
ごじゃう（五常）→翻字本文五五四
こっか（國家）　一八1
こと（事）　一②・二②・六⑥・八1・一
一②・一二④・一七④・二一1・
④・④・二四1・④・二五1・③・
二六⑥・二九⑤・⑤・⑥・三四3・
⑥・三五1＊・2・④・⑤・三八④・
⑤・五九⑤・六一③・④・六九②・
四四④・四五⑤・四七3・五七
七一②・七二1・2・④・七三1・
④・七四④・七五③・④・④・七
九2・八〇③・八五④・⑤・八七
④・⑤・八九1・九六1・1・一

〇一③・一一〇1・1・一一一③・一一六③・一一七1・1・③・一一八②・一二〇1・④・一二一②・③・一二九1・2・一三二④・一三三④・一三四③・一四一3・⑤・一四三1・2・一四八③・一五三1・③・④・④・一六〇②・③・一六八③・一七四1・3・一七六②・一七七③・一七八③・④・一七九1・③・一八二④・一九三④・一九八④・⑤・二〇〇②・二〇九②・②・二一七③・二一九④・二二五③・二三五②・二三六②・二四二③・③・二四九③・二五四⑤・二五六④二六四③・③・二六五⑤・⑦・二六六⑤・二六七③・④・④・二七六1・仁3

…こと能（あた）は ず　八五1・2
…こと云（ふ）うことなし　八七1・2
…ことなかれ　二1・三七1・2・七五2・一一〇2・一六七1・二一四1・二一七1・二三八1・二三九1
…ことなし　一二2・一七1・2・八七1・2・一五六1・2・④・一五八③・二一九1・④
―ども　一九四⑧
→ことごと、たばかりごと、なにごと、はかりこと、まつりごと、わたくしごと
こと（言）　二一五1
→そらごと
こと（琴）　二一一1
ことごと（事事）　六一1
ことこと・し（事事）〔形シク〕
―しかっ　一五九②
ごとし（如）→かくのごとし
ことな・る（異）〔動四〕
―ら　一一五③
ごとに（毎）　六四1・六五1・一〇一③
ことば（言・詞）　八1・③・四七2・六七1・③・九〇③・一五八②・一九一1・一九九②・二一五②・二七〇②・信1
ことわ・る（斷）〔動四〕
―る止　九六2*
―る體　二一1
このかみ（兄）　禮2
このは（木葉）　一二三②
この・む（好）〔動四〕
―む止　二一七④
―む體　八〇③・二六二2・④

—め已　八〇1・2
こはん（虎斑）　一五1
こらう・なり（孤陋）〔形動〕
—に　四*九1
これ（此・是・之）　四4・五1・六2・3・八2・一九1・三七4・一〇一1・一一一1・一五二2・一六九1・2・一七六1・二〇四1・二四二2・二四八1・二六五1・2
→かれこれ
ころ・す（殺）〔動四〕
—す止　二六一3
ごわう（呉王）　八〇1
ごん（言）→無言(むごん)
ごんぎゃう（勤行）　信3
こんげん（根源）　二七九1
こんじき（金色）　二一二1
こんにち（今日）　三七1
こんねん（今年）　三七2

## さ

ざ（坐）　二一二②・二三一②
さい（才）　三〇1・一九四2
さい（歳）→三歳(さんさい)
ざい（材）　一五六1
ざい（財）　六八1・七八1
→多財(たざい)
さいげつ（歳月）　一八三1
さいち（才智）　一九四⑤
—能藝　三〇③
ざいほう（財寶）　五七⑤
ざいもく（材木）　一五六③
さいよう（細腰）　八〇2
さいわい(さいはひ)（祐・幸・福）　八三1・③・八七1・一二六④・一三三2
さいわい・す（福）〔動サ變〕

—す　一二六1
ざう（藏）　一三七1
ざう（象）　一七七②
ざうあく（造惡）
—地獄　二三四1
さうかう（糟糠）　二一八1
さうがん（雙眼）　二〇1
ざうげ（象牙）　一七七1
さうこ（倉庫）　五*〇1・一八三1
ざうたん・す（雜談）〔動サ變〕
—する　二四四②
さうらん（叢蘭）→そうらん
さえ（へ）ぎ・る（遮）〔動四〕
—る體　二八〇1
さか・う（ふ）（逆）〔動四〕
—い（ひ）　四八1・②
—う體　一三八1
さかな（肴）　四⑤

さか・ゆ（榮・昌）〔動下二〕
—え（う）　一六九③（sacayô）
—え用　一八九1
—ゆる　三八③・七九2・八三⑤・一一八②・二五二④・二五三③・二八二④
→とみさかゆ
さか・る（遠）〔動四〕
—る止　一〇八2
さき（先・前）　九二③・一八〇1・二一五③・二二七1・②・二六〇1・2・仁3
…ぬさきに　四〇③・二六〇⑤・⑥
さ・く（裂）〔動四〕
—く體　一七八④
さ・ぐ（下）〔動下二〕
—げ未　一二六④
さくしゃ（作者）　一五四③

さけ（酒）　一七五1
→あまざけ、おおざけ
さしお・く（措）〔動四〕
—い　二九④
さ・す（指）〔動四〕
—す體　二三〇1 ②
さ・す〔動下二〕
—せ用　二五二③（公役ヲマレニ—）
ざ・す（坐）〔動サ變〕
—せ未　二三一1
させる〔連體〕　一九四⑥
さた（沙汰）　八八③・二四七④
さだめな・し（定無）〖形ク〗
—い體　一〇七④
さづ・く（授）〔動下二〕
—け用　一八八1
さっ・なり（察）〔形動〕
—なる　九五2

さのみ〔副〕　一一〇③
ざふたん（雑談）→ざうたん
さまたげ（妨）　二七八②
さ・む（醒）〔動下二〕
―むる　三三⑦
さむ・し（寒）〔形ク〕
―う　二一六1・1
―き　一四二1
―い體　一四二③
さ・る（去）〔動四〕
―ら　一〇一2・一六〇1
→さんじさる
さんぐん（三軍）　一七八1
さんさい（三歳）　一七三1・1
さんざんに（散散）〔副〕　一〇四②
さんじさ・る（散去）〔動四〕
―る止　二六3
ざん・す（讒）〔動サ變〕
―する　五七1
ざんせい（残星）　二二1
さんとう（三冬）　一二五2
さんにち（三日）　二〇一1
ざんにん（讒人）　一六九2

## し

し（子）　二四三1
→赤子(じゃくし)
し（死）　一五五2・二六八2
→しに
し（詩）　二三八1
し（師）　四一2・一七三1
じ（士）　二六〇1
→良士(りやうじ)
しあわ(は)せ（爲合・幸）　一六八②・一九五④
→しやわせ
しあん（思案）　四七⑤
しあん・す（思案）〔動サ變〕
―せ　六九②
―し　一〇六③

ーすれ　四七⑥
しいたう（至道）　三四②
しいみ（滋味）　二五四1
じう（柔）→じゅう
しうじん（愁人）→しゅうじん
しうにん（従人）→しゅうにん
しうふう（秋風）→しゅうふう
しかい（四海）　一四一2・一八一1・②
しかうじて（而）→しこうじて
しか・く（爲掛）〔動下二〕
ーけ用　一六〇②
しか・る（叱）〔動四〕
ーら　一七二1
ーる止　一七二③
しかるに（然）〔接〕　二〇八2
しきいゐ（閾）　一九六④
→とじきみ
しきょう（鴟鴞）　一六五1

し・く（如）〔動四〕
ーか　一七三1・二〇〇1・二一四
1・二三三1・二七七1
じくん（二君）　四三1
しげ・る（茂）〔動四〕
ーり　一六九③
しこうじて（然・而）〔副〕　四五1・2・
二五六1
じこく（時刻）　一九五④
しし（獅子）　二四一1
→ししわう
じし（自尿）　八九1
ししくっちゅう（獅子窟中）　二四〇1
ししゃう（師匠）　四一⑤・四二④・一
七三②・二四九1・③
ししょ（四書）　序1
ししわう（獅子王）　二四〇2・二六
五④
しじん（詩人）　二三八1
し・す（死）〔動サ變〕
ーせ　七八2・一一五2
ーし　六八1
ーす　三1・四2・二三〇1
ーする　三②・四⑥・二八一1・②
しせい（死生）　二四六1
しせき（咫尺）　二一六2
じせっ（時節）　二二五④
しそっ（士卒）　二五四1
しそん（子孫）　五〇2・⑤・一三三2・
⑤・一八三1・④
した（下）　五六⑤・九〇③・一二七③・
一四五④
した（舌）　二四八1・②
したが・うふ（従・隨）〔動四〕
ーわは　二二四④

ーい（ひ）　禮2
ーっ（て）　二五〇1
ーう（て）　一四〇③
ーう（ふ）體　一一〇1・一三五1・1・④
したが・う（ふ）（從・隨）〔動下二〕
ーえ（へ）用　八二③
ーゆれ　一八九③
↓つけしたがう
したじた（下下）　八〇③・二五六③・
二七六③
したし・む（親）〔動四〕
ーむ止　三三3
ーむ體　三三⑤・⑥・五九④
しちしょ（七書）↓しっしょ
しっ（失）　一四七1
↓いっしっ、しっす
じっ（日）↓にじっ、らいじっ
じっ（實）　二七一*1（萬人ジット傳ウ）

じつげつ（日月）　六1・④・三七3・
八五1
しっしょ（七書）　序1
しっ・す（失）〔動サ變〕
ーし　一九三*1
ーす　二五八1
しっと・す（嫉妬）〔動サ變〕
ーす　三〇2
ーする　三〇④
しづま・る（定）〔動四〕
ーり　一二九2
しに（死）　六八③（財故ニシニヲシ）
し・ぬ（死）〔動ナ變〕
ーぬる　二〇六④
じねんに（自然）〔副〕　六〇1
しふ（死夫）　一二七2
しめ（駟馬）　二七〇1
しも（下）　二六1・一六八1・禮4

しゃ（者）↓學者（がくしゃ）、愚者（ぐしゃ）、賢者（けんじゃ）、智者（ちしゃ）、
分限者（ぶげん）、不仁者（ふじんしゃ）、王者（わうじゃ）
じゃ（蛇）　九〇1
しゃあば（車馬）　一四九1
しゃう（將）　五八1・七六1・七七1・
二二〇1・二二一1・二三一1・
二三三1・二五一1
しゃう（賞）　九六④・九九1④
↓しゃうす、しゃうず
じゃうい（ゐ）（上位）　八六1
しゃうくゎん・す（賞翫）〔動サ變〕
ーし　一四三③・一五二④
ーする　一二六⑥・一三三④
しゃうじ（生死）　二四六②
じゃうしき（情識）
ーにして　一三八③
しゃうじゃう（猩猩）　二〇七1
しゃう・す（賞）〔動サ變〕

―せ　四六1
―する　二五七2
しゃう・ず（賞）〔動サ變〕
―じ　九六1・二五九1
―ず　二六一1
じゃうず（上手）　五七④
しゃうてん（生天）　二三四1
しゃうばつ（賞罰）　二二〇1・②・二二九1・②・二六一④
じゃうみ（上味）　五一1
じゃうわう（成王）　二〇八1
しゃく（爵）　一八八1
じゃく（弱）　八二1
じゃくし（赤子）　一四三2
じゃしん（邪臣）　一三一1・1
しゃせき（沙石）　一一1
しゃば（車馬）→しゃあば
しゃわせ（爲合・幸）　五五③（xiyauaxe）
しゅ（主）　四二2・六二2・一二九2・二二四1・二三五1・二六八1
→しゅう、にしゅ、めいしゅ
しゅ（衆）　一四六2・二一九1・義2
しゅあく（衆惡）　二五七2
しゅう（主）　二六七3（xŭ）
→しゅ
じゅう（柔）　八二1
じゅうじゃう・す（十成）〔動サ變〕
―すれ　六六③
しゅうじん（愁人）　二三九1・1
じゅうにん（從人）　一一〇③
しゅうふう（秋風）　一六九1
じゅうぶん・なり（十分）〔形動〕
―なれ　九四③（十分ナレバ缺ケ）
しゅぎょく（珠玉）　二二六1・④
じゅくしょ（熟處）　九一1
しゅくふ（叔父）　二〇八1
しゅくん（主君）　一六九④
しゅこう（衆口）　二三七1
しゅしん（守身）　一九三1
しゅじん（主人）　二七③・三一④・三二③・五七④・六二⑤・七八⑥・⑧・八〇③・九六③・九七②・一三九②・一四一④・一七〇②・二二四③・二二五③・二二七②・二五六③・二五九③・二六六④・二六八④
しゅせい（衆星）　二三三1
しゅぜん（衆善）　三六1・八三2・二五七1
しゅぜん（修善）　二三四1
じゅっこんぶり（入魂ぶり）　二一二③
じゅとう（樹頭）　一一1
しゅまう（衆盲）　二七四1

しゅん（舜）→ぎょうしゅん
じゅんろ（順路）　二五六④
しょ（書）　五〇1・④・七九1・1・2・
⑤・一〇九1・2
→しちしょ
しょうあく（小悪）　二四五1
しょうぎょ（小魚）　一八七1
しょうじ（小事）　二〇九1
しょうじん（小人）　三三1・3
しょうふう（衝風）　八五2
しょうり（笑裡）　二三五1
しょか（諸夏）　二七七1
しょく（食・蝕）　一七1・③・六八1・
一三八1・④・二〇六2・二五
四③
しょく（蝕）　六1・④・⑥
しょく（燭）　二六九2・二八二1
しょくし・す（食事）〔動サ變〕
―せ　四⑥
しょく・す（食）〔動サ變〕
―せ　四2・三四1
―する　六四1・二〇八3・⑥・二
四四1
しょく・す（蝕）〔動サ變〕
―す　六六2
しょくにん（職人）　二七六②
しょくぶつ（食物）　二一八②
しょさ（所作）　二六⑥・二一五③
しょち（所知）
―財寶　五七⑤
しょちゅう（書中）　一二〇2
しょにん（諸人）　二五五③
しょぶん（諸文）　智1
しらん（芝蘭）　八四1
しりえ（後）　一八二1
し・る（知・識）〔動四〕
―ら　一②・三四2・3・⑤・⑥・三
五2・⑤・六二2・七二1・2・
③・④・七五1・④・一〇三1・
一七〇1・一七一1・一八三④・
一九二2・④・二四二1・1・③・
④
―り　九〇1・智2
―っ　一1・三五1・五四②・七五
1・③・二四二③・③・二六四③
―る止　五四1・九〇2・九二2
―る體　一七二②・二一〇1
―れ已　三五④・二四二1・1・2
→みしる
し・る（知）〔動下二〕
―るる　一六②
しるし（證）　一五九③
しん（心）→一心、野心、欲心
しん（身）→一身

しん(神)　四五1
しん(臣)　二八④・三一2・二二四1・
2・二二九1・1・二三六1・1・
一三九1・一四四1・1・一五
五④・二二四2・二五六2・二
八一1・禮1
↓君臣、賢臣、邪臣、忠臣、貞臣
しん(信)　五常、信1、信4
じん(人)↓賢人、詩人、愁人、主人、
小人、せん人、佞人、福人
じん(仁)↓五常、仁1、仁4
じんおん(仁恩)　一五二1
しんか(臣下)　七②・二八③・三一④・
四三③・六二⑦・七八④・⑦・九
七②・一二四③・④・一二九③・
③・一三二③・⑤・一三六③・③・
一三九②・一四二④・一四四③・
④・一五六④・一六九⑤・一八
八④・二二四④・二六五⑥
じんぎ(仁義)　一三〇④
しんく(辛苦)　六五1・③
しんたい(身體)　二五〇1
じんぱん(人斑)　一五1
しんらう(辛勞)　二九⑤・六四③・一
六二②

## す

す(爲)〔動サ變〕
せ　一八②・三一⑤・三八③・四二
③・五〇④・七八1・一一五2・
一三〇⑤・一三七1・一九二④・
一九三⑤・一九四⑥・二三六2・
二四四1(語(モノガタ)リセズ)・二四七
④・二七二②(ショウヤウガ)
し　六八③(死ニフシ)・八一③・一
一二③・④・一三〇1・④・一二
六1・一四〇③・一四三1・一
六八1・③・一九四⑥・二一九
④・二二七1・二二九②・二三
八②・二四二③・④・二五二1・
二五四2・二六〇1・3・二六
七1・二八一②・二八二④(本

ニシ)・仁3・義3

す　四二1・2・五六2・七一1・一〇六②・一一一2・一二四2・一六八1・一八一1・一八六1・一八七1・二二四③・二三六1・二二七1・二五四2・⑤・二六八2

する　七③(本ニスル)・一六②・三七⑤・四〇④・七三④・七九④・八三③・④・九六⑤・一一一④・一二四1・⑤・一二五⑤・一二七④・一四八③・一五二⑤・⑤・一六三②・一六五④・一六八④・⑤・⑤(本トスル)・一七四⑤・一七九1・一八〇1・1・③・二二四1・二一九④・二二〇②・二二七③・二三四②・二四七③・④・二五五③・二六七④(本トスル)・二六八⑤

すれ　二八⑥・八七④・一五五③・④・一六九1・2・③・⑤・一八九④・二一二③・二一九1

せ(り)　二七九1

せよ　一〇六3・二四二1・2

せい　二一五③

→愛(あい)す、威勢(いせい)す、逸(いつ)す、應(おう)ず、重(おも)んず、害(がい)す、翺翔(かうしやう)す、孝(かう)す、學(がく)す、合戰(かつせん)す、合點(がつてん)す、輕(かろ)んず、歸(き)す、逆(ぎやく)す、休(きゆう)す、吟(ぎん)ず、與(く)みす、觀(くわん)ず、下知(げち)す、決(けつ)す、簡擇(けんじやく)す、獻(けん)ず、顯譽(けんよ)す、幸(さいわ)いす、雜談(ざうたん)す、坐(ざ)す、讒(ざん)す、思案(しあん)す、死(し)す、失(しつ)す、嫉妬(しつと)す、賞翫(しやうくわん)す、賞(しやう)す、賞(しやう)ず、十成(じゆうじやう)す、食事(しよくし)す、食(しよく)す、醉狂(すいきやう)す、推量(すいりやう)す、制(せい)す、成敗(せいばい)す、千慮(せんりよ)す、對(たい)す、到來(たうらい)す、達(たつ)す、蟄(ちつ)す、誅(ちゆう)す、寵愛(ちようあい)す、轉化(てんくわ)す、憎(にく)みんず、蹐(ぬきあし)す、廢(はい)す、發(はつ)す、罰(ばつ)す、服(ふく)す、服(ぶく)す、欲(ほつ)す、翻(ほん)ず、奔走(ほんそう)す、茂(も)す、約束(やくそく)す、安(やす)んず、容赦(ようしや)す、浴(よく)す、嘉(よみ)んず、老(らう)す、勞(らう)す、論(ろん)ず、しこうじて

すい(帥)　一七八1

すいきやう・す(醉狂)〔動サ變〕

—し　一七五③

すいめん(睡眠)　一一二1

すいりやう・す(推量)〔動サ變〕

—する　一七〇③

す・く(好)〔動四〕

—き　八〇③(主人ノスキコノムコトヲ)

す・ぐ(過)〔動上二〕

—ぎ用　一一七③・一五〇②・一八

五1・②
—ぐれ　二三五⑤
すく・う(ふ)(救)〔動四〕
—い(ひ)　仁1
すぐう(直)〔副〕　一七九②(スグウナウテハ)
↓すぐなり
すくな・し(少・寡)〔形ク〕
—く　二一〇1
—う　一九四1
—し　四九1
—い止　二三③・一一〇③
すぐ・なり(直)〔形動〕↓すぐう
—に　一三五④・一七九②・二五六③
—な　一五一②
すぐ・る(優)〔動下二〕
—れ用　一六八③

すこし(少)〔副〕
—の　六三②(—ノ鞭二)
すず・し(涼)〔形シク〕
—しい止　五四②
すす・む(進)〔動四〕
—む體　二一④
すす・む(進)〔動下二〕
—むる　一三三2
すた・る(廢)〔動下二〕
—れ用　二五七④・二五八④
す・つ(捨・棄・釋・舍)〔動下二〕
—て未　二七⑤・七八⑦・一五六③・二四三2
—て用　二九1・2・⑥・二四七④
—つる　一五六1・2
—つれ　二五七③
すでに(已)〔副〕　九三1・二七〇1
すなを(ほ)・なり(廉)〔形動〕

—に　信1
すなわ(は)ち(卽・便・則)〔副・接〕　一六1・六四1・六五1・九七1・一八四1・二五五1・二八〇2
すべて(摠)　仁2・信3
すまん(數萬)　一七八③
すみかね(墨金)　一三五③
すみちぎ・る(澄ちぎる)〔動四〕
—っ　九五③
すみな・る(住慣)〔動下二〕
—れ用　九一②
す・む(住)〔動四〕
—む體　二四〇②・二六五④
す・む(澄)〔動四〕
—ま　五三②
す・む(濟)〔動四〕
—ま　一六〇②
—む止　一八四②

―む體　二八〇③
すわりか・ぬ（坐難）〔動下二〕
―ぬる　二三二③
すん（寸）→一寸（いっ）、方寸（はう）

## せ

せ（背）　一九七1（跼（せく）まる）・義2
せい（聖）　一〇〇1・一三〇1・一三五2・⑤
→けんせい
せい（勢）→おおぜい
せいき（精氣）　二六3
せいさう（蠐螬）　二八二2
せいしゅ（聖主）　二二七1
せいじん（聖人）　四五2・⑤・一三〇④・一三四②・*一六五②
せい・す（制）〔動サ變〕
―せ　一八〇2
―し　八二1
―す　八二1・一八〇1
せいち（聖知）　二五六1
せいてい（井底）　八五2
せいばい・す（成敗）〔動サ變〕
―する　二六八⑦
せいほく（西北）　一〇二1
せいわう（聖王）　二二六1
せう―（小―）
→しょう―（小悪、小魚、小事、小人）
せうり（笑裡）→しょうり
せき（席）　二三一1
せくまる（跼）〔動四〕　→せ
せじゃう（世上）　三五③・二四七1
せっ（節）
―に伏す　二八一1
せっぎ（節義）　二八一②
せばせば・し（狭々）〔形シク〕
―しう　一八七②
ぜひ（是非）　八八1・九三1・二一二

1
せ・む（責）〔動下二〕
ーめ用　一五二1
ーむる　一〇八1
ーむれ　一〇八③
せめて〔副〕　一〇六②
せん（千）　四七⑤・⑥・二六六1（百千ノ君二）
→千鈞（せんきん）、千人（せんにん）、千里（せんり）、千慮す（せんりよ）
ぜん（善）　三六②・四六1・五九③・六一1・八三1・③・⑤・八四⑤・八七1・④・二三四②・二五七③・④・二六三②
ーなる　八1
ーなれ　八③
→一善（いち）、衆善（しゆ）、修善（しゆ）
ぜんあく（善悪）　五九1・二四七1・③
せんきん（千鈞）　二二八1
ーの弩
ぜんしゃ（前車）
ーの覆すを見て　九二1
せんじん（聖人カ）　*一六五2
せんだん（栴檀）　二〇一②
せんて（先手）　一八〇③
せんにん（千人）　二三〇1
ぜんにん（善人）　八四1・③
せんめ　*一五四1
せんも（先模）→せんめ
せんり（千里）　二二六②・⑤・⑤・二三一1・②・二三六1
ーの外（ほか）　八2・④・七三2・④
せんりょう（潜龍）　一二五2
せんりょ・す（千慮）〔動サ變〕
ーし　四七1・1

# そ

そ・う（添）〔他動下二〕
ーう止　一五〇1（花ヲー）
そうらん（叢蘭）　*一六九1
ぞく（賊）→かぞく
そくさい（息災）　二六〇④
そこう（鼠口）　一七七1
そしり（非・毀）　一四六④・一八二1
そし・る（非・毀）〔動四〕
ーら　一八二④
ーっ　二四七③
ーる止　一四六2
そちゃ（粗茶）　一八四1
そっとした〔連體〕　二〇九②
そなわ・る（具）〔動四〕
ーら　二二四③

そにん（庶人）　八一1・2
その（其）〔代・連體〕　四1・3・⑧・五
1・1・④・八1・1・③・二六⑤・
三二2・三四1・2・④・⑥・四
〇1・四五1・⑥・四六⑤・五六
1・2・七三④・八三1・1・八
四2・⑤・九〇1・2・③・九二
④・一〇一2・④・一三三1・一
四〇1・1・一四七②・一五四
②・一五九②・一六八④・一六
九⑤・一七〇1・1・一七一1・
1・②・一七四1・2・一七六1・
一七九1・一八二1・1・③・一
八八⑤・一九三1・一九五1・
2・二〇四2・二〇六1・2・二
一二④・二二四一②・二六二2・
二六三②
―ごとし　九五④・二六五⑤
―やうな　二六一⑤
そば（傍）　九三③
そみなら・う（染習）〔動四〕
―う止　六〇1
そみな・る（染馴）〔動下二〕
―れ用　八四⑤
そみん（庶民）　二五三1
そむ・く（負・扳）〔動四〕
―か　一四1
―き　二六⑤
―い　二〇三②
―く止　二三四2
そらごと（虚言）　二七一②
それ（其・夫）〔代名〕　五九④・一四一
④・一五三③・一八一1・一九
三③・一九九②・二五二1・二
七一③
それそれ（其其）　二七⑥・一一六③・
一四〇③
―（に）　序4・七一②・二七三②
そわう（楚王）　八〇2
そん（損）
九四1・一四七③・一八五②
そんえき（損益）　八八1
そんかく（尊客）　一七二1

## た


た（田）　五〇③（―ハタケ有ッテ）
た（他）　二〇五②・仁1
たい（躰）　一三八2
たいあく（大惡）　二四五1
だいご（醍醐）　五一1（―ノ上味）
たいこう（大功）　一九四3
たいこく（大國）　一八七1
だいじ（大事）　二九④・二〇九1
たいしゃう（大將）　五八②・一五六
④・二二〇②・二二二②・二二
三②・二五一③・二五四③
だいしょう（大小）　九〇1
たい・す（對）〔動サ變〕
―し　七八⑥・二一一1
たいせっ（大切）　一七八④・二一六
③・④
たいひん（大賓）　一四三1
たいへい・なり（太平）〔形動〕
―に　一七四④
たいらか・なり（平）〔形動〕
―なり止　一二一1
たいりゃく（大略）〔副〕　五九③・一
八〇③・二六二④
たいろく（大祿）　一九四3
た・う（堪）〔動下二〕
―え用　一一三1（物ノ比倫ニタエ
タルハ）
たうざ（當座）　八四③
たうらい・す（到來）〔動サ變〕
―す　一六〇1
だうり（道理）　七八⑦・九三②・一六
四②
たう・る（斃）〔動下二〕→たをる
たがいに（互）　二八③・一五七②
たが・う（違）〔動四〕
―う用　一〇一④（ソノ道ニ―テハ）
たがえ・す（耕）〔動四〕
―さ　五〇1（tagayeozareka）
―し　五〇③・六四③
たがく（多學）　一九二1
たか・し（高）〔形ク〕
―う　八六③・一九四⑥
―し　一五二2
―き　一九四2
―い　一四六③・一六四②
―けれ　一四六2・④
たから（財・寶）　六八③（―ユエニ）・
七八④・一九二③・一九三③・
二二六1・2・③・④・二四七⑤
たぐい（類）　二〇七⑤・⑧
たく・む（企）〔動四〕

ーむ止　二三五③
たけ・し（猛）〔形ク〕
ーき　二二五1
ーい　四五⑤・八二②
ーから　九1
たげん（多言）　一九九1
たざい（多財）　一九三1
たしな・む（嗜）〔動四〕
ーむ體　二八二1
だす（出）〔動四〕→いいだす
たす・く（助）〔動下二〕
ーけ用　仁②
ただ（唯）〔副〕　二一2・五六⑦・七二
③・七九2・一四一2・二四九
④・二七九1
たたか・う（戰）〔動四〕
ーい　七四③
ーう體　一六八③

ただ・し（正・貞）〔形シク〕
ーしう　二八⑤・三八③・八三④・
九六⑤・一三〇④・一五五③・
一七九1・二八一②・信1
ーしい體　四三④
ーしから　一七九1・二三一1
たち〔接尾〕→ともだち、なかだち
たち（太刀）　一六八③（ーカタナ）
たち・いる（立居）〔動上一〕
ーい未　一九六③（立チイナ）
たちまち（忽）〔副〕
六九③・一二二②
た・つ（立）〔動四〕
ーた　四四③・一四七1
ーつ體　一三③・四四④・一九六1・
二五三②・二六八⑦
た・つ（經）〔動四〕
ーつ體　三七⑥

た・つ（立）〔動下二〕
ーて未　一六九④（憲法ヲタテウト
スレドモ）
ーつ　四五2
ーつる　八五⑤
た・つ（絶）〔動四〕
ーつ止　三三4
たっしゃ（達者）　一六一②・二四一②
たっ・す（達）〔動サ變〕
ーせ　七六1・一一一③
ーし　智2
ーする　六一③
たっと・し（貴・崇）〔形ク〕
ーし　一〇九2
ーき　一五五1・二〇四1
たっと・む（貴・崇）〔動四〕
ーみ用　禮1
ーむ體　六⑥

たづ・ぬ（尋・温）〔動下二〕
—ね用　智2
—ぬる　七1
—ぬれ　七②
だて〔接尾〕→かざりだて
たてまつ・る（奉）〔動四〕
—る止　二六七2
たと・う（例）〔動下二〕
—へ（う）　一一三4(tatoyô)
たの・し（樂）〔形シク〕
—しう　一〇九③
たのしみ（樂）　一七五1・③・二五五
2・④
たのし・む（娯）〔動四〕
—む止　二五二2
たの・む（頼）〔動四〕
—ま　四二④
たばかりごと（謀）　二七五②

たはぶれ（戯）→たわぶれ
たび（度）
—に　六四③・六五③
→千度、一度、二度、三度、百度
たふ（堪）〔動下二〕→たう
たふる（倒）〔動下二〕→たうる
たぶん（多分）　一九②
たま（珠）　一〇三②・一九二1・③
たまもの（賜物）　一八八⑤
だま・る（默）〔動四〕
—っ　一五③（人ノダマッタハ）
たまわ・る（賜）〔動四〕
—る體　九九③
たみ（民）　四四1・④・四五2・⑤・六
三③・一四三1・一八六1・二
五二③・二五三③・二六八2
—（百姓）　二八⑤・二六八④
ため（爲）　三九1・六二⑤・六八1・
1・七八2・3・⑧・一〇八③・
一五五④・一八一②・一九四⑦・
⑧・二〇六④・二二八1・二四
九2・二六五1・2・二六七・1・
③・④
たも・つ（保）〔動四〕
—ち　一四四③
た・る（足）〔動四〕
—つ體　二四③・二九⑦・二六八④
—ら　一八五②
たれ（誰）　三七4・四四2・五二②・
—ん　一一一1（タンヌト欲スレバ）
一一四1・②
たわぶれ（戯）　一九一1
たを・る（甃）〔動下二〕
—る　一三二2
—るる　一三二⑤
たんぱん（淡飯）　一八四1

## ち


ち（血）　四〇1

ち（地）　一九〇1・一九七1・②・二一六1・義2

ち（智・知）　二七1・三〇1・七〇1・智1・3
　↓智恵、智士、智者、才智

ちいさ・し（小）〔形ク〕
　―い體　二四五②

ちう（忠）↓ちゅう

ちうや（晝夜）↓ちゅうや

ちえ（智恵）　二七③・四七⑤・七〇②・七八⑦・八一③・九〇④

ちが・う（違）〔動四〕
　―わ　二三〇②
　―う　一〇二②

ちか・し（近）〔形ク〕
　―う　五七④・一六六②
　―き　二九1・2・六九1
　―い體　二九⑥
　―から（うず）　二三九③

ちかづ・く（近附）〔動下二〕
　―け用　五七1・六二⑦

ちから（力）　二六⑥・一四一1・一八九1・二二八③

ちぎる〔動四〕↓すみちぎる

ちくしやう（畜生）　一七二②

ぢごく（地獄）　二三四1・③

ちし（智士）　一五五1

ちしや（智者）　四七1・七八2・一五五③

ちたび（千度）　七四③

ちち（父）　四一1・一七六1

ちちはわ（父母）　五③

ちっ・す（蟄）〔動サ變〕
　―し　一二五2

ちやうたん（長短）　九〇2

ちゅう（忠）　七②・三一2・四六⑤・一二七④・一三六2・一四四④・二六五⑤

ちゅう（誅）　八三1

ちゅう（中）〔接尾〕↓一年中、宮中、胸中、獅子窟中、書中、陣中、泥中

ちゅうげん（忠言）　四八1

ちゅうしん（忠臣）　七1・四三1・六二3・二六五2

ちゅう・す（註）〔動サ變〕
　―する　序4

ちゅうせつ（忠節）　四六③・九六③・九九③・一三六④・一九四⑥・二五九⑤

ちゅうや（晝夜）　二四三2
ちゅうばつ（誅罰）　八三4
ちょう（寵）　一九四1
ちょうあい・す（寵愛）〔動サ變〕
―し　一九四⑤
ちょうしゃう（重賞）　一三1・一二七1
ちょうやう（朝陽）　二二1
ちょく（直）→きょくちょく
ちり（塵）　一〇〇③・一一八1・②
ちりやす・し（散易）〔形ク〕
―い體　一一八③
ちる（散）〔動四〕→ちりやすし
ぢん（陣）　二二二②
→てきぢん
ぢんちゅう（陣中）　七六②

## つ

づ（出）〔動下二〕
で用　一五八③（一度(ヒトタビ)―テカラ）
→いづ
づ〔接辭〕→おのづから、みづから
つい(ひ)に（終・遂）〔副〕　四2・4・⑥・⑧・五五②・一四七1・一七七1・二六八3
つえ（杖）　二五三③
つか・う(ふ)（使）〔動四〕
―い(ひ)　二七1・1・1・③・④・⑤・三九1
―う(ふ)止　二七2・二一二2
―う(ふ)體　二七⑥・七一1・②・七八1・④・一三六1・一八六1・②
―え(へ)命　一八七③
つか・う(ふ)（仕）〔動下二〕
―え(へ)未　四三1・③・二六六⑤
―ゆる　一七〇1・二六六④
つかうまつ・る（仕）〔動四〕
―る止　二六六1・2
―る體　一三六1
つか・る（疲）〔動下二〕
―れ用　六二③
―るる　五八1
つかれは・つ（疲果）〔動下二〕
―つれ已　二六八⑤
つき（月）　六六1・一一四②・二三三②
つぎ（次）　一六八④
つきひ（月日）　三七⑥・八五③
つ・く（附）〔動四〕
―か　四⑧
―く體　一三③

—け已　八一③
→うまれつく、ちかづく
つ・く(盡)〔動上二〕
—き　二六⑥
—く　二七二①
つ・く(附)〔動下二〕
—くる　五六1
→なづく
つく・す(盡・竭)〔動四〕
—さ　四六⑤・六一2・九九③・一
四四④
—し　一三六③・一四一1
—い　二二八③
—す體　七②・三六②・一二七④・
一三六④・二六五⑥
つく・る(作・造)〔動四〕
—っ　一一四③
—る體　一二〇③・一五四②・③・
④・二三四③
つくろう(ふ)(繕)〔動四〕→ひきつくろう
つけしたが・う(ふ)(附從)〔動下二〕
—ゆる　八④
つた・う(ふ)(傳)〔動下二〕
—う(ふ)止　二七一1
—ゆれ　二七一1
つたわ(は)・る(流)〔動四〕
—る止　一三三2
つつし・む(愼)〔動四〕
—ま　四七④・五九⑤
—む止　五九2・二一五1
—む體　二六一⑤
つと・む(勤・努)〔動下二〕
—め未　四六1
—め用　三四⑤
つな・ぐ(繋)〔動四〕
—が　一〇七2
つね(常)　五五1
つの(角)　五六1・④・⑥・一一五1・
一四八1・②
つばさ(翼)　五六1・八八1
つひに(終)→ついに
つまづ・く(蹶)〔動四〕
—く止　二二五2
つみ(罪)　四六④・⑤・九六2・④・二
〇三1・二六一2
つ・む(積)〔動四〕
—ん　義1
—む體　五〇④・八七1・2
つも・る(積)〔動四〕
—っ　一〇〇1・1・③
つよ・し(勁・強)〔形ク〕
—い體　八二③・一四二③
つよゆみ(强弓)　二二八②
つりいと(釣糸)　二〇六1

つ・る（釣）〔動四〕
—ら　二〇六③

## て

て（手）　一三②
↓せんて
ていしん（貞臣）　一四二1
でいちゅう（泥中）　二三五1
ていぢょ（貞女）　四三1
でいり（泥裏）　五三1
ていわう（帝王）　一八一②
てうやう（朝陽）↓ちょうやう
てき（敵）　一八②・五五1・五七③・一六六②・②・二五一1・④
てきこく（敵國）↓てっこく
てきぢん（敵陣）　二二一③
で・く（出來）〔動カ變〕
—き用　八七④・一一二③
—くる　八七⑤・二〇九②・二五七⑤
でし（弟子）　四一⑤・二四九1・③
てだて（手段）　五七③
てっこく（敵國）　一六六1
てら・す（照）〔動四〕
—さ　六二1
てりとお（ほ）・す（照通）〔動四〕
—す體　八五③
てる（照）〔動四〕↓てらす・てりとおす
てん（天）　一二五3・一九〇1・③・一九五1・一九七1・②・一九八1・二〇三1・②・二三四②・二四六1・義2
でん（田）　五〇1
てんか（天下）　一三一1・一七四④・二〇八1・⑤・二五五1・1・二六七③

てんかん（天鑑）　二〇二1
てんくゎ・す（轉化）〔動サ變〕
　―す　五五1
てんし（天子）　一八一1・一九一1・②
てんたう（天道）　五六③・一二六③・一九八③・二〇二②・二六三②
てんめい（天命）　二四六②

## と

ど（弩）　二二八1
とうしゃく（鬪雀）　一一九1
どうだう（同道）　五四1（―正ニ知ル）
とうなん（東南）　一〇二1
どうびゃう（同病）　五二1（―相憐ム）
どうふう（同風）　二三六1（千里―）
どうるい（同類）　五二②
とお（ほ）・し（遠）〔形ク〕
　―い止　二一六③
　―い體　二九④・⑤・二一六③
　―き　二九1・2
　―から　一三九1
とお（ほ）・す（通）〔動四〕
　―す止　一四九2
→てりとおす

とお（ほ）・る（通）〔動四〕
　―る體　五〇⑤
とが（咎）　九七③・一九五1
とかい（土芥）　一二四1
とかく〔副〕　一六八④・二〇〇②
とき（時・刻）　四五④・五五③・六五③・一一九③・一三五④・一四一④・一四二④・一六八②・一八六1・②・一九五2・④・一九六1・1・④・二〇八⑥・二一五②・二一八②・二二〇②・二三一③・二三二②・二四四1・二五一③・二五二④・二六一④・⑤・二六九④・二七八1
⇒ときんば（則）
とく（得）→一（いっ）得
とく（徳）　九八③・④・④・⑤・一〇四1・一三〇1・③・一四四③・一

六九⑤・一八八1・③・一八九
1・一九四1・⑤・二〇五1・②・
二二四1・1・③
↓陰德（いん）、德義（ぎ）、德行（とっかう）
と・く（説）〔動四〕
―か　一一七1
―く體　二三九1
と・く（解）〔動下二〕↓うちとく
と・ぐ（遂）〔動下二〕
―げ未　一一七1（―ンジ事ヲバ諫
メズ）
とくかう（德行）↓とっかう
どくがく（獨學）　四九1
とくぎ（德義）　一八九③
とぐち（戸口）　一九六③
どくやく（毒藥）　五一1
どくゎい（土塊）　五三1
どこ（何處）　八四④（ドコゾノ程デハ）

ところ（所・處）　七③・九一②・一〇
一2・一三一④・一三七③・一
七〇1・一九三1・二〇三1・
二〇四1・二一六③・二一七1・
二三〇1・②・二五九1・1・二
六二2・④
↓いどころ・よりどころ
とし（歳・年）　三七3・一四二1・③
↓としよる
と・し（敏）〔形ク〕
―く　二一五1（事（ワザ）ニトクシテ）
どし（同志）　五四②
とじきみ（閾）　一九六1
としよ・る（年寄）〔動四〕
―っ　一六七②・二六九⑤
とっかう（德行）　二二七1（toccŏ）
ととのえがた・し（調難）〔形ク〕
―し　二三七1

ととのお・る（調）〔動四〕
―ら　二三七②
とどま・る（留）〔動四〕
―る止　一五二2
とど・む（留）〔動下二〕
―め未　三七⑥
となり（隣）　二〇五1
とば・す（飛）〔動下二〕
―する　八四⑤
とびかか・る（飛掛）〔動四〕
―っ　二八二⑤
とびまわ（は）・る（飛廻）〔動四〕
―っ　一六五③
と・ぶ（飛）〔動四〕
―び　八八1
―ぶ體　八八③
とぼ・し（乏）〔形シク〕
―しう　一八三③

―し　一八三1
とみ（富）　九九1・二〇四1
とみさか・ゆ（富盛）〔動下二〕
―え用　二〇四③
と・む（富）〔動四〕
―み　一〇九1
―ん（で）　二五二2・義1
―め（る）　一〇九1
とも（友・伴・徒）　四九1・五九④・九五2・⑤・一六三1・②・一七一1・②・二二四1・③
→ともだち
とも・す（炷）〔動四〕
―い　二六九⑥（燭ヲトモイテ）
ともだち（友だち）　六〇②
ともに（共）〔副〕　五六⑤・二四六②・二五四2・④・二五八④・二七四②・二七六③

…とともに　八四1・③
→あいともに
とら（虎）　一五②・九八1・2・二〇一1
とら・す（取）〔動下二〕
―する　一三②・七八⑤
とり（鳥）　六八1・③・二〇七⑤・⑤
→にわとり
とりあう（取合）〔動四〕→とりやう
とりい・る（取入）〔動四〕
―る體　一三三④
とりかえ・す（取返）〔動四〕
―さ　六七③・二七〇②
とりや・う（取合）〔動四〕
―わ　一一②
と・る（取・採・納・秉）〔動四〕
―ら　一四五1・③・一九五1・二六五1

―っ　二六九2
―る體　四七4・二六五⑤
―れ命　一七三②
→はぎとる、うでどり
とろ（途路）　二〇〇1
とん（貪）　二七1

## な


な（名・聲）　八八1、1・一三三1
な（勿）〔副〕
な…そ（ぞ）　七六③・一一〇③
ないげ（内外）　信3
な・う［ふ］（綯）〔動四〕
ーい　一四九③
なお［ほ］（尚）〔副〕　一八二④・二三九③
なお［ほ］し（猶）〔副〕　一八五1
なお［ほ］・し（直）〔形ク〕
ーから　一七四2
なお［ほ］・す（直・整）〔動四〕
ーさ　四一⑤・一四五1・④
ーす體　二②
なお［ほ］・る（治・直）〔動四〕
ーる體　三五④・二三一②

なか（中）　五九⑤・一二〇④・*一四九③（針ヲモナカニナイ）
↓いなか、よのなか
なが・し（長）〔形ク〕
ーう　七〇③
ーし　七〇1
なかだち（媒）　四七3・九九1・⑤
なかば（中）　六六1（日ナカバナル）
なかれ（勿・莫）　二一1・三七1・2・七五2・一一〇2・一六七1・二一四1・二一七2・二三八1・二三九1
ながれ（流）　一七四1・⑤
なげ・く（歎）〔動四〕
ーか　一七⑤
ーき　一五三④
ーく止　一四一⑤
なさけ（情）　三三⑤・仁2

なし（梨）　一四五④
な・し（無・无・靡・亡）〔形ク〕
ーく　一七1・五〇④・九五1・一二九1・一五六1・一九〇1・2
ーく（んば）　四四1・2・二二四1・二二五1
ーう　四四④・七七②・八八1・2・一二四③・一二九2・一四七③・一六五②・一七九②・一九四3・二〇七⑦・二三〇1・二五六③
ーし　一二2・一四1・一七2・二九2・五五1・八七1・3・九五2・一一三2・一一五1・一五六2・一五九1・一六二1・一七七1・一九〇1・2・一九一1・二〇二1・二〇三1・二一九2・二二一2・二四〇1

―い止　五三②・一一三④・一二一
③・一五六④・一五七③・一五
八③・二一九④・二七二②
（では）ない 四⑥（ナイデハナイ）
二四九④（憎ンデデハナイ）
―い體　四⑤・一二④・一四③・二
一⑤・三八④・四四③・五五③・
五八③・七六②・八四④・九五
⑤・九七③・九八③・⑤・一一三
③・一一五③・一四二④・一五
二⑥・一六五③・一七六②・一
九〇③・一九四⑤・⑤・二〇〇
②・二〇三②・二二一④・二七
七②
―き　四1・3・三八1・四九1・六
九1・一一〇1・一一五2・一
三一2・二〇七3・二二四1・
二二五1・二六一 1・2・二七
七1
―けれ　一四②・三二②・一二一1・
②・一八三③・一八四②・二一
六④・二二五④
―から　一八二2
→ありなし、いとけなし、かいな
し、さだめなし、なんなう、は
かなし、へだてなし
な・す（爲・作）〔動四〕
―さ　四〇③・一一四1・二六三③
二六二3
―す止　四五3・九二④・一〇三1・
―す體　序3・二六⑥・四六③・一
四一④・一七九②・一九八④
―せ已　八七④
―せ（る）　一九八1・2
→みなす、もてなす
なづ・く（名附）〔動下二〕
―け用　一一一2
なに（何）　三八1・二〇二②
―たる　八五④・二六八⑤
→なん
なにごと（何事）　二九⑥・五一②・一
四八①・二一九③・二七六②
なは（縄）→なわ
なみ（波）　一一1・八五2・⑤
なみだ（涙）→なんだ
なら・う（習）〔動四〕
―う用　三②・二六四③
→そみならう、おしえならわす
なら・ぶ（竝）〔動下二〕
―べ用　一五七②
ならわす（習）→おしえならわす
なり（形）　六二④（―カタチ）
な・る（爲・成）〔動四〕
―ら　七八⑤・八七2・一三〇5・

一七九③・一九二1・③・二〇
四④・二一九1・④・二三二③・
二六五⑤
―り　五九③・七九1・⑤・九八1・
一〇〇1・一〇九④・一一七1・
一三五④・二六六⑤
―っ　一〇四②・二七八②
―る止　三六③・五一1・七〇③・
七九⑥・八一1・2・⑤・九八2・
⑥・九九⑤・一〇〇2・③・一九
八④・二四五1・③
―る體　五一②・五九③・六〇②・
一一二④・一三五⑤・一八一②・
二三九③・二六七④
―れ已　一〇九③
なる（慣）〔動下二〕→すみなる、そみ
なる
なわ《は》（縄）　一三五1・一四九③*

なん（何）
―か　一一五2
―ぞ　六一1
―でもなう　一二四③
―と　八四④・二〇四③・二三二②・
二七二②
―の　二六八3・⑦
なん（難）→難儀、難無う
なんぎ（難儀）　一一九③
なんだ（涙）　二〇1
なんぢ（汝）　一一〇③
なんなう（難無）〔副〕　一二九④・二
六〇⑤

## に

にあう《ふ》（似合）〔動四〕→にやう
にうわ（柔和）→にゅうわ
におい《ほひ》（匂）　八四⑤
にが・し（苦）〔形ク〕
―う　四八③
―し　四八1
にぎ・る（捉・握）〔動四〕
―り　二〇八⑥
―る止　二〇八3
にく（肉）　一二五1
→狗《く》肉
にくし（難）〔形ク〕→みにくし、わき
まえにくし
にくみ・んず（悪）〔動サ變〕
―じ　一一六2

—ずる　一〇一1・二五九1
にく・む（悪）〔動四〕
—み　三〇④・二二六⑤
—ん（で）　二四九③
—む體　五④・二四九1
にご・す（濁）〔動四〕
—し　一七四1・⑤
にじっ（二日）　一九〇1
にしゅ（二主）　一九〇1
にだう（二道）　二六四1
にち（日）→今日、三日
になう（荷）〔動四〕
—い　*一四九③（ナカー）
にほひ（匂）→におい
にや・う（似合）〔動四〕
—わ　二一四③
—た　七一②・一七三②・二七三②
にゅうわ・なり（柔和）〔形動〕

—な　八二②
にる（烹）〔動上一〕
にる體　一八七1
にわとり（鶏）　一一六1
にん（人）→一人、下人、三人、十人、職人、諸人、千人、善人、庶人、傍人、萬人、
にんげん（人間）　一一八1・二四七1
にんじゅ（人數）　二三三②
にんたう（人道）　二二六1

## ぬ

ぬう（縫）〔動四〕→おりぬう
ぬきあし・す（蹐）〔動サ變〕
—し　義2
—す　一九七1
ぬきいだ・す（抽出）〔動四〕
—し　序2
ぬきん・づ（抽）〔動下二〕
—づる　九六③
ぬし（主）　一九〇2
ぬす・む（攘）〔動四〕
—め已　一七六1

## ね


ね（根）　一〇七1・二四八1
ねいじん（佞人）　一二八1
ねこ（猫）　一一九1
ねずみ（鼡）　九八1・2・一一五1・③・一七七②・二二八②
ねた・む（嫉）〔動四〕
　―む體　一三三1・③
ねむり〔眠〕　一一二③
ねものがたり（寝物語）　二七八②
ねん（年）↓一年中（いちねん）、今年（こんねん）、明年（みやうねん）、來年（らいねん）


## の


のう（能）　一六五③・一八八1
のうげい（能藝）　三〇③
のがす（逃）〔動四〕↓みのがす
のが・る（逃・避・遁）〔動下二〕
　―る　九七1・一九八1・2
　―るる　一九八③・⑤
の・く（除）〔動下二〕
　―け未　一〇一④
のぞ・く（除）〔動四〕
　―く體　二五五1・③
のぞ・む（望）〔動四〕
　―ま　一七③・二一七③
　―む止　一二〇④・一七四2
　―む體　一七四⑥
のたうまく（曰）〔句〕　二四三1（子（シ）ノタウマク）
のち（後）　一〇②・四五1・2・⑤・六九②・一〇六1・一八〇1・二二七1・③・二四五②・二五六1
のど（喉）　七六②
の・ぶ（延）〔動上二〕
　―び未　三七③
　―ぶる　三七⑥
のぼ・る（上）〔動四〕
　―り　一一六1・二八二2
の・む（飲）〔動四〕
　―う　三五③
　―め已　一七五③
の・る（騎）〔動四〕
　―る體　二六二1

## は


は（葉）　一二三1
　→このは、ふたば
は（歯）　五六1、④、⑤
はぁ（嗚呼）〔感〕→ああ
はい・す（廢）〔動サ變〕
　－する　二五七1
はい《ひ》る（入）〔動四〕
　－ら　一三一③
はう（方）　二七三1
ばうじがた・し（忘難）〔形ク〕
　－し　九一1
はうすん（方寸）　二一六④
はうせき（紡績）　六五1
ばうにん（傍人）　九三1
はがい《ひ》（羽交）　五六⑥

はかな・し（效無）〔形ク〕
　－う　一〇七④
　－い體　一四八③
はかりこと（謀・籌）　五七③・七三1・③・七八⑧・一六八④・二二一1・③
はか・る（計・量・謀）〔動四〕
　－ら　七八3・一四〇1
　－り　一二五④
　－っ　一八八1
　－る體　二九1・2・五七1
はぎと・る（剝取）〔動四〕
　－れ命　五七⑥
は・く（吐・噴）〔動四〕
　－い　二〇八⑦
　－く止　二〇八4
　－け已　四〇1
はげ・し（厲）〔形シク〕

　－しう　九②
　－し　九1
はげま・す（勵）〔動四〕
　－す體　二六九④
ばじ（馬事）　一六〇1
はじま・る（始）〔動四〕
　－る止　二三二1
はじめ（始）　三六1・③
はしら（柱）　四二1・③・二五三③
はじりま・う《ふ》（走廻）〔動四〕
　－う《ふ》體　一七〇②
ばしょ《せ》う《ふ》（芭蕉）　二五〇1・③
はたけ（畠）　五〇③・一四五③
はつ（果）〔動下二〕→くたびれはつ、つかれはつ
は・づ（恥・漸）〔動上二〕
　－ぢ　一四②（fagiózuru）
　－づる　二②・一四1

ばっ（罰）　九六④
はっ・す（發）〔動サ變〕
—せ　二二八1
ばっ・す（罰）〔動サ變〕
—す　二五九2
—する　二五九⑤
—すれ　二五八④
はっと（法度）　二六⑤・六三③・二六八⑥
はづ・る（外）〔動下二〕
—れ用　四七⑥・⑦・九九④・一三二⑤・一七四④
はな（花）　一五〇1
はなはだ・し（甚）〔形シク〕
—しう　三三⑥
—しい體　二六一④
はな・る（離）〔動下二〕
—れ未　二〇七1・2・4・⑥・⑦
—れ用　一〇七1
はは（母）→はわ、ちちはわ
はばか・る（憚）〔動四〕
—る體　二1
はひ・る（入）〔動四〕→はいる
は・む（食）〔動四〕
—ん　二〇六1・2
はやし（林）　一四六1
はや・し（速）〔形ク〕
—う　八八③
はやす（嘶）〔動四〕→もてはやす
はり（針・錐・刺）　一四九1・③・二一二②・二三五1
は・る（霽）〔動下二〕
—れ用　六⑥
はわ（母）→ちちはわ
ばんげい（萬藝）　智1
ばんげん（萬言）　七四1
ばんこく（萬國）　一四一⑤
はんさう（瘢瘡）　八〇1
ばんじゃう（番匠）　一五六③
ばんたう（萬當）　七四1
ばんにん（萬人）　一四六④・二一九③・二七一1
ばんみん（萬民）　二六④・二三〇②・二五四⑤
ばんもっ（萬物）　五六③

# ひ


ひ（日）　六六1・一九〇③・二六九1
→あさひ、つきひ
ひ（火・燭）　二六九⑥
→あぶらひ
ひ（非）　四一⑤
→理非（りひ）
ひい・づ（秀）〔動下二〕
—で用　一四六1
ひが（飛蛾）　二八二1
ひかり（光）　二三一1・②・③・八五1・③・二六九1
→あをひかり
ひき・し（低）〔形ク〕
—う　一九四2（オーシテ位高キハ）
→ひくし
ひき・いる（ゐ）（将）〔動上二〕
—いる（ゐ）　二五四1
ひきつくろ・う（ふ）（引繕）〔動四〕
—う　二三一②（—テ座ニ直ルガ）
ひ・く（引・牽）〔動四〕
—か　二〇六1・③・④
—く止　一六三1・二七四1
→おしえみちびく、みちびく
ひ・く（弾）〔動四〕
—く止　二一一1
ひく・し（低）〔形ク〕
—う　八六④（位ヒクウテモ）
→ひきし
ひくゎん（被官）　二八一②
ひけしむし（火消蟲）　二八二⑤
ひさ・し（久）〔形シク〕
—しく　一四七1
—しう　八四2
ひたい（ひ）（額）　一〇七1
ひだる・し（飢）〔形ク〕
—う　一八四②（ヒダルウナケレバスム）
—い體　二一八②
ひちょう（飛鳥）　二〇七1
ひつじ（羊）　一七六1
ひっぷ（匹夫）　一七八1
ひと（人）　四1・六2・3・④・⑤・一四1・一五③・二一2・二四1・二五1・三三⑤・三五③・四〇1・③・四二2・③・四七⑤・五九1・③・六〇1・六一1・③・六二1・④・六八1・③・六九1・七〇1・②・七一1・②・七二1・2・③・④・七五④・八一⑤・九〇1・④・九五1・④・⑤・一〇一1・一〇八1・③・④・一一〇

1・一一三1・一一五1・③・一
一八②・一一九1・一二六⑤・
一二七④・一三八1・④・一四
三③・一四六2・③・一五二④・
一七一1・②・一七九1・②・一
八〇1・2・一八二③・③・一八
九1・2・③・一九二1・③・二
〇四1・二〇六2・④・二〇七
2・⑦・二〇八⑦・二一〇③・二
一五②・二一七1・③・二三八
②・二三九②・二四一1・二四
七③・④・二五〇③・二六二④・
二七八②・二八二④
―ごとに　一〇一③
↓まれびと
ひと（一足）　二三二②
ひと・し（齊・等）〔形シク〕
―しい體　二〇七⑧
―しから　一五三1・③
ひとたび（一度）　六四1・六五1・六
七1・1・③・七四④・一五八②・
二〇八2・3・⑤・⑥
ひとつ（一）　四七⑤・⑦・七五③・一
九三⑤・一九四1・二一九③・
二三三②・二五七③・④・二五
八③・④・二六四③
身（み）―　一三三②・二六六④
ひとり（一人、孤）　二〇五②・二六六
⑤・二七一②
ひとりがくもん（獨學問）　四九③
ひば（疲馬）　六三1
ひみつ（祕密）　一七六②
ひみん（疲民）　六三1
びゃうか（病家）　四1
びゃうじゃ（病者）　四⑥
ひゃうせん（兵戰）　一六八1
ひゃうらう（兵糧）　七七②
ひゃく（百）　一五八③・⑤・二六六1
（―千ノ君）
ひゃくあく（百惡）　一五八2
ひゃくかう（百行）↓ひゃっかう
ひゃくけ（百家）↓ひゃっけ
ひゃくし（百司）　一五八1
ひゃくしゃう（百姓）　一四三④・一
八六②・二六八⑤
（民）―　二八⑤・二六八④
↓ひゃくせい
ひゃくしん（百心）　二六六2
ひゃくしょう（百勝）　七四1
ひゃくせい（百姓）　二八1・八〇1・
二六八1
ひゃくせん（百戰）　七四1
ひゃくみ（百味）
―の飲食　三四④

ひゃくやう（百様）　七五1（fiacuyô）
ひゃっかう（百行）　三六1
ひゃっけ（百家）　二七六1
びょうし（謬旨）　一*四七1（geôxi）
ひりん（比倫）　一一三1
ひろ・し（廣）〔形ク〕
—く　智1
—う　三一1
—けれ　三一③・一九〇③
ひん・なり（貧）〔形動〕
—な　二四七⑤
—に　七〇1
ひんぷく（貧福）　二四七2
びんぼう（貧乏）　一〇一③
びんぼう・なり（貧乏）〔形動〕
—な　一〇九③
—なれ　七〇②・一一一③

## ふ

ふ（夫）→りゃうふ
ふうき（富貴）　二四六1
→ふっき
ふか・し（深）〔形ク〕
—う　一六②・三三⑥・五九⑤・一五二④
ふぎ（不義）　九九1
ふきから・す（吹枯）〔動四〕
—し　一六九④
ふ・く（吹）〔動四〕
—け已　一一1
ふくじん（富人）　一一一2・④
ふく・す（服）〔動サ變〕
—す　二〇六2
ぶく・す（服）〔動サ變〕
—す　二六〇2
ふく・む（含）〔動四〕
—ん　四〇1
ふけ・る（耽）〔動四〕
—る體　二七④
ふけん（不賢）　一三七1・一五三1
ぶげんしゃ（分限者）　一〇九④
ふけんばう・なり（不憲法）〔形動〕
—なれ　三二④（fuqenbŏ nareba）
ぶけんばう・なり（無憲法）〔形動〕
—な　一三九②・二六一⑤
ぶじ（無事）　一五七③
ぶじに（無事）〔副〕　二四③・一三四②
ふしかく・る（伏隱）〔動下二〕
—れ用　一六五1
ぶしゃう・なり（無精）〔形動〕
—に　一一二④

ふじんしゃ（不仁者）　七八2
ふ・す（伏）〔動四〕→ふしかくる
―し　二八一1
ふせぎがた・し（防難）〔形ク〕
―し　一八1
ふそく・なり（不足）〔形動〕
―な　一一一③
ふたたび（再）　一〇六②・一五八1
ふたつ（二、再）　五六2・⑦・一九〇
③・一九四2
ふたば（二葉）　二〇一②
ふたり（二人）　四三③・④・一九〇1・
2・④
ふち（淵）　一〇〇1
ぶち（鞭）　六三②
ふっき（富貴）
生死―　二四六②
→ふうき
ふにょ（不如）　七四1・1
ふね（舟）　一〇七2
ふみいだ・す（踏出）〔動四〕
―さ　二三二③
ふ・む（履）〔動四〕
―ま　一九六2
―む止　一九六④
ぶも（父母）　五1
ふらす（觸）〔動四〕→いいふらす
ふり（振）　八二③・二四一②
→じゅっこんぶり
ぶりやく（武略）　一六八②
ふ・る（觸）〔動下二〕
―れ用　仁3
ふる・し（故）〔形ク〕
―き　智2
ぶん（分）→たぶん
ふんみやう（分明）　一五一1
―なる　智3
ぶんわう（文王）　二〇八1

## へ

へい（兵）　五八1
べうし（謬旨）→びょうし
へだた・る（距）〔動四〕
　―る體　二一六⑤
へだ・つ（距）〔動下二〕
　―て未　二一六1
へだてな・し（距無）〔形ク〕
　―う　二五四⑤
べち（別）
　―の　一六〇②・二四〇②
へつらい［ひ］まわ［は］・る（諛廻）〔動四〕
　―っ　二一八②
へつら・う［ふ］（諛）〔動四〕
　―い［ひ］　二三九②
　―う［ふ］止　二三九1
へりくだり（謙）　九四1
へりくだ・る（謙）〔動四〕
　―り　一五二④
　―る體　二二六1、④、⑤
　―れ已　九四③
へん（邊）→いっぺん
べんすい（鞭箠）　六三1
へんどう（變動）　五五1
へんぱく（反覆）　*二一2
へんぷく（反覆）→へんぱく

## ほ

ほ（歩）→いっぽ
ほ（哺）　二〇八4・⑦
ほか（外）　一四②・一三一1・二一三1・②
　千里の―　八2・④・七三2・④
ほし（星）　二二②・③・二三三②
ほそ・し（呰）〔形ク〕
　―き　一三八2
ほっ・す（欲）〔動サ變〕
　―せ未　二一七1
　―す　一七四3
　―する　六二1・二〇四1
　―すれ　六二2・一一一1
ほど（程）　一六②・六一③・八四④・二七一②

ほどこ・す（施・播）〔動四〕
—さ　四六③・五六③
—し　一五二1・義1
—い　二五九④（恩賞ヲホドコイテ）
—す止　四五⑥・二〇五②・二七三1
—す體　八五1・二一七1・二五八2
ほとり（上・邊）　一〇七2・二四三1
ほまれ（譽）　一八二1
ほ・む（讃）〔動下二〕
—め用　二四七③
—むる　一八二③
ほめかか・ぐ（譽揭）〔動下二〕
—け用　一四一④
ほろ・ぶ（亡）〔動上二〕
—び未　一三八④
—ぶ　四4・六八1・一三八1・一八九2
—ぶる　四⑧
ほろぼ・す（喪・亡）〔動四〕
—し　二五1・③
—す止　一〇四1
—す體　一九九③
ほん（本）
—とする　一六八⑤・二六七④
—にし、する　七③・二八二④
ぼんげ（凡下）　一三七④
ほん・ず（翻）〔動サ變〕
—じ　五一1
ほんそう・す（奔走）〔動サ變〕
—する　一七二②
—すれ　一二八③

ま

まう（廻）〔動四〕↓はしりまう
まう（盲）↓いちまう
まうけ（設）　七六②
まうじゅ（猛獸）　二六五1
へ
まえ（前）　一一八1・一七二1・②・一八二1・③
↓まのまえ
まか・す（任）〔動下二〕
—す　二六〇3
—する　二六〇⑦
まが・る（曲）〔動四〕
—っ　八五③
まぎ・る（紛）〔動下二〕
—れ未　一五一②
ま・く（敗）〔動下二〕

—くる　二五一⑤
ま・ぐ（曲）〔動下二〕
—げ用　一二1・一七四2
—ぐる　一二④
まこと（實）　二七一③・信3
まことに（誠）〔副〕　五九1
まさ・し（正）〔形ク〕
—し　一三五1
まさに（正）〔副〕　五四1
まさ・る（勝・優）〔動四〕
—ら　二三三③
—る體　三〇1・2・③
まし（增）　七四④・一八二④
まじわ（は）り（交）　三三1・2・二一二1
まじわ（は）り・い（ゐ）る（交居）〔動上二〕
—い（ゐ）れ　八四③
まじわ（は）・る（交）〔動四〕
—つ　義3

ま・す（增）〔動四〕
—し　一二二1・二〇〇②
↓まし
また（又・亦）〔副〕　六⑤・二八⑤・七
四④・八六③・一六〇②・二〇
七3・二〇八2・二二五④
…もまた　二三1・七九⑤・一二四
④・一八八④
まだら・なり（斑）〔形動〕
—な　一五②
まつ（松）　一四二③
ま・つ（待）〔動四〕
—ち　一六七1
—つ止　一二五3
まづ（先）〔副〕　四〇1・③・一五四②・
二三二②・二五六③
まったく（全）〔副〕　一五九1
まった・し（全）〔形ク〕

—から　一二三1
まつりごと（政）　四五⑥・一四〇1・
二五八③
まつる（祀）↓つかうまつる・まつり
ごと
まど・し（貧）〔形ク〕
—しし　一一1
—しき　一〇一1・一〇九1
まど・う（ふ）（惑）〔動四〕
—う（ふ）止　一九三2
まなこ（眼）　一〇二1
まな・ぶ（學）〔動四〕
—ん　二六四1
—ぶ體　八〇④・二六九⑤
—べ已　一九三④
まな・ぶ（學）〔動上二〕
—び未　三四2・三七1・2・信2
—び用　智1

まね・く（招）〔動四〕
―き　九四1
―く體　四七3・九九④・二四八②
まのまえ[へ]（眼前）　二九④
まま　七一1（器ノママニス）
まみ・ゆ（見・更）〔動下二〕
―え未　四三1・④
―え用　一三一2
まもりがた・し（守難）〔形ク〕
―い　一九三③
まよ・う[ふ]（迷）〔動四〕
―う[ふ]止　二七四②
まれ・なり（罕）〔形動〕
―に　二五二1・③
まれびと（賓）　一四三③
まわ[は]る（廻）〔動四〕→とびまわる、へつらいまわる
まん（萬）→數萬[すまん]

## み

み（身・躬）　二六2・⑤・三四⑤・三五2・⑤・五七④・八一⑤・一〇五1・一〇七1・④・一〇八1・一一二1・1・一七九1・一九四3・一九八④・一九九1・二二四③・二二五②・二五〇③・二六七1
―一つ　二三②・二六六④
―の上　六九③・二三③・二二五⑤
わが―　四〇④・六二④・⑤・八九②・一〇八③・一二五④・一五三⑤・一七九②・一八八④・一九九③・二一七③・二六七③・二八二⑥
みえがた・し（見難）〔形ク〕
―し　一五1
みが・く（琢）〔動四〕
―か　一九二1・③
みきわ[は]・む（見極）〔動下二〕
―め用　一八八③
みぐる・し（見苦）〔形シク〕
―しい體　一四四②・二八〇③
みしりにく・し（見知難）〔形ク〕
―い體　一五③
みしりやす・し（見知易）〔形ク〕
―い體　一五②
みし・る（見知）〔動四〕
―ら　一〇三②
み・す（見）〔動下二〕
―せ未　二四一②
―する　八二③
みだ・す（亂）〔動四〕

―す止　八六④
みたび（三度）　九七1・②・一〇六1・二〇八2・3・⑥・⑦・智3
みだら・す（亂）〔動四〕
―す體　二七九1（世ヲ亂ラスノ根元）
みだりに（妄）〔副〕　二二二1
みだ・る（亂）〔動下二〕
―れ未　二八1・④・④・八六1・二六〇⑥
―れ用　一七五1
―る　二六2
―るる　四⑦・二六⑤・三二2・④・一三一③
みだれがわ（は）・し（濫）〔形シク〕
―しう　二六一1・2
―しから　禮4
みち（道）　三1・三四⑤・四七4・九④・一〇一2・④・一三〇2・④・一三一1・2・一三二④・一三六④・一七四④・一九二2・二〇四2・二三二1・二六八④・二七三②・信2
―が行く　四九③
みぢか・し（短）〔形ク〕
―く　七〇1
みちびく（導）〔動四〕→おしえみちびく
みつ（三）　一九四3
み・つ（盈）〔動四〕
―て（る）　六六1・九四1・一二六1・2
―て（り）　一五二3
みづ（水）　三三1・四五1・④・七六②・九五1・③・一〇〇1・一一六1・一六一1
みづから（自）　一〇八1・一五三2・一六七1・一九八1・二六二3・仁1
みな（皆）　六⑤・八2・五〇⑤・一九四⑧・二〇九1
―人　六2・3
みなかみ（水上）　三一③
みな・す（見爲）〔動四〕
―せ已　二二四③
みなもと（源）　三一1・一七四1・⑤
みのが・す（見逃）〔動四〕
―い　四六④（見ノガイテ置ケバ）
みみ（耳）　四八1・②・九三1
みゃうきゃう（明鏡）　六二2
みゃうねん（明年）　三七⑤
みやこ（都）　二七七②
みやす・し（見易）〔形ク〕
―く　一五1

み・ゆ（見）〔動下二〕→まみゆ
―え未　一五九③
―え用　六⑤・九八④
―ゆる　八二④・九〇④
みる（見・視・観・相）〔動上一〕
み未　七九3
み用　六七1・九二1・③・一〇二1・一五三1・2・③・④・一六八②・一七一②・二三八③
みる止　六2・七九2
みる體　六二⑤・一一三1・③・一一五1・一二四1・2・④・一四一1
みよ　一七〇1・一七一1
→かえりみる、こころみる

## む

むか・う〈ふ〉（向）〔動四〕
―っ　二三九1（愁人ニムカッテ）
―う　二三九②（愁イ有ル人ニムカウテ）
―う〈ふ〉止　六二⑤
むがく（無學）　一一三1
むくい（報）　二六三②
むこう（無功）　九九1
むごん（無言）　七四⑤
むさと〔副〕　一五六③・④
むさとした〔句〕　二五九③
むさぼ・る（貪）〔動四〕
―り　二八二1
むし（蟲）→ひけしむし
むしん（無心）　一一四1
むしん・なり（無心）〔形動〕
―な　一一四②
むす・ぶ（結）〔動四〕
―び　二一二1
―ぶ止　二五八2
むち（無智）→ぐちむちなり
むつか・し（難）〔形シク〕
―しい體　一六〇③
むつま・し（睦）〔形シク〕
―しい止　九③
むな・し（虚）〔形シク〕
―しう　一八三1
―し　五〇1
むね（旨）　三四1
むね（胸）　七三③・一五四③
むほん（謀反）　二六五⑦
むやく（無益）　一六二②
むら（叢）→くさむら

むり（無理）　三一④・九三②
むり・なり（無理）〔形動〕
　―に　二〇四③

## め

め（眼・目）　二六四④
　→かため、まなこ、まのまえ
めい（命）　三九1・二四六1
めいくん（明君）　一五六1
めいげつ（明月）　一一四1
めいしゅ（明主）　九六1
めいしゅ（明珠）　一〇三1
めぐら・す（運）〔動四〕
　―さ　七八⑨
　―し　七三1
　―い　七三③（メグライテ）
めし（飯）　七七②
めんぼく（面目）　一三三③（―ヲ失ナウ）

## も

もく（默）→いちもく
も・す（茂）〔動サ變〕
　―せ未　一六九1
もち｜い《ゐ》（用）　一三三③（用イガ少ナイ）
もち・｜い《ゐ》る（用・須）〔動上二〕→もちい
　―｜い《ゐ》未　四4・九八1・一二〇1・二二六④
　―｜い《ゐ》用　二二六③・二四七④・二五四④・二六〇⑤
　―ゆ　六二2
　―ゆる　九八1・一〇三③・一二八1
も・つ（持）〔動四〕
　―た　二六四④
　―っ　五六⑥・一九三③

もって(以)〔副〕　三三3・4・四二1・
2・七五1・一四一2・一四四
1・一九四⑧(皆—)・二二四1・
二二五1・二三八1・二六六1・
2
⇒をもって
もっとも(尤)〔副〕　五九2
もっぱらと(専)〔副〕　一五二⑤・義3
もてな・す(扱)〔動四〕
—せ已　九八⑤
もてはや・す(持映)〔動四〕
—せ已　九八③
もと(本・下)　一三1・三六1・一一
四1・一二七1・2・④・二五三
1・二七九1
↓みなもと
もとい(ゐ)(基)　三六③・二五三④
もど・く(嫌)〔動四〕
—く止　七五④
もと・む(求)〔動下二〕
—め未　三八1
—むる　一七1・2・一三〇1
もとめお・く(求置)〔動四〕
—く體　二四④
もとめがた・し(求難)〔形ク〕
—い止　二八一③
もとゐ(基)↓もとい
もの(物・者)　三②・四⑤・一〇②・一
三②・③・一六②・二四④・二五*
④・二七③・④・④・⑤・二九1・
2・三〇③・三三⑥・四六③・四
七2・⑥・五〇④・五六③・④・
⑤・⑥・五七1・1・⑤・六四③(—
食ふ)・六五③・六六③・七八⑥・
七九3・④・⑤・八一④・八二②・
②・③・④・八三③・④・九三②・
③・九六④・④・九八③・④・⑤・
九九③・一〇三②・一〇六②・
一〇九1・1・③・一一三1・③・
④・一一四2・一二五④・一二
六③・④・⑤・⑥・一二七⑤・一
二八③・一三二④・一三三1・
2・③・④・一三七④・一四〇③・
一五一②・②・一五四②・②・③・
一五七②・一六三②・一六五③・
一八〇③・③・一八三③・一八
七②・一八九1・2・一九二④・
一九三③・一九四⑤・⑥・一九
九②・二一〇1・1・二一四1・
③・二一五②・二二四③・二二
八②・二三四②・③・二三八②・
二三九②・二四一②・二四三1・
二四四②・二五一1・1・③・④・
二五三②・二五四1・③・二五

五1・③・二五六④・二五九③・④・二六〇④・二六一⑤・二六二1・1・二六四④・二六八⑥・二六九1・2・④・⑥・二七一③・二七三②・二七六③・二八二⑤・仁2
―を言う(ふ)　一九一②
―を教う(ふ)　五③・四一④
ものぞ・ぢゃ・なり　序3・4・一三③・一五②・③・二八⑥・二九⑦・三〇④・三四⑥・三八④・四〇④・四三⑤・四九③・五一②・五二②・五五③・五九④・六〇②・六七④・八〇④・八三⑤・八四⑤・八五⑤・八八④・八九②・九〇④・九四④・九五⑤・一〇一⑤・一〇二②・一〇三③・一〇七⑤・一一五④・一四五④・一四七③・一四九④・一五四④・一七九③・一八五②・一九一③・一九二④・一九三⑤・二〇三③・二一〇③・二一三②・二一六⑤・二二一④・二二二③・二二三③・二二八③・二三〇②・二三二③・二三三③・二三七②・二四四③・二四八②・二六二⑤・二六六⑥・二七〇②・二七六④・二七八③
→いたづらもの、うつわもの、けだもの、たまもの
ものい・う(ふ)（物言）〔動四〕
―わ(は)　二七八1
―う(ふ)　二〇七3・⑤・⑥・⑦
―え(へ)　二〇七1・2
ものがたり（物語）　二四四1
→ねものがたり
ももたび（百度）　七四③
もよお(ほ)し（催）　一五九②
もよお(ほ)・す（催）〔動四〕
―す止　一四六1
も・る（泄）〔動下二〕
―るる　二三一1
もれきこ・ゆ（泄聞）〔動下二〕
―ゆる　二三一③
もれやす・し（泄易）〔形ク〕
―き　四七2
もろもろ（諸）
―の　二五七③・④
もん（文）　一〇四1
もん（門）　七*1（mõ）・一一〇1・一九六1

# や


や（矢・箭）　二四三③・二七二1
→ゆみや
や（屋）→くりや
やう（様）　五三②・五五②・二七二②
⇒一様、隠れ様、か様、百様
やう（陽）→一陽來復
やうづ（羊頭）　二七五1
やうほう（陽報）　二六三1
やうやう（漸）〔副〕　四七⑦
やがて〔副〕　三三⑦・一四七②
やく（役）
—に立つ　一三③・四四③・二五三②・二六八⑦
→公役
や・く（焼）〔動四〕
—く體　二八二⑥
やくそく・す（約束）〔動サ變〕
—する　二二五②
やしな・う（養）〔動四〕
—っ　五1・四一1
—う體　二六〇1（壽ヲ—ノ士）
やしん（野心）　一四二③
や・す（痩）〔動下二〕
—せ用　六三②・七〇1・③
—す　一三八2
やす・し（易）〔形ク〕
—う　二九⑦・八三2・一二〇1
—し　一二九2
—き　四四1・二五四④
—から　一七1
→おさまりやすし、かかりやすし、こころやすし、ちりやすし、みしりやすし、みやすし、もれやすし、やぶれやすし
やすん・ず（安）〔動サ變〕
—ずる　*二四1
—ずれ　一一一1
やぶ・る（敗・破）〔動四〕
—っ　二六七1
—る止　一六九1
—る體　二五1・③
→かけやぶる
やぶ・る（敗・破）〔動下二〕
—れ用　二八〇1
—る　二五一2
—るる　二五〇③
やぶれ（敗）　四七4・一三九③
やぶれやす・し（敗易）〔形ク〕
—し　二五〇1
やま（山）　二一1・一〇〇③・二六五1・④

やまい(ひ)（病）　三五1・③・二三〇1・二六〇1・④・二七三1
やま・す〔動下二〕
―する　二四九③
や・む（止）〔動四〕
―ま　二四五1・二五七④
や・む（止）〔動下二〕
―む止　二五八⑤
―め未　二四五②
やわらか・なり（溫）〔形動〕
―に　九②

## ゆ

ゆ（湯）
―あぶ　二〇八⑤
ゆう（勇）　二七1
ゆう（言）〔動四〕→いう
ゆう(い)たう（有道）
―の　二六八1
ゆう(い)たうに（有道）〔副〕　一八七③
ゆうふ（勇夫）　一三1
ゆう(ふ)べ（夕）　三1・②
ゆえ(ゑ)（故）　二五④・二四七④
―故に　四2・4・六八③
→かるがゆえに
ゆえ(ゑ)ん（所以）　三一1・2
ゆが・む（曲）〔動四〕
―う（だ）　一二八②・一三五③

ゆ・く（行・逝）〔動四〕
―か　四九③（道ガーヌ）・二三二②
―き　三七3
―く體　一二三②・一九六1・二四三1・二六九3
→おとろえゆく
ゆたか・なり（豊）〔形動〕
―に　二五二④
ゆづる（譲）〔動四〕→あいゆづる
ゆみ（弓）　二七二1
→つよゆみ
ゆみや（弓矢）　二五一③
ゆゑ（故）→ゆえ、ゆえん

## よ


よ(世)　二五六1・二六〇2・二七九1
よ(餘)
－の　二六四③
よう(用)　二七⑥
よう(良・能)〔副〕　三二③・五七③・八二④・八三⑤・九三③・二〇七⑤・二二〇③
→よく〔副〕
ようえき(徭役)　二五二1
ようしゃ(用捨)　二四七1
ようしゃ・す(容赦)〔動サ變〕
－し　一八六③
ようしゅ(庸主)　二五九1
ようじん(用心)　一八②(－ガセラレヌ)
よう(えう)・なり(幼)〔形動〕
－に(して)　二六九1
よが・む(曲)〔動四〕→ゆがむ
－う(だ)　一五一②
よく(慾)　二七④・二七九1・二八二④
よく(良・善・能)〔副〕　四2・4・六一1・八二1・1・二〇七1・2・3・二五五1・二六二1・1・義1
→よう〔副〕
よくしん(慾心)　二七九②
よく・す(浴)〔動サ變〕
－する　*二〇八2
よこ(横)　一二③
よこしま・なり(横・邪)〔形動〕
－に　一二1
－な　一三二③
よ・し(良・好・能)〔形ク〕
－し　二〇〇1
－い止　一二五⑤
－き　三四③
－い體　一③・三③・二四④・一五④・二七③・三三⑤・三四⑥　四二④・四三③・四八②・②・六二⑥・七二④・八七④・一三三⑤・一四〇④・一五六③・③・④・一七一②・一八六③・一九五④・二二七②・二二九②・二三一②・二三八②・二四二④・二六一⑥・二六七④
－けれ　一八九④
－から　二四九1・信1
－かれ　二四九④
よしあし(善悪・是非)　六二④・八八

③・一七〇②・②・二一八②
よしみ（好）　二一九1
よ・す（寄）〔動下二〕
―せ用　五七④
よのなか（世中）　一一三③・一七六②
よみん・ず（好）〔動サ變〕
―ず　一二六2
よ・む（讀）〔動四〕
―ん　七九2・2
―む體　七九⑥
よりどころ（據所）　二〇三②
よる（夜）　二六九③
よ・る（由・因・依・藉）〔動四〕
―ら　一六四1・②
―る止　六二③・二四七⑤
―る體　五九④
―れ（り）　五九1
⇒によって

よ・る（寄）〔動四〕→としよる
よろこび（喜）
一二二②・二六一④
よろこ・ぶ（喜・悦）〔動四〕
―ば　三〇1
―ぶ體　一一六③・二六一1
よろづ（萬）　三六②・五五②・七五③
よわ・し（弱）〔形ク〕
―う　八二③
―し　二二五2

## ら

らいじ（癩兒）　一六三1
らいじつ（來日）　三七1
らいしゃう（雷聲）　一五九1
らいねん（來年）　三七2
らいふく（來復）→いちやう―
らう・す（老）〔動サ變〕
―し　二六九2
らう・す（勞）〔動サ變〕
―せ　二五二1
―し　二九1・一六二1
らうやく（良藥）　四八1
らうらい（老來）　一六七1
らか→あきらかなり
らん（亂）　二六〇2・二七九②
らんごく（亂國）　四2

らんぱう（亂邦）　一三一1
らんぽう（鸞鳳）　一六五1

## り

り（利）　七九1・二八二1
り（里）→せんり
り（理）　二二1・④・一六四1
りか（李下）　一四五1
りせん（理戰）　一六八1
りひ（理非）
－分明（フンミヤウ）　智3
りやうじ（良士）　一五六1
りやうしやう（良匠）　一五六1
りやうふ（兩夫）　四三1
りやうやく（良藥）→らうやく
りやうゆう（兩雄）　一五七1
りよう（龍）　四五④・一六一1
りんげん（綸言）　一五八1
りんこく（隣國）　一六六1

## れ

れい（令）→いちれい
れい（禮）　二八1・1・三八1・一一五1・1・③・一三六1・一五五1・③・二〇七3・⑦・禮1・3
れいぎ（禮儀）　二八③・⑤・三八③・一三六③・一五二1・④・一八三2・④
れいてき（藜藿）　二六五1
れう（龍）→りよう

## ろ

ろく（祿）　一五五1・二〇六④
ろじ（驢事）　一六〇1
ろん・ず（論）〔動サ變〕
—じ　一八八1
—ずる　九三②
—ずれ　一〇七2

## わ

わ（我）→わが
わ（輪）　四四1・③
わう（王）　二〇八⑤・二二六③
→呉王（ごわう）、獅子王、成（じやう）王、聖（せい）王、楚（そ）王、帝王、文（ぶん）王
わうごん（黄金）　一二〇2
わうしゃ（王者）　一六九1
わが（我）
㊀主格　七二④
㊁連體格　四五④・一九五⑤・二五九③
—（身）　四〇③・六二④・⑤・八九②・一〇八③・一二五④・一五三⑤・一七九②・一八八④・一九九②・二一七③・二六七③・二八二⑥
わか・し（若）〔形ク〕
—い　二六九④
わきま・う（ふ）（辨）〔動四〕
—よ（う）（へ）　六二⑥（vaqimayô）
わきまえ（へ）にく・し（辨難）〔形ク〕
—い體　八九②
わく（分）〔動下二〕→ききわく
わざ（態・事）　一六九⑤・二一五1
わざわい（はひ）（災・殃・禍・孽）一九1・②・四七3・八七2・九九1・④*・一二八③・一九五2・⑤・一九八1・1・③・④・二四八1・②・二六
わし・る（走）〔動四〕
二3・④
—る止　八八2
わす・る（忘）〔動下二〕
—れ未　三九③

—れ用　二六七1・仁1
—るる　二一九③・二一〇③
わすれがた・し（忘難）〔形ク〕
—い止　九一②
わたくし（私）　一四九1・二〇二1
わたくしごと（私事）　一四九③
わづらわ(は)・し（煩）〔形シク〕
—しき　二六1・2
—しけれ　二六⑤
わづら・う(ふ)（煩）〔動四〕
—う(ふ)體　四⑤
わな（蹄）　六八④
わら・う(ふ)（笑）〔動四〕
—う(ふ)體　二三五②
わる・し（悪）〔形ク〕
—い體　一六九⑤・一八九④・二七八③
われ（我）　三七3・七二③・一五三③・二〇八1・⑤
われと（我）〔副〕　一九八④

ゐ

ゐじき（餌食）→えじき
ゐば（餌）→えば
ゐる（彫）→える
ゐんりょ（遠慮）→えんりょ

## を

をかす（犯）→おかす
をさまりやすし（治易）→おさまりやすし
をさまる（治）→おさまる
をさむ（治）→おさむ
をしふ（教）→おしう
をしへならはす（教習）→おしえならわす
をしへみちびく（訓導）→おしえみちびく
をしむ（惜）→おしむ
をっと（夫）→おっと
をつど（越度）→おつど
をり（折）→おり
をる（折）→おる
をはり（終）→おわり
をはる（終）→おわる
をんじき（飲食）→おんじき
をんな（女）→おんな
をんなり（温）→おんなり

# 二、助詞・助動詞索引

いで〔接助〕　一四六④

―は　三四④・一三〇⑤・一三四②・一三八④・一四四④・二三二③

う〔助動〕

う（と）　一六②・六二⑥（uaqima-yô）・一一一④（taxxô）・一六九③（sacayô）・一六九④（tachô）・一七四④・二三二②・二六〇⑥

う體　五三②・五九⑤・七四⑤・一一三④（tatoyô）・一五三④・二七二②

うず〔助動〕

うず　一三九③

うずる　一四③（fagiôzuru）

か〔係助〕　三八1・四四2・一一四1・②・一一五2・一三四1・一四八1・二六八3

か〔終助〕　九三②・②（―ハ）・一五三⑤（―ヲ）・一七七③・一八八④・二〇七4・⑧・二四三2・二六八⑦・二七一③

が〔格助〕

㊀主格　一③・八③・一三③・一四②・一八②・二〇②・二三③・二六⑤・⑥・⑦・二八⑥・三一③・④・三二③・③・三三⑥・三四⑤・四二④・四四③・④・四九③・五三②・五八②・六九③・七〇③・七二2（己ガ〔ヲノ〕）・③・④・七五④・八一③・八二③・④・八六③・八七④・⑤・九三③・九五④・⑤・一〇〇③・一〇八④・一一〇③・一一二③・一二〇⑤・一二一②・③・一二二②・③・一二五⑤・一二七③・⑤・一三二③・⑤・一三三④・一三六④・一三八④・④・一四〇④・一四七③・一五五③・一六〇③・一六五③・一六六②・一六九③・④・一七一②・一七五④・④・一七七②・③・一七九②・一八〇③・一八一②・一八三③・一八六③・一九〇④・一九八④・二〇三②・二〇七⑥・⑦・二一六③・二一七1・二二〇③・二二一④・二二三②・②・二二四③・二二五③・④・⑤・二二九②・二三一②・二三三②・二三七②・二三八②・二四二④・二五六③・二五七④・⑤・二六一⑥・二六二⑤・二六三②・二六五④（…ナドガ）・⑥・二六六⑤・⑤・二六七④・二七一②・二七二②・二七三②・二七五②


↓わが㊀

㈡ガ＋如し・如くなり・如くぢゃ
八四1・一一八③・一三八⑤・
一六一1・一七四⑥・一八五1・
一八七1・二〇一②・二五〇③・
二六九1・3・⑤・⑥・二八二3・
⑥
㈢連體格　四2（…ガ故）・四4（…
ガ故）・二七4（誰ガ慾）
…ガ爲　二四九1・二六五1・2
↓かるが故に、わが爲
が〔接助〕
一五③・一一四②・一五九②
かし〔終助〕　二四九④（良カレート思
ウテゾ）
から〔格助〕
㈠體言＋から　一九②・二〇九②・
二六二④・二六九④・二七九②
㈡てから　六七③（―ハ）・一五八
③・一六七②・二〇三②（―ハ）
き〔助動〕
し　一一七1（成リンジ事）・一一七
1（遂ゲンジ事）
ごとくぢゃ（如）〔助動〕
ごとくぢゃ　六⑥・一三八⑤・一七
四⑥・二五〇④・二六九⑥
ごとくなり（如）〔助動〕
ごとくに　六⑤・一二③・三一④・
八八③・一〇三③・一二四1・
④・一四三④・二五四④
ごとくなり　二六九⑤
ごとし（如）〔助動〕
ごとく　八四②・九五④（ソノ―）・
一二四②（―ス）・一四三1（―
シ）・一四三2（―ス）・③・一四
六③・一五八②・一八七1（―
ス）・一九〇③・一九三④・二〇
六③・二六五⑤（ソノ―）
ごとく（ぞ）　一一八③・二〇一②・
二八二⑥
ごとし　六1・三三1・2・一五八
1・一六一1・一八五1・二四
三③・二五〇1・二六九2・3・
二八二3
↓かくのごとし
さへ〔副助〕　二八〇③（温カニサエア
レバ）
さす〔助動〕
させ（らる）　五六④・五六⑦・一二
六④・一九八③
させ（ず）　二五二③
↓さす（二五二③、公役ヲマレニサセ）
し〔副助〕↓いまし、なおし（猶）
⇓しも
じ〔助動〕

じ止　一〇一2・一七三1・二〇〇
1・二〇四2・二三三1・二七
七1
して〔接助〕
㊀形容動詞　―にして　九1・②・
三一2・四九1・七〇1・一八
三1・二五三②・二六九1
㊁形容詞　―く(う)して　三一1・三
三1・2・⑦・八三2・八四2・
八八1・2・一〇八1・一一六
1・1・一二〇1・一二九2・一
八三1・④・一八七③(―は)・
一九四1・2・3・二二五1・二
三〇1・二六一1・2
㊂副詞　三三⑤(アッサリト―)
㊃助動詞(ず)して　二七⑤・三七
1・2・一一五2・一二八③(―
ハ)・一七九1・二六三③(―ハ)

↓しこうじて
↓として、にして
しむ〔助動〕
しめ未　二四九1・二五二1
しむ　一一四1
しも〔副助〕　二一1・2(海ニ―在ラズ、
山ニ―在ラズ)
す〔助動〕(使役・尊敬)
せ未　五六③(天道萬物ニモノヲ施
サセラルルハ)
↓おしえならわす、とばす、とら
す、みだらす、やます
ず〔助動〕
ず用止　四1・3・九1・一二1・一
七④・二一1・2・二三1・2・
二八1・④・三〇1・三四2・3・
⑤・三五2・三七3・三九③・四
二1・2・③・四三1・2・④・四
六1・2・④・⑤・五六⑤・⑥・五
八1・六一1・六三1・1・六七
④・七六1・七七1・七八1・2・
3・七九3・八五1・2・八六③・
八七1・2・八九1・一一七1・
2・一一九2・一二〇1・一二
五2・一二九③・一三一1・1・
③・一三二④・一三三1・一三
七1・2・一三九1・一四〇2・
一四四1・2・一四五1・2・③・
一四七1・一四九1・一五二3・
3・一五六③・一五八1・一六
四1・一七二1・一七八2　一
九二1・2・③・一九六1・2・
一九八2・二〇五1・二〇七1・
2・⑥・二〇八2・二一六1・④・
二一八1・二一九1・二二一1・
二三四1・二三五1・二三六2・

二二八1・二二九1・二三一1・二四一1・二四二1・二四三2・二四四1・二四七1・二四九1・二五九⑤・二六五1・3・二六六3・二六八2・二七八1

ず(して)　二七⑤・三七1・2・一一五2・一二八③(一八)・一七九1・二六三③(一八)

⇓ずんば

ぬ　四⑥・⑧・五④・一一②・一二③・一七⑤・一八②・二〇②・二六⑦・二九⑤・三一⑤・三三⑥・三四⑥・三五⑤・三七⑦・三八③・四〇③・四一④・⑤・四二④・四三④・四四④・⑤・四六⑤・四九③・六一④・六三③・③・六七④・七二③・④・七五④・七七②・七八⑤・⑥・⑦・⑧・⑨・八五④・⑤・九五④・九九③・一〇一④・一〇三②・一〇四②・一一五③・一二八④・一三〇⑤・一三一④・一三四③・一三七④・⑤・一三八④・一四四④・一四五④・一四六⑤・一四七③・一五一③・一五三④・一五五⑤・一五九③・一六〇②・一六四②・一七八⑤・一七九③・一八二④・一八三④・一八五②・一八七③・一九〇④・一九一②・一九二④・一九三⑤・一九四⑥・二〇二②・二〇四④・二〇五②・二〇七⑦・二一四③・二一七③・二一八③・二一九④・二二四⑤・二二六④・二二八③・二三〇②・二三二③・二三三③・二三七②・二四〇③・二四一②・二四二③・④・二四七④・二五二④・二五六④・二五九④・二六〇⑤・⑥・二六三③・二六四④・⑤・二六五⑤・⑦・二六六⑥・二六八⑥・二七〇②

ね　二八④・三四⑥・五〇④・⑤・六九②・八一④・一二九④・一三八③・一九二③・④・二二四④・二四五②・二五七④

ざら　二四二1

ざる　四2・4・五1・2・二三1・四一1・2・四六1・2・四七4・六七1・2・七二1・2・七六1・七七1・八一2・九七1・九八2・一〇七2・一四一2・一六〇1・一八五1・二〇七4・二一四1・二一六2・二一七1・二四五1・二五二1・二六四1

ざれ已　一四1・二二1・三四1・

2・五〇1・2・七五1・一〇三1・一四〇1・一九二1・2・一九五1・2・二三一1・二三八1

ざれ命　七二1・八六1・2

ずんば〔接助〕九七②・一〇一2・一三四1・一四四1・一七〇1・一七一1・二〇四2

そ〔終助〕

な―そ　七六③・一一〇④（ナ悲シウゾ）

ぞ〔終助〕

㈠體言＋ぞ　三七4・四一⑤・七四⑤・一〇五②・一一五④・一七六②・二一二④・二七六②（何事ゾアレバ）

ものぞ　一八⑥・六七④・八四⑤・八五⑤・八八④・九四④・一〇一⑤・一四五④・一四七③・一五四④・一七九③・一八五②・一九二⑤・二〇三③・二一〇③・二二三③・二三三③・二四四③・二六二⑤・二六六⑥・二七六④・二七八③

どこぞの　八四④

何ぞ　六一1

㈡連體形＋ぞ

動詞＋ぞ　七③・二三③・二四④・二七⑥・三二④・四八③・五〇⑤・六二⑦・六八④・六九③・八七⑤・九三③・一〇九④・一一一④・一一二④・一一六④・一二〇⑤・一三五⑤・一六八⑤・一七〇③・一七五④・一八〇④・一八一②・一九五⑤・一九九③・二〇九②・二三九③・二四六②・二五五④・二七七③・二七九②・二八〇④

形容詞＋ぞ　③・三③・一一④・一四③・二一⑤・四二④・五八③・七二④・九七③・一三三⑤・一四〇④・一五二⑥・一七一②・一八六③・一八九④・二〇〇②・二二九②・二三一②・二三八②・二四二④・二六一⑥・二六七④

ぢゃぞ　八九③・一三七③

如くぢゃぞ　六⑥・二五〇④・二六九⑦

ぬぞ　二六⑦・三一⑤・三七⑦・四四⑤・六一④・一三四③・一五一③・一六四②・一七八⑤・二〇四④・二二六④・二六五⑦

たぞ　一一四③

㈢その他＋ぞ

如くぞ　一一八③・二〇一②・二
八二⑥
てぞ　二四九④（思ウテゾ）
た〔助動〕⇒たり
たし〔助動〕
たく　二〇四③（何ト富ミ榮エタク
トモ）
だも〔副助〕　一七二1（狗ヲダモ叱ラ
ズ）
たり〔助動〕（過去・完了）＊音便連濁形
たり止　三七4（老インダリ）・七七
1（ウエタリト）
た止　五六⑦・七七③・一〇四②・
一五〇②
たる　四二1・一〇七1・一一三1・
一八五1・二八〇1
た體　＊三四⑤・五四②・五六⑥・六
三②・③・七一②・八四⑤・八五
③・九一②・一一六③・一一七
③・一一九③・一＊二八③・一三
二⑤・＊一三五③・一四〇④・一
四五③・＊一五一②・一六〇②・
一六八③・一七三②・一七七③・
一九三③・二〇〇②・②・二四
二③・③・二六三②・二七〇②・
二七三②
↓そっとした、むさとした
た＋助動詞　六⑥
た＋助詞　一五③・＊七二④・七四③・
一一四③・一五九②・一八五②・
一八六③・一八八④・二〇〇②・
二二九②・二三八②・二四二④
たり〔助動〕（指定・資格）
たら　一四四1・1
たる　六④・八五④・二二四③・二
五四③・二六八⑥
たれ已　二〇八⑤
ぢゃ〔助動〕
ぢゃ止　五④・二五④・七四④・一
三六④・一六一②・一六二②・
一九四⑧・二二五④・二五三④・
二六四⑤
ことぢゃ　五九⑤・一四八③・二五
四⑤
ものぢゃ　一三③・一五②・③・二
九⑦・三〇④・三四⑦・三八④・
四〇④・四三⑤・四九④・五一
②・五二②・五五③・④・五九④・
六〇②・八〇④・八三⑤・八九
③（ーヂャゾ）・九〇④・九五⑤・
一〇二②・一〇三③・一〇七⑤・
一一四②（ーヂャガ）・一一五④・
一四九⑤・一九一③・一九三⑤・
二一三②・二一六⑥・二二一④・

二二八③・二三〇③・二三三一③・二三三③・二三七③(ーヂャゾ)・二四八②・二七〇②

⇒ごとくなり(ーヂャ)、で〔助動〕〔指定〕

つ〔助動〕

つ　二四七③・③(人ノ讃メッ毀ッツスル)・④・④(用イツ捨テッスル)

つる　二〇三1

て〔接助〕＊音便連濁を含む

㈠動詞＋て　一1・三1・②・五1・八1・③・九1・一二1・二六⑥・二七⑥・二九1・1・2・3・④・⑥・三五1・③・四〇1・四一1・2・四五1・2・⑤・四六1・2・④・四七1・2・⑦・五〇1・③・五一1・六七1・2・③・七〇1・③・七三③・七九1・2・2・八一③・九〇1・2・九二1・③・九五③・九六1・九七1・②・九九④・一〇〇1・1・③・一〇四1・一〇五1・一〇六1・③・一一一2・一一二③・④・一一五1・一一七③・一二〇③・一二二1・一二五1・2・⑤・一二六1・2・一二八②・一三五③・④・一四〇③・一四一2・一四八②・一五二1・1・一五四4・一五七②・一五八1・③・一六二1・一六五1・②・③・一六七1・②・②(ーカラ)・一六八②・一七一②・一七四1・2・④・⑤・一八八1・1・③・⑤・一九五2・二〇一1・二〇三②(ーカラ)・二〇六1・2・二〇八⑦・二一一1・二一二③・二一八1・二二九4・二二四④・二二七1・②・二二八③・二三一2・二三八②・二三九1・②・二四三1・二四九③・④(ーゾ)・二五〇1・二五二1・2・二五四2・二五六1・二五九1・④・二六〇1・3・二六四1・③・④・二六七1・1・二六九2・2・⑤・⑥・二七三1・二七五1・二七八③・二八一②・二八二⑤

㈡形容詞「ーく(ぅ)」＋て　七七②・一四七③・二〇七⑦

㈢助動詞「ーれ」＋て　二〇六③・④

→あえて、いたって、かえって、しこうじて、すべて、もって

⇒して、ては、ても

で〔助動〕（指定）
で　四⑤・二二②・一二四③（何デモナウ）・二四九④（悪ンデデーハナイ）
で〔格助〕　七六②・八四④（ーハ）・一〇四②・一八二③・④・二六五④（山デハ）・二六六④（身一ッデハ）
てーは
動詞＋ては　二1・七一1・七八⑥・一〇一④・一五三1・2・③・④・一九〇④・二二八③
形容詞＋ては　四四④・一七九②・二五六③・二六六⑤
てーも
動詞＋ても　七五1・③・八六1・1・一一五④・二一一②
形容詞＋ても　八六③・④・二三三②
と〔格助〕
㈠引用（と言ふ、思ふ、す、など）
一六②・一七1・2・二一④・三七1・2・⑥・六二1・2・⑥・七六③・七七1・③・八七1・2・一一一1・④・④・一四九③・一六八1・1・③・④・一六九1・2・③・⑤・一七四⑤・二〇四③・二一六④・二一九1・④・二三二②・二三三②・二四二1・1・二四九④・二六〇⑥・二六四④・二六八1・⑤・二七一1・③
㈡結果・資格等（と成る、す、など）
序3・三六③・四二1・2・④・五一1・②・五九③・③・七九1・八一1・2・⑤・九八1・2・九九⑤・一〇〇1・1・③・一〇三1・一一一2・一一四1・一三五⑤・一六三②・一六八⑤（本トスル）・一八一1・②・一九二1・③・二二四1・③・二三六1・2・③・二四五3・二六七④（本トスル）・二七九1
㈢共同　六〇1・八四1・③・一八五②・二〇七⑧・二一九1・③・二五四1・③・⑤
㈣併立　…と…　二八④・一〇一③・一三七④・一五一②・二四七⑤
…と…と　一〇一1・1・一〇二②・②・一三七1・1・3・3・二〇四1・1
↓あっさりと、かるがると、そっとした、むさと、むさとした、もっぱらと、われと

という(ふ)とも〔接助〕　二六八3・⑦
といえ(へ)ども〔雖〕〔接助〕　三四1・2・
一一1・一五二2・3・二〇
〇1・二〇七3・二三三1
ときんば〔則〕〔接助〕　六2・3・八2・
二三1・二六1・2・三〇1・2・
四六1・2・五八1・六〇1・六
二1・六六1・1・六九1・八一
1・2・八三1・八四1・八七1・
2・九五1・2・九七1・九八1・
2・一〇八1・一二四1・一二
八1・一三一2・2・一三二1・
2・一三五1・2・一三八1・2・
一四一1・一五五1・1・一七
五1・2・一八〇1・1・二〇三
1・二一六1・2・二二〇1・二
二一1・二二二1・二二三1・
二二四2・二二五1・2・二二四

五1・二五二1・二五七1・2・
二五八1・2・二六一1・2・二
六五2・二六八2
として〔格助〕　三八1・一一五1・③・
一三四1（イカン－カ）・二〇七
3
とて〔格助〕　七二③・一一〇③
とて・も
體言＋とても　六一③
と・は　一〇一1・一〇二・2・一三七
1・二〇四1・二二六④
とも〔接助〕
㊀動詞＋とも　三1②（死スルトモ）・
一五二⑤・一七八④・一九八④
㊁形容詞活用助動詞　一七八1・
一九八1・二〇四③・二六六②
㊂助動詞なり・とも　七五④
⇒というとも

と・も　八四④（何トモナイ）・二七一
②（何トモセウヤウガナイ）
ども〔接助〕　四⑦・九②・二二1・②・
三四⑤・三五④・四六④・五〇
④・八四④・九八③・一〇一④・
一一③・一六九1・2・③・⑤・
一八九④・一九〇③・二〇七1・
2・⑤・⑦・二〇八⑤・二二一④
⇒といえども
な〔終助〕（禁止）　二②（恥ヅルナ）・三
七⑥・七二③・七五⑤・七七③・
八六④・一〇六②・一一七③・
一二〇④・一六七②・一七二③・
一九六③・④・二一四③・二一
七④・二三九③・二四四②
な→みなかみ、みなもと
ながら〔接助〕　八④（イナガラ下知ニ
附ケ従ユル）

など〔副助〕
—（が）　二六五④（獅子王ナドガ棲ム山）
—（と）　三七⑥（明日ノ明年ノナドト延ブルナ）
—（の）　序2・一八六②
なり〔助動〕（指定）
なら　二〇五1（德孤ナラズ）
なら（ば）　四四③・六二⑥
なり　序3・4・三1・五2・二四2・二五2・二九5・三一1・2・三六1・四一2・3・四七3・4・六七1・2・九九2・一〇一2・一三二1・一三五2・一六六1・一九四2・3・4・二〇四1・二四二2・二五三1・1・③・*二八一1
—とも　七五③

に用　四1・3・六一1・二三八1・二四七1・二四九1
な體　二九④（眼ノ前（マ）ナ大事ヲ）
なる　八2・六六1（日中（ナカバ）ナルトキンバ）
なれ已　八③・九八③・一三九②・二六一⑤
→明ラカナリ、溫カナリ、イカナリ、徒（イタヅラ）ナリ、大（オオ）イナリ、大（オオ）キナリ、疎（オロ）ソカナリ、溫（オン）ナリ、愚（グ）癡（チ）ナリ、愚癡無知ナリ、愚（グ）ナリ、活計（クワツケイ）ナリ、過分（クワブン）ナリ、下賤（ゲセン）ナリ、結構（ケツコウ）ナリ、健（ケナ）ゲナリ、憲法（ケンバウ）ナリ、孤陋（コラウ）ナリ、察（サツ）ナリ、十分（ジユウブン）ナリ、直（スグ）ナリ、ス直（ナヲ）ナリ、太平（タイヘイ）ナリ、平（タイ）ラカナリ、柔和（ニユウワ）ナリ、貧（ヒン）ナリ、貧乏（ビンボウ）ナリ、不憲法（フケンバウ）ナリ、無憲法（ブケンバウ）ナリ、無精（ブシヤウ）ナリ、不足（フソク）ナリ、分明（フンミヤウ）ナリ、マダラナリ、マレナリ、無心（ムシン）ナリ、無理（ムリ）ナリ、和（ヤワ）ラカナリ、豊（ユタ）カナリ、幼（ヨウ）ナリ、邪（ヨコシ）マナリ
⇒ゴトクナリ
に〔格助〕
㊀體言＋に　序4・三1・1・②・四1・2・3・4・⑤・⑧・五③・七1・八1・2・③・④・一〇②・一二③・一三③・一四1・1・②・②・一八②・二〇1・1・②・二一1・1・3・④・二七④・⑥・二八⑤・二九⑥・三〇1・2・③・三一2・三四⑤・三七3・三九1・四〇1・③・③・④・四一④・四二③・四三1・1・④・四四1・1・2・③・③・④・四五1・2・④・四七⑤・四八1・1・②・③・

五〇④・五三1・五六2・③・④・
五九1・④・六〇②・六一1・③・
六二3・⑤・六三2・六四1・③・
六五1・③・六八1・1・③・六
九③・七一1・②・七三1・2・
③・④・七七③・七八2・3・⑥・
八〇1・八一④・八四1・八五
1・2・③・④・八六1・1・八九
②・九〇③・九三1・③・九六④・
九九③・④・一〇一④・一〇二
1・一〇六1・一〇七1・2・一
〇八2・③・一〇九③・一一
1・一一三1・④・一一五③・一
一六1・2・一一八②・一一九
③・一二〇④・一二一②・一二
二③・一二三②・一二五1・2・
一二六④・一三一1・2・③・④・
④・⑤・一三三2・一三五1・1・
一三六1・③・④・一三七③・一
三八1・一四〇1・③・一四一
2・⑤・一四二③・一四四③・一
四五1・1・③・④・一四六③・
一四八1・②・一四九③・一五
〇1・一五二1・2・一五三2・
③・一五四1・③・一五五⑤・一
六〇②・一六四1・一六六1・
一七四④・一七六②・一七七②・
一八〇1・1・2・一八二1・1・
一八三③・一八八③・④・一八
九1・2・④・一九〇1・1・2・
一九一1・一九三2・⑤・一九
四3・⑥・一九五④・⑤・一九六
1・1・③・一九七1・1・一九
八④・二〇〇1・②・二〇三1・
二〇五②・二〇六1・2・③・④・
④・二〇八⑤・⑦・二一一1・二
一二1・1・二一三1・1・②・
二一四1・二一五1・1・②・③・
二一六⑤・二一七1・③・④・二
一九④・二二一1・③・④・二二
二②・二二四③・④・二二五⑤・
二二七1・1・②・③・二三一②・
二三四②・③・二三五1・1・②・
二三八②・二三九1・②・二四
〇1・二四二1・二四四1・二
四六1・②・二四七2・二五〇
1・③・二五一1・③・④・二五
三②・二五六1・1・④・二五八
③・二五九③・④（者バカリニ）・
④・二六〇1・3・3・⑤・⑥・⑦・
二六一⑤・二六五1・1・2・2・
⑤・二六六1・2・④・二六七1・
2・④・二六八3・⑦・二七三1・
②・二七六1・②・二七八1・②・

二八一・1・1・②・二八二1・2・⑤
本にす　七③・二八二④
㊁連體形＋に〔格助・接助〕　二1・七1・二四④・二六1・2・④・四四1・五六1・六二⑦・七一1・七六1・②七七1・九六2・一〇八1・一一〇1・一一三1・③・一一五1・一二四1・2・一二六1・一三六1・2・一四二1・2・一六〇1・一八六1・一九四⑦・二〇〇②・二〇三1・二〇八2・3・⑦・二四一1・二四七⑤・二六四2・二六九⑥
→あいともに、あまりに、いかん、かりそめに、かるがゆえに、ごとに、散々（さんざん）に、しかるに、自然（じねん）に、すでに、たがいに、ついに、ともに、まことに、まさに、みだりに、有道（ゆうたう）に、ゆえん

において〔於〕〔格助〕　二〇八1
―は　一五二⑤

にして〔格助〕　四九1〔獨學―〕・一三八③〔情識―〕・二二八1〔鼷鼠ノ為―〕・二六六1〔一心―〕・2〔百心―〕

に―は
㊀體言＋には　一三1・②・四三③・五五②・五六④・⑤・⑥・六二⑤・七八⑧・八三③・④・九五③・⑤・九六④・一二七1・2・③・④・一三一1・1・③・④・一三七④・一四九1・1・④・一六四②・一七二1・②・一七三1・一八一②・一八六③・二〇二②・二一二③・④・二三三1・②・二三五②・二四〇②・二四五②
㊁連體形＋には　三七⑤・五六2・七一②・七八1・④・一三〇1・2・③・④・一七三1・一八二2・一八六②・二〇〇1・二七七1・②
⇒ときんば

に―も
㊀體言＋にも　四⑦・四六③・六八④・一〇九④・一五三⑤・一九〇④・二〇七⑥・二六六⑤
㊁形容詞連體形＋にも　二五四④・⑤

によって〔緣・因〕〔格助〕　三九1・③・五五1③・五九④・六八④・七九1・一〇九1・2
によって〔接助〕　四⑥・⑧

ぬ〔助動〕〔完了〕

ん(に)用　三七4(老インダリ)・一一七1(成リンジ)・一一七1(逃ゲンジ)

ぬ　三七3(日月逝キヌ)・一一一1(足ンヌト)

ぬれ　一八四1

の〔格助〕

㊀主格　一②・四⑤・五③・六⑥・一五②・③・二一1・④・二三③・三二1・三三3・3・⑤・⑥・三五1・1・③・三七⑥・四五④・四七2・⑤・五六⑤・五九③・七二1・七六③・八〇③・九二1・③・九八④・一〇一1・一一〇1・一一六③・一一八②・②・一二四④・一二八②・一三一③・一三八④・一四一④・一四二1・1・④・一五〇②・一六〇②・一六一1・一九五1・④・一九八1・二〇四1・二一九④・二二二②・二三〇1・②・二四〇②・二四七③・④・二五〇③・二五三③・二五六④・二六〇⑤・二六一④・二六四1・二六五⑥・二六九1・⑤・二七七1・1・②・②・二八二1・2・④・⑤

㊁連體格　序2(七書ナドノウチ)
四1・3・⑤・⑦・六1・1・④・七1・八2・④・一三1・②・一八②・一九1・二一2・2・2・二二②・③・二七⑥・二八④・三三1・2・三四④・三五③・三六1・1・②・②・三九1・四一1・2・④・⑤・⑤・四三③・④・四七⑤・⑤・五一①・五五②・③・五七③・④・④・五八1・②・五九1・1・六〇②・六一③・六二④・④・⑤・六三②・六四1・六五1・③・六八1・1・六九②・③・七一1・七三1・2・③・④・七四④・④・七五③・④・七六②・七八2・2・⑧・八一1・2・④・⑤・八四1・4(ドコゾノ程)・⑤・八八1・1・③・九〇③・④・④・九二1・③・④・九三1・九六③・九七③・九九1・1・1・一〇七1・2・一〇八③・一一三1・1・一一八1・1・1・一二〇2・④・⑤・一二三③・一二五2・一二七1・2・③・④・一三〇④・一三七④・一三九③・一四〇③・一四一1・一四四④・一四五③・④・④・一四六④・一四八1・1・②・②・一五四③・③・一五五④・

一五八②・一六〇③・一六二②・一六六1・②・②・一六八②・一六九④・⑤・一七〇②・②・一七二1・②・一七三1・1・一七七②・②・一七八1・1・③・④・一八一②・一八二④・一八六②（耕作ナドノ時）・④一八八③・一九〇1・2・④・一九一1・一九三④・一九四1・2・3・⑦・⑧・二〇六④・二〇七4・⑤・⑧・二〇八1・1・二一〇③・二一二1・2・二一三②・二一六④・二一七③・二一八②・二二〇1・②・二二一1・二二五5・二三八1・1・二三一1・二三三②・二四〇②・二四一②・二四三1・二四七1・1・③・二四八1・二五〇③・二五一③・二五三1・1・③・二五五1・2・③・二五六1・2・③・二五七③・③・④・⑤・二五八③・④・⑤・二六四③・③・④・二六六1・④・二六七1・③・③・④・二六八1・1・3・⑥・⑦・二六九1・二七一②・二七六2・③・二七八②

〇連體形＋の　四七3（招クノ媒）4・九九⑤・二六〇1・2・二七九1・二八一1

↓このかみ、このは、その、まのまへ、よのなか

㊂のごとし、のやうなり　六1・⑤・二三1・2・九八⑤・一〇三③・一二四1・2・一四三1・2・③・④・一五八1・②・二四三③・二五〇1

↓かくのごとし

の〔並列助〕　三七⑤・⑤（明日ノ明年ノナドト延ブルナ）

のみ〔副助〕↓さのみ

は〔副助〕

㊀體言＋は　四⑦・六1・④・九1・一二1・1・④・一五1・1・一六②・一七1・③・一八②・一九1・②・二一⑤・二二②・③・二四1・④・二五1・③・二七③・二九1・3・三二1・2・三三1・2・三五③・三六1・三八③・④・三九1・1・四三③・④・四五1・2・④・四七1・1・3・⑥・⑦・四八②・②・四九③・五〇⑤・五四②・五五②・五九1・六一1・④・六三②・六七③・六八1・1・③・③・七〇②・③・七四④・七八2・2・⑥・⑦・七九1・1・八

○③・八二1・1・八三1・1・八四③・八五④・⑤・八八1・1・③・八九②・九○1・1・④・九一②・九二④・九四1・九六1・2・③・九七③・九九1・④・一○一③・一○三②・一○六②・一○七④・④・一○九1・2・④・一一三④・一一八1・②・一一九③・一二三1・②・一二五1・2・④・一二六1・2・③・一三二④・⑤・一三三1・2・③・⑤・一三四③・一三五④・一三六③・④・一四一④・一四二1・1・③・④・一四三1・2・一四四③・④・一四六1・1・③・一四七②・一五一②・一五四②・一五五④・一五六1・1・③・④・④・一五七②・③・一五八②・③・一五九②・③・一六三②・一六四1・②・一六五②・一六六③・一七○②・一七六②・一七八③・④・一七九③・一八○③・一八一1・一八二④・一八七②・一八九1・2・一九○③・③・一九一②・一九三1・1・③・一九六1・一九八1・2・③・⑤・一九九1・②・二○○②・二○一②・二○五②・②・二○六1・2・③・二○九1・②・二一○1・2・③・二一三②・二一五②・二一八②・二一九④・二二○②・二二一④・二二四1・③・二二五1・③・二二六③・二二七1・②・二二八1・②・二三○②・二三四②・③・二三八②・二三九②・③・二四○③・二四一②・二四三2・二四七1・1・④・⑤・二四八1・②・二四九③・二五○1・③・二五一1・2・④・④・二五二④・二五三1・1・②・③・二五四1・③・二五五1・④・二五六④・二五九1・③・二六○1・2・④・⑥・二六一④・⑤・二六二1・2・④・二六四③・④・二六五⑦・二六八1・④・二六九1・2・⑤・⑥・二七○②・二七一③・二七三②・二七八②・二七九1・二八一③・二八二⑤③・二三③・一九⑤・三三3・4・

㈡連體形＋は　五1・④・一五②・⑤・⑥・三六②・三七⑥・三八1・四一1・2・④・⑤・四七4・四九1・五六④・六七1・2・七四⑤・九四1・一一三2・一一五2・③・一七四⑤・一八五1・一

八七1・一九四1・2・3・⑦・
二〇七3・二四七③・二六四1・
二七七1・②・二八一1・二八
二1
㊂連用形＋は　四1・3・⑥・二二
②・二〇四③（無理ニハ）・二四
九④（悪ンデデハナイ）
㊃助詞＋は
いでは　三四④・一三〇⑤・一三
四②・一三八④・一四四④・二
三二③
かは　九三②
からは　六七③・二〇三②
しては　一二八③・一八七③・二
六三③
では　八四④・二六五④・二六六
④
とは　一〇一1・一〇二②・一三
七③・二〇四1・二二六④
においては　一五二⑤
ばかりは　二〇七⑧
よりは　一四七③・一八二1・③
をもっては　七八⑤
⇒ずんば、ては、には、をば、ん
ば
ば〔接助〕
㊀未然形＋ば　一②・四四③・六二
⑥・七五④
㊁已然形＋ば　六④・⑤・七②・八
④・一一1・一四1・②・一六1・
二〇1・②・二四2・二五②・二
六④・⑥・二八1・1・④・⑥・二
九⑥・三一③・④・三二1・2・
③・④・三四1・2・⑥・四〇1・
四六④・四七⑥・五〇1・2・④・
⑤・五一②・五八②・六二③・六
六③・六九②・七〇②・七五1・
八〇1・2・八一③・④・八三④・
八四③・八七④・⑤・九四③・③・
九八④・⑤・一〇三1・一〇七
1・2・一〇八④・一〇九③・一
一一1・一一二1・1・③・④・
一二一1・②・一二二②・一二
四③・一二八③・一二九④・一
三二③・⑤・一三五④・一三八
③・⑤・一三九①・②・一四〇1・
一四六2・④・一四九③・一五
五③・④・一六六1・②・一七五
③・④・一七六1・一八三③・④・
一八四1・②・一八九③・④・一
九二1・2・③・④・一九三⑤・
一九五1・2・⑤・二一三1・二
一六③・④・二一九1・二二二
②・二二三②・二二四④・二二

五④・⑤・二三一1・二三七②・二三八1・二四五②・二五七③・④・二五八③・⑤・二六一⑤・二六三1・②・二六五1・⑥・二六八⑤・二七〇1・二七一1・②・二七六1・②・二八〇2・③

ばかり〔副助〕　七八⑤（財ヲ取ラスル―ヲモッテハ）・二五九④（氣ニ合ウ者―ニ）

―（は）　二〇七⑧（モノ言ウ―ハ）

べし〔助動〕

べく　一七八1・一九八1・二六六2

べし　一〇1・五九2

べき　一二一1

べい　二五四⑤

べから（ず）　四二1・2・一四四1・一七八2・一九八2・二三四1・二二五1・二二九1・二六六3

まい〔助動〕

まい止　一九八⑤・二二一②

まで〔格助〕　一七3・二八⑤

―（も）　八④・一三三⑤

む〔助動〕⇓ん

も〔副助、係助〕

㊀體言＋も　一四③・一七④・④・二三1・二八③・③・④・二九⑦・三一③・④・三四④・四四④・四五⑤・五〇④・五一②・五二②・五八③・六三③・六六③・六七④・七〇②・七六②・七七②・七九④・⑤・八一1・2・④・⑤・八三⑤・⑤・八五1・2・③・④・九五④・九八1・2・③・一〇六③・一〇九③・一一三③・一一四②・一二四④・一二六⑤・一二九③・③・④・④・一三五③・④・一三七④・一三九②・③・一四六③・一五三③・一六五②・③・一八四1・一八八④・一九二③・④・一九三⑤・一九四⑤・⑥・一九六④・二〇二②・二〇六④・二〇七⑤・⑦・二一六1・2・③・⑤・⑤・二一九③・二二二③・二二五④・二三二1・②・二三六②・二五二④・④・二五七④・二五八⑤・二六五⑤・二七〇1・二七六③・二七九②・二八〇③

㊁連體形＋も　五九③・一三二②・一八五②・一八〇1

㊂副詞＋も　一九六③

→いつも、もっとも

㊃「なり」連用形「で」　一二四③

⇓しも、て―も、とても、とも、

にーも、まで（も）、より（も）
や〔並列助〕　二二八2（鼷ヤ鼠ヲ）
や〔終助〕　三七4（是誰ガ愆ゾヤ）
やう・なり〔助動〕→やう（様）
やうに用　九八④・⑤・⑥・二一六⑤・二四二③・④・二五五③
やうな體　九四④・二六一⑤（ソノヤウナ）
やうなれ　八四④
よう〔助動〕⇒う、うず
より〔格助〕　序2・七3・一四六1・一九八③・二〇一②・二〇九1・二三二1・二六三②
ー（は）　一四七③・一八二1・③
ー（も）　七四③・⑤・九三②・一二三1・②・一四八③・二一五③・二六七③
らる〔助動〕
られ未　一八②・三七⑥・五六⑤・一〇一④・二六六⑥
られ用　五六⑦・一二六④
らる　一八〇②
らるる　五六③・九四③・一九八③
り〔助動〕
ら　二四二1
り止　五九1・一五二3・二四二1・二七九1
る　六六1・九四1・一〇九1・一二六1・2・一九八1・2・二四二2
る〔助動〕
れ未　二〇②・五八1・六七④・二〇二②・二六三③・二七〇②
れ用　二〇六1・③・④
る　二二1・二二〇1
るる　二〇六③
→くださる
を〔格助〕
㊀體言＋を　一1・②・二②・②・三1・②・四4・五1・2・③・④・六2・3・七1・②・③・八1・一一1・1・②・一三②・一四1・二〇1・二二1・②・二四1・1・1・③・③・④・二五1・1・1・③・③・④・二六1・2・④・⑤・⑥・二七1・1・1・1・③・④・二八⑤・二九④・⑤・⑤・⑥・⑦・三一⑤・三四1・3・⑤・三五1・1・2・2・③・⑤・三六②・三七⑤・三八1・③・四〇1・③・④・四一1・④・⑤・四五1・1・2・3・⑤・⑤・⑥・四六③・③・四七3・4・五〇④・五二②・五三1・五六1・1・1・2・③・④・⑥・

⑥・⑦・五七③・⑤・五九⑤・六一2・六二1・2・2・④・⑥・⑦・⑦・六三1・1・③・六四2・③・六五1・③・④・六八③・六九②・七一1・②・③・七二1・1・2・2・③・④・④・七三1・2・③・④・七四⑤・七五1・1・③・④・七六1・七八1・④・④・⑤・⑤・⑥・⑦・七九1・2・2・3・④・⑤・八〇1・2・③・八一③・八二1・1・③・八三1・1・③・③・④・④・八四2・⑤・八五1・2・③・⑤・八六④・八七1・2・④・④・八九1・九〇1・1・2・2・九二1・④・九四1・1・九六1・1・③・④・⑤・九七②・九九③・④・一〇二1・一〇三1・②・一〇四1・1・一〇五1・1・一〇七1・1・2・一〇八1・一一〇1・1・一一一2・③・一一三1・③・一一四③・一一五1・一一七③・一一九1・1・③・一二〇1・1・1・③・④・一二四1・2・③・④・④・一二五1・3・④・④・一二六2・③・③・④・一二七④・④・一二八1・1・③・③・一二九1・1・③・④・一三〇1・1・③・④・④・一三三1・2・③・③・④・一三四1・1・②・②・一三五③・④・一三六1・③・④・一三七1・一三八③・一四〇1・③・一四一1・1・3・④・④・⑤・一四三1・1・一四四③・④・一四五1・1・④・一四六1・④・一四八1（ーヲカ）・②・一四九1・④・一五〇1・一五二1・1・④・⑤・⑤・一五三1・1・2・③・④・④・一五四②・③・一五五2・③・④・④・⑤・一五六1・2・③・④・一五七②・一六一1・一六三1・一六五④・一六七1・一六八1・1・②・一六九1・2・④・⑥・一七〇1・1・一七一1・1・②・②・一七二1・一七三1・②・一七四1・1・2・3・④・⑤・⑤・一七五③・一七六1・1・一七八③・④・一七九1・②・一八〇1・③・一八二③・一八三④・一八六1・②・一八七1・1・②・③・一八八1・1・1・2・③・⑤・一八九③・一九二2・④・④・一九三1・③・③・④・一九四⑤・⑥・⑦・一九五1・3・④・⑤・一九六1・④・一九九1・③・二〇〇

○1・2・③・一三六1・2・一五二2・一六八②・③・⑤・一六九⑤・一七〇③・一八一1・一八六1・一八九1・2・③・一九九②・二〇四2・二二六1・1・二六二2・二六八1・④
―(か)　三八1
㈡連體形+をもって　七九④・⑥
㈢ばかり+をもって(は)　七八⑤
ん(む)〔助動〕
ん止　四四1
ん(と)　一七1・2・六二1・2・一六九1・2
ん體+體言　一五三1・一七四3
ん體+助詞　一八二1・2・二四二1・1・二四九1
係助詞…ん　三八2・四四2・六一2・一一五2・一三四1・二六八3
ん〔助動〕(助動詞「ぬ」の連用形の音便形)⇓ぬ
んば〔接助〕四四1・2・二二四1・二二五1(威ナクンバアルベカラズ)
⇓ずんば

# 五　　常

## 仁、義、禮、智、信、

仁 1 仁(ジン)。自(ミヅカラ)ヲ忘レ、他(タ)ヲ愛シテ、危(アヤウ)キヲ救(ス)
2 (ク)イ、極(キワ)マレルヲ助ケ、摠(スベ)テ物ニ情(*ナ)
3 (サケ)ヲ先(サキ)トシ、事ニ觸(フ)レテ憐(アワレ)ミノ心(コ)
4 (コロ)有ルヲ、仁ト謂(ユ)ウ。

*諸「五常」は「志」を用いる。

義 1 義(ギ)。富ンデ驕(ヲゴ)ラズ、積(ツ)ンデ能(ヨ)ク施(ホドコ)シ、
2 天(テン)ニ跼(セクグ)マリ、地(チ)ニ蹐(ヌキアシ)シ、凡衆(ヲヨソシュ)
3 ニ交(マジワ)ッテ争ワズ、謙(ケン)ヲ専(モッパ)ラトシテ
4 相譲(アイユヅ)ルヲ、義ト謂ウ。

禮 1 禮(レイ)。臣(シン)ハ君(キミ)ヲ貴(タット)ミ、子ハ親ヲ孝(カウ)シ、
2 弟(ヲトヲト)ハ兄(コノカミ)ニ従イ、老イタルヲ敬(ウ)
3 (ヤマ)イ、幼(イトケ)ナキヲ愛シ、上(カミ)トシテ驕(ヲゴ)ラズ、
4 下(シモ)トシテ亂(ミダレ)ガワシカラザルヲ、禮ト謂ウ。

智 1 智(チ)。廣ク諸文(ショブン)ヲ學(マナ)ビ、敢(ア)エテ萬藝(バンゲイ)ニ
2 達(タッ)シ、故(フル)キヲ溫(タヅ)ネ、新(アタラ)シキヲ知リ、大方(ヲウカ)
3 (タ)三(ミタビ)思ッテ理非(リヒ)分明(フンミャウ)ナルヲ、智ト謂ウ。

*atataxiqiuo

信 1 信(シン)。心廉(スナヲ)ニ、言(コトバ)正シウシテ、良カラ
2 ザルヲ行ナワズ。道(ミチ)ニ非(アラ)ザレバ、學(マナ)
3 ビズ。摠(スベ)テ内外(ナイゲ)ヲ飾ラズ、勤行(ゴンギャウ)ニ實(マ)
4 (コト)有ルヲ、信ト謂ウ。

# GOIO.

## IIN, GVI, REI, CHI, XIN.

¶ Iin. Mizzucarauo vaſure, tauo aixite, ayauqiuo ſucui, qiuamareruuo taſuqe, ſubete mononi naſaqeuo ſaqito xi, cotoni furete auaremino cocoro aruuo, jinto yŭ.

¶ Gui. Tonde vogorazu, rçunde yoqu fodocoxi, tenni xe cugumari, chini nuqiaxi xi, voyoſo xuni majiuatte araſouazu, qenuo mopparato xite aiyuzzuruuo, guitoyŭ.

¶ Rei. Xinua qimiuo tattomi, coua voyauo cõxi, vototototoua conocamini xitagai, voitaruuo vyamai, itoqenaqiuo aixi, camitoxite vogorazu, ximo toxite midaregauaxicarazaruuo, reitoyŭ.

¶ Chi. Firoqu xobunuo manabi, ayete banguemi taxxi, furuqiuo tazzune, ataraxiqiuo xiri, vôcata mitabi vomotte rifi funmiŏ naruuo, chito yŭ.

¶ Xin. Cocoro ſunauoni, cotoba tadaxŭ xite, yocatazaruuo vaconauazu: michini arazareba, manabizu: ſubete naiguεuo cazarazu, gonguiŏni macoto aruuo, xinto yŭ.

CO

278. 1　寝(イ)ヌル時(トキ)ニ言(モノイ)ワズ。

②　心。寝物語(ネモノガタリ)ハ人ノ妨(サマタゲ)ニナッ

③　テ悪(ワル)イモノゾ。

279. 1　世(ヨ)ヲ亂(ミダ)ラスノ根源(コンゲン)ハ唯慾(タダヨク)ヲ本(モト)ト為(セ)リ。

②　心。慾心(ヨクシン)カラ亂(ラン)モ起(ヲ)コルゾ。

280. 1　破(ヤブ)レタルヲ補(ヲギナ)イ、*寒(カン)ヲ遮(サエギ)ルモ、暖(アタタ)カナ　　*cāuoとある。

2　レバ卽(スナワ)チ休(キュウ)ス。

③　心。見苦シイ衣裳(イシャウ)モ暖カニサエアレバ、濟(ス)

④　ムゾ。

281. 1　得難(エガタ)キハ節(セツ)ニ伏(フ)シ、誼(ギ)ニ死スルノ*臣(シン)ナリ　　*xin ariとある。

②　心。節義ヲ正(タダ)シウシテ義理(ギリ)ニ死(シ)スル被官(ヒクワン)

③　ハ求(モト)メ難(ガタ)イ。

282. 1　榮(エイ)ヲ貪(ムサボ)リ、利(リ)ヲ嗜(タシナ)ムハ、飛蛾(ヒガ)ノ燭(ショク)ニ赴(ヲ)

2　(モム)キ、蝸牛(クワギュウ)ノ壁(カベ)ニ上(ノボ)リ、蠐螬臭(セイサウクサ)

3　キヲ追(ヲ)ウガ如(ゴト)シ。

④　心。人ノ榮ユルヲ本(ホン)ニシ、慾ヲ構(カマ)

⑤　ユル者ハ火消(ヒケ)シ蟲(ムシ)ノ油火(アブラヒ)ニ飛ビカカッテ

⑥　我ガ身ヲ燒クガ如クゾ。

Inuru toqini moncitazu.

Cocoro. Nemonogatariua fitono ſamatagueni nat-
te varui monozo. (xeri

Youo midaraſuno conguenua tada yocuuo mototo

Cocoro. Yocuxincara ranmo vocoruzo.

Yabaretaruuo voguinai,cauo ſayeguirumo,atataca na-
reba ſunauachi qiruru.

Cocoro. Migurusij yxŏmo atatacani ſaye areba, ſu-
muzo.

Yegataqiua xetni fuxi,guini xiſuruno xin ari.

Cocoro. Xetguiuo tadaxi,xite guirini xiſuru fiquã
ua motomegatai.

Yeiuo mutabori, riuo taxinamuua,figano xocuni vo-
momuqi, quaguinno cabeni nobori, xeitŏ cuſa-
qiuo vôga goroxi.

Cocoro. Fitono ſacayuruuo fonnixi, yocuuo cama-
yuru monoua fiqeximuxino aburaſini tobicacatte
vagamiuo yaquga gotoquzo.



FINIS.

④ 心。若イ時カラ學問ヲ勵(ハゲ)マス者(モ)

⑤ (ノ)ハ朝日(アサヒ)ノ出(イ)ヅルガ如クナリ。年寄(トシヨ)ッテ學(マ)

⑥ (ナ)ブ者(モノ)ハ暗(クラ)イニ燭(ヒ)ヲ炷(トモ)イテ歩(アル)クガ如

⑦ クヂャゾ。

270.1 一言已(イチゲンスデ)ニ出ヅレバ、駟馬(シメ)モ追イ難(ガタ)シ。

② 心。出(イ)ダイタ言(コトバ) ハ取リ返(カエ)サレヌモノヂャ。

271.1 一人虚(イチニンキョ)ヲ傳(ツタ)ユレバ、萬人實(バンニンジツ)ト傳(ツタ)ウ。

② 心。一人(ヒトリ)ガ虚言(ソラゴト)ヲ言(イ)イ觸(フ)ラセバ、聞(キ)ク程(ホド)ノ

③ 者ハソレヲ實(マコト) カト思ウ。

272.1 弓(ユミヲ)折レ、箭(ヤ)盡(ツ)ク。

② 心。何(ナン)トモショウヤウガナイ。

273.1 病(ヤマイ) ニ應(ヲウ)ジテ方(ハウ)ヲ施(ホドコ) ス。

② 心。物ハソレソレニ似合(ニヤ)ウタ道(ミチ)ガ有ル。

274.1 一盲衆盲(イチマウシュマウ)ヲ引ク。

② 心。共(トモ)ニ迷(マヨ)ウ。

275.1 羊頭(ヤウヅ)ヲ懸(カ)ケテ狗肉(クニク)ヲ賣(ウ)ル。

② 心。タバカリゴトガ多(ヲヲ)イ。

276.1 一家(イツケ)ニ事(コト)有(ア)レバ、百家忙(ヒャッケイソガワ) シ。

② 心。大(ヲウ)ヤケニ何事(ナニゴト)ゾ有レバ、數多(アマタ)ノ職(ショ)

③ 人(クニン)、下々(シタジタ)ノ者モ共(トモ)ニ忙(イソガワ) シガル

④ モノゾ。

277.1 夷狄(イテキ)ノ君(キミ)有ルハ、諸夏(ショカ)ノ無キニハ如(シ)カジ。

② 心。田舍(イナカ)ノ君有ルハ、都(ミヤコ) ノナイニハ劣(ヲ)

③ (ト)ルゾ。

Cocoro. Vacai toqicara gacumonuo faguemasu mo noua asafino izzuruga gotoqu nari: toxiyotte ma nabu mono ua curaini, fiuo tomoite aruquga goto qu giazo.

Ychiguen sudeni izzureba, ximemo voigataxi.

Cocoro. Ydaita cotobaua toricayesarenu monogia.

Ychinin qiouo tçutayureba, bannin jitto tçutô.

Cocoro. Fitoriga soragotouo iyferaxeba, ciqu fodono monoua soreuo macoto cato vomô.

Yumi vore, ya tçuqu.

Cocoro. Nantomo xôyǒga nai.

Yamaini vôjite fôuo fodocosu.

Cocoro. Monoua soresoreni niyǒta michiga aru.

Ychimǒ xumǒuo fiqu.

Cocoro. Tomoni mayô.

Yǒzzuuo caqete cunicuuo vru.

Cocoro. Tabacarigotoga vouoi.

Ycqeni coro areba, fiacqe isogauaxi.

Cocoro. Vôyaqeni namigotozo areba, amatano xocunin xitajitano monomo tomoni isogauaxigaru monozo.

Yteqino qimi aruua, xocano naqiniua xicaji.

Cocoro. Ynacano qimi aruua, Miyacono nainiua vo toruzo.

Inu-

④ 心。獅子王ナドガ住ム山デハ草(クサ)ヲ
⑤ 採(ト)ルコトモ成(ナ)ラヌ。ソノ如(ゴト)ク國ニ忠(チュウ)ヲ
⑥ 盡ス臣下ガ多(ヲヲ)ケレバ、徒者(イタヅラモノ)ノ
⑦ 謀叛(ムホン)ヲ起(ヲコ)スコトハ叶(カナ)ワヌゾ。

266.1 一心(イッシン)ニシテ以(モ)ッテ百千(ヒャクセン)ノ君ニ仕(ツカ)ウマツ
2 ルベクトモ、百心ニシテ以(モ)ッテ一君(イックン)ニ仕(ツ)
3 (カ)ウマツルベカラズ。
④ 心。身一(ミヒト)ツデハ大勢(ヲウゼイ)ノ主人ニ仕(ツカ)ユル
⑤ コトガ成(ナ)リ、心ガ多(ヲヲ)ウテハ一人(ヒトリ)ニモ仕(ツカ)
⑥ エラレヌモノゾ。

267.1 家(イエ)ヲ破(ヤブ)ッテ國(クニ)ノ爲(タメ)ニシ、身(ミ)ヲ忘(ワス)レテ君(キ)
2 (ミ)ニ奉(タテ)マツル。
③ 心。我(ワ)ガ身(ミ)ノコトヨリモ天下(テンカ)ノ爲(タメ)、主(シュウ)
④ ノ爲ニナルコトヲ本(ホン)トスルコトガ良イゾ。

268.1 有道(ユウタウ)ノ主(シュ)ハ百姓(ヒャクセイ)ノ心(ココロ)ヲ以(モ)ッテ心ト
2 ス。民衰(タミヲトロ)ユルトキンバ、刑(ケイ)ヲ畏(ヲソ)レズ。死(シ)
3 ニ誡(イマシ)ムトイウトモ、遂(ツイ)ニ何(ナン)ノ益(エキ)カ有ラン？
④ 心。道(ミチ)ヲ保(タモ)ツ主人(シュジン)ハ民百姓(タミヒャクシャウ)ヲ
⑤ モッテ威勢トスル。百姓疲(ツカ)レ果(ハ)ツレバ、何(ナニ)
⑥ タル法度誡(ハットイマシメ)ヲモ畏(ヲソ)レヌ。カヤウノ者(モ)
⑦ (ノ)ヲ成敗(セイバイ)スルトイウトモ何(ナン)ノ役ニ立(タ)ツカ？

269.1 幼(ヨウ)ニシテ學(ガク)スル者(モノ)ハ日(ヒ)ノ光(ヒカリ)ノ出(イ)ヅルガ
2 如(ゴト)シ。老(ラウ)シテ學スル者ハ燭(ショク)ヲ秉(ト)ッテ
3 夜行(ヨルユ)クガ如シ。

Cocoro. Xixivŏ nadoga iumu yamadeua cuiauo torucotomo naranu: fonogotoqu cunni chùuo tçucuſu xincaga vouoqereba, ytazzuramonono muſonuo vocoſucotoua canauanu zo.

Yxxinni xite motte fiacuxenno qimuni tçucŏmatçurubequ tomo, fiacuxinni xite motte yccunni tçucŏmatçurubecarazu.

Cocoro. Mi fitotçudeua vôjeino xujinni tçucayeru cotoga nari: cocoroga vouôteua fitorinimo tçuca yeraienu monozo.

Iyeuo yabutte cunino tameni xi, miuo vaſurete qimini tatematçuru.

Cocoro Vagamino cotoyorimo tencano tame, xŭ no tameni naru cotouo fonto ſuru cotoga yoizo.

Yŭtŏno xuua fiacuxeino cocorovomotte cocoroto ſu: tami votoroyuru toqimba, qeiuo voſorezu: xi ni imaximutoyŭtomo, tçuini nanno yeqica aran?

Cocoro. Michitto tamotçu xujin a tami fiacuxŏvo motte yxeito ſuru: fiacuxŏ tçucare fatçureba, nani taru fatto imaximeuomo voſorenu: cayŏno monouo xeibai ſuru toyŭtomo nanno yacuni tatçuca?

Yôni xite gacuſuru monoua fino ficarino izzuruga gotoxi: rŏxite gacuſuru monoua xocuuo totte yoru yuquga gotoxi.

Nn Co-

⑥　無(ナ)ウ治(ヲサ)メウト思(ヲモ)ウ君ハ亂(ミダ)レヌ先(サキ)ニ賢(ケン)

⑦　人(ジン)ニ任(マカ)スル。

261. 1　喜(ヨロコ)ブ則(トキ)ンバ濫(ミダレガワ)シウシテ、功(コウ)無(ナ)キヲ賞(シャウ)

2　ズ。怒(イカ)ル則ンバ濫シウシテ罪(ツミ)無(ナ)

3　キヲ殺(コロ)ス。

④　心。喜ビ怒リノ甚(ハナハ)ダシイ時(トキ)ハ、賞罰(シャウバツ)

⑤　ニ不憲法(ブケンバウ)ナ者ナレバ、ソノヤウナ時ハ愼(ツ)

⑥　ツシムガ良(ヨ)イゾ。

262. 1　善(ヨ)ク游(ヲヨ)グ者ハ溺(ヲボ)レ、善ク乘(ノ)ル者

2　ハ墮(ヲ)ツ。各(ヲノヲノ)其ノ好ム所(トコロ)ヲ

3　以(モ)ッテ返(カエ)ッテ自禍(ミヅカラワザワイ)ヲ爲(ナ)ス。

④　心。大略(タイリャク)人ハ好ム所カラ禍(ワザワイ)

⑤　ガ起(ヲ)コルモノゾ。

263. 1　陰徳(イントク)有(ア)レバ必(カナラ)ズ陽報(ヤウホウ)有(ア)リ。

②　心。隱(カク)レタ善(ゼン)ガ有(ア)レバ、天道(テンタウ)ヨリソノ報(ムクイ)

③　ヲ爲(ナ)サレズシテハ叶(カナ)ワヌ。

264. 1　一篇(イッペン)ヲ學(マナ)ンデ、二道(ニダウ)ヲ兼(カ)ネザルハ、片目(カタメ)ノ暗(クラ)

2　キニ同(ヲナ)ジ。

③　心。一ツノ事(コト)ヲ知(シ)ッテ、餘(ヨ)ノ事ハ習(ナラ)ウ

④　テ要(イ)ラヌト思ウ者ハ片方(カタカタ)ノ眼(メ)ヲ持(モ)タ

⑤　ヌ意(ココロ)ヂャ。

265. 1　山(ヤマ)ニ猛獸(マウジュ)有(ア)レバ、藜藿(*レイクヮク)之(コレ)ガ爲(タメ)ニ採(ト)ラズ。

2　國ニ忠臣有ル則(トキ)ンバ、姦邪(カンジャ)之(コレ)ガ爲ニ

3　起(ヲ)コラズ。

* quacuyocu を改む。

nǒ voſameǒto vomô qimiua midarenu ſaqini qenjinni macaſuru.

Yorocobu toqin ba midaregauaxĭi xite,cô naqiuo xǒzu: icaru toqimba midaregauaxǔxite tçumi naqiuo coroſu.

Cocoro. Yorocobi icarino fanafadaxij toqiua, xǒbatni buqenbǒna mono nareba,ionoyǒna toqiua tçutçuximuga yoizo.

Yoqu voyogu monoua voborre, yoqu noru monoua votçu: vonovono ſono conomu tocorovomotte cayette mizzucara vazauaiuo naſu.

Cocoro. Tairiacu fitoua conomu tocorocara vazauaiga vocoru monuzo.

Yn:ocu areba canarazu yǒſô ari.

Cocoro. Cacureta jenga areba, tentǒ yori ſono mucuyuo natarezuxiteua canauanu.

Yppenno manande,nidǒuo canezaruua,caramerto cu raqini vonaji.

Cocoro. Fitotçuuo cotoniio xitte, yono cotoua narǒre iranuto vomô monoua caracatano meuo motanu cocoro gia.

Yamani mǒju areba,quacuyocu corega tameni torazu: cunini chǔxin aru toqimba, canja corega tameni vocorazu.

Co

256.1 世(ヨ)ニ必(カナラ)ズ聖知(セイチ)ノ君(キミ)有ッテ、*而(シコ)ウジテ後(ノチ)ニ　* xicôjite とある。
2 賢明(ケンメイ)ノ臣(シン)有リ。
③ 心。先(マ)ヅ主人ガ直(スグ)ニ無(ナ)ウテハ、下々(シタジタ)ノ
④ 者ノ順路(ジュンロ)ニ有ルコトハ叶(カナ)ワヌ。

257.1 一善(イチゼン)ヲ廢(ハイ)スル則(トキ)ンバ、衆善(シュゼン)衰ウ。一惡(イチアク)ヲ
2 賞(シャウ)スル則(トキ)ンバ衆惡(シュアク)歸(キ)ス。
③ 心。一(ヒト)ツノ善ヲ捨ツレバ、諸(モロモロ)ノ
④ 善(ゼン)モ廢(スタ)レ、一ツノ惡ガ止(ヤ)マネバ、*諸(モロ)　* moro-motonoとある。
⑤ (モロ)ノ惡ガ出來(デク)ル。

258.1 一令逆(イチレイギャク)スル則(トキ)ンバ、*百(ヒャク)司(シ)失(シッ)ス。一惡(イチヤク)　*fiacuxi
2 施(ホドコ)ス則(トキ)ンバ、百惡(ヒャクアク)結(ムス)ブ。
③ 心。一ツノ政(マツリゴト)ニ怠(ヲコタ)レバ、百(ヒャク)
④ 共(トモ)ニ廢(スタ)レ、一ツノ惡ヲ嚴(キビ)シウ罰(バッ)スレ
⑤ バ、百ノ惡モ自(ヲノヅカラ)止(ヤ)ム。

259.1 庸主(ヨウシュ)ハ愛(アイ)スル所(トコロ)ヲ賞(シャウ)ジテ、惡(ニク)ミンズル所(トコ)
2 (ロ)ヲ罰(バッ)ス。
③ 心。ムサトシタ主人ハ我(ワ)ガ氣(キ)ニ合(ワ)ウ者(モノ)
④ バカリニ恩賞(ヲンシャウ)ヲ施(ホドコ)イテ、氣ニ合(ア)ワヌ者ヲ
⑤ バ忠節アルヲモイワズ、罰(バッ)スル。

260.1 壽(イノチ)ヲ養(ヤシ)ナウノ士(ジ)ハ病(ヤマイ)ヲ先(サキ)ニシテ、藥(クス)
2 (リ)ヲ服(ブク)ス。世(ヨ)ヲ治(ヲサ)ムルノ君(キミ)ハ亂(ラン)ヲ先(サ)
3 (キ)ニシテ賢(ケン)ニ任(マカ)ス。
④ 心。息災(ソクサイ)ヲ心ガクル者ハ病(ヤマイ)
⑤ (ヲ)ノ起コラヌ先(サキ)ニ、藥(クスリ)ヲ用(モチ)イ、國ヲ難(ナン)

Yoni canarazu xeichino qimi atte, xicôjite nochini qenmeino xin ari.

Cocoro. Mazzu xujinga suguni nŏreua, xitajitano monono junroni arucotoua canauanu.

Ychijenuo faisuru toqimba, xujen vororô: ychiacu uo xŏiuru toqimba xuacuqisu.

Cocoro. Fitotçuno jenuo sutçureba, moromorono jenmo sutare: fitotçuno acuga yamaneba, moromorono acuga dequru.

Ychirei guiacusuru toqimba, fiacuxi xissu: ychiyacu fodocosu toqimba, fiacuacu mutubu.

Cocoro. Fitotçuno matçurigotoni vocotareba, facu tomoni sutare: fitotçuno acuuo qibixŭ bassureba, fiacuno acumo vonozzucara yamu.

Yôcuua aisuru tocorouo xŏjite, nicuminzuru tocorouo bassu.

Cocoro. Musatoxita xujinua vaga qinivŏ monouo bacarini vonxŏuo fodocoite, qini auanu monouo uobachixite aruuonio iuazu bassuru.

Inochiuo yaxinŏno jua yamaiuo laqini xite, cusuriuo bucusu: youo vosamuruno q miua ranuo saqini xite qenni macasu.

Cocoro. Socusaiuo coccorogaquru monoua yamaino vocoranu saqini, cusuriuo mochij, cuniuo nan

nŏ

251. 1　將ヲ畏ルル者ハ勝チ、敵ニ畏ルル者
2　ハ敗ル。
③　心。弓矢ノ時ニ大將ヲ畏ルル者
④　ハ合戰ニ伐リ勝チ、敵ヲ畏ルル者ハ
⑤　敗クル。

## Y

252. 1　徭役ヲ罕ニシテ其ヲ勞セシメザル則ンバ、
2　國富ンデ、家娯シム。
③　心。公役ヲ罕ニサセ、民ヲクタビレサ
④　セヌ時ハ、國モ豐カニ、家モ榮ユル。

253. 1　英雄ハ國ノ幹ナリ。庶民ハ國ノ本ナリ。
②　心。健ゲニシテ役ニ*立ツ者ハ　國
③　ノ杖・柱ナリ。民ハ國ノ榮ユル
④　基チャ。

＊ta çu とある。

254. 1　帥ヲ將イル者ハ必ズ士卒ト滋味ヲ
2　同ジウシテ、安危ヲ共ニス。
③　心。大將タル者ハ軍勢ト食、居所
④　共ニ同ジ如クニ用イ、危ウキニモ、安
⑤　キニモ萬民ト隔テナウスベイコトヂャ。

255. 1　能ク天下ノ憂イヲ除ク者ハ則チ天
2　下ノ樂シミヲ享ク。
③　心。諸人ノ憂イヲ除クヤウニスル者
④　ハ樂シミヲ享クルゾ。

Xôuo vosoriru monoua cachi: teqini vosoruru monoua yaburu.

Cocoro. Yumiyano toqini taixôuo vosoruru monoua caxxenni qiricachi, teqiuo vosoruru monoua maquru.

# Y

Yôyeqiuo marenixite soreuo rôxeximezaru toqiniba, cuni tonde, iye tanoximu.

Cocoro. Cuyacuuo mareni saxe, tamiuo cutabiresaxenu toqiua, cunimo yutacani, iyemo sacayuru.

Yeiyôua cunino coaxi nari, sominua cunino motonari.

Cocoro. Qenagueni xite yacunica çu monoua cunino tçuiye faxera nari: tamiua cunino sacayuru motoi gia.

Icusauo fiqiru monoua canarazu xisotto xijmiuo vonajûxite, anqiuo tomoni su.

Cocoro. Taixô taru monoua gunjeito xocu, qiosoto tomoni vonaji gotoquni mochij, ayauqinimo, yasuqinimo bauminto fedatenô subei coto gia.

Yoqu tencano vreiuo nozoqu monoua sunauachi tencano tanoximiuo vqu.

Cocoro. Xoninno vreiuo nozoqu yôni suru monoua tanoximiuo vquruzo.

③ 心。光陰(クヮウイン)矢(ヤ)ノ如(ゴト)シ。

244.1 食(ショク)スルトキニ語(モノガタリ)セズ。

② 心。物ヲ食イ食イ雜談(ザウタン)スルナ。見苦(ミグル)シイ

③ モノゾ。

245.1 小惡(ショウアク)止(ヤ)マザルトキンバ大惡(タイアク)成ル。

② 心。小(チイ)サイ過(アヤマ)リヲ止(ヤ)メネバ、後(ノチ)ニハ

③ 大(ヲウ)キナ過リト成ル。

246.1 死生(シセイ)命(メイ)有(ア)リ。富貴(フウキ)天(テン)ニ在(ア)リ。

② 心。生死(シャウジ)富貴(フッキ)共(トモ)ニ天命(テンメイ)ニ在ルゾ。

247.1 世上(セジャウ)ノ毀譽(キヨ)ハ善惡(ゼンアク)ニ非(アラ)ズ。人間(ニンゲン)ノ用捨(ヨウシャ)ハ

2 貧福(ヒンプク)ニ在(ア)リ。

③ 心。人ノ譽(ホ)メツ毀(ソシ)ッツスルハ、善惡(ゼンアク)ノ

④ 沙汰(サタ)ハセヌ。人ノ用(モチ)イツ捨(ス)テツスル故(ユエ)

⑤ ハ貧(ヒン)ナト、財(タカラ)有(ア)ルニヨル。

248.1 舌(シタ)ハ是(コレ)禍(ワザワイ)ノ根(ネ)。

② 心。舌ハ禍ヲ招ク物ヂャ。

249.1 師匠(シシャウ)弟子(デシ)ヲ打ツ。惡(ニク)ムニ非(アラ)ズ。良(ヨ)カラシメンガ

2 爲(タメ)。

③ 心。師匠弟子ヲヤマスルコトハ、惡(ニク)ンデ

④ デハナイ。唯(タダ)良(ヨ)カレカシト思ウテゾ。

250.1 身體(シンタイ)ハ芭蕉(バショウ)ノ如(ゴト)シ。風(カゼ)ニ隨(シタガ)ッテ破(ヤブ)レ易(ヤス)

2 シ。

③ 心。人ノ身ハ芭蕉ノ風ニ破ルルガ

④ 如クヂャゾ。

Cocoro. Quǒin yano gotoxi.

xoçulùru toqini monogatari xezu.

Cocoro. Monouo cuicui zǒtan furuna, miguruxij monozo.

Xôacu yamazaru toqimba taiacu naru.

Cocoro. Chijsai ayamariuo yameneba, nochiniua vôqina ayamarito naru.

Xixei mei ari, fûqi tenni ari.

Cocoro. Xǒji fucqi tomoni tenmeini aruzo.

Xeiǒno qiyoua jenacuni arazu: ninguenno yôxaua finpucuni ari.

Cocoro. Fitono fometçu soxittçu surutua: jenacuno tataua xenu: fitono mochijtçu futetçu suru yuyeua finnato, tacara aruni yoru.

Xitaua core vazauaino ne.

Cocoro. Xitaua vazauaiuo manequ monogia.

Xixǒ dexiuo vrçu, nicumuni arazu: yocaraximenga tame.

Cocoro. Xixǒ dexiuo yamasuru cotoua, nicunde deua nai: tada yocarecaxito vomǒtezo.

Xintaiua baxôno gotoxi: cajeni xitagatte yabureyasu xi.

Cocoro. Fitono miua baxôno cajeni yabururuga gotoqu giazo.

Xǒ

235.1 笑裡（ショウリ）ニ鋒（カタナ）ヲ藏（カク）シ、泥中（デイチュウ）ニ刺（ハリ）有（ア）リ。

② 心。笑（ワラ）ウ裡（ウチ）ニ心ニハ恐（ヲソ）ロシイコト

③ ヲタクム。

236.1 千里同風（センリドウフウ）。

② 心。イヅクモ同（ヲナ）ジコト。

237.1 衆口（シュコウ）調（トトノ）エ難（ガタ）シ。

② 心。口（クチ）ガ多（ヲヲ）ケレバ、調（トトノ）ヲラヌモ

③ ノヂャゾ。

238.1 詩人（シジン）ニアラザレバ、モッテ詩（シ）ヲ獻（ケン）ズルコト莫（ナカ）レ。

② 心。人ニ應（ヲウ）ジテモノハシタガ良イゾ。

239.1 愁人（シュウジン）愁人ニ向カッテ說（ト）クコト莫（ナカ）レ。

② 心。愁（ウレ）イアル者ハ愁（ウレ）イアル人ニ向カウテ語（カ）

③ （タ）ルナ。心ハナヲ悲シウナルゾ。

240.1 獅子窟中（シシクッチュウ）ニ異獸（イジュ）無（ナ）シ。

② 心。獅子王（ワウ）ノ住ム窟（アナ）ニハ別（ベチ）ノ獸（ケダ）

③ （モノ）ハ居（ヲ）ラヌ。

241.1 獅子（シシ）人ヲ咬（カ）ムニ、牙（キバ）ヲ露（アラワ）サズ。

② 心。物（モノ）ノ達者（タッシャ）ハソノフリヲ見（ミ）セヌ。

242.1 知（シ）レランヲバ知レリトセヨ。知ラザランヲバ知ラズト

2 セヨ。コレ知レルナリ。

③ 心。知ッタコトヲバ知ッタヤウニシ、知ラヌコト

④ ヲバ知ラヌヤウニシタガヨイゾ。

243.1 子（シ）川（カワ）ノ上（ホトリ）ニ在（イマ）シテ曰（ノタウ）マク、逝（ユ）クモノ

2 ハ斯（カク）ノ如キカ。晝夜（チュウヤ）ヲ舍（ス）テズ。

Xôrini catanauo cacuxi, deichǔni fari ari.

Cocoro. Varŏ vchini cocoroniua vosoroxij coto uo tacumu.

Xenri dôfǔ.

Cocoro. Izzucumo vonaji coto.

Xucô totonoyegataxi.

Cocoro. Cuchiga vquoqereba, totonouoranu mono giazo.

Xijinni arazareba, motte xiuo qenzuru coto nacare.

Cocoro. Fitoni vôjite monoua xitaga yoizo.

Xǔjin xǔjinni mucatte toqu coto nacare.

Cocoro. Vrei arumonoua vrei aru fitoni mucŏte catatuna: cocoroua nauo canaxǔ naruzo.

Xixi cucchǔni yju naxi.

Cocoro. Xixivŏno sumu ananiua bechino qedamonoua voranu.

Xixi fitouo camuni, qibauo araua sazu.

Cocoro. Monono taxxaua sono furiuo mixenu.

Xireranuoba xirerito xeyo: xirazaranuoba xirazuto xeyo: core xireru nari.

Cocoro. Xitta cotouoba xitta yŏni xi, xiranu coto uoba xiranu yŏni xitaga yoizo.

Xi cauano fotorini ymaxite notŏmacu: yuqu mono ua cacuno gotoqica: chǔyauo sutezu.

Co-

③ 心。賢(カシコ)イ王(ワウ)ハ賢人ヲ寶ト用イ、

④ 珠玉(シュギョク)ヲ寶トハ用(モチ)イヌゾ。

227.1 聖主(セイシュ)ハ徳行(トッカウ)ヲ先(サキ)ニシテ、刑罰(ケイバツ)ヲ後(ノチ)ニス。

② 心。良イ主人ハ恩(ヲン)ヲ先ニ與(アタ)エテ刑罰

③ ヲバ後ニスル。

228.1 千鈞(センキン)ノ弩(ド)ハ鼷鼠(ケイソ)ノ爲(タメ)ニシテ機(キ)ヲ發(ハッ)セズ。

② 心。强弓(ツヨユミ)ヲ射(イ)ル者ハ鼬(イタチ)ヤ、鼠(ネズ)

③ (ミ)ヲ見テ力(チカラ)ヲ盡(ツク)イテハ射(イ)ヌモノヂャ。

229.1 賞罰(シャウバツ)輕(カロ)ク行(ヲコ)ナウベカラズ。

② 心。賞罰ヲバ重(ヲモ)ウシタガ良イゾ。

230.1 千人(センニン)ノ指(サ)ス所(トコロ)、病(ヤマイ)無(ナ)ウシテ死(シ)ス。

② 心。萬民(バンミン)ノ指ストコロハ違(チガ)ワヌモ

③ ノヂャ。

231.1 席(セキ)正(タダ)シカラザレバ坐(ザ)セズ。

② 心。引(ヒ)キ繕(ツクロ)ウテ坐(ザ)ニ直(ナヲ)ルガ良(ヨ)イゾ。

232.1 千里(センリ)ノ道(ミチ)モ一歩(イッポ)ヨリ始(ハジ)マル。

② 心。千里行(ユ)カウト思ウ時モ、先(マ)ヅ一(ヒト)

③ 足踏出(アシフミイダ)サイデハナラヌモノヂャ。

233.1 衆星(シュセイ)多(ヲヲ)シト雖ドモ、一月(イチゲツ)ニハ如(シ)カジ。

② 心。何(ナン)ト星(ホシ)ガ多(ヲヲ)ウテモ一(ヒト)ツノ月(ツキ)ニ

③ ハ勝(マサ)ラヌモノヂャ。

234.1 修善(シュゼン)生天(シャウテン)、造惡(ザウアク)地獄(ヂゴク)。

② 心。善(ゼン)ヲスル者(モノ)ハ天ニ生(ウ)マレ、惡(アク)ヲ

③ 造(ツク)ル者ハ地獄ニ墮(ヲ)ツル。

Cocoro. Caxicoi vŏua qenjinuo tacarato mochij, xuguiocuuo tacaratoua mochij suzo.

Xeixuua toccŏuo saqini xite, qeibatuo nochini su.

Cocoro. Yoi xujinua vonuo saqini atayete qeibatuoba nochini suru.

Xenqunno doua qeisono tameni xite qiuo faxxezu.

Cocoro. Tçuyoyumiuo yru mononua ytachiya, nezumiuo mite chicarauo tçucuireta ynu monogia.

Xŏbat caroqu voconŏ becarazu.

Cocoro. Xŏbatuoba vomô xitagi yoizo.

Xenninno tasu tocoro yamai nŏxite xisu.

Cocoro. Banminno tasu tocoroua chigauanu monogia.

Xeqi ta laxicarazareba zaxezu.

Cocoro. Fiqitçucurôte zani nauoruga yoizo.

Xenrino michimo yppoyori fajimaru.

Cocoro. Xenri yucôto vomô toqimo, mazzu fitoaxi fumi idaxaidcua naranu monogia.

Xixei vouoxeno iyedomo, ychiguetnina xicaji.

Cocoro. Narito foxiga vouôtemo fitotçuno tçuqiniua mataranu monogia.

Xujen xŏten zzôacu gigocu.

Cocoro. Icnuo turu mononoua tenni vmare, acuuo tçucuru mononoua gigocuni votçuru.

② 心。賞罰(シャウバッ)ヲ憲法(ケンバウ)ニスル時(トキ)ハ、大將(タイシャウ)ノ

③ 威勢(イセイ)ガ良(ヨ)ウ顯(アラ)ワルル。

221.1 將ノ謀(ハカリコト)泄(モ)ルル則(トキ)ンバ、軍(グン)ニ勢(イキヲイ)

2 無シ。

③ 心。謀(ハカリコト)敵陣(テキヂン)ニ泄(モ)レ聞(キコ)ユル時(トキ)

④ ハ、軍(イクサ)ニ勢(キヲイ)ガ無イモノヂャ。

222.1 將(シャウ)妄(ミダ)リニ動(ウゴ)ク則(トキ)ンバ、軍重(イクサヲモ)カラズ。

② 心。大將ノ此彼(ココカシコ)ニ坐(ザ)ヲ移(ウツ)セバ、陣(ヂン)

③ モ坐(スワ)リカヌルモノゾ。

223.1 將怒(イカ)リヲ遷(ウツ)ス則(トキ)ンバ、一軍懼(イチグンヲソ)ル。

② 心。大將ガ怒(イカ)リヲ起(ヲコ)セバ、人數(ニンジュ)ガ懼(ヲソ)ル

③ ルモノゾ。

224.1 主(シュ)ハ以(モ)ッテ德無(トクナ)クンバアルベカラズ。德無(ナ)

2 キ則(トキ)ンバ臣叛(シンソム)ク。

③ 心。主人(シュジン)タル者(モノ)ハ身(ミ)ニ當(ア)タル德(トク)ガ具(ソナ)

④ ワラネバ、臣下君(シンカキミ)ヲ輕(カロン)ジテ、下知(ゲヂ)ニ從(シタガ)ワ

⑤ ヌ。

225.1 主(シュ)ハ以(モ)ッテ威無(イナ)クンバアルベカラズ。威(イ)無キ則(トキ)ンバ

2 國弱(クニヨワ)シ。威多(イヲヲ)キ則ンバ身蹶(ミツマ)ヅク。

③ 心。主人ハ重々(ヲモヲモ)シウアルコトガ肝要(カンヨウ)

④ ヂャ。威勢(イセイ)ガ無ケレバ、國モ危(アヤ)ウク、マタ返(カエ)ッ

⑤ テ威勢過(ス)グレバ、身(ミ)ノ上(ウエ)ニケガガアル。

226.1 聖王賢(セイワウケン)ヲ以(モ)ッテ寶(タカラ)ト爲(ス)。珠玉(シュギョク)ヲ以(モ)ッテ

2 寶ト爲(セ)ズ。

Cocoro. Xǒbatuo qenbǒni furu toqiua, taixǒno yxeiga yǒ arauaruru.

Xǒno facaricoto moruru toqimba, gunni yqiuoi naxi.

Cocoro. Facaricoto teqiginni moreqicoyuru toqiua, icusani qiuciga nai monogia.

Xǒ midarini vgoqutoqimba, icusa vomocarazu.

Cocoro. Taixǒno coco caxiconi zauo vtçuxeba, gin mo suuaricanuru monozo.

Xǒ icariuo vtçusu toqimba, ychigun vosoru.

Cocoro. Taixǒga icariuo vocoxeba, ninjuga vosoru ru monozo.

Xuua motte tocu naqumba arubecarazu: tocu naqitoqimba xin somuqu.

Cocoro. Xujintaru mononua mini ataru tocuga sonauaraneba, xinca qimiuo caronjite, guegini xitagaua nu.

Xuua motte y naqumba arubecarazu. y naqitoqimba cuni youaxi: y vouoqi toqimba mi tçumazzuqu.

Cocoro. Xujinua vomouomoxii aru cotoga canyǒgia: yxeiga naqereba, cunino ayauqu, mata cayette yxei suguréba, mino vyeni qegaga aru.

Xeivǒ qenvomotte tacara totu: xuguiocu vomotte tacarato xezu.

Co

③ 心。似合ワヌ者ヲ友トスナ。

215. 1 事ニ敏クシテ、言ニ愼シム。

② 心。人ニ物ヲ約束スルトキハ、言

③ ヨリモ所作ヲ先ニセイ。

216. 1 思ウ則ンバ胡越モ地ヲ隔テズ。意ワ

2 ザル則ンバ咫尺モ千里。

③ 心。大切ガ有レバ、イカナ遠イ所モ遠

④ イト思ワズ。大切無ケレバ、方寸ノ間

⑤ モ千里ニ千里モ隔タルヤウニ思ウモ

⑥ ノヂャ。

217. 1 己ガ欲セザル所ヲ人ニ施スコト

2 勿レ。

③ 心。我ガ身ニ望マヌコトヲ人ノ上

④ ニ好ムナ。

218. 1 飢エテ糟糠ヲ擇バズ。

② 心。ヒダルイ時ハ、食物ノ善悪ヲバ

③ 擇マヌ。

## X

219. 1 衆ト好ヲ同ジウスレバ、成ラズトイウコト

2 ナシ。

③ 心。何事モ萬民ト心ヲ一ツ

④ ニシテスルコトノ成ラヌトイウコトハナイ。

220. 1 賞罰明ラカナル則ンバ、將ノ威行ワル。

Cocoro. Niyauanu monouo tomoto suna.

Vazani tocuxite, cotoni tçutçuximu.

Cocoro. Fitoni monouo yaculocu suru toqiua, coto ba yorimo xoſauo ſaqini xei.

Vomô toqimba Coyetmo chiuo fedatezu: vomoua zaru toqimba xixeqimo xenri.

Cocoro. Taixetga areba, icana touoi tocoromo touoito vomouazu: taixet naqereba, fòſunno aidamo xenrini xenrimo fedataru yǒni vomô monogia.

Vonorega foxxezaru tocorouo fitoni fodocoſu coto nacare.

Cocoro. Vagamini nozomanu cotouo fitono v-yeni conomuna.

Vyete sôcǒuo yerabazu.

Cocoro. Fidarui toqiua, xocubutno yoxiaxiuoba yeramanu.

# X

Xuto yoximiuovonajǔ ſureba, narazuto yǔcoto naxi.

Cocoro. Nanigotomo banninto cocorouo fitotçuni xite ſurucotono naranuto yǔcotoua nai.

Xǒbai xiquacanaru toqimba, xǒmo y voconauaru.

Co-

⑦ 有(ア)レドモ禽獸ヲ離レヌ。人モ禮(レイ)ガ無(ナ)ウテ言(モ)

⑧ (ノイ)ウバカリハ禽獸ノ類ト等(ヒト)シイカ。

208.1 我文王(ワレブンワウ)ノ弟(ヲトウト)、成王(ジャウワウ)ノ叔父(シュクフ) 天下(テンカ)ニ於(ヲ)イテ

2 亦賤(マタイヤ)シカラズ。然(シカ)ルニ一*浴(ヒトタビ*ヨク)スルニ、三(ミ)

3 (タビ)髪(カミ)ヲ捉(ニギ)ル。一食(ヒトタビショク)スルニ三(ミタビ)

4 哺(ホ)ヲ吐ク。

⑤ 心。我天下ニ王タレドモ、一度湯浴(ヒトタビユア)ブ

⑥ ル時(トキ)、三度(ミタビ)髪ヲ捉リ、一度食スル

⑦ ニ、三度哺ヲ吐イテ人ニ會(ワ)ウ。

*「浴」の寫本を用いた。

209.1 凡(ヲヨソ)大事(ダイジ)ハ皆小事(ミナショウジ)ヨリ起(ヲ)コル。

② 心。ソットシタコトカラ大(ヲウ)キイコトハ出來(デク)ルゾ。

210.1 恩(ヲン)ヲ知(シ)ル者ハ少(スクナ)ク、*恩ヲ負(キ)ル者

2 ハ多(ヲヲ)シ。

③ 心。數多(アマタ)ノ人ハ恩ヲ忘(ワス)ルルモノゾ。

*vonouoとある。

211.1 牛(ウシ)ニ*對シテ琴(コト)ヲ彈(ヒ)ク。

② 心。聞(キ)イテモ合點スマイ。

*taixireとある。

212.1 面(ヲモテ)ニ金色(コンジキ)ノ交(マジワリ)ヲ結(ムス)ビ、心ニ是(ゼ)

2 非(ヒ)ノ錐(ハリ)ヲ使(ツカ)ウ。

③ 心。面ニハ打(ウ)チ解(ト)ケテ入魂(ジュッコン)ブリヲス

④ レドモ、心ニハソノ裏(ウラ)ゾ。

213.1 思(ヲモ)イ内(ウチ)ニ在(ア)レバ、色外(イロホカ)ニ顯(アラ)ワル。

② 心。思イノ色ハ外ニ顯ワルルモノヂャ。

214.1 己(ヲノレ)ニ如(シ)カザル者(モノ)ヲ友(トモ)トスルコト勿(ナ)

2 (カ)レ。

aredomo qinjuuo tanarenu: fitomo reiga nŏte mo
noyŏ bacariua qinjuno taguyto fitoxijca.

Vare Bunvŏno votŏto, Iŏvŏno xucufu tencani voite
mata iyaxicarazu: xicaruni fitotabi yocufuruni, mi
tabi camiuo niguiru: fitotabi xocufuruni mitabi
fouo faqu.

Cocoro. Vare tencani vŏtaredomo, fitotabi yuabu
ru toqi, mitabi camiuo niguiri, fitotabi xocufuru
ni, mitabi fouo faite fitoni vŏ.

Voyeto dajiua mina xôji yori vocoru. (zo.

Cocoro. Sotto xita cotocara vôqij cotoua dequru-

Vonuo xiru monoua fucunaqu: vonouo qirumeno
ua vouoxi.

Cocoro. Amatano fitoua vonuo vafururu monozo.

Vxini taixire cotouo fiqu.

Cocoro. Qiyemo gatten fumai.

Vomoteni conjiqino majiuariuo mufubi, cocoroni je-
fino tariuo tçucŏ.

Cocoro. Vomoteniua vchitoqete jucconburiuo fu-
redomo, cocoroniua fono vrazo.

Vomoi vchini areba, iro focani arauaru.

Cocoro. Vomoino iroua focani arauaruru monegia.

Vonoreni xicazaru monouo tomoto furucoto na-
care.

Co-

② 心。梅檀(センダン)ハ*二葉(フタバ)ヨリ香(カウ)バシイガ如クゾ。

*fu aba とある。

202. 1 天鑑(テンカン)私(ワタクシ)無(ナ)シ。

② 心。何(ナニ)モ天道(テンタウ)ニハ隠(カク)サレヌ。

203. 1 罪(ツミ)ヲ天(テン)ニ獲(エ)ツルトキンバ、禱(イノ)ルニ所(トコロ)無(ナ)シ。

② 心。天ヲ背(ソム)イテカラハ、ヨリ所ガナイ

③ モノゾ。

204. 1 富(トミ)ト、貴(タット)キトハコレ人ノ欲(ホッ)スルトコロナリ。

2 其(ソ)ノ道(ミチ)ヲ以(モ)ッテ得(エ)ズンバ處(ヲ)ラジ。

③ 心。何(ナン)ト富ミ榮(サカ)エタクトモ、無理(ムリ)ニハ

④ ナラヌゾ。

205. 1 徳孤(トクコ)ナラズ、必(カナラ)ズ隣(トナリ)有(ア)リ。

② 心。徳ハ孤(ヒトリ)ハ居(イ)ヌ。必ズ他(タ)ニ施(ホドコ)ス。

## V

206. 1 魚(ウヲ)ハ其(ソ)ノ餌(エバ)ヲ食(ハ)ンデ乃(イマシ)鈎糸(ツリイト)ニ引カレ、

2 人ハソノ食(ショク)ヲ食(ハ)ンデ、乃君(キミ)ニ服(フク)ス。

③ 心。魚ハ餌ニ引カレテ鈎(ツ)ラルル如(ゴト)ク、

④ 人モ祿(ロク)ニ引カレテ君ノ爲(タメ)ニ*死(シ)ヌル。

*x nuru とある。

207. 1 鸚鵡(ワウム)能(ヨ)ク*言(モノイ)エドモ、飛(ヒ)鳥ヲ離(ハナ)レズ。猩(シャウ)

2 々(ジャウ)能ク言(モノイ)エドモ、禽獸(キンジュ)ヲ*離(ハナ)レズ。人(ヒト)

3 トシテ禮無(レイナ)キハ、能ク言(モノイ)ウト雖ドモ、マ

4 タ禽獸ノ心ヲ離レザルカ。

*monoiye-do o とある。

*fanarozu とある。

⑤ 心。能(ヨ)ウ言(モノイ)ウ鳥(トリ)モアレドモ、鳥ノ類(タ)

⑥ (グイ)ヲ離レズ。獸(ケダモノ)ニモ言(モノイ)ウガ

Cocoro. Xendanua futaba yori cŏbaxiga gotoqu zo.

Tencan vatacuxi naxi. (xi.

Cocoro. Nanimo tentŏniua cacusarenu.

Tçumiuo tenni yetcaru toqimba, moruni tocoro na-

Cocoro. Tenuo somuitecaraua, yoridocoroga nai monozo

Tomito, tattoqitoua core fitono fossuru tocoro nari: sono michivomotte yezumba voraji.

Cocoro Nanto tomi sacayetaqutomo, murinaua naranuzo.

Tocu co narazu, canarazu tonari ari. (su.

Cocoro. tocuaa fitoniua ynu: canarazu tani fodoco-

# V

Vuoua sono yebauo fande imaxi tçurijteni ficare, fitoua sono xocumo fande, imaxi qimmi fucusu.

Cocoro. Vuoua yebani ficarete tçuraruru gotoqu, fitomo rocuni ficarete qimmo tameni xi nuru

Vŏmu yoqu mononyedo -o, fichŏno fanarezu: Xŏjŏ yoqu mono iyedomo, qinjuuo fanarezu. fitotoxite rei naqiua, yoqu monoyŭto iyedomo, mata qinjuuo cocorouo fanarezaruca.

Cocoro. Yŏ monoyŭ torimo aredomo, torino taguyuo fanarenu: qedamononimo monoyŭga

⑦　ニ大(ヲウ)キナ恩賞(ヲンシャウ)ヲ與(アタ)ユルハ國(クニ)ノ爲(タメ)、家(イエ)

⑧　ノ爲、皆(ミナ)モッテ危(アヤ)ウイコトドモヂャ。

195. 1　天(テン)ノ與(アタ)ウルヲ取(ト)ラザレバ、返(カエ)ッテ其(ソ)ノ咎(トガ)ヲ受(ウ)ク。

2　時至(トキイタ)ッテ行(ヲコナ)ワザレバ、返(カエ)ッテ其(ソ)ノ殃(ワザワイ)

3　ヲ受ク。

④　心。良(ヨ)イ爲合(シアワ)セノアル時ニ、時刻(ジコク)ヲ移(ウツ)

⑤　セバ、我(ワ)ガ上(ウエ)ニ殃(ワザワイ)ヲ受クルゾ。

196. 1　立(タ)ツトキニ門(モン)ニ中(アタ)ラズ。行(ユ)クトキハ、閾(トジキミ)ヲ

2　履(フ)マズ。

③　心。カリソメニモ戸口(トグチ)ニ立(タ)チ居(イ)ナ。歩(アヨ)

④　ムトキモ敷居(シキイ)ヲ履(フ)ムナ。

197. 1　天(テン)ニ跼(セクグマ)リ、地(チ)ニ蹐(ヌキアシ)ス。

②　心。天ヲモ、地ヲモ恐(ヲソ)レヨ。

198. 1　天(テン)ノ作(ナ)セル災(ワザワイ)ハ避(ノガ)ルベクトモ、自(ミヅ)

2　(カラ)作セル災ハ避(ノガ)ルベカラズ。

③　心。天道(テンタウ)ヨリ與(アタ)エサセラルル禍(ワザワイ)ハ避(ノ)

④　(ガ)ルルコトガナルトモ、我(ワレ)ト身(ミ)ニ成(ナ)ス禍(ワザ)

⑤　(ワイ)ハ逃(ノガ)ルルコト叶(カナ)ウマイ。

199. 1　多言(タゲン)ハ身(ミ)ヲ害(ガイ)ス。

②　心。言(コトバヲ)多イ者ハソレヲモッテ我(ワ)ガ

③　身(ミ)ヲ亡(ホロ)ボスゾ。

200. 1　途路(トロ)好(ヨ)シト雖ドモ、家(イエ)ニ在(ア)ルニハ如(シ)カジ。

②　心。トカク家(イエ)ニ居(イ)タニマシタコトハナイゾ。

201. 1　虎(トラ)生(ウ)マレテ三日(サンニチ)牛(ウシ)ヲ食(クラ)ウ機(キ)有(ア)リ。

ni vôqina vonxôuo atayuruua cunino tame, iye no tame, minamotte ayauy cotodomo gia.

Tenno atôruo torazareba, cayette sono togauo vqu: toqi itatte voconauazareba, cayette sono vazauaito vqu.

Cocoro. Yoi xiauaxeno aru toqini, jicocuuo vtçu-xeba, vaga vyeni vazauaiuo vquruzo.

Tatçu toqini monni atarazu: yuqu toqiua, tojiqimiuo fumazu.

Cocoro. Carisomenimo toguchini tachiyna: ayo-mu toqimo xiqiyuo fumuna.

Tenni xe cugumari, chini nuqiaxi su.

Cocoro. Tenuomo, chiuomo vosoreyo.

Tenno naxeru vazauaiua nogarubecuremo, mizucara naxeru vazauaiua nogarubecarazu.

Cocoro. Tentô yori atayesaxeraruru vazauaiua nogarurucotoga narutomo, vareto mini nasu vazauaiua nogarurucoto canômai.

Taguenua miuo gaisu.

Cocoro. Cotoba vouoi menoua sorevon otte vaga miuo foroboſuzo.

Toro yoxito iyedomo, iyeni iruniua xicaji.

Cocoro. Tacacu yeni ytani maxitacotoua naizo.

Tara vmarete sannichi vxiuo curô qiari.

Co-

④　良ケレドモ、腕取(ウデド)リニスレバ悪(ワル)イゾ。

190. 1　天ニ二日(ニジツ)無(ナ)ク、地(チ)ニ二主(ニシュ)無シ。國二(クニフタリ) ノ君(キ)

2　(ミ)無ク、家(イエ)ニ二(フタリ) ノ主(ヌシ)無シ。

③　心。天(テン)ハ廣(ヒロ)ケレドモ、日(ヒ)ハ二(フタ)ツナイ如(ゴト)

④　ク、國ニモ二(フタリ) ノ君ガ有(ア)ッテハ叶(カナ)ワヌ。

191. 1　天子(テンシ)ニ戯(タワブレ) ノ言(コトバ) 無(ナ)シ。

②　心。天子ハ輕々(カルガル)シウ物(モノ)ヲバ言(イ)ワヌ

③　モノヂャ。

192. 1　玉(タマ)琢(ミガ)カザレバ、器(ウツワモノ) トナラズ。人學(ヒトガ)

2　(ク)セザレバ道(ミチ)ヲ知(シ)ラズ。

③　心。玉モ琢カネバ、寶(タカラ) トナラズ。人(ヒ)

④　(ト)モ學問(ガクモン)ヲセネバ、物(モノ)ヲ知ラヌモ

⑤　ノゾ。

193. 1　多財(タザイ)ハ其(ソ)ノ守身(シュシン)ヲ失(シッ)シ、多學(タガク)ハ聞(キ)ク所(トコロ)

2　ニ惑(マド)ウ。

③　心。多(ヲヲ)ウ財(タカラ) ヲ持ッタ者(モノ)ハソレヲ守(マ)

④　(モ)リ難(ガタ)イ如(ゴト)ク、カレコレノコトヲ學(マナ)ベ

⑤　バ一(ヒト)ツモ意(イ)ニセヌモノヂャ。

194. 1　徳少(トクスクナ) ウシテ寵(チョウヲヲ) 多キハ、一(ヒト)ツノ危(アヤ)ウキ

2　ナリ。才低(サイヒキ)ウシテ位(クライタカ) 高キハ、*二(フタ)ツノ危(アヤ)ウキ　　*fufatçuとある。

3　ナリ。身(ミ)ニ大功(タイコウナ)無ウシテ大祿(タイロクア)有ルハ、三(ミ)ツノ

4　危(アヤ)ウキナリ。

⑤　心。徳無(トクナ)イ者(モノ)ヲ寵愛(チョウアイ)シ、才智(サイチ)モ無イ

⑥　者ニ位ヲ高ウシ、サセル忠節(チュウセッ)モセヌ

yoqeredo no , vdedorini ſureba varuizo .

Tenni nijit naqu, chini nixu naxi : cuni futarino qimi naqu , iyeni futarino nuxi naxi.

Cocoro . Tenua firoqeredomo, fiua futatçu nai gotoqu : cuninimo futarino qimiga atteua canauanu.

Tenxini tauabureno cotoba naxi .

Cocoro . Tenxiua carugaruxŭ monouoba iuanu mono gia .

Tama migacazareba, vtçuuamonoto narazu : fito ga cuxezareba michiuo xirazu .

Cocoro . Tamamo migacaneba, tacarato narazu: fitomo gacumonuo xeneba, monouo xiranu monozo .

Tazaiua ſono xuxinuo xixxi , tagacuua qiqu tocoro ni madô .

Cocoro . Vouô tacarauo motta monoua ſoreuo mamorigatai gotoqu : carecoreno cotouo manabeba fitotçumo inixenu mono gia .

Tocu ſucunŏ xite chô vouoqiua : fitotçuno ayauqi nari. ſai fiqiŭ xite curai tacaqiua, futatçuno ayauqi nari : mini taicô nŏxite tairocu aruua : mitçuno ayauqi nari .

Cocoro . Tocunai monouo chôai xi, ſaichimo nai mononi curaiuo tacŏ xi , ſaxetu chŭxetmo xenu

183. 1　倉庫虛(サウコムナ)シウシテ歲月乏(サイゲツトボ)シ。子孫愚(シソング)ニシテ
2　禮儀(レイギ)*疎(ヲロソ)カナリ。　*vocosocaとある。
③　心。倉(クラ)ニ物ガ無ケレバ、一年中乏(イチネンヂュウトボ)
④　シウシテ暗(クラ)シ。子孫愚癡(グチ)ナレバ禮儀ヲ知ラヌ。
184. 1　粗茶淡飯(ソチャタンパン)モ飽(ア)キヌレバ、卽休(スナワチキュウ)ス。
②　心。ヒダルウナケレバスム。
185. 1　過(ス)ギタルハ猶(ナヲ)シ及(ヲヨ)バザルガ如(ゴト)シ。
②　心。過ギタモ足(タ)ラヌ損(ソン)ト同(ヲナ)ジモノゾ。

## T

186. 1　民(タミ)ヲ使(ツカ)ウニ、時(トキ)ヲ以(モ)ッテス。
②　心。百姓(ヒャクシャウ)ヲ使ウニハ、耕作(カウサク)ナドノ時(トキ)
③　ニハ、容赦(ヨウシャ)シタガ良(ヨ)イゾ。
187. 1　大國(タイコク)ヲ治(ヲサ)ムルハ小魚(ショウギョ)ヲ烹(ニ)ルガ如(ゴト)クス。
②　心。大(ヲウ)キナ國(クニ)ヲ治(ヲサ)ムル者(モノ)ハ狹(セバ)
③　セバシウシテハ叶(カナ)ワヌ。有道(ユウタウ)ニ氣(キ)ヲ使(ツカ)エ。
188. 1　德(トク)ヲ論(ロン)ジテ官(クワン)ヲ授(サヅ)ケ、能(ノウ)ヲ量(ハカ)ッテ爵(シャ
2　ク)ヲ受(ウ)ク。
③　心。德ノ有無(アリナシ)ヲ見極(ミキワ)メテ、位(クライ)ニ
④　上ゲヨ。臣下(シンカ)モマタ我(ワ)ガ身(ミ)ニ應(ヲウ)ジタカ*省(カエ)リ　*cayerim teとある。
⑤　ミテソノ*賜物(タマモノ)ヲ受(ウ)ケヨ。　*ramamono
189. 1　德(トク)ヲ以(モ)ッテ人ニ勝(カ)ツ者ハ昌(サカ)エ、力(チカラ)
2　ヲ以ッテ人ニ勝ツ者ハ亡(ホロ)ブ。
③　心。德義(トクギ)ヲモッテ人ヲ従ガユレバ、

Sõco munaxũxite saiguet toboxi : xison guni xite reigui vocosoca nari.

Cocoro. Curani monoga naqereba, ychinẽgiũ tobo xũ xite curaxi: xison guchi nareba reiguiuo xiranu.

Socha tanpanmo aqinureba, sunauachi qiũsu.

Cocoro. Fidarũ naqereba sumu.

Suguitaruua nauoxi voyobazaruga gotoxi.

Cocoro. Suguitamo taranu sonto vonaji mono zo.

# T

Tamiuo tçucõni, toqivomotte su.

Cocoro. Fiacuxõuo tçucõniua, cõsacu nadono toqi niua, yôxa xitaga yoizo.

Taicocuuo vosamuruua xôguiouo niruga gotoqu su.

Cocoro. Vôqina cuniuo vosamuru monoua xeba xebaxũ xitecua canauanu: Yũtõni qiuo tçucaye.

Tocuuo ronjite quanuo sazzuqe, nôuo facatte xacuuo vqu.

Cocoro. Tocuno arinaxiuo mi qiuamete, curaini agueyo: xincamomata vagamini vôjitaca cayeri mite sono tamimonouo vqeyo.

Tocuvomotte fitoni catçu monoua sacaye : chicara vomotte fitoni catçu monoua forobu.

Cocoro. Tocuguij vomotte fitouo xitagayureba, yo

④　ガ極(キワ)マレバ、悲(カナ)シミガ來(ク)ルゾ。

176.1 其(ソ)ノ父羊(チチヒツジ)ヲ攘(ヌス)メバ、子之(ココレ)ヲ證(アラワ)ス。

②　心。世(ヨ)ノ中(ナカ)ニ祕密(ヒミツ)ハナイコトゾ。

177.1 鼠口(ソコウ)遂(ツイ)ニ象牙(ザウゲ)無(ナ)シ。

②　心。イツ鼠(ネズミ)ノ口(クチ)ニ象(ザウ)ノ牙(キバ)ガ生(ヲ)エ

③　タコトガアルカ？

178.1 三軍(サングン)ノ帥(スイ)ヲバ奪(ウバ)ウベクトモ、匹夫(ヒップ)ノ志(ココロ)

2　(ザシ)ヲバ奪(ウバ)ウベカラズ。

③　心。數萬(スマン)ノ軍勢(グンゼイ)ヲ駈(カ)ケ破(ヤブ)ルコトハ叶(カ)

④　(ナ)ウトモ、大切(タイセツ)ノ志ヲ裂(サ)クコトハ叶(カ)

⑤　(ナ)ワヌゾ。

179.1 其(ソ)ノ身(ミ)正(タダ)シカラズシテ、人(ヒト)ヲ正シウスルコト如何(イカン)？

②　心。我(ワ)ガ身(ミ)ガ直(スグ)ウ無(ナ)ウテハ、人ヲ直(スグ)ニナス

③　コトハナラヌモノゾ。

180.1 先(サキ)ニスル則(トキ)ンバ人(ヒト)ヲ制(セイ)ス。後(ノチ)ニスル則(ト)

2　(キ)ンバ人ニ制セラル。

③　心。大略(タイリャク)物(モノ)ハ先手(センテ)ヲスル者(モノ)ガ

④　勝(カ)ツゾ。

181.1 夫(ソレ)天子(テンシ)ハ四海(シカイ)ヲモッテ家(イエ)トス。

②　心。帝王(テイワウ)ノ爲(タメ)ニハ四海ガ家トナルゾ。

182.1 其(ソ)ノ前(マエ)ニ譽(ホマレ)有ランヨリハ、其(ソ)ノ後(シリエ)ニ毀(ソシ)

2　(リ)無(ナ)カランニハ孰若(イヅレ)。

③　心。前デ人ヲ譽(ホ)ムルヨリハ、ソノ人

④　ノ陰(カゲ)デ毀(ソシ)ラヌコトハナヲマシ。

ga qiuamareba, canaximiga qunuzo.

Sono chichi fitçujiuo nusumeba, co coreuo arauasu.

Cocoro. Yono nacani fimitua nai cotozo.

Socô tçnini zŏgue naxi.

Cocoro. Itçu nezumino cuchini zŏno qibaga voyeta cotoga aruca?

Singunno suiuoba vbŏbequtomo, fippuno cocorozaxiuoba vbŏbecarazu.

Cocoro. Sumanno gunjeiuo caqeyaburucotoua canŏtomo, taixetno cocorozaxiuo saqucotoua canauanuzo.

Sonomini tadaxicarazuxite, fitouo tadaxisuru coto jâ?

Cocoro. Vagamiga fugŭ nŏteua, fitouo fugunni nasu cotoua naranu monozo.

Saqini suru toqimba fitouo xeisu: nochini suru toqimba fitoni xeiseraru.

Cocoro. Taitiacu monoua xenteuo suru monoga catçuzo.

Sore tenxiua xicai vomotte iye tosu.

Cocoro. Teivŏno tameniua xicaiga iyeto naruzo.

Sono mayeni fomare aranyoriua, sono xiriyeni soxiri nacaranniua izzure.

Cocoro. Mayede fitouo fomuru yoriua, sono fito no caguede soxiranu cotoua nauo maxi.

2　者明ラカナラントスレドモ、讒人之ヲ蔽ス。
③　心。叢ガ茂リ、*榮ヨウトスレドモ、秋　*sacayôto
④　ノ風ガ吹キ枯シ、主君憲法ヲ*立テウ　*tachôto
⑤　トスレドモ、悪イ臣下ノ態ヲモッテソノ德
⑥　ヲ蔽ス。

170.1　其ノ君ヲ知ラズンバ、其ノ使ユル所ヲ視ヨ。
②　心。主人ノ善悪ハ走リ舞ウ下人ノ善
③　悪ヲモッテ推量スルゾ。

171.1　其ノ人ヲ知ラズンバ、其ノ友ヲ視ヨ。
2　心。友ヲ見テ、ソノ人ヲ知ルガ良イゾ。

172.1　尊客ノ前ニハ狗ヲダモ叱ラズ。
②　心。奔走スル客人ノ前ニハ畜
③　生ヲモ叱ルナ。

173.1　三歳ノ學ニハ三歳ノ師ヲ擇ブニハ如カジ。
②　心。似合ウタ師匠ヲ採レ。

174.1　其ノ源ヲ濁シテ、流清キコトヲ
2　望ム。其ノ形ヲ曲ゲテ顏直
3　カランコトヲ欲ス。
④　心。道ニ外レテ天下ヲ太平ニ*治メウ　*vosameôto
⑤　トスルハ、源ヲ濁シテ、清イ流ヲ
⑥　望ムガ如クヂャ。

175.1　酒極マル則ンバ亂レ、樂シミ極マ
2　ル則ンバ悲シム。
③　心。*大酒ヲ飲メバ醉狂シ、樂シミ　*vozaqe とある。

xa aqiracanaráte ſi redomo, zannin coreuo cacuſu.

Cocoro. Cutamuraga xigueri, ſacayôto ſuredomo, aqino cajega fuqi caraxi: xucun qenbǒuo tachô to ſuredomo, varui xincano vazavomotte ſono to cuno cacuſu. (yo.

Sono qimiuo xirazumba, ſono tçucayuru tocorouo mi

Cocoro. Xujinno yoxiaxiua ſaxirimô gueninno yoxiaxi vomotte ſuiriǒ ſuruzo.

Sono fitouo xirazumba, ſono tomouo miyo.

Cocoro. Tomouo mite ſono fitouo xiruga yoizo.

Soncacuno mayeniua jinuuodarmo xicarazu

Cocoro. Fenſô ſuru qiacujinno mayeniua chicuxǒuomo xicaruna.

Sanſaino gacuniua ſanſaino xiuo yerabuniua xicaji.

Cocoro. Niyǒta xixǒuo tore.

Sono minamotouo nigoxite, nagare qiyoqi cotouo nozomu: ſono catachiuo maguete cange baxe nauocaran cotouo foſſu.

Cocoro. Michiuiſazzurete tencauo taiſeini voſameô to ſuruua, minamotouo nigoxite, qiyoi nagareuo nozomuga gotoqu gia.

Saqe qiuamaru toqimba midare: tanoximi qiuamaru toqimba canaximu.

Cocoro. Vozaqeuo nomeba ſuiqiǒ xi, tanoximiga

② 心。イカウ達者（タッシャ）ヂャ。

162. 1 勞（ラウ）シテ功無（コウナ）シ。

② 心。無益（ムヤク）ノ辛勞（シンラウ）ヂャ。

163. 1 癩兒伴（ライジトモ）ヲ牽（ヒ）ク。

② 心。卑（イヤ）シイ者ハ卑シイヲ伴トスル。

164. 1 理（リ）ハ高聲（カウシヤウ）ニ依（ヨ）ラズ。

② 心。道理（ダウリ）ハ高（タカ）イ聲（コエ）ニハ依ラヌゾ。

165. 1 鸞鳳（ランポウ）伏（フ）シ竄（カク）レテ、鴟鴞翺翔（シキョウカウシヤウ）ス。

② 心。*聖（セイ）人、賢人ハ威勢（イセイ）モ無（ナ）ウ埋（ウヅ）モレ居（イ）テ、

③ 能（ノウ）モ無（ナ）イ愚癡無知（グチムチ）ナ者ガ飛（ト）ビ廻（マワ）ッテ威（イ）

④ 勢（セイ）ヲスル。

* xenjin とある。

166. 1 隣國（リンコク）ニ賢者（ケンジャ）有（ア）レバ、敵國（テッコク）ノ憂（ウレ）イナリ。

② 心。敵（テキ）ノ國近（クニチカ）ウ賢人ガ有レバ、敵ノ

③ 國ハ憂イ悲シム。

167. 1 老來（ラウライ）ヲ待チテ自（ミヅカラ）悔（ク）ユルコト莫（ナカ）レ。

② 心。徒（イタヅラ）ニ居（イ）テ年寄（トシヨ）ッテカラ、悔ヤムナ。

168. 1 理戰（リセン）ヲ上（カミ）トシ、兵戰（ヒヤウセン）ヲ下（シモ）トス。

② 心。時（トキ）ノ爲合（シアワ）セヲ見（ミ）テ武略（ブリャク）ヲモッ

③ テ戰（タタカ）ウヲ優（スグ）レタコトトシ、太刀刀（タチカタナ）ヲモッ

④ テ合戰（カッセン）スルヲソノ次（ツギ）トスル。トカク計（ハカ）リ

⑤ コトヲモッテスルヲ本（ホン）トスルゾ。

## S

169. 1 *叢蘭（ソウラン）茂（モ）セントスレドモ、秋風（シュウフウ）之（コレ）ヲ敗（ヤブ）ル。王（ワウ）

* Sŏran とある。

Cocoro. Ycŏ taxxa gia.

Rŏxite cô naxi.

Cocoro. Muyacuno xinrŏ gia.

Raiji tomouo fiqu.

Cocoro. Iyaxij monoua iyaxijuo tomoto furu.

Rua cŏxŏni yorazu.

Cocoro. Dŏnua facai coyenua yoranuzo.

Ranpô fuxicacŭrete, xiqeô cŏxŏ iu.

Cocoro. Xenjin,qējinua yxeimo nŏ vzzumore yte, nômo nai guchi muchina monoga tobimauatte yxeiuo furu.

Rincocuni qenja areba, teccocuno vrei nari.

Cocoro. Teqino cuni chicŏ qenjinga areba, teqino cuniua vrei canaximu.

Rŏraiuo machite mizzucara cuyurucoto nacare.

Cocoro. Itazzurani yte toxiyottecara, cuyamuna.

Rixenuo cami foxi,fiôxenuo ximo tosu.

Cocoro. Teqino xiauaxeuo mite buriacu vomotte tatacŏtuo fuguretacototo xitachi catana vomotte caxxen furuuo fono tçuguito furu: tocacu facari coto vomotte furuuo fonto furuzo.

# S

Sŏtan moxento furedomo, xŭfŭ coreuo yaburu: vŏ-

# R

155. 1　禮崇(レイタット)キ則(トキ)ンバ智士(チシ)至(イタ)ル。祿重(ロクヲモ)キ則(ト)

2　(キ)ンバ義士(ギシ)死(シ)ヲ輕(カロ)ンズ。

③　心。禮(レイ)ヲ正シウスレバ、智者(チシヤ)ガ集(アツ)マリ、

④　恩(ヲン)ヲ厚(アツ)ウスレバ、義(ギ)ヲ思(ヲモ)ウ臣(シン)ハ君(キミ)ノ爲(タ)

⑤　(メ)ニ命(イノチ)ヲ惜(ヲ)シマヌ。

156. 1　良匠(リヤウシヤウ)ハ材(ザイ)ヲ棄(ス)ツルコト無(ナ)ク、明君(メイクン)ハ良士(リヤウジ)

2　ヲ棄ツルコトナシ。

③　心。良(ヨ)イ番匠(バンジヤウ)ハ材木(ザイモク)ヲムサト棄(ス)テズ、良イ

④　大將(タイシヤウ)ハ良イ臣下(シンカ)ヲムサト失(ウシナ)ウコトハナイ。

157. 1　兩雄(リヤウユウ)必(カナラ)ズ爭(アラソ)ウ。

②　心。肩(カタ)ヲ竝(ナラ)ベテ威勢(イセイ)スル者ハ互(タガイ)

③　ニ無事(ブジ)ハナイ。

158. 1　綸言(リンゲン)汗(アセ)ノ如(ゴト)シ。出(イ)デテ再(フタタビ)還(カエ)ラズ。

②　心。君(キミ)ノ言(コトバ)ハ汗(アセ)ノ如(ゴト)ク、一(ヒト)

③　度(タビ)出(デ)テカラ返ルコトハナイ。

159. 1　雷聲(ライシヤウ)浩大(カウタイ)雨點(ウテン)全(マッタ)ク無(ナ)シ。

②　心。催(モヨヲ)シハコトコトシカッタガ、一向(イッカウ)ソ

③　ノ證(シルシ)ハ見(ミ)エヌ。

160. 1　驢事(ロジ)未(イマダ)去(サ)ラザルニ、馬事(バジ)到來(タウライ)ス。

②　心。シカケタコトノ濟(ス)マヌウチニ、マタ別(ベ)

③　(チ)ノ難(ムツカ)シイコトガアル。

161. 1　龍(リョウ)ノ水(ミヅ)ヲ得(ウ)ルガ如(ゴト)シ。

# QINCVXV.

## R

Rei tattoqi toqimba chixi itaru : rocu vomoqi toqimba guixi xiuo caronzu.

Cocoro. Reiuo tadaxŭ sureba, chixaga atçumari, vonuo atçŭ sureba, guiuo vomô xinua qimino tameni inochiuo voximanu.

Riŏxŏua zaiuo sutçurucoto naqu : meicunua riŏjiuo sutçurucoto naxi.

Cocoro. Yoi banjŏua zaimocuuo musato sitezu: yoi taixŏua yoi xincauo musato vxinŏ cotoua nai.

Riŏyŭ canarazu arasô.

Cocoro. Catauo narabete yxei suru monoua tagaini bujiua nai.

Ringuen axeno gotoxi, idete futatabi cayerazu.

Cocoro. Qimino cotobaua axeno gotoqu, fitotabi detecara cayerucotoua nai.

Raixŏ cŏtai vteu mattacu naxi.

Cocoro. Moyouoxiua cotocoroxicattaga, iccŏ sono xiruxiua miyenu.

Roji imada sarazaruni, baji tŏraisu.

Cocoro. Xicaqeta cotouo sumanu vchini, mata bechino mutçucaxij cotoga aru.

Reôno mizzuuo vruga gotoxi.

Co-

2　通(トヲ)ス。

③　心。公役(クヤク)ト言エバ、針(ハリ)ヲモ*縄(ナワ)ニ綯(ナ)イ、私(ワ)

④　事(タクシゴト)ニハ馬(ウマ)・車(クルマ)ヲ擔(カタ)グルモノ

⑤　ヂヤ。

* nacaninai とある。「中荷(にない)」の解あり。

150. 1　錦上(キンシヤウ)ニ花ヲ添(ソ)ウ。

②　心。結構(ケツコウ)ノ過(ス)ギタ。

151.　曲直(キヨクチヨク)分明(フンミヤウ)。

②　心。曲(ヨガ)ウダモノト、直(スグ)ナモノハ紛(マギ)レ

③　ヌゾ。

152. 1　謙(ケン)ニ居(イ)テ仁恩(ジンヲン)ヲ施(ホドコ)シ、己(ヲノレ)ヲ責(セ)メテ禮(レイ)

2　儀(ギ)ニ留(トド)マル。是(コレ)ヲ以(モ)ッテ高(タカ)シト雖(イエ)ド

3　モ危(アヤウ)カラズ、満(ミ)テリト雖ドモ溢(アフ)レズ。

④　心。深(フカ)ウ謙(ヘリクダ)リ人ヲ賞翫(シヤウクヮン)シ、禮儀(レイギ)

⑤　ヲ専(モッパラ)トスルニヲイテハ、威勢(イセイ)ヲスルトモ危(ア)

⑥　(ヤウ)ウ無(ナ)イゾ。

153. 1　賢(ケン)ヲ見(ミ)テハ齊(ヒト)シカランコトヲ思イ、不賢(フケン)

2　ヲ見テハ、内(ウチ)ニ自(ミヅカラカエ)　省リミル。

③　心。賢(カシコ)イコトヲ見テハ、我(ワレ)モソレニ等(ヒト)

④　シカラウコトヲ嘆(ナゲ)キ、賢カラヌコトヲ見テ

⑤　ハ我(ワ)ガ身(ミ)ニモ有(ア)ルカヲ省リミヨ。

154. 1　胸中(キヨウチユウ)ニ*センメ有リ。

* 未詳。「先模」の訛か。

②　心。物(モノ)ヲ作(ツク)ル者ハ先(マ)ヅソノ

③　作者(サクシヤ)ノ胸ニ*作(ツク)ル物ノ形(カタチ)ヲ置(ヲ)イ

④　テ作ルモノゾ。

* tçučuru とある。

touosu.

Cocoro. Cuyacuto iyeba, fariuomo nacaninai, vatacuxigotoniua vma curumauo cataguru mono gia.

Qinxŏni fanauo sŏ.

Cocoro. Qeccôno suguita.

Qiocuchocu funmiŏ.

Cocoro. Yogŏda monoto, suguna monoua maguire nuzo.

Qenni yte jinuonuo fodocoxi, vonoreuo xemete rei guini todomaru: coreuomotte tacaxito iyedomo ayaucarazu: miterito iyedomo afurezu.

Cocoro. Fucŏ fericudari fitouo xŏquan xi, reigui uo mopparato suruni voiteua, yxeiuo surutomo ayaŭ naizo.

Qenuo miteua fitoxicaran cotouo vomoi, fuqen uo miteua, vchini mizzucara cayerimiru.

Cocoro. Caxicoi cotouo miteua, varemo soreni fito xicarŏ cotouo nagueqi, oroxicocaranu cotouo miteua vagaminimo arucauo cayerimiyo.

Qeôchŭni xenme ari.

Cocoro. Monouo tçucuru monoua mazzu sono facuxauo muneni tçucuru monono catachiuo voite tçucuru monozo.

Rei

143. 1　賢(ケン)ヲ敬(ウヤマ)ウコトハ大賓(タイヒン)ノ如(ゴト)クシ、民(タミ)ヲ愛(アイ)　＊aisuに注意。

2　スコトハ赤子(ジャクシ)ノ如クス。

③　心。賢(カシコ)イ人ヲバ賓(マレビト)ノ如ク賞(シャウ)

④　翫(クヮン)シ、百姓(ヒャクシャウ)ヲバ赤子(アカゴ)ノ如クニ扱(アツカ)ウ。

144. 1　君(キミ)君タラズ、臣(シン)以(モ)ッテ臣タラズンバアルベ

2　カラズ。

③　心。君ハ君ニ＊アタル徳(トク)ヲ保(タモ)チ、臣(シン)　＊araru とある。

④　下(カ)ハ臣下ノ忠(チュウ)ヲ盡(ツク)サイデハ叶(カナ)ワヌ。

145. 1　瓜田(クヮデン)ニ履(クツ)ヲ納(ト)ラズ、李下(リカ)ニ冠(カムリ)ヲ整(ナヲ)

2　サズ。

③　心。瓜(ウリ)ノ畠(ハタケ)ニ落(ヲト)イタ履(クツ)ヲバ取(ト)ラズ、

④　梨(ナシ)ノ木ノ下(シタ)ニ冠ヲ整サヌモノゾ。

146. 1　木(キ)ハ林(ハヤシ)ヨリ秀(ヒイ)デ、風(カゼ)ハ必(カナラ)ズ行(カウ)ヲ催(モヨ)

2　(ヲ)ス。人高(ヒトタカ)ケレバ衆(シュ)必ズ非(ソシ)ル。

③　心。風ハ高イ木ニ當(ア)タル如ク、人モ

④　位(クライ)高ケレバ、萬人(バンニン)ノ非(ソシリ)ヲ受(ウ)ケイデ叶(カナ)

⑤　ワヌ。

147. 1　虚名(キヨメイ)久(ヒサ)シク立(タ)タズ。＊謬旨(ビョウシ)終(ツイ)ニ失(シッ)有(ア)リ。　＊qeôxi とある。

②　心。虚名ハヤガテ露(アラ)ワレ、ソノ謬(イツワ)リ

③　ヨリハ損(ソン)ガ無(ナ)ウテ＊叶(カナ)ワヌモノゾ。　＊canananu とある。

148. 1　蝸牛(クヮギュウ)ノ角(ツノ)ノ上(ウエ)ニ何事(ナニゴト)ヲカ争(アラソ)ウ？

②　心。蝸牛(カタツブリ)ノ角ノ上ニ居(イ)テ威勢(イセイ)ヲ

③　スルヨリモ、ハカナイコトヂャ。

149. 1　官(クヮン)ニハ針(ハリ)ヲモ容(イ)レズ、私(ワタクシ)ニハ車馬(＊シャアバ)ヲ　＊xaaba に注意。

Qenuô vyamŏ cotoua taifinno gotoqu xi: tamiuo ai∫u cotoua jacuxino gotoqu ∫u.

Cocoro. Caxicoi fitouoba; marebitono gotoqu xŏquan xi, fiacuxŏuoba acagono gotoquni atçucŏ.

Qimi qimi tarazu, xin motte xin tarazumba arubecarazu.

Cocoro. Qimiua qimini ataru tocuuo tamochi, xin caua xincano chŭuo tçucu∫aideua canauanu.

Quadenni cutçuuo torazu: ricani camuriuo nauo∫azu.

Cocoro. Vrino fataqeni vocoitã cutçuuoba torazu, naxino qino xitani camuriuo nauo∫anu monozo.

Qiua fayaxi yori fijde, cajeua canarazu cŏuo moyouo∫u: fito tacaqereba xu canarazu ∫oxiru.

Cocoro. Cajeua tacai qini ataru gotoqu: fitomo curai tacaqereba, banninno ∫oxiriuo vqeide canauanu.

Qiomei fi∫axiqu tatazu: qeŏxi tçuini xit ari.

Cocoro. Qiomeiua yagate arauare, ∫ono itçuuari yoriua ∫onga nŏte cananu monozo.

Quaguiŭno tçunono vyeni nanigotouoca ara∫ô?

Cocoro. Catatçuburino tçunono vyeni yte yxeiuo ∫uru yorimo, tacanai cotogia.

Quanniua fariuomo irezu, vatacuxiniua xaabauo te-

③ 心。履(クツ)ト、冠(カムリ)トハ同(ヲナ)ジ所(トコロ)ニ置(ヲ)カ

④ ヌ。賢人(ケンジン)ト、凡下(ボンゲ)ノ者(モノ)モ同ジ位ニ

⑤ ハ居(ヲ)ラヌ。

138.1 君(キミ)諫(イサ)メニ逆(サカ)ウ則(トキ)ンバ國(クニ)亡(ホロ)ブ。人食(ヒトショ)

2 呰(クホソ)キ則ンバ躰瘠(タイヤ)ス。

③ 心。君情識(ジャウシキ)ニシテ諫メヲ聞(キ)キ入(イ)レネバ、

④ 國ガ亡ビイデハ叶(カナ)ワヌ。人ノ食ガ衰(ヲトロ)

⑤ エ行(ユ)ケバ、命(イノチ)終(ヲワ)ルガ如(ゴト)クヂヤ。

139.1 君(キミ)暗(クラ)ケレバ臣(シン)諛(ヘツラ)ウ。危(キ)亡(バウ)遠(トヲ)カラズ。

② 心。不憲法(ブケンバウ)ナ主人(シュジン)ナレバ、臣下(シンカ)モ諛(ヘツラ)

③ イ、國(クニ)ノ破(ヤブ)レモ近(チカ)カラウズ。

140.1 君(キミ)其(ソ)ノ位(クライ)ニ在(ア)ラザレバ、其(ソ)ノ政(マツリゴト)ヲ謀(ハカ)

2 ラズ。

③ 心。ソレソレノ位ニ従(シタガ)ウテ物(モノ)ヲシ

④ タガ良(ヨ)イゾ。

141.1 君(キミ)ノ一善(イチゼン)ヲ見(ミ)ル則(トキ)ンバ、力(チカラ)ヲ盡(ツク)シ

2 テ、以(モ)ッテ顯譽(ケンヨ)ス。唯恐(タダヲソ)ル、四海(シカイ)ニ聞(キ)コエザ

3 ルコトヲ。

④ 心。主人(シュジン)ノ一善ヲナス時(トキ)ハ、ソレヲ譽(ホ)

⑤ メ揭(カカ)ゲ、萬國(バンコク)ニ聞(キ)コユルコトヲナゲク。

142.1 勁松(ケイショウ)ハ歳(トシ)ノ寒(サム)キニ彰(アラ)ワレ、貞臣(テイシン)ハ國(クニ)ノ

2 危(アヤウ)キニ見(アラ)ワル。

③ 心。勁(ツヨ)イ松ハ寒イ歳ニ彰ワレ、野(ヤ)

④ 心(シン)無(ナ)イ臣下(シンカ)ハ國ノ危イ時(トキ)見ワルル。

Cocoro. Cutçuto,camuritoua vonaji toceroni voca nu:qenjinto, bongueno monomo vonaji curaini ua voranu.

Qimi isameni sacŏ toqimba cuni forobu: Fito xocu tosoqi toqimba tai yasu.

Cocoro. Qimi jŏxiqini xite isameuo qiqiireneba, cuniga forobijdeua canauanu: fitonó xocuga vo toroye yuqeba,inochi vouaruga gotoqu gia.

Qimi curaqereba xin ferçurŏ: qibó souocarazu.

Cocoro. Buqenbŏna xujin nareba,xincamo ferçu-rai, cunino yaburemo chicacarŏzu.

Qimi sono curaini arazareba,sono matçurigotouo fa carazu.

Cocoro. Soresoreno curaini xitagŏte monouo xi-taga yoizo.

Qimino ychijenuo miru toqimba,chicarauo tçucuxi te, motte qenyo su: tada vosoru, xicaini qicoyeza ru cotouo.

Cocoro. Xujinno ychijenuo nasu toqiua,soreuo so me cacague,bancocuni qicoyuru cotouo naguequ.

Qeixôua toxino samuqini arauare, teixinua cunino ayavqini arauaru.

Cocoro. Tçuyoi matçutta samui toxini arauare: ya xin nai xincaua cunino ayavyroqi arauaruru.

Qen

132.1　賢臣内ニアル則ンバ邪臣外ナリ。邪臣内

2　ニアル則ンバ賢臣斃ル。

③　心。賢イ臣下ガ内ニ居レバ、邪

④　ナ者ハ内ニ取リ入ルコト叶ワズ、道ニ

⑤　外レタ臣下ガ内ニ居レバ、賢臣ハ斃ルル。

133.1　賢ヲ嫉ム者ハ、ソノ名全カラズ。賢

2　ヲ進ムル者ハ福子孫ニ流ワル。

③　心。賢人ヲ嫉ム者ハ面目ヲ

④　失ナウコトガ多ウ、賢人ヲ賞翫スル者

⑤　ハ子孫マデモ良イゾ。

134.1　賢聖ヲ得ズンバ、如何トシテカ國ヲ治メン？

②　心。賢人、聖人ヲ置カイデハ、國ヲ無事

③　ニ治ムルコトハ叶ワヌゾ。

135.1　木縄ニ従ウ則ンバ正シ。君諫メニ従

2　ウ則ンバ聖ナリ。

③　心。曲ウダ木モ墨金ヲ當テテ削レ

④　バ直ニナリ、君モ諫メヲ聞イテ従ウ時ハ

⑤　聖トナルゾ。

136.1　君臣ヲ使ウニ、禮ヲ以ッテシ、臣君ニ仕

2　マツルニ忠ヲ以ッテス。

③　心。君ハ臣下ニ禮儀ヲ盡シ、臣下

④　ハ君ニ忠節ヲ盡スガ道ヂャ。

137.1　冠履藏ヲ同ジウセズ。賢ト不賢ト位同

2　ジカラズ。

Qenxin vchini arutoqimba jaxin focanari, jaxin vchini arutoqimba qenxin tauoru.

Cocoro. Caxicoi xincaga vchini voreba, yocoxima na monoua vchini toriirucoto canauazu: michini fazzureta xincaga vchini voreba, qẽxinua tauoruru.

Qenuo netamu monoua sono na mattacarazu: qẽuo susumuru monoua saiuai xisonni tçutauaru.

Cocoro. Qenjinuo netamu monoua menbocuuo vxinŏ cotoga vouô: qenjinuo xŏquan suru monoua xison mademo yoizo.

Qenxeiuo yezumba, icantoxitecca cuniuo vosamen!

Cocoro. Qenjin, xeijinuo vocaideua, cuniuo bujini vosamuru cotoua canauanuzo.

Qi nauani xitagŏ toqimba masaxi: qimi isameni xitagŏ toqimba xei nari.

Cocoro. Yugŏda qimo sumi canetuo atete qezzureba suguni nari: qimimo isameuo qijte xitagŏ toqiua xeito naruzo.

Qimi xinuo tçucŏni, reivomotte xi, xin qimini tçucŏmatçurumi chŭvomotte su.

Cocoro. Qimiua xincani reiguiuo tçucuxi, xincaua qimini chŭxetuo tçucusuga michigia.

Quanri zŏuo vonajŭ xezu: qento, fuqento curai vonajicarazu.

C.

⑥　ダル者ヲバ賞翫(シャウクヮン)スル。

127. 1　*香(キャウ)シャウノ下(モト)ニハ必(カナラ)ズ懸魚(ケンギョ)有(ア)リ。重賞(チョウシャウ)

2　ノ下(モト)ニハ必ズ死夫(シフ)有(ア)リ。

③　心。香(カウ)バシイ餌(エバ)ノ下(シタ)ニハ魚(ウヲ)ガ懸(カカ)リ易(ヤ)

④　スウ、恩(ヲン)ヲ厚(アツ)ウスル人(ヒト)ノ下(モト)ニハ忠(チュウ)ヲ盡(ツ)

⑤　クス者(モノ)ガ集(アツ)マル。

＊Qiǒxǒ とある。

128. 1　君佞人(キミネイジン)ヲ用(モチ)ユルトキンバ禍殃(クヮワウ)ヲ受(ウ)ク。

②　心。君諛(ヘツラ)イマワッテ心ノ曲(ユガ)ウ

③　ダ者ヲ奔走(ホンソウ)スレバ、禍(ワザワ)イヲ受ケズシテハ

④　叶(カナ)ワヌ。

129. 1　君臣(キミシン)ヲ疑(ウタガ)ウコト無(ナ)ク、臣(シン)君ヲ疑ウ

2　コト無ウシテ、國定(クニシヅマ)リ、主安(シュヤス)シ。

③　心。君モ臣下(シンカ)ヲ疑ワズ、臣下モ

④　君ヲ疑ワネバ、國モ、家(イエ)モ難無(ナンナ)ウ治(ヲ)

⑤　(サ)マル。

130. 1　賢(ケン)ヲ求(モト)ムルニハ徳(トク)ヲ以(モ)ッテシ、聖(セイ)ヲ致(イタ)ス

2　ニハ道(ミチ)ヲ以ッテス。

③　心。賢人(ケンジン)ヲ集(アツ)ムルニハ、徳ヲモッテ

④　シ、聖人(セイジン)ヲ集ムルニハ、仁義(ジンギ)ノ道ヲ正(タダ)

⑤　シウセイデハナラヌ。

131. 1　危邦(キハウ)ニハ入(イ)ラズ、亂邦(ランパウ)ニハ居(ヲ)ラズ。天下道有(テンカミチア)ル

2　則(トキ)ンバ見(マミ)エ、道無(ナ)キ則ンバ隱(カク)ル。

③　心。危(アヤ)ウイ邦(クニ)ニハ入(ハイ)ラズ、邦(クニ)ノ亂(ミダ)ル

④　ル所(トコロ)ニハ居(イ)ヌ。

daru monouoba xŏquan suru.

Qiŏxŏno motoniua canarazu qenguio ari: chôxŏ no motoniua canarazu xifu ari.

Cocoro. Cŏbaxij yebano xitaniua vuoga cacariya sŭ: vonuo atçŭ suru fitono motoniua chŭuo tçucusu monoga atçumaru.

Qimi neijinuo mochiyuru toqimba quauŏuo vqu.

Cocoro. Qimi fetçurai mauatte, cocorono ytgŏ da monouo fonsô sureba, vazauaiuo vqezuxiteua canauanu.

Qimi xinuo vtagŏ coto naqu, xin qimiuo vtagŏ coto nŏxite, cuni xizzumari, xu yasuxi.

Cocoro. Qimimo xincauo vtagauazu, xincamo qimiuo vtagauaneba, cunimo, iyemo nannŏ vosamaru.

Qenuo motomuruniua tocuvomotte xi, xeiuo itasuniua michi vomotte su.

Cocoro. Qenjinuo atçumuruniua, tocuvomotte xi, xeijinuo atçumuruniua, jinguino michiuo tadaxŭ xeideua naranu.

Qifôniua irazu, rampŏniua vorazu: tenca michi aru toqimba mamiye: michi naqi toqimba cacuru.

Cocoro. Ayavy cuniniua fairazu, cunino midaruru tocoroniua ynu.

Qen

121. 1 *簡擇スベキナケレバ、眼界平カナリ。

② 心。嫌イ擇ブコトガ無ケレバ、心ニ

③ カカルコトガナイ。

*Qenjacu とある。

122. 1 歡樂極マッテ哀情多シ。

② 心。喜ビガ極マレバ、忽チ悲

③ シミガ身ノ上ニ來ル。

123. 1 去路一身ハ葉ヨリモ輕シ。

② 心。身一ツハイヅクニ行クモ木ノ葉ヨ

③ リモ輕イ。

124. 1 君臣ヲ視ルニ、土芥ノ如クニスル則ン

2 バ、臣君ヲ視ルニ寇讎ノ如クス。

③ 心。君臣下ヲ何デモナウ見ナセバ、

④ 臣下モマタ君ヲ仇ノ敵ヲ見ル如

⑤ クニスル。

125. 1 麒麟ハ角ニ肉有ッテ猛キ形ヲ顯サ

2 ズ。潛龍ハ三冬ニ蟄シテ一陽來復ノ

3 天ヲ待ツ。

④ 心。物ハ我ガ身ヲ計リ、時節ヲ伺ウ

⑤ テスルガ良イ。

126. 1 鬼神ハ盈テルヲ虧イテ、謙ルニ福ス。人

2 道ハ盈テルヲ惡ミンジテ謙ヲ好ミンズ。

③ 心。天道ハ驕リヲ極ムル者ヲ

④ 下ゲサセラレ、謙ル者ニ福ヲ下

⑤ サレ、人モ驕ル者ヲバ惡ミ、謙

Qenjacu ſubeqi naqereba, gancai tairaca nari.

Cocoro. Qirai yerabu cotoga naqereba, cocoroni cacaru cotoga nai.

Quanracu qiuamatte aixei vouoxi.

Cocoro. Yorocobiga qiuamareba, tachimachi cana ximiga mino vyeni qitaru.

Qioro yxxinua ſa yorimo caroxi.

Cocoro. Mi fitotçuua izzucuni yuqumo conoſa yo rimo caroi.

Qimi xinuo miruni, tocaino gotoquni ſuru toqimba, xin qimiuo miruni cǒjǔno gotoqu ſu.

Cocoro. Qimi xincauo nandemonǒ minaxeba, xincamomata qimiuo atano cataqiuo miru gotoquni ſuru.

Qirinua tçunoni nicu atte taqeqi catachiuo arauaſazu: xennǒua ſantǒni chixxite ichiyǒ raifucuno tenuo matçu.

Cocoro. Monoua vagamiuo facari, jixetuo vcagǒte ſuruga yoi.

Qixinua miteruuo caite, fericudaruni ſaiuai ſu. Nintǒua miteruuo nicuminjite qenuo yominzu.

Cocoro. Tentǒua vogoruuo qiuamuru monouo ſaguelaxerare, fericudaru mononi ſaiuaiuo cudaſare, fitomo vogoru monouoba nicumi, fericuda

2　無(ナ)キハ死(シ)セズシテ何(ナン)カ爲(セ)ン？

③ 心。人トシテ禮(レイ)無イハ鼠ニ異(コト)ナラヌ

④ モノヂャ。生(イ)キテモ效(カイ)無イ儀(ギ)ゾ。

116. 1 鷄(ニワトリサム)寒ウシテ樹(キ)ニ上(ノボ)リ、鴨寒(カモサム)ウシテ水(ミ)

2　(ヅ)ニ下(クダ)ル。

③ 心。ソレソレノ生(ウ)マレ附(ツ)イタコトヲモッテ喜(ヨ)

④ (ロコ)ブゾ。

117. 1 成(ナ)リンジ事(コト)ヲバ說(ト)カズ、遂(ト)ゲンジ事ヲバ諫(イサ)メ

2　ズ。

③ 心。有ッテ過(ス)ギタコトヲ言(イ)イ悔(ク)ヤムナ。

118. 1 人間(ニンゲン)ノ榮耀(エイヨウ)ハ風(カゼ)ノ前ノ塵(チリ)。

② 心。人(ヒト)ノ榮(サカ)ユルコトハ、風ニ塵ノ

③ 散(チ)リ易(ヤス)イガ如(ゴト)クゾ。

## Q

119. 1 窮鼠却(キュウソカエ)ッテ猫(ネコ)ヲ嚙(カ)ミ、鬪雀(トウシャク)人(ヒト)ヲ恐(ヲソ)レ

2　ズ。

③ 心。難儀(ナンギ)ニ極(キワ)マッタ時(トキ)ハ、恐(ヲソ)レヲ忘(ワ)

④ スルル。

120. 1 居(キョ)ヲ安(ヤス)ウシテ高堂(カウダウ)ヲ架(カ)スルコトヲ用(モチ)イズ。

2　書中自黄金(ショチュウヲノヅカラワウゴン)ノ屋(イエ)有(ア)リ。

③ 心。心安(*ココロヤス)ウ居(イ)テ結構(ケッコウ)ナ屋(イエ)ヲ造(ツク)ル

④ コトヲ望(ノゾ)ムナ。學問(ガクモン)ノ中(ナカ)ニ金(コガネ)

⑤ ノ屋(イエ)ガ在(ア)ルゾ。

*Cocoroyasu とある。

naqiua xixezuxite nanca xen?

Cocoro. Fitotoxite rei naiua nezumini cotonaranu mono gia : iqitemo cainai guizo.

Niuatori famǔxite qini nobori, camo famǔxite mizzuni cudaru.

Cocoro. Soresoreno vmaretçuita cotovomotte yorocobuzo.

Narinji cotouoba tocazu : toguenji cotouoba isamezu.

Cocoro. Atte suguita cotouo iy cuyamuna.

Ninguenno yeiyôqua cajeno mayeno chiri.

Cocoro. Fitono sacayuru cotoua, cajeni chirino chiriyasuiga gotoquzo.

# Q

Qiŭso cayette necouo cami, tôxacu fitouo vosorezu.

Cocoro. Ninguini qiuamatta toqiua, vosoreuo vasururu.

Qiouo yasǔxite cǒdǒuo casuru cotouo mochijzu: xocunu vonozzucara vǒgonno iye ari.

Cocoro. Cocoroyasu yte qeccǒna iyeuo tçucuru cotouo nozomuna: gacumonno nacani cogane no iyega aruzo.

Qen

2　ノハ書ニ因ッテ貴(タット)シ。

③　心。*貧乏(ビンボウ)ナ者モ學者(ガクシャ)ニナレバ、樂(タ)

④　ノシウナリ、分限者(ブゲンシャ)ハ位(クライ)ニモ上(ア)ガルゾ。

*b mbônaとある。

110. 1　門(モン)ヲ出(イ)ヅルニ、人(ヒト)ノ従(シタガ)ウコト無(ナ)キコトヲ恨(ウラ)

2　ムルコト莫(ナカ)レ。

③　心。従人(ジュウニン)ガ少(スクナ)イトテ、汝(ナンヂ)サノミナ悲(カ)

④　ナシウゾ。

111. 1　貧(マド)シシト雖ドモ、心(ココロ)ニ足(タ)ンヌト欲(ホッ)スレバ、是(コ)

2　レヲ名(ナヅ)ケテ富人(フクジン)ト爲(ス)。

③　心。貧乏(ビンボウ)ナレドモ、不足(フソク)ナコトヲ達(タッ)

④　ショウトスルヲ富人トイウゾ。

112. 1　身(ミ)溫(アタタ)カナレバ、睡眠(スイメン)増(マ)シ、身安(ヤス)ンズレバ

2　懈怠(ケダイ)起(ヲ)コル。

③　心。溫カニシテ居(イ)レバ、眠(ネム)リガ出來(デキ)、活(クワッ)

④　計(ケイ)ニシテイレバ、無精(ブシャウ)ニナルゾ。

113. 1　無學(ムガク)ノ人(ヒト)ヲ觀(ミ)ルニ、物(モノ)ノ比倫(ヒリン)ニ堪(タ)エタル

2　ハ無(ナ)シ。

③　心。學問(ガクモン)モ無イ者ヲ見(ミ)ルニ、世(ヨ)ノ

④　中(ナカ)ニ比(*タト)エウ者ハ無(ナ)イ。

*tatoyô

114. 1　明月(メイゲツ)本(モト)無心(ムシン)。誰(タレ)カ寒鑑(カンガン)ト爲(ナ)サシム？

②　心。月(ツキ)モ無心(ムシン)ナ物(モノ)ヂャガ、誰(タレ)カ

③　青光(アヲヒカリ)ヲ與(アタ)エ作(ツク)ッタゾ？

## N

115. 1　鼠(ネズミ)ヲ相(ミ)ルニ、皮有(カワア)ッテ禮無(レイナ)シ。人トシテ禮

noua xoni yorte tattoxi.

Cocoro. b mbôna monumo gacuxani nareba, tanoxŭ nari; buguenxaua cutainimo agaruzo.

Monuo izzuruni, fitono xitagòçoro naqicotouo vramurucoto nacare.

Cocoro. Iŭninga ſucunai tote, nangi ſanomi nacanaxŭzo.

Madoxixi toiyedomo, cocoroni tannuto foſſureba, coreuo nazzuqete fucujinto ſu.

Cocoro. Binbô naredomo, fuſocuna cotouo taxxôto ſuruuo fuçujinto yŭzo.

Mi atataca nareba, ſuimen maxi: mi yaſunzureba qedai vocoru.

Cocoro. Atatacani xite yreba, nemuriga deqi, quatqeini xite yreba, buxŏni naruzo.

Mugacuno fitouo miruni, monono firinni tayetaru ua naxi.

Cocoro. Gacumonmo nai monouo miruni, yono nacani tatoyô monoua nai.

Meiguet moto muxin: tareça canganto naſaximu?

Cocoro. Tçuqimo muxinna mono giaga, tareca auo ficariuo ataye tçucuttazo?

# N

Nezumiuo miruni, eduxatte rei naxi: fitotoxite-rei

na

④ (ラ)エドモ、ソノ道(ミチ)ニ違(タガ)ウテハ、除(ノ)ケラレヌ

⑤ モノゾ。

102.1 眼(マナコ)東南(トウナン)ヲ見(ミ)、意(ココロ)西北(セイホク)ニ在(ア)リ。

② 心。面(ヲモテ)ト、意(ココロ)トハ違(チガ)ウモノヂャ。

103.1 明珠(メイシュ)ヲ識(シ)ラザレバ、返(カエ)ッテ瓦礫(グワリャク)ト成(ナ)ス。

② 心。珠(タマ)ヲ見知(ミシ)ラヌ者(モノ)ハ石瓦(イシガワラ)

③ ノ如(ゴト)クニ用(モチ)ユルモノヂャ。

104.1 文(モン)ヲ離(エ)ッテ徳(トク)ヲ喪(ホロボ)ス。

② 心。要(イ)ラヌ飾(カザ)リダテデ散々(サンザン)ニナッタ。

105.1 身ヲ藏(カク)シテ、影(カゲ)ヲ露(アラワ)ス。

② 心。愚癡(グチ)ナル隱(カク)レ樣(ヤウ)ゾ。

106.1 三思(ミタビヲモ)ッテ後(ノチ)ニ行(ヲコ)ナウ。

② 心。物(モノ)ハ輕々(カルガル)トスナ。セメテ二(フタ)

③ 度(タビ)モ思案(シアン)シテセヨ。

107.1 身(ミ)ヲ觀(クワン)ズレバ、岸(キシ)ノ額(ヒタイ)ニ根(ネ)ヲ離(ハナ)レタル草(クサ)。

2 命(イノチ)ヲ論(ロン)ズレバ、江(エ)ノ邊(ホトリ)ニ繫(ツナ)ガザル舟(フ)

3 (ネ)。

④ 心。身(ミ)ハ危(アヤウ)ウ、命(イノチ)ハハカナウ定(サダ)メナイ

⑤ モノヂャ。

108.1 躬自(ミミヅカラ)厚(アツ)ウシテ人(ヒト)ヲ責(セ)ムルニ、薄(ウス)キ則(トキ)ン

2 バ怨(ウラ)ミニ遠(サカ)ル。

③ 心。我(ワ)ガ身(ミ)ノ爲(タメ)ニ厚ウ、人ヲバ薄ウ責(セ)

④ ムレバ、必(カナラ)ズ人ガ怨ムル。

109.1 貧(マド)シキ者(モノ)ハ書(ショ)ニ因(ヨ)ッテ富(ト)ミ、富メル者(モ)

rayedomo, sono michini tagŏteua, noqerarenu monozo.

Manaco tônanuo mi, cocoro xeisocuni ari.

Cocoro. Vomoteto, cocorotoua chigŏ monogia.

Meixuuo xirazareba, cayette guariacuto nasu.

Cocoro. Tamauo mixiranu monoua yxi cauara no gotoquni mochiyuru monogia.

Monuo yette tocuuo forobosu.

Cocoro. Itanu cazaridatede sanzanni natta,

Miuo cacuxite, cagueuo arauasu.

Cocoro. Guchinaru cacureyŏzo.

Mitabi vomotte nochini voconŏ.

Cocoro. Monoua carugaruto suna: xemete futa tabimo xian xite xeyo.

Miuo quázureba, qixino fitaini neuo sanaretaru cusa. Inochiuo ronzureba, yeno fotorini tçunagazaru fune.

Cocoto. Miua ayaǔ, inochiua facanŏ sadamenai mono gia.

Mi mizzucara atçŭxite fitouo xemuruni, vsuqi toqimba vramini sacaru.

Cocoro. Vagamino tameni atçŭ: fitouoba vsŭ xemureba, canarazu fitoga vramuru.

Madoxiqi monoua xoni yotte tomi, tomeru mo

 no

2　ハ必(カナラ)ズ罪(ツミ)有ルニ断(＊コトワ)ル。

③ 心。憲法(ケンバウ)ノ主人(シュジン)ハ忠節(チュウセッ)ヲ抽(ヌキ)ンヅ

④　ル者ニ賞(シャウ)ヲ與エ、罪有ル者ニハ罸(バッ)

⑤　ヲ正(タダ)シウスル。

97. 1 三(ミタビ)諫(イサ)メテ聴(キ)カザル則(トキ)ンバ、スナワチ逃(ノガ)ル。

② 心。三度(ミタビ)主人(シュジン)ヲ諫メテ聴カズンバ、臣下(シンカ)

③　ノ咎(トガ)ハ無(ナ)イゾ。

98. 1 用(モチ)ユル則(トキ)ンバ鼠(ネズミ)モ虎(トラ)ト成(ナ)リ、用イ

2　ザル則ンバ虎モ鼠ト成ル。

③ 心。徳(トク)モ無(ナ)イ者ナレドモモテハヤ

④　セバ、徳ノ有(ア)ルヤウニ見(ミ)エ、徳有ル者ヲ

⑤　モ徳無イ者ノヤウニモテナセバ、自(ヲノヅ)

⑥　(カラ)愚癡(グチ)ナヤウニナル。

99. 1 無功(ムコウ)ノ賞(シャウ)ハ不義(フギ)ノ富(トミ)、禍(ワザワイ)ノ媒(ナカダチ)

2　ナリ。

③ 心。忠節(チュウセッ)ヲ盡(ツク)サヌ者(モノ)ニ賜(タマ)ワル

④　賞(シャウ)ハ道(ミチ)ニ外(ハヅ)レテ驕(ヲゴ)リ、禍(＊ワザワイ)ヲ招(マネ)

⑤　クノ媒トナル。

100. 1 水(ミヅ)積(ツモ)ッテ淵(フチ)ト成(ナ)リ、學(ガク)積ッテ聖(セイ)ト

2　成ル。

③ 心。塵(チリ)ガ積ッテ山(ヤマ)トナル。

101. 1 貧(マド)シキト、賤(イヤ)シキトハ是(コレ)人ノ悪(ニク)ミンズル

2　所(トコロ)ナリ。其(ソ)ノ道(ミチ)ヲ以(モ)ッテ得(エ)ズンバ去(サ)ラジ。

③ 心。貧乏(ビンボウ)ト、下賤(ゲセン)ナコトハ人毎(ヒトゴト)ニ嫌(キ)

＊coto aru とある。

＊ vazanaiuo とある。

ua canafazu tçumi aruni coco aru.

Cocoro. Qenbǒno xujinua chǔxetuo nuqinzzu ru mononi xǒuo ataye, tçumi aru mononiua bat uo tadaxǔ furu.

Mitabi isamete qicazaru toqimba, sunauachi nogaru.

Cocoro. Mitabi xujinuo isamete qicazumba, xinca no togaua naizo.

Mochiyuru toqimba nezumimo torato nari: mochij zaru toqimba toramo nezumito naru.

Cocoro. Tocumo nai mono narecomo motefaya xeba, tocuno aruyǒni miye, tocu aru monouomo tocu nai monono yǒni motenaxeba, vonozzu cara guchina yǒni naru.

Mucǒno xǒua fuguino tomi, vazauaino nacadachi nari.

Cocoro. Chǔxetuo tçucusanu mononi itamauaru xǒua michini fazzurete vogori, vazanaiuo mane quno nacadachito naru.

Mizzu tçumotte fuchito nari, gacu tçumotte xeito naru.

Cocoro. Chiriga tçumotte yamato naru.

Madoxiqito, iyaxiqitoua core fitono nicuminzuru tocoro nari: sono michivomotte yezumba saraji.

Cocoro. Bimbǒto, guexenna corotta fitogotoni qi ra-

2　言(ゲン)ヲ出(イダ)シテソノ長短(チャウタン)ヲ知ル。

③　心。一言(イチゲン)言(イ)イ出(イダ)ス言(コトバ)ノ下(シタ)ニ、ソノ

④　人ノ智恵(チエ)ノ有無(アリナシ)ハ見(ミ)ユルモノヂャ。

91. 1　熟処(ジュクショ)忘(バウ)ジ難(ガタ)シ。

②　心。住(ス)ミ慣(ナ)レタ所(トコロ)ハ忘(ワス)レ難(ガタ)イ。

92. 1　前車(ゼンシャ)ノ覆(＊クツガエ)スヲ見(ミ)テ、後車(コウシャ)ノ誡(イマシメ)ヲ

2　知(シ)ル。

＊「クツガエス」に注意。

③　心。前(サキ)ノ車(クルマ)ノ覆(クツガエ)ルヲ見テ、

④　後(アト)ノ車ハソノ心得(ココロエ)ヲナス。

93. 1　是非(ゼヒ)已(スデ)ニ傍人(バウニン)ノ耳(ミミ)ニ落(ヲ)ツ。

②　心。道理(ダウリ)カ無理(ムリ)カハ論(ロン)ズル者(モノ)ヨリモ、

③　傍(ソバ)ニ居(イ)ル者ガ能(ヨ)ウ聞(キ)キ分(ワ)クルゾ。

## M

94. 1　満(ミ)テルハ損(ソン)ヲ招キ、謙(ヘリクダ)リハ益(エキ)ヲ受(ウ)

2　ク。

③　心。十分(ジュウブン)ナレバ、欠(カ)ケ、謙(ヘリ)クダレバ上(ア)ゲラ

④　ルルヤウナモノゾ。

95. 1　水至(ミヅイタ)ッテ清(キヨ)キ則(トキ)ンバ魚(ウヲ)无(ナ)ク、人(ヒト)至ッテ

2　察(サッ)ナル則(トキ)ンバ徒(トモ)无シ。

③　心。餘(アマ)リニ澄(ス)ミチギッテ清(キヨ)イ水(ミヅ)ニハ

④　魚ガ居(ヲ)ラヌ。ソノ如ク人モ至ッテ賢(カシ)

⑤　(コ)イ人ニハ友(トモ)ガ無(ナ)イモノヂャ。

96. 1　明主(メイシュ)ハ功(コウ)ヲ加(クワ)ウルコトアルコトヲ賞(シャウ)ジテ、刑(ケイ)

guenuo idaxite ſono chŏtanuo xiru .

Cocoro . Ichiguen yiidaſu cotobano xitani , ſono fitono chiyeno arinaxiua miyúru monogia .

Iucuxo bŏjigataxi .

Cocoro . Suminareta tocoroua vaſuregatai .

Ienxano curçugayeſuno mite , cŏxano imaximeuo xiru.

Cocoro . Saqino curumano curçugayeruuo mite, atono curumaua ſono cocoroyeuo naſu .

Ieſi ſudeni bŏninno mimini vorçu .

Cocoro . Dŏrica muricaua ronzuru mono yorimo, ſobani yru monoga yô qiqivaquruzo.

# M

Miteruua ſonuo maneqi , fericudariua yeqiuo vqu .

Cocoro . Iŭbun nareba, caqe , fericudareba aguераruru yŏna monozo .

Mizzu itatte qiyoqi toqimba vuo naqu : fito itatte ſatnaru toqimba tomo naxi .

Cocoro . Amarini ſumichiguitte qiyoi mizzuniua vuoga voranu : ſonogotoqu fitomo itatte caxicoi fitoniua tomoga nai monogia .

Meixuua côuo cuuŏruцoto aru cocouo xŏjite , qei-

④　何(ナン)トモナイヤウナレドモ、ドコゾノ程(ホド)デハ

⑤　ソノ染(ソ)ミ馴(ナ)レタ善ノ匂(ニヲ)イヲ飛(ト)バスルモノゾ。

85. 1　日月(ジッゲツ)モ窟穴(クッケツ)ニ光(ヒカリ)ヲ播(ホドコ)スコト能(アタ)ワズ。

2　衝風(ショウフウ)モ井底(セイテイ)ニ波(ナミ)ヲ揚(ア)グルコト能ワズ。

③　心。月日(ツキヒ)モ曲(マ)ガッタ穴(アナ)ニ光ヲ照(テ)リ通(ト)

④　(ヲ)スコトハ叶(カナ)ワヌ。何(ナニ)タル風(カゼ)モ井側(イガワ)ニ

⑤　波ヲ立(タ)ツルコトハ叶ワヌモノゾ。

86. 1　上位(ジャウイ)ニ居(イ)テモ驕(ヲゴ)ラザレ。下位(ゲイ)ニ在(ア)ッテモ亂(ミダ)

2　レザレ。

③　心。イカニ位(クライ)ガ高(タカ)ウテモ驕ラズ、マタ

④　位低(ヒク)ウテモ心(ココロ)ヲ亂(ミダ)スナ。

87. 1　善(ゼン)ヲ積(ツ)ム則(トキ)ンバ、福至(サイワイイタ)ラズトイウコト無(ナ)シ。

2　惡(アク)ヲ積ム則ンバ、禍爲(ワザワイナ)ラズトイウコト

3　無シ。

④　心。善ヲスレバ良(ヨ)イコトガ出來(デキ)、惡ヲ爲(ナ)

⑤　セバ、惡(ア)シキコトガ出來(デク)ルゾ。

88. 1　是非(ゼヒ)ノ聲(ナ)ハ翼無(ツバサナ)ウシテ飛(ト)ビ、損益(ソンエキ)ノ名(ナ)ハ

2　脚無(アシナ)ウシテ走(ワシ)ル。

③　心。是非(ヨシアシ)ノ沙汰(サタ)ハ飛(ト)ブ如(ゴト)クニ、速(ハヤ)ウ聞(キ)

④　(コ)ユルモノゾ。

89. 1　自屎臭(ジシクサ)キコトヲ覺(ヲボ)エズ。

②　心。我(ワ)ガ身(ミ)ニアル癖(クセ)ハ辨(ワキマ)エニクイモ

③　ノヂャゾ。

90. 1　蛇(ジャ)ハ一寸(イッスン)ヲ出(イダ)シテソノ大小(ダイショウ)ヲ知(シ)リ、人ハ一(イチ)

nantomo nai yǒ naredomo, docozono fododeua fono fominareta jenno niuoiuo tobafuru monozo.

Iitguetnio cucqetni ficariuo fodocofu coto atauazu: xôtŏmo xeiteini namiuo agurucoto atauazu.

Cocoro. Tçuqifimo magatta anani ficariuo terasu touofucotoua canauanu: nanitaru cajemo yganani namiuo tatçurucotoua canauanu monozo.

Iòyni ytemo vogorazare: gueyni attemo midarezare.

Cocoro. Icani curaiga tacŏtemo vogorazu, mata curai ficǔtemo cocorouo midafuna.

Ienuo tçumu toqimba, faiuai itarazuto yǔcoto naxi: acuuo tçumu toqimba, vazauai narazuto yǔcoto naxi.

Cocoro. Ienuo fureba yoicotoga deqi, acuuo nafeba, axiqi cotoga dequruzo.

Iefino naua tçubafa nŏxite tobi, fonyeqino naua axi nŏxite vaxiru.

Cocoro. Yoxiaxino fatana tobu gotoquni, fayŏ qicoyuru monozo.

Iixi cufaqi cotouo voboyezu.

Cocoro. Vagamini aru cuxeua vaqimayenicuj me no giazo.

Iaua iisunuo idaxite fono daixŏuo xiri, ficoua yehiguen

⑥　讀ムヲモッテイヨイヨ賢ウナル。

80.1　吳王(ゴワウ)劍客(ケンカク)ヲ好(コノ)メバ、百姓(ヒャクセイ)ニ瘢瘡(ハンサウ)多(ヲヲ)

2　シ。楚王(ソワウ)細腰(サイヨウ)ヲ好メバ、宮中(キュウチュウ)餓死(ガシ)多シ。

③　心。下々(シタジタ)ハ主人(シュジン)ノ好(ス)キコノムコトヲ

④　マナブモノヂャ。

81.1　學(ガク)スル則(トキ)ンバ庶人(ソニン)ノ子(コ)モ公卿(クギャウ)ト爲(ナ)ル。學(ガク)

2　セザル則ンバ公卿ノ子モ庶人ト爲ル。

③　心。學問(ガクモン)ヲシテ智恵(チエ)ガ附(ツ)ケバ、賤(イヤ)シイ

④　者(モノ)ノ子モ位(クライ)ニ上(ア)ガリ、學(ガク)セネバ位

⑤　有(ア)ル人ノ子モ賤シイ身(ミ)トナル。

## J

82.1　柔(ジュウ)ハ能(ヨ)ク剛(カウ)ヲ制(セイ)シ、弱(ジャク)ハ能(ヨ)ク強(キャウ)ヲ制ス。

②　心。至(イタ)ッテ猛(タケ)イ者(モノ)ヲバ柔和(ニュウワ)ナ者

③　ガ從(シタガ)エ、強(ツヨ)イ振(フ)リヲ見(ミ)スル者ヲバ弱(ヨワ)ウ

④　見ユル者ガ能ウ治(ヲサ)ムル。

83.1　善(ゼン)ハ其(ソ)ノ祐(サイワイ)ヲ受(ウ)ケ、惡(アク)ハ其ノ誅(チュウ)ヲ受クル則(トキ)

2　ンバ、國安(クニヤス)ウシテ衆善(シュゼン)至(イタ)ル。

③　心。善ヲスル者(モノ)ニハ祐ヲ與(アタ)エ、惡

④　ヲスル者ニハ誅罰(チュウバツ)ヲ正(タダ)シウ行(ヲコ)ナエバ、

⑤　國モ良(ヨ)ウ治マリ、善モ榮(サカ)ユルモノヂャ。

84.1　善人(ゼンニン)ト與(トモ)ニ居(ヲ)ルトキンバ、芝蘭(シラン)ノ室(イエ)ニ入(イ)ルガ

2　如(ゴト)ク、久(ヒサ)シウシテ其(ソ)ノ香(カ)ヲ聞(キ)ク。

③　心。善人ト與ニ交(マジ)ワリ居(イ)レバ、當座(タウザ)ハ

yomuvomotte iyoiyo caxicô naru.

Govŏ qencacuuo conomeba, fiacuxeini ſanſŏ vouoxi: Sovŏ ſaiyôuo conomeba, qiŭchŭ gaxi vouoxi.

Cocoro. Xitajitaua xujinno ſuqi conomu cotoue manabu mono gia.

Gacuſuru toqimba soninno como cuguiŏto naru. Ga cuxezaru toqimba cuguiŏno como soninto naru.

Cocoro. Gacumonuo xite chiyega tçuqeba, iyaxij mononō como curaini agari: gacu xeneba curai aru fitono como iyaxij mito naru.

# I

Nua yoqu cŏuo xeixi, jacuua yoqu qiŏuo xeiſu.

Cocoro. Itatte taqei monbuoba nhŭuana mono ga xitagaye: tçuyoi furiuo miſuru monouoba youŏ miyuru monoga yô voiamuru.

Jenua ſono ſaiuaiuo vqe: acuua ſono chŭuo vquru toqimba, cuni yaſŭxite xujen itaru.

Cocoro. Jenuo ſuru mononiua ſaiuaiuo ataye, acuuo ſuru mononiua chŭbatuo tadaxŭ voconayeba, cunimo yô voſamari, jenmo ſacayuru mono gia.

Jenninto tomoni voru toqimba, xiranno iyeni yruga gotoqu, fiſaxŭ xite ſono cauo qiqu.

Cocoro. Jenninto tomoni majiuari yreba, tŏzaua

③ 心。萬(ヨロヅ)ノコトヲ知(シ)ッテモ、一(ヒト)ツナリ

④ トモ知ラヌコトガ有(ア)ラバ、人ノコトヲ嫌(モド)

⑤ クナ。

## G

76.1 軍井未達(グンセイイマダタッ)セザルニ、將渇(シャウカッ)ヲ言(イ)ワズ。

② 心。陣中(ヂンチュウ)デ水(ミヅ)ノ設(マウ)ケモ無(ナ)イニ、喉(ノド)

③ ノ渇(カワ)クトナ言(イ)イソ。

77.1 軍竈未炊(グンサウイマダイイカシ)カザルニ、將饑(シャウウ)エタリト言(イ)ワズ。

② 心。兵糧(ヒャウラウ)モ無(ナ)ウテ飯(メシ)ヲモ炊(カシ)カヌウ

③ チニ饑エタト言ウナ。

78.1 義士(ギシ)ヲ使(ツカ)ウニハ財(ザイ)ヲ以(テ)ッテセズ。故(カルガユエ)ニ

2 義者(ギシャ)ハ不仁者(*フジンシャ)ノ爲(タメ)ニ死(シ)セズ。智者(チシャ)ハ闇主(アンシュ)ノ

3 爲ニ謀(ハカ)ラズ。

④ 心。義(ギ)ヲ思ウ臣下(シンカ)ヲ使(ツカ)ウニハ、財(タカラ)

⑤ ヲ取(ト)ラスルバカリヲモッテハナラヌ。義ヲ思(ヲ)

⑥ ウ(モ)者(モノ)ハ義ヲ重(ヲモ)ンゼヌ主人(シュジン)ニ對(タイ)シテハ

⑦ 命(イノチ)ヲ捨(ス)テヌ。智慧(チエ)有(ア)ル臣下ハ道理(ダウリ)ヲモ

⑧ 聞(キ)キ入(イ)レヌ主人ノ爲ニハ勝ツ計(ハカリコト)ヲモ

⑨ 運(メグ)ラサヌ。

*quixana とある。

79.1 愚(グ)ハ書(ショ)ヲ得(エ)テ賢(ケン)トナリ、賢(ケン)ハ書ニ因(ヨ)ッテ利(リ)アリ。

2 只(タダ)書ヲ讀(ヨ)ンデ榮(サカ)ユルコトヲ見(ミ)ル。讀ンデ

3 墜(ヲ)ツルモノヲ見ズ。

④ 心。愚癡(グチ)ナ者(モノ)モ學問(ガクモン)ヲスルヲ

⑤ モッテ賢(カシコ)ウナリ、賢イ者モマタ書ヲ

Cocoro. Yorozzuno cotouo xittemo, fitotçu nari-tomo xiranu cotoga araba, fitono cocouo modoquna.

# G

Gunxei imada taxxezaruni xôcatuo iuazu.

Cocoro. Ginchûde mizzuno môqen o naini, nodo no cauaquto naiyso.

Gunsô imada iy caxicazaruni, xô vyetarito iuazu.

Cocoro. Fiôrômo nôte mexiuomo caxicanu v-chini vyetato yûna.

Guixiuo tçucôniua zaivomotte xezu: carugayuyeni guixana fujinxano tameni xixezu: chixaua anxuno tameni facarazu.

Cocoro. Guiuo vomô xincauo tçucôniua, tacara uo torasuru bacarivomotteua naranu: guiuo vo-mô monoua guiuo vomonjenu xujinni taixiteua inochiuo sutenu. Chiye aru xincaua dôriuomo qiqi irenu xujinno tameniua catçu facaricotouomo megurasanu.

Guua xouo yete qento nari: qenua xoni yotte ri ari tada xouo yonde sacayurucotouo miru: yonde votçuru monouo mizu.

Cocoro. Guchina monomo gacumonuo sutuvo-motte caxicô nari: caxicoi monomo mara xouo yo-

④　餌食(エジキ)ニヨッテ、蹄(ワナ)ニモカカルゾ。

69.1　人(ヒト)遠慮(エンリョ)無(ナ)キトキンバ、必(カナラ)ズ近(チカ)キ憂(ウレ)イ有(ア)リ。

②　心。後(ノチ)ノコトヲ思案(シアン)セネバ、悲(カナ)シ

③　ミガ忽(タチマ)チ身(ミ)ノ上(ウエ)ニ來(キタ)ルゾ。

70.1　人(ヒト)貧(ヒン)ニシテ智(チ)短(ミヂカ)ク、馬(ウマ)痩(ヤ)セテ毛(ケ)長(ナガ)シ。

②　心。人ハ貧乏ナレバ、智(チ)恵(エ)モ曇(クモ)リ、

③　馬(ウマ)ハ痩(ヤ)セテ毛(ケ)ガ長ウナル。

71.1　人(ヒト)ヲ使(ツカ)ウニ及(ヲヨ)ンデハ、器(ウツワモノ)ノ*ママニス。

②　心。人ヲ使ウニハソレソレニ似合(ニヤ)ウタコト

③　ヲ下知(ゲヂ)スル。

* manani と誤る。

72.1　人(ヒト)ノ己(ヲノレ)ヲ知(シ)ラザルコトヲ患(ウレ)エザレ。患

2　エヨ、己(ヲノン)ガ人ヲ知ラザルコトヲ。

③　心。我(ワレ)ヲ人ガ知ラヌトテ悲シムナ。タ

④　ダ我(ワ)ガ人ヲ知ラヌコトヲ*悲シウダガ良(ヨ)イゾ。

* canaxûda-ga とある。

73.1　籌(ハカリコト)ヲ帷幄(イヤク)ノ中(ウチ)ニ運(メグ)ラシ、勝(カ)ツコト

2　ヲ千里(センリ)ノ外(ホカ)ニ決(ケッ)ス。

③　心。謀(ハカリ)コトヲ胸(ムネ)ノ中(ウチ)ニ運ライテ、

④　ソノ勝ツコトヲ千里ノ外ニスル。

74.1　百戰百勝(ヒャクセンヒャクショウ)、不如一忍(フニョイチニン)。萬言萬當(バンゲンバンタウ)、不(フ)

2　如一默(ニョイチモク)。

③　心。百度戰(モモタビタタカ)イ、千度勝(チタビカ)ッタヨリモ、

④　一度(ヒトタビ)ノ堪忍(カンニン)ハマシヂャ。亦(マタ)イロイロノコ

⑤　トヲ言(イ)イカラカワウヨリモ、益(エキ)有(ア)ルハ無言(ムゴン)ゾ。

75.1　*百様(ヒャクヤウ)ヲ知(シ)ッテモ*一様(イチヤウ)ヲ知(シ)ラザレバ、以(モ)ッテ争(アラ)

2　ソウコト勿(ナカ)レ。

* Fiacuyô, ychiyô とある。

yesiqini yotte, vananimo cacaruzo.

Fito yenrio naqi toqimba, canarazu chicaqi vrei ari.

Cocoro. Nochino cotouo xian xeneba, canaxi-
miga tachimachi mino vyeni qitaruzo.

Fito finni xite chi mijicaqu: vma yaxete qe nagaxi.

Cocoro. Fitoua bin bô nareba, chiyemo cumori,
vmaua yaxete qega nagŏ naru. (iu.

Fitouo tçucŏni voyondeua, vtçuuamonono manani

Cocoro. Fitouo tçucŏniua soresoreni niyŏta coto
uo guegi suru.

Fitono vonoreuo xirazaru cotouo vreyezare: vre-
yeyo vononga fitouo xirazaru cotouo.

Cocoro. Vareuo fitoga xiranucote canaximunaitada vaga fitouo xiranucotouo canaxûdaga yoizo.

Facaricotouo yyacuno vchini meguraxi, catçu coto
uo xenrino focani qessu.

Cocoro. Facaricotouo muneno vchini meguraite,
sono catçu cotouo xenrino focani suru.

Fiacuxen fiacuxô funho ychinin: banguen bantŏ fu
nho ychimocu.

Cocoro. Momotabi tatacai, chitabi catta yorimo,
fitotabino canninnia maxi giа. Mata iroirono co
touo iy caracauŏ yorimo, yeqi aruua mugon zo.

Fiacuyŏuo xitcemo ychiyŏuo xirazareba, motte ara
tocoto nacare. Ll Co-

⑤ 見(ミ)ル爲(タメ)ニハ鏡(カガミ)ニ向(ム)カウ。主人(シュジン)我ガ身ノ

⑥ 懈怠(ケダイ)越度(ヲッド)ヲ辨(ワキ)マヨウト思ウナラバ、良イ

⑦ 臣下(シンカ)ヲ近附(チカヅ)ケ、諫(イサ)メヲ聞(キ)クニ極(キワ)マルゾ。

63.1 疲馬(ヒバ)鞭箠(ベンスイ)ヲ畏(ヲソ)レズ、疲民(ヒミン)刑法(ケイハウ)ヲ畏レズ。

② 心。痩(ヤ)セタ馬(ウマ)ハ少(スコ)シノ鞭(ブチ)ニ驚(ヲドロ)

③ カヌ。疲(ツカ)レタ民(タミ)モ法度(ハット)ヲ畏レヌ。

64.1 一食(ヒトタビショク)スル毎(ゴト)ニ、便(スナワ)チ稼穡(カショク)ノ艱(カン)

2 難(ナン)ヲ念(ヲモ)エ。

③ 心。物食(モノク)ウ度(タビ)ニ、耕(タガエ)シ植(ウ)ユル辛勞(シンラウ)ヲ

④ 思(ヲモ)イ出(イ)ダセ。

65.1 一衣(ヒトタビキ)ル毎(ゴト)ニ、卽(スナワ)チ紡績(ハウセキ)ノ辛苦(シンク)ヲ思(ヲ)

2 (モ)エ。

③ 心。物(モノ)ヲ着(キ)ル度(タビ)ニ、織(ヲ)リ縫(ヌ)ウ時(トキ)ノ辛

④ 苦ヲ思(ヲモ)イ出(イ)ダセ。

66.1 日中(ヒナカバ)ナル則(トキ)ンバ昃(カタム)キ、月(ツキ)盈(ミ)テル則(ト)

2 (キ)ンバ、蝕(ショク)ス。

③ 心。物(モノ)モ十成(*ジュウジャウ)スレバ崩(クヅ)ルル。 *jŭjŏ

67.1 一(ヒトタビ)出(イ)デテ返(カエ)ラザルハ言(コトバ)ナリ。一(ヒトタビ)見(ミ)

2 テ隱(カク)レザルハ行(ヲコナ)イナリ。

③ 心。言(コトバ)ハ一度(ヒトタビ)言イ出(ダ)イテカラハ、取返(トリカエ)

④ サレズ、行跡(カウセキ)モ隱(カク)レヌモノゾ。

68.1 人ハ財(ザイ)ノ爲(タメ)ニ死(シ)シ、鳥(トリ)ハ食(ショク)ノ爲ニ亡(ホ)

2 (ロ)ブ。

③ 心。人ハ財故(タカラユエ)ニ、死(シニ)ヲシ、鳥ハ

miru tamenitta cagamini mucŏ : xujin vagamino qedai vordouo vaqimayóto vomô naraba, yoi xincauo chicazzuqe, itameuo qiquni qiuamaruzo.

Fiba bentuuo volorezu, fimin qeifôuo volorezu.

Cocoro. Yaxeta vmaua fucoxino buchini vodorocauu : tçucareta tamimo fattouo volorenu.

Fitotabi xoculuru gotoni, funauachi caxocuno cannantuo vomoye.

Cocoro. Mono cŭ tabini, tagayexi vyuru xinrŏuo vomoiidaxe.

Fitotabi qirugotoni, funauachi fŏxeqino xincuuo vomoye.

Cocoro. Monouo qiru tabini, vorinŭ toqino xincuuo vomoi idaxe.

Fi nacaba narutoqimba catamuqi : tçuqi miteru toqimba, xocufu.

Cocoro. Monomo jŭjŏ fureba cuzzururu.

Fitotabi idete cayerazaruua cotoba nari : fitotabi mite cacurezaruua voco nai nari.

Cocoro. Cotobaua fitotabi iydaitecaraua, tori cayefarezu : cŏxeqimo cacurenu monozo.

Fitoua zaino tameni xixi : toriua xocuno tameni foroba.

Cocoro. Fitoua tacara yuyeni, xinitio xi : toriua ye-

⑦ (シ)ヲ唯二(タダフタ)ツ與エサセラレタ。

57.1 謀(ハカ)ル者(モノ)ヲバ近(チカ)ヅケ、讒(ザン)スル者ヲバ

2 覆(クツガ)エス。

③ 心。敵(テキ)ノ手段(テダテ)ヲ良(ヨ)ウ考(カンガ)エ、謀(ハカリコ)

④ (ト)ノ上手(ジャウズ)ヲバ身近(ミチカ)ウ寄(ヨ)セ、イツモ主人(シュジン)ノ

⑤ コトヲ恨(ウラ)ミ訴(ウッタ)ユル者ヲバ、所知(ショチ)、財寶(ザイホウ)ヲ

⑥ モ剝(ハ)ギ取レ。

58.1 兵老(ヘイツカ)ルル則(トキ)ンバ、將(シャウ)ノ威行(イヲコ)ナワレズ。

② 心。軍勢(グンゼイ)ガクタビレ果(ハ)ツレバ、大將(タイシャウ)ノ威(イ)

③ 勢(セイ)モ無(ナ)イゾ。

59.1 人(ヒト)ノ善惡(ゼンアク)ハ誠(マコト)ニ近習(キンジュ)ニ由(ヨ)レリ。近習ノ

2 間(アイダ)、尤愼(モットモツツシ)ムベシ。

③ 心。人ノ善トナリ、惡トナルモ大略(タイリャ)

④ (ク)友(トモ)ニヨルモノヂャ。ソレニヨッテ親(シタ)シム

⑤ 中(ナカ)ヲ深(フカ)ウ愼マウコトヂャ。

60.1 人(ヒト)ト相與(アイトモ)ニ處(ヲ)ルトキンバ、自然(ジネン)ニ染(ソ)ミ習(ナラ)ウ。

② 心。友(トモ)ダチノ形儀(カタギ)ニナルモノヂャ。

61.1 人(ヒト)ハ堯舜(ギョウシュン)ニ非(アラ)ズ。何(ナン)ゾ事事(コトゴト)ニ能(ヨ)ク善(ゼン)

2 ヲ盡(ツク)サン？

③ 心。如何(イカ)ナ人トテモ有(ア)ルホドノコトニ達(タッ)

④ スルコトハ叶(カナ)ワヌゾ。

62.1 人自(ヒトヲノレ)ヲ照(テ)ラサント欲(ホッ)スルトキンバ、必(カナラ)ズ

2 明鏡(ミャウキャウ)ヲ須(モチ)ユ。主過(シュアヤマ)チヲ知(シ)ラント欲(ホッ)

3 スレバ、必ズ忠臣(チュウシン)ニ藉(ヨ)ル。

④ 心。人我(ワ)ガ身(ミ)ノ姿形(ナリカタチ)ノ良(ヨ)シ惡(ア)シヲ

Xiuo tada futatçu atayesaxerareta.

Facaru monouoba chicazzuqe, zansuru monouoba curçugayesu.

Cocoro. Teqino tedateuo yô cangaye, facarico tono jôzui oba michicŏ yoxe, itçumo xujin no cotouo vrami vttayuru monouoba xochi, zaifôuo mo taguitore.

Fei tçucaruru toqimba, xŏro y voconauarezu.

Cocoro. Gunjeiga cutabire fatçureba, taixŏno yxeimo naizo.

Fitono jenacuua macotoni qinjuni yoreri: qinjuno aida mottomo tçutçuximubexi.

Cocoro. Fitono jento nari, acuto narumo tairiacu tomôni yoru monogia: foreniyotte xitaximu nacauo fucŏ tçutçuximŏ cotogia.

Fitoto aitomoni voturoqimba, jinenni somi narŏ.

Cocoro. Tomodachino cataguini naru monogia.

Fitoua gueôxinni arazu: nanzo cotogotoni yoqu jen uo tçucusan?

Cocoro. Icaua fitototemo arufodono cotoni taisuru cotoua canauanuzo.

Fito vonoreuo teralanto fessuru toqimba, canarazu miŏqiŏuo mochiyu: xu ayamachiuo xitanto foisureba, canarazu chŭxinni yoru.

Cocoro. Fito vagamino nari catachiuo yoxiaxiuo

mi

2 (シ)エザレバ、子孫(シソン)愚(グ)ナリ。

③ 心。田畠(タハタケ)有ッテ、耕(タガ)エシ植(ウ)ユル營(イトナ)ミ

④ ヲセネバ、倉(クラ)ニ積(ツ)ム物(モノ)モ無(ナ)ク、書(シヨ)有(ア)レド

⑤ モ、教エネバ、子孫ハ皆愚癡(グチ)デ通(トヲ)ルゾ。

51. 1 醍醐(ダイゴ)ノ上味(ジヤウミ)翻(ホン)ジテ毒藥(ドクヤク)ト成(ナ)ル。

② 心。何事(ナニゴト)モ變(カ)ワレバ、仇(アタ)ト成ルモノヂヤ。

52. 1 同病(ドウビヤウ)、相憐(アイアワレ)ム。

2 心。誰(タレ)モ同類(ドウルイ)ヲ思(ヲモ)ウモノヂヤ。

53. 1 泥裏(デイリ)ニ土塊(ドクワイ)ヲ洗(アラ)ウ。

② 心。澄(ス)マウ様(ヤウ)ガ無イ。

54. 1 同道正(ドウダウマサ)ニ知(シ)ル。

② 心。知ッタドシハ涼(スズ)シイ。

# F

55. 1 變動常無(ヘンドウツネナ)シ。敵(テキ)ニ因(ヨ)ッテ轉化(テンクワ)ス。

② 心。萬(ヨロヅ)ノ行(ヲコナ)イハ遂(ツイ)ニ同(ヲナ)ジヤウニ

③ ハナイモノヂヤ。時(トキ)ノ爲合(シヤワ)セニヨッテ行(ヲ)

④ コナウモノヂヤ。

56. 1 歯(ハ)ヲ與(アタ)ウルニ、其(ソ)ノ角(ツノ)ヲ缺(カ)ク。翼(ツバサ)ヲ付(ツ)ク

2 ルニハ、其ノ脚(アシ)ヲ二(フタ)ツニス。

③ 心。天道萬物(テンタウバンモツ)ニ物(モノ)ヲ施(ホドコ)サセラ

④ ルルハ、角有ル者ニハ上(ウエ)ニ歯ヲ與エサ

⑤ セラレズ、上下共(ウエシタトモ)ニ歯ノ有ル者ニハ

⑥ 角ヲ下(クダ)サレズ、羽交(ハガイ)ヲ持(モ)ッタ者ニハ脚(ア)

xiyezareba xiſon gu nari.

Cocoro. Ta fataqe atte tagayexi vyuru itonami uo xeneba, cutani tçumu monomo naqu: xo aredo mo, voxiyeneba xiſon ua mina gu chide touoruzo.

Digono jômi fonjite docuyacuto naru. (gia.

Cocoro. Nanigotomo cauareba, atato naru mono

Dôbiô ai auaremu.

Cocoro. Taremo dôruiuo vomô mono gia.

Deirini doquaiuo arŏ.

Cocoro. Sumŏ yôga nai.

Dôdŏ maſani xiru.

Cocoro. Xitta doxiua ſuzuxij.

# F

Fendô tçune naxi, teqiniyotte tenqua ſu.

Cocoro. Yorozzuno voconaiua tçuini vonajiyŏni ua nai mono gia: toqino xiyauaxeni yotte vocanŏ mono gia.

Fauo atŏruni, ſono tçunouo caqu: tçubaſauo tçuqeruniua, ſono axiuo futatçuni ſu.

Cocoro. Tentŏ banmotni monouo fodocoſaxeraruruua, tçuno aru mononiua vyeni fauo atayeſaxerarezu, vye xita tomoni fano aru mononiua tçunouo cudaſarezu, fagaiuo motta mononiua axi-

④ 心。龍ハ水(ミヅ)ニ遭(ワ)ウ時(トキ)、我(ワ)ガ心(ココロ)ノ

⑤ 猛(タケ)イコトヲ現(アラワ)ス。聖人モ民ヲ得テ後、

⑥ ソノ政(マツリゴト)ヲ施(ホドコ)ス。

46.1 功(コウ)有(ア)ッテ賞(シャウ)セザル則(トキ)ンバ、善(ゼン)ヲモ勤(ツト)メズ。過(アヤ)

2 (マ)チ有ッテ諫(イサ)メザル則ンバ、悪(アク)ヲモ懼(ヲソ)レズ。

③ 心。忠節ヲ爲(ナ)ス者(モノ)ニモ恩賞(ヲンシャウ)ヲ施(ホ)

④ (ドコ)サズ、罪(ツミ)有レドモ見逃(ミノガ)イテ置(ヲ)ケバ、以後(イゴ)

⑤ 忠(チュウ)ヲモ盡(ツク)サズ、ソノ罪ヲモ改(アラタ)メヌ。

47.1 智者(チシャ)ハ千慮(センリョ)シテ必(カナラ)ズ一失(イッシツ)有リ。愚者(グシャ)ハ千慮

2 シテ必(カナラ)ズ一得(イットク)有リ。言(コトバ)ノ洩(モ)レ易(ヤス)キ者(モ)

3 (ノ)ハ禍(ワザワイ)ヲ招(マネ)クノ媒(ナカダチ)ナリ。事(コト)

4 愼(ツツシ)マザルハ、敗(ヤブレ)ヲ取(ト)ルノ道(ミチ)ナリ。

⑤ 心。智恵ノアル人(ヒト)、千(セン)ノ思案(シアン)ノ内ニ一(ヒト)

⑥ ツ外(ハヅ)レ、愚癡(グチ)ナ者(モノ)ハ千思案スレバ、九(ク)

⑦ 十(ジュウ)九(ク)ハ外(ハヅ)レテ、漸(ヤウヤ)ウ一ツ當(ア)タル。

48.1 忠言(チュウゲン)耳(ミミ)ニ逆(サカ)イ、良薬(ラウヤク)口(クチ)ニ苦(ニガ)シ。

② 心。良(ヨ)イ意見(イケン)ハ耳ニ逆イ、良イ藥(クスリ)ハ口(ク)

③ (チ)ニ苦(ニガ)ウ覺(ヲボ)ユルゾ。

## D

49.1 獨學(ドクガク)ニシテ友(トモ)無キハ、*孤陋(コラウ)ニシテ聞寡(キキスク)

2 (ナ)シ。

③ 心。獨學問(ヒトリガクモン)ハ道(ミチ)ガユカヌモ

④ ノヂャ。

50.1 田(デン)有(ア)ッテ*耕(タガエ)ウザレバ、倉庫(サウコ)虚(ムナ)シ。書(ショ)有ッテ教(ヲ)

*corŏni とある。

*tagayeozareba

Cocoro. Redua mizzuni vǒ toqi, vaga cocorono taqei cotouo arauasu: xeijinmo tamiuo yete nochi, sono matçurigotouo fodocosu.

Cô atte xǒxezaru toqimba, jenuomo tçutomezu: ayamachi atte isamezaru toqimba, acuuomo vosorezu.

Cocoro. Chǔxetuo nasu mononimo vonxǒuo fodocosazu, tçumi aredomo minogaite voqeba, ygo chǔuomo tçucusazu, sono tçumiuomo aratamenu.

Chixaua xenrio xite canarazu yxxit ari: guxaua xenrio xite canarazu yttocu ari: cotobano moreyasuqi mo noua vazauaiuo manequno nacadachi nari: coto tçutçuximazaruua, yabureuo toruno michi nari.

Cocoro. Chiyeno aru fito xenno xianno vchini fito tçu fazzure, guchina monoua xen xian sureba, cujǔcuua fazzurete, yǒyǒ fitotçu ataru.

Chǔguen mimini sacai, rǒyacu cuchini nigaxi.

Cocoro. Yoi yqenua mimini sacai, yoi cusuriua cuchini nigǒ voboyuruzo.

# D

Docugacuni xite tomo naqiua, corǒni xite qiqi sucunaxi.

Cocoro. Fitori gacumonua michiga yucanu mono gia.

Den atte tagayeozareba, sǒco munaxi: xo atte voxi

③ 心。人(ヒト)ニ仇(アタ)ヲ爲(ナ)サヌ先(サキ)ニ、先ヅ我(ワ)ガ
④ 身(ミ)ニ仇ヲスルモノヂャ。

41.1 子(コ)ヲ養(ヤシナ)ッテ教(ヲシ)エザルハ、父(チチ)ノ過(アヤマ)チ
2 ナリ。訓(ヲシ)エ導(ミチビ)イテ誡(イマシ)メザルハ、師(シ)ノ惰(ヲ)
3 (コタ)リナリ。
④ 心。子ニ物ヲ教エヌハ親(ヲヤ)ノ過(アヤ)
⑤ (マ)リ。弟子(デシ)ノ非(ヒ)ヲ直(ナヲ)サヌハ師匠(シシャウ)ノ過リゾ。

42.1 腐(ク)チタル木(キ)ヲバ以(モ)ッテ柱(ハシラ)ト爲(ス)ベカラズ。卑(イヤ)シ
2 キ人(ヒト)ヲバ以ッテ主(シュ)ト爲ベカラズ。
③ 心。腐木(クチキ)ヲバ柱ニセズ、卑シイ人
④ ヲバ師匠(シシャウ)ト賴(タノ)マヌガ良(ヨ)イゾ。

43.1 忠臣(チュウシン)二君(ジクン)ニ仕(ツカ)エズ、貞女(テイヂョ)兩夫(リャウフ)ニ更(マミ)エ
2 ズ。
③ 心。良(ヨ)イ臣下(シンカ)ハ二人(フタリ)ノ君(キミ)ニハ仕エ
④ ズ、貞(タダ)シイ女(ヲンナ)ハ二人ノ夫(ヲット)ニ更エヌ
⑤ モノヂャ。

44.1 車(クルマ)ニ輪(ワ)無(ナ)クンバ、安(ヤス)キニ處(ヲ)ラン。國(クニ)ニ民(タミ)
2 無クンバ、誰(タレ)ニカ與(クミ)セン。
③ 心。車ニ輪ガ無イナラバ、役(ヤク)ニ立(タ)タ
④ ヌ。國ニ民ガ無ウテハ、國モ立ツコトカ
⑤ ナワヌゾ。

45.1 蛟龍(カウリョウ)ハ水(ミヅ)ヲ得(エ)テ然(*シコ)ウジテ後(ノチ)ニ其(ソ)ノ神(シン)ヲ　　*xicôjite
2 立ツ。聖人(セイジン)ハ民(タミ)ヲ得テ然ウジテ後ニ化(クワ)
3 ヲ成(ナ)ス。

Cocoro. Fitoni atauo nasanu saqini, mazzu vagamini atauo suru mono gia.

Couo yaxinatte voxiyezaruua, chichino ayamachi nari: voxiye michibijte imaximezaruua, xino vocotari nari.

Cocoro. Coni monouo voxiyenuua voyano ayamari: dexino fiuo nauosanuua xixŏno ayamarizo.

Cuchitaru qiuoba motte saxirato subecarazu: iyaxiqi fitouoba motte xuto subecarazu.

Cocoro. Cuchiqiuoba taxirani xezu, iyaxij fitouoba xixŏto tanomanuga yoizo.

Chŭxin jicunni tçucayezu, teigio niŏfuni mamiyezu.

Cocoro. Yoi xincaua futarino qiminiua tçucayezu, tadaxij vonnaua futarino vottoni mamiyenu monogia.

Curumani va naqumba, yasu qini voran: cunini tami naqumba, tarenica cumixen.

Cocoro. Curumani vaga nainaraba, yacuni tatanu: cunini tamiga nŏteua, cunimo tatçucoto canauanuzo.

Cŏriŏua mizzuuo yete xicôjite nochini sono xinuo tatçu: xeijinua tamiuo yete xicôjite nochini quauo nasu.

Cô-

35.1 藥(クスリ)ノ病(ヤマイ)ヲ理(ヲサ)ム*ルコトヲ知(シ)ッテ、學(ガク)ノ　　* tocouo とある。
2 身(ミ)ヲ理ムルコトヲ知ラズ。
③ 心。世上(セジャウ)ノ人ハ藥ヲ飲(ノ)ウデ、病ノ
④ 治(ナヲ)ルコトヲバ知レドモ、學問(ガクモン)ヲモッテ
⑤ 身ヲ理ムルコトヲバ知ラヌ。

36.1 孝(カウ)ハ百行(ヒャッカウ)ノ本(モト)、衆善(シュゼン)ノ始(ハジ)メナリ。
② 心。孝行(カウカウ)ヲ盡(ツク)スハ、萬(ヨロヅ)ノ善(ゼン)ノ
③ 基(モトイ)始メトナル。

37.1 今日(コンニチ)學(マナ)ビズシテ、來日(ライジツ)有(ア)リト謂(イ)ウコト勿(ナカ)レ。
2 今年(コンネン)學ビズシテ、來年(ライネン)有リト謂ウコト勿(ナカ)
3 レ。日月(ジッゲッ)逝(ユ)キヌ。歳(トシ)我(ワレ)ニ延(ノ)ビズ。*嗚呼(アア)老(ヲ)　　*hā に注意。
4 インダリ。是(コレ)誰(タレ)ガ愆(アヤマチ)ゾヤ？
⑤ 心。學問(ガクモン)ヲスルニハ、明日(アス)ノ明年(ミャウネン)ノ
⑥ ナドト延(ノ)ブルナ。日月(ツキヒ)ノ經(タ)ツハ止(トド)メラ
⑦ レヌゾ。

38.1 國(クニ)トシテ禮(レイ)無(ナ)キハ、何(ナニ)ヲ以(モ)ッテカ榮(エイ)ヲ求(モト)
2 メン？
③ 心。禮儀(レイギ)ヲ正(タダ)シウセヌ國ハ榮(サカ)ユル
④ コトハナイモノヂャ。

39.1 情(ココロ)ハ恩(ヲン)ノ爲(タメ)ニ使(ツカ)イ、命(メイ)ハ義(ギ)ニ縁(ヨ)ッテ
2 輕(カロ)シ。
③ 心。恩ヲバ忘(ワス)レズ、義ニ縁ッテ命(イノチ)
④ ヲバ*輕(カロ)ンゼイ。　　* caronzei に注意。

40.1 血(チ)ヲ含(フク)ンデ人(ヒト)ニ噴(ハ)ケバ、先(マ)ヅ其(ソ)ノ口(クチ)汚(ケ)
2 (ガ)ル。

Cusurino yamaiuo vosamuru tocouo xitte, gacuno miuo vosamuru cotouo xirazu.

Cocoro. Xejŏno fitoua cusuriuo nôde, yamaino nauoru cotouoba xiredomo, gacumonvomotte miuo vosamuru cotouoba xiranu.

Cŏun fitcono moto, xujenno fajime nari.

Cocoro. Cŏcŏuo tçucusuua, yorozzuno jenno motoi fajimeto naru.

Connichi manabizuxite, raijit arito yŭcoto nacare: connen manabizu xite, rainen arito yŭcoto nacare. jitguet yuqinu: toxi vareni nobizu, hà vo-codari; core tarega ayamachizoya?

Cocoro. Gacumonuo furuniua, asuno miŏnennio madoto nobaruna: tçuqifino tatçuua todomerarenuzo.

Cunito xite rei naqiua, nanivomotteca yeiuo motomen?

Cocoro. Reigiŭiuo tadaxă xenu cuniua sacayuru cotoua nai mono gia.

Cocoroua vonno tameni tçucai, meiua guini yotte caroxi.

Cocoro. Vonuoba vasurezu, guini yotte inochiuoba caronzei.

Chiuo fucande fitoni faqeba, mazzu sono cuchi qegara.

Co-

④ バ悪(ニク)ミ嫉妬(シット)スルモノヂャ。

31.1 河(カワ)廣(ヒロ)ウシテ源(ミナモト)大(ヲヲ)イナリ。君(キミ)明(アキ)ラカ

2 ニシテ臣(シン)ニ忠(チュウ)アリ。

③ 心。水上(ミナカミ)ガ廣(ヒロ)ケレバ、河(カワ)モ大(ヲウ)キナ

④ 如(ゴト)クニ、主人(シュジン)ガ憲法(ケンバウ)ナレバ、臣下(シンカ)モ無理(ムリ)

⑤ ヲセヌゾ。

32.1 國(クニ)ノ治(ヲサ)マル所以(ユエン)ハ、君(キミ)明(アキ)ラカナレバナリ。

2 其(ソ)ノ亂(ミダ)ルル所以ハ、君暗(クラ)ケレバナリ。

③ 心。主人(シュジン)ガ憲法(ケンバウ)ナレバ、國ガ良(ヨ)ウ治マ

④ リ、不憲法(フケンバウ)ナレバ、亂ルルゾ。

33.1 君子(クンシ)ノ交(マジワリ)ハ淡(アワ)ウシテ、水(ミヅ)ノ如(ゴト)シ。小(ショウ)

2 人(ジン)ノ交リハ甘(アマ)ウシテ、醴(アマザケ)ノ如シ。

3 君子ノ淡キハ以(モ)ッテ親(シタ)シム。小人ノ甘キ

4 ハ以ッテ絶(タ)ツ。

⑤ 心。良イ人ノ親シムハアッサリトシテ、情(ナサ)

⑥ (ケ)ガ深(フカ)ウ、至(イタ)ラヌ者ノ親シムハハナハダ

⑦ シウシテヤガテ醒(サ)ムル。

34.1 嘉肴(カカウ)有(ア)リト雖(イエ)ドモ食(ショク)セザレバ、其(ソ)ノ旨(ムネ)ヲ

2 知(シ)ラズ。至道(シイタウ)有リト雖ドモ學(マナ)ビザレバ、其ノ

3 善(ヨ)キコトヲ知ラズ。

④ 心。百味(ヒャクミ)ノ飲食(ヲンジキ)モ食(ク)ワイデハ、ソノ味(アヂ)

⑤ ヲ知ラズ、*至(イタ)ッタ道ガアレドモ、身(ミ)ニ努(ツト)メ

⑥ 試(ココロ)ミネバ、ソノヨイコトヲバ知ラヌモ

⑦ ノヂャ。

＊ittata とある。

ba nicumi xitto ſuru monogia.

Caua firôxite minamoto vouoi nari : qimi aqiraca-
ni xite xinni chŭ ari.

Cocoro. Minacamiga firoqereba, cauamo vôqina
gotoquni : xujinga qenbŏ nareba, xincamo muri-
uo xenuzo.

Cunino voſamaru yuyenua, qimi aqiraca nareba nari:
ſono midaruru yuyenua, qimi curaqereba nari.

Cocoro. Xujinga qenbŏ nareba, cuniga yô voſama-
ri, fuqenbŏ nareba, midaruruzo.

Cunxino majiuariua auŏxite, mizzuno gotoxi: xô-
jinno majiuariua amŏxite, amazaqeno gotoxi.
Cunxino auaqiua motte xitaximu: xôjinno amaqi
ua motte tatçu.

Cocoro. Yoi fitono xitaximuua aſſarito xite, naſa-
qega fucŏ : itaranu monono xitaximuua fanafada
xŭ xite yagate ſamuru.

Cacŏ arito iyedomo xocu xezareba, ſono muneuo
xirazu : xijtŏ arito iyedomo manabizareba, ſono
yoqicotouo xirazu.

Cocoro. Fiacumino vonjiqimo cuuaideua, ſono agi-
uo xirazu: ittata michiga aredomo, mini tçutome
cocoromineba, ſono yoi cotouoba xiranu mo-
no gia.

Cu

⑥　(ラ)ワシケレバ、力(チカラ)ガ盡(ツ)キテ所作(ショサ)ヲナスコ

⑦　トガカナワヌゾ。

27.1 智(チ)ヲ使(ツカ)イ、勇(ユウ)ヲ使イ、貪(トン)ヲ使イ、愚(グ)ヲ

2　使ウ。

③ 心。良(ヨ)イ主人(シュジン)ハ智恵(チエ)有(ア)ル者(モノ)ヲ使イ、

④　健(ケナ)ゲナ者ヲ使イ、慾(ヨク)ニ耽(フケ)ル者

⑤　ヲモ使イ、愚癡(グチ)ナル者ヲモ捨(ス)テズシテ

⑥　ソレソレノ用(ヨウ)ニ應(ヲウ)ジテ使ウゾ。

28.1 君臣禮有(クンシンレイア)レバ、位次亂(イシミダ)レズ。百姓(ヒャクセイ)禮有レバ、國(コッ)

2　家自治(カヲノヅカラヲサ)マル。

③ 心。君(キミ)モ、臣下(シンカ)モ互(タガイ)ニ當(ア)タル禮儀(レイギ)

④　亂(ミダ)レネバ、君ト臣ノ位モ亂レズ。

⑤　マタ民百姓(タミヒャクシャウ)ニ至(イタ)ルマデ禮儀ヲ正(タダ)シウ

⑥　スレバ、國ガ治マリ易(ヤス)イモノゾ。

29.1 近(チカ)キヲ釋(ス)テテ、遠(トヲ)キヲ謀(ハカ)ル者(モノ)ハ勞(ラウ)シテ

2　功無(コウナ)シ。遠(トヲ)キヲ釋テテ、近キヲ謀ル者(モ)

3　(ノ)ハ佚(イッ)シテ終(ヲワ)リ有(ア)リ。

④ 心。眼(マ)ノ前(マエ)ナ大事(ダイジ)ヲサシヲイテ、遠イ

⑤　コトヲ兼(カ)ヌルハ要(イ)ラヌ辛勞(シンラウ)ナリ。遠イコトヲ

⑥　釋テテ、近イコトヲ心(ココロ)ニ懸(カ)クレバ、何(ナニ)ゴ

⑦　トモ安(ヤス)ウ終(ヲワ)リヲ保(タモ)ツモノヂャ。

30.1 知己(チヲノレ)ニ勝(マサ)ル則(トキ)ンバ、悦(ヨロコ)バズ。才(サイ)ヲ

2　ノレニ優(マサ)ル則(トキ)ンバ嫉妬(シット)ス。

③ 心。才智能藝(サイチノウゲイ)、己(ヲノレ)ニ勝ル者(モノ)ヲ

zurauaxiqereba, chicaraga tçuqite xoſauo naſu cotoga canau mazo.

Chiuo tçucai, yŭuo tçucai, tonuo tçucai, guiuo tçucŏ.

Cocoro. Yoi xujinua chiye aru monouo tçucai, qenaguena monouo tçucai, yocuni fuqeru monouomo tçucai, guchinaru monouomo ſutezuxite ſoreſoreno yôni vôjite tçucŏzo.

Cunxin rei areba, ixi midarezu, fiacuxei rei areba, cocca vonozzucara voſamaru.

Cocoro. Qimimo, xincamo tagaini ataru reigui midarereba, qimito, xinno curaimo midarezu: maca tami fiacuxôni itarumade reiguiuo tadaxŭ ſureba, cuniga voſamariyaſui monozo.

Chicaqiuo ſutete, touoqiuo facaru monoua rŏxite cô naxi: touoqiuo ſutete, chicaqiuo facaru monoua ixxite vouari ari.

Cocoro. mano mayena daijiuo ſaxivoite, touoi cotouo canuruua iranu xinrŏ nari: touoi cotouo ſutete, chicai cotouo cocoroni cacureba, nanigotomo yaſŭ vouariuo tamotçu mono gia.

Chi vonoreni maſaru toqimba, yorocobazu: ſai vonoreni maſaru toqimba xittoſu.

Cocoro. Saichi nôguei vonoreni maſaru monouo

ba

21. 1　行路(カウロ)ノ難(カタ)キコト海(ウミ)ニシモ在(ア)ラズ、山(ヤマ)ニ
2　シモ在ラズ、只人(タダヒト)ノ情(ココロ)ノ*反覆(ヘンパク)ノ閒(アイ)　*fenpacu
3　(ダ)ニ在リ。
④　心。心(ココロ)ノ進(スス)ムコトニ難(カタ)イトイウコ
⑤　トハナイゾ。
22. 1　朝陽(チョウヤウ)犯(ヲカ)サザレドモ、殘星光(ザンセイヒカリ)ヲ奪(ウバ)ワル。
②　心。朝日(アサヒ)ハ星(ホシ)ノ光ヲ奪(ウバ)ウデハナケレド
③　モ、ヲノヅカラ星ノ光ハ消(キ)ユルゾ。
23. 1　君子(クンシ)重(ヲモ)カラザル則(トキ)ンバ、威(イ)アラズ、*學(カク)モマ　*cacu
2　タ固(カタ)カラズ。
③　心。君子ノ輕々(カルガル)シイハ用(モチ)イガ少(スク)ナイ。
24. 1　國(クニ)ヲ治(ヲサ)メ、家(イエ)ヲ*安(ヤス)ンズルコトハ、人(ヒト)ヲ得(ウ)　* yasonzuru とある。
2　レバナリ。
③　心。國ヲ無事(ブジ)ニ治メ、家ヲ保(タモ)ツ
④　コトハ、良(ヨ)イ者(モノ)ヲ求(モト)メ置(ヲ)クニ極(キワ)マルゾ。
25. 1　國ヲ亡(ホロ)ボシ、家(イエ)ヲ破(ヤブ)ルコトハ、人(ヒト)ヲ失(ウシ)
2　ナエバナリ。
③　心。國ヲ亡ボシ、家ヲ破ルコトハ、
④　ヨイ*モノヲ失ナウ故(ユエ)ヂャ。　*nomouo とある。
26. 1　國(クニ)ヲ治(ヲサ)ムルニ煩(ワヅラ)ワシキ則(トキ)ンバ、下(シモ)
2　亂(ミダ)ル。身(ミ)ヲ修(ヲサ)ムルニ煩ワシキ則ン
3　バ、精氣散(セイキサン)ジ去(サ)ル。
④　心。國ヲ治ムルニ過(アヤマ)リアレバ、萬(バン)
⑤　民法度(ミンハット)ヲ背(ソム)キ國ガ亂(ミダ)ルル。其(ソ)ノ身(ミ)煩(ワヅ)

Cŏrono cataqui coto vmiuiximo arazu, yamani ximo arazu: tada fitono cocorono fenpacuno aidani ari.

Cocoro. Cocorono susumu cotoni cataito yŭ cotoua naizo.

Chôyŏ vocasazaredomo, zanxei ficariuo vbauaru.

Cocoro. Asafiua foxino ficariuo vbŏdeua naqeredomo, vonozzucara foxino ficariua qiyuruzo.

Cunxi vomocarazaru toqimba, y arazu: cacumo mata catacarazu. (nai.

Cocoro. Cunxino carugaruxijua mochijga sucu-

Cuniuo vosame, iyeuo yasonzuru cotoua, fitouo vreba nari.

Cocoro. Cuniuo bujini vosame, iyeuo tamotçu cotoua, yoi monouo motomevoquni qiuamaruzo.

Cuniuo foroboxi, iyeuo yaburu cotoua, fitouo vxinayeba nari.

Cocoro. Cuniuo foroboxi, iyeuo yaburu cotoua yoimonouo vxinŏ yuyegia.

Cuniuo vosamuruni vazzurauaxiqi toqimba, ximo midaru: miuo vosamuruni vazzurauaxiqi toqimba, xeiqi sanjisaru.

Cocoro. Cuniuo vosamuruni ayamari areba, banmin fittouo somuqi cuniga midaruru; sonomi vazzu-

2　ワルコト無(ナ)シ。

③　心。車ヲバ横ニ推(ヲ)サヌ如クニ、

④　理ヲモ曲グルコトハ無イゾ。

13.1　重賞(チョウシャウ)ノ下(モト)ニハ必(カナラ)ズ勇夫(ユウフ)有(ア)リ。

②　心。過分(クヮブン)ニ恩(ヲン)ヲ取(ト)ラスル者(モノ)ノ手(テ)ニハ

③　役(ヤク)ニ立(タ)ツ者ガ附(ツ)クモノヂャ。

14.1　心(ココロ)ニ人(ヒト)ヲ負(ソム)カザレバ、面(ヲモテ)ニ慚(ハ)ヅル色(イロ)無(ナ)シ。

②　心。心ニ過(アヤマ)リガ無ケレバ、外(ホカ)ニ恥(ハ)

③　ヂョウズル謂(イワレ)モナイゾ。

15.1　虎斑(コハン)ハ見易(ミヤス)ク、人斑(ジンパン)ハ見エ難(ガタ)シ。

②　心。虎(トラ)ノ斑(マダラ)ナハ見(ミ)知(シ)リ易(ヤス)イモノヂャ

③　ガ、人(ヒト)ノダマッタハ見知リ難(ニク)イモノヂャ。

16.1　隠(カク)セバスナワチ彌(イヨイヨ)顯(アラ)ワル。

②　心。モノハ深(フカ)ウ隠サウトスルホド知(シ)ルル。

17.1　君子(クンシ)ハ食(ショク)飽(ア)カント求(モト)ムルコト無(ナ)ク、居(キョ)安(ヤ)

2　(ス)カラント求ムルコト無シ。

③　心。君子ハ飽クマデ食ヲモ望(ノゾ)マ

④　ズ、居所(イドコロ)モ結構(ケッコウ)ニ心(ココロ)安ウ居(イ)ルコトモ

⑤　歎(ナゲ)カヌ。

18.1　家賊(カゾク)防(フセ)ギ難(ガタ)シ。

②　心。家(イエ)ノ内(ウチ)ニ居(イ)ル敵(テキ)ハ用心(ヨウジン)ガセラレヌ。

19.1　口(クチ)ハ是禍(コレワザワイ)ノ門(カド)。

②　心。禍ハ多分(タブン)口カラ起(ヲ)コル。

20.1　心ニ哀(アイ)ヲ思(ヲモ)エバ、涙(ナンダ)雙眼(サウガン)ニ泛(ウカ)ブ。

②　心。心ニ哀(カナ)シミガアレバ、隠(カク)サレヌ。

uaru coto naxi.

Cocoro. Curumauoba yoconi vosanu gotoquni, riuomo magurucotoua naizo.

Chôxǒno motoniua canarazu yŭfu ari.

Cocoro. Quabunni vonuo torasuru monono teniua yacuni tatçu monoga tçuqu mono gia. (iro uaxi.

Cocoroni ficouo tomucazareba, vomoteni fazzuru

Cocoro. Cocoroni ayamariga naqereba, focauo fagiôzuru iuaremo naizo.

Cofanua miyasuqu, jinpanua miyegataxi.

Cocoro. Torano madaranaua mixiri yasui monogia ga, fitono damattaua mixirinicui mono gia.

Cacuxeba funauachi iyoiyo arauaru.

Cocoro. Monoua fucǒ caculôto suru fodo xiruru.

Cunxiua xocu acanto motomurucoto naqu, qio yasucaranto motomurucoto naxi.

Cocoro. Cunxiua acumade xocuuomo nozomazu, ydocoromo qeccôni cocoroyasŭ yru cotomo naguecanu.

Cazocu fuxegui gataxi.

Cocoro. Iyeno vchini yru teqiua yôjinga xeratenu.

Cuchiua core vazauaino cado.

Cocoro. Vazauaiua tabun cachicara vocoru.

Cocoroni aiuo vomoyeba, namida sǒganni vcabu.

Cocoro. Cocoroni canaximiga areba, cacusarenu.

③ 心。父母(チチハワ)ノ子ニ物(モノ)ヲ教(ヲシ)エ習(ナラ)

④ ワセヌハソノ子ヲ悪(ニク)ム意(ココロ)ヂャ。

## C

6. 1 君子(クンシ)ノ過(アヤマ)チハ日月(ジッゲッ)ノ蝕(ショク)ノ如(ゴト)シ。

2 過(アヤマ)ルトキンバ、皆人之(ミナヒトコレ)ヲ見(ミ)ル。更(アラタ)

3 ムルトキンバ、皆人之ヲ仰(アヲ)グ。

④ 心。上(カミ)タル人ハ過レバ、日月ノ蝕(ショ)

⑤ (ク)ノ如(ゴト)クニ見エ、マタ更ムレバ、人皆

⑥ 仰(アヲ)ギ尊(タット)ムコト蝕ノ霽(ハ)レタ如クヂャゾ。

7. 1 忠臣(チュウシン)ヲ尋(タヅ)ヌルニ必(カナラ)ズ孝子(カウシ)ノ門(＊モン)ニ出(イ)ヅ。　＊mõ に注意。

② 心。忠盡(ツク)ス臣下(シンカ)ヲ尋ヌレバ、孝行(カウカウ)

③ ヲ本(ホン)ニスルトコロヨリ出ヅルゾ。

8. 1 君子(クンシ)其(ソ)ノ室(イエ)ニ居(イ)テ、其ノ言(コトバ)ヲ出(イダ)スコト善(ゼン)

2 ナル則(トキ)ンバ、千里(センリ)ノ外(ホカ)ミナ之(コレ)ニ應(ヲウ)ズ。

③ 心。ソノ位(クライ)ニ居テ下知(ゲヂ)スル言(コトバ)ガ善ナ

④ レバ、千里ノ外マデモ居ナガラ下知(ゲヂ)ニ附(ツ)

⑤ ケ從(シタガ)ユル。

9. 1 君子(クンシ)ハ溫(ヲン)ニシテ厲(ハゲ)シ、威(イ)アッテ猛(タケ)カラズ。

② 心。溫(ヤワ)ラカニシテ厲(ハゲ)シウ、威勢(イセイ)アレドモ、

③ 睦(ムツ)マシイ。

10. 1 後生畏(コウセイヲソ)ルベシ。

② 心。後(ノチ)ニ生(ウ)マルル者(モノ)ヲバ畏レヨ。

11. 1 風樹頭(カゼジュトウ)ヲ吹(フ)ケバ、波沙石(シャセキ)ヲ吟(ギン)ズ。

② 心。取(ト)リ合(ヤ)ワヌコトヲ言(ユ)ウ。

12. 1 車(クルマ)ハ横(ヨコ)シマニ推(ヲ)サズ、理(リ)ハ曲(マ)ゲテ斷(コト)

Cocoro chichi fauano coni monouo voxiye nara-
uaxenuua sono couo nicumu cocorogia.

# C

Cunxino ayamachiua jitguetno xocuno gotoxi: ayamaru toqimba, mina fito coreuo miru: aratamuru toqimba, mina fito coreuo auogu.

Cocoro. Camiraru fitoua ayamareba, jitguetno xocuno gotoquni miye: mata aratamureba, fitomina auogu tattomucoto xocuno fareta gotoqu giazo.

Chŭxiuo tazzunuruni canarazu cōxino mōni izzu.

Cocoro. Chŭ tçucuxu xincauo tazzunureba, cōcōuo fonni turu tocoroyori izzuruzo.

Cunxi sono iyeni yte, sono cotobauo idasucoto jen naru toqimba, xenrino foca mina coreni vōzu.

Cocoro. Sono curaini yte guegi furu cotobaga jen nareba, xenrino focamademo ynagara guegini tçuqe xitagayuru.

Cunxiua vonni xite faguexi, y atte taqecarazu.

Cocoro. Yauaracani xite faguexŭ: yxei aredomo, mutçumaxij.

Cōxei vosorubexi.

Cocoro. Nochini vmaruru monouoba vosoreyo.

Caje jucōuo fuqeba, nami xaxeqiuo guinzu.

Cocoro. Toriyauanu cotouo yŭ.

Curamaua yotoximani voisu: fitua maguete coto-

uaru

1　四書（シショ）、七書（シッショ）

2　ナドノウチヨリ抜（ヌ）キ出（イダ）シ、

3　金句集（キンクシュウ）トナスモノナリ。

4　　大方（ヲウカタ）ソレソレニ註（チュウ）スルモノナリ。

## A

1.1　過（アヤマ）チヲ知（シ）ッテ必（カナラ）ズ改（アラタ）ム。

②　心。過（アヤマ）リノアルコトヲ知ラバ、改ム

③　　ルガ良（ヨ）イゾ。

2.1　過（アヤマ）ッテハ改（アラタ）ムルニ、憚（ハバカ）ルコト勿（ナカ）レ。

②　心。過（アヤマ）リヲ直（ナヲ）スコトヲ恥（ハ）ヅルナ。

3.1　朝（アシタ）ニ道（ミチ）ヲ聞（キ）イテ夕（ユウベ）ニ死（シ）ストモ、可（カ）ナリ。

②　心。朝物（アサモノ）ヲ習（ナラ）ウテ、夕ニ死スルトモ

③　　良（ヨ）イゾ。

## B

4.1　病家（ビャウカ）ノ厨（クリヤ）ニ嘉饌（カセンナ）無キニハアラズ。乃（イマシ）其（ソ）ノ人（ヒ）

2　　能（ト）ク食（ヨショク）セザルガ故（ユエ）ニ、遂（ツイ）ニ死（シ）ス。亂國（ランゴク）

3　　ノ官（クワン）ニ賢人（ケンジン）無キニハアラズ。乃（イマシ）其ノ君（キミ）

4　　之（コレ）ヲ能（ヨ）ク用（モチ）イザルガ故ニ、遂ニ亡（ホロ）ブ。

⑤　心。煩（ワヅラ）ウ者（モノ）ノ家（イエ）ニ肴（サカナ）ノ無イデ

⑥　　ハナイ。病者（ビャウジャ）食（ショク）事（シ）セヌニヨッテ、遂ニ死スル。

⑦　　亂（ミダ）ルル國（クニ）ノ内（ウチ）ニモ賢人（ケンジン）ハ有（ア）レドモ、

⑧　　ソノ意見（イケン）ニツカヌニヨッテ、遂ニ亡ブル。

5.1　父母（ブモ）其（ソ）ノ子（コ）ヲ養（ヤシ）ナッテ教（ヲシ）エザルハ、是（コレ）其ノ

2　　子ヲ愛（アイ）セザルナリ。

# XIXO, XIXXO

## nadono vchiyori nuqi idaxi, qincuxŭto naſu mono nari.

Vôcata ſoreſoreni chŭſuru mono nari.

## A

Ayamachiuo xitte canarazu aratamu.

Cocoro. Ayamarino arucotouo xiraba, aratamuruga yoizo.

Ayamatteua aratamuruni, fabacarucoto nacare.

Cocoro. Ayamariuo nauoſu cotouo fazzuruna.

Axitani michiuo qijte yŭbeni xiſutomo, ca nari.

Cocoro. Aſa monouo narŏte, yŭbeni xiſurutomo yoizo.

## B

Biŏcano curiyani caxen naqiniua arazu:imaxi ſono fito yoqu xocuxezarugayuyeni, tçuini xiſu:rangocuno quanni qenjin naqiniua arazu:imaxi ſono qimi coreuo yoqu mochijzaruga yuyeni,tçuini forobu.

Cocoro. Vazzurŏ monono iyeni ſacanano naidenai: biŏja xocuxi xenuni yotte, tçuini xiſuru: midararu cunino vchinimo qenjinua aredomo, ſono yqenni tçucanuni yotte ,tçuini foroburu.

Bumo ſono couo yaxinatte voxiyezaruua, core ſono couo aixezaru nari.

# 天草本金句集　影印・翻字本文　凡　　例

1．大英圖書館所藏『平家物語・エソポのハブラス・金句集』合綴本のうち、『金句集』を影印する。

1．翻字本文は、總索引の本文を兼ねる。

1．翻字本文は、影印と對照できるように、同じページ附けで、同じ形式に翻字する。語の綴字が二行に分割されるときも、二行にする。

1．原本上方にあるページ附けは、そのままに印刷する。

1．各則に、左に句番號及び一則内の行の順序數を記し、「心」の句は③などと圈に入れて示す。

1．翻字は、各則の原漢文（第二部第三章、第四章）を尊重しつつ、適宜變えたところがある。各則内の初出漢字にふり假名を附ける。

1．假名遣いは、翻字と對應する方法としたが、助詞 ua（は）は、讀解の便により、「ハ」のままとする。形容詞連用形の音便（xŭ）は「シウ」とする。

1．原綴に見る明瞭な誤りは、訂正して翻字する。そして、必ず＊印を附して、略注を附ける。「…に注意。」の注記もある。注で「ſ」は「ｓ」を用いる。

1．區切り附號は、原綴の他に僅かに加えたところがある。

# 第四部　天草本金句集　影印・翻字本文

原本　大英圖書館所藏

# あとがき

校正の筆を置く時となった。思えば、長い道のりであった。研究書として、やっと形を成すことができた。喜びと共に、数々の方の御指導・御支援のあったことを思出している。

大學三年の國語史の授業で、古文と現代文をつなぐ中世に、未知の文獻が多く存するのを知った。初めて見る天草本の文體に、異國情緒を感じ、芥川龍之介などの南蠻文學の世界が、このようなことばであったと知り、漠然と抱いていた日本語史への研究意欲が、對象を得た思いがしたのであった。

その頃、金澤大學の高羽五郎氏は、「國語學資料」として、未刊の重要言語資料を油印で刊行して居られた。上代文學中心の愛媛大學の先生方には無關心だったので、學生がそれを知った時、『天草版平家物語』などは品切れだった。そして、番外編の形で、『天草版金句集』の頒布があった。内容も知らず、申し込んだ。

入手して、級友と輪讀した。難解なこと！　吉田澄夫著『天草版金句集の研究』は研究室になく、中世語の研究書は稀で、辭書類も乏しかった。パヂェス『日佛辭典』複製を求めたが、フランス語では、隔靴掻痒どころか、歯が立たない。でも、何とかと努力した。『金句集』の終りに「五常」一葉のあることを知り、高羽氏にお願いしたところ、原形を模して、丁寧に筆寫して、送って下さった。勿論コピーなどなかった時期である。さぞ時間がかかったことであろう。後學の者への溫情に感動したのであった。今も机上にある。

大學に職を得て後、大學院（修士課程）の演習に、しばしばこれを用いた。漢籍・金句集・天草本・中世語の音韻・文法、多方面の知識が必要で、手造りの索引は用意したが、學生は苦勞したようである。發表プリントで良く判る。

よくぞここまでと學生の努力を思う。私も生長したと思う。

『金澤文庫本佛教説話集の研究』を汲古書院より出版することになり、社長（當時）坂本健彦氏に何度か逢うことがあった。或る時、上梓希望の原稿に『天草本金句集の研究』があると申し出た。この書には吉田澄夫博士の大著が既にあり、影印は福島邦道編『金句集四種集成』に、索引も數種ある。しかし、所謂國字本と天草本を合せ、本文・索引・研究を一つにした書が最も望ましい。影印は本書の性質上必須で、フィルムは入手濟み、索引は、本文に修正を加えているので、新しい索引が必要であろう。この一冊で全て揃う形にしたいと述べた。この案が入れられて、實行となった。校正を重ねる頃になって、急に動かなくなったのである。

原本所藏は、大英博物館より大英圖書館に移っていた。大英圖書館との折衝は、汲古書院一任であったが、フィルム使用の範圍と使用料との關係で、恐らく條件の解釋の齟齬があったのであろう。一時は刊行中止かと思わせた。汲古書院の説明では、松本明・土肥義和・廣瀬洋子（以上現職など省略）の諸氏に、特に中に立っていただき、申請が圓滑に運ぶよう御働きいただいたという。また、大英圖書館日本部部長 Mr. Todd の理解ある御配慮を得た。次回英國訪問の折、謝意を申し述べたいと思う。このように、山内の存じ上げない方々の御盡力により、本書の今日の刊行となったと思えば、山内としても、諸氏への感謝の念は述べ盡くせないところであり、汲古書院に刊行していただき良かったと思う。

本書に大塚光信氏の序をいただいた。大塚氏には、大學院學生時期から御指導を仰いできた。時日は經たけれども、御指導に添いえたかは心もとない。金言集の流れの一環として、山田忠雄先生には、特に金句集の研究で御指導の厚かったことは記しておきたい。福島邦道氏は、大學院學生時より、常に私の前方を進んで居られた。隔てのない書信の往復、どれほど勇氣づけていただいたことか。

終りに、問題の多い本書の刊行に御盡力下さり、かほどに立派な研究書にして下さった汲古書院、前社長坂本健彥、現社長石坂叡志、社員雨宮明子・飯塚美和子の皆さんに、深甚なる感謝の念を述べさせていただきたく思う。

平成十九年六月十四日

山内洋一郎

**編著者略歴**

山内洋一郎（やまうち　よういちろう）

昭和８年12月６日　高知縣安藝市出生，愛媛縣上浮穴郡久万高原町出身。廣島大學大學院文學研究科博士課程を單位取得。廣島大學助手，廣島文教女子大學教授，奈良教育大學教授を歷任。博士（文學）大阪大學。著書に『中世語論考』（清文堂），『連歌語彙の研究』『野飼ひの駒』（和泉書院），『古本説話集總索引』（風間書房），『金澤文庫本佛教説話集の研究』（汲古書院），『活用と活用形の通時的研究』（清文堂）などがある。

天草本金句集の研究

二〇〇七年七月三十一日　發行

編著者　山内洋一郎
發行者　石坂叡志
整版印刷　富士リプロ

發行所　汲古書院
〒102-0072　東京都千代田區飯田橋二-五-四
電話　〇三（三二六五）九七六四
FAX　〇三（三二二二）一八四五

ISBN978-4-7629-3561-9　C3081

Yoichiro YAMAUCHI ©2007

KYUKO-SHOIN, Co., Ltd. Tokyo